PAUL BONNETAIN

L'OPIUM

Oh! just, subtle and mighty opium!...

PARIS

G. CHARPENTIER ET Cie, ÉDITEURS

11, RUE DE GRENELLE, 11

1886

DU MÊME AUTEUR

AUTOUR DE LA CASERNE, 4ᵉ édition . . . . 1 vol.
CHARLOT S'AMUSE, 23ᵉ tirage. . . . . 1 vol.
AU TONKIN, 4ᵉ édition . . . . 1 vol.

Pour paraître prochainement :

EN MER. . . . . 1 vol.

Pour les reproductions, s'adresser à la Société des Gens de Lettres

PAUL BONNETAIN

L'OPIUM

Oh! just, subtle and mighty opium!...

PARIS
G. CHARPENTIER ET Cᴵᴱ, ÉDITEURS
13, RUE DE GRENELLE, 13

1886
Tous droits réservés

A Alphonse DAUDET

Au retour de mon premier voyage en Extrême-Orient, vous m'avez conseillé, mon cher Maître, d'écrire un roman sur l'opium. J'ai presque aussitôt rebouclé ma valise, et voici que je rentre ramenant votre filleul.

Hâlé, le souffle court, les jambes faibles, on sent qu'il a fait campagne avec son père, et de Hanoï à Pékin, de Canton à Yokohama, couru bien des mers, traîné par trop de routes. Cependant, je veux vous l'offrir et vous remercier de votre parrainage. Si las que vous puissiez être des dédicaces, vous agréerez celle-ci peut-être, en lisant entre ses lignes ma si reconnaissante affection.

Paul BONNETAIN.

Nice, 7 mai 1886.

« Oh! just, subtle and mighty opium! that to the hearts of poor and rich alike for the wounds that will never heal and for « the pangs that tempt the spirit to rebel », bringest an assuaging balm; eloquent opium! that with thy potent rhetoric stealest away the purposes of wrath, and to the guilty man for one night givest back the hopes of his youth, and hands washed pure from blood; and to the proud man a brief oblivion for

Wrongs unredress'd, and insults unavenged; that summonest to the chancery of dreams for the triumphs of suffering innocence, false witnesses and confoundest perjury, and dost reverse the sentences of unrighteous judges; thou buildest upon the bosom of darkness, out of the fantastic imagery of the brain, cities and temples beyond the art of Phidias and Praxiteles — beyond the splendour of Babylon and Hekatompylos; and from the anarchy of dreaming sleep callest into sunny light the faces of long-buried beauties, and the blessed household countenances, cleansed from the « dishonours of the grave ». Thou only givest these gifts to man, and thou hast the keys of Paradise, oh, just, subtle, and mighty opium! »

(Confessions of an English Opium Eater, by THOMAS DE QUINCEY.)

« O juste, subtil et puissant Opium! Toi qui, au cœur du pauvre comme du riche, pour les blessures qui ne se cicatriseront jamais et pour les angoisses qui induisent l'esprit en rébellion, apportes un baume adoucissant; eloquent Opium! toi qui, par ta puissante rhetorique, désarmes les resolutions de la rage, et qui, pour une nuit, rends à l'homme coupable les espérances de sa

1

» jeunesse et ses anciennes mains pures de sang ;
» qui, à l'homme orgueilleux, donnes un oubli
» passager

» *Des torts non redressés et des insultes non
» vengées ;*
» qui cites les faux témoins au tribunal des rêves
» pour le triomphe de l'innocence immolée ; qui
» confonds le parjure ; qui annules les sentences
» des juges iniques ; — tu bâtis sur le sein des té-
» nèbres, avec les matériaux imaginaires du cer-
» veau, avec un art plus profond que celui de
» Phidias et de Praxitele, des cités et des temples
» qui dépassent en splendeur Babylone et Heka-
» tompylos ; et du chaos d'un sommeil plein de
» songes tu évoques à la lumière du soleil les vi-
» sages des beautés depuis longtemps ensevelies,
» et les physionomies familières et benies, net-
» toyées des outrages de la tombe. Toi seul, tu
» donnes à l'homme ces trésors, et tu possèdes les
» clefs du Paradis, ô juste, subtil et puissant
» Opium ! »

(*Id.* traduction de BAUDELAIRE.)

L'OPIUM

PREMIÈRE PARTIE

> « *Chaque homme porte en lui sa dose d'opium naturel, incessamment secrétée et renouvelée, et, de la naissance à la mort, combien comptons-nous d'heures remplies par la jouissance positive, par l'action réussie et décidée ?* »
> (BAUDELAIRE : *L'invitation au voyage*.)

I

— Vous êtes un grossier personnage, et je vais vous signaler à vos chefs !

Sur cette dernière apostrophe au conducteur, Marcel Deschamps sauta hors du tramway.

Le jeune homme était très rouge, ayant commencé par être très pâle, et les frémissements de sa colère se prolongeaient, leur cause éteinte, sous cette exaltation que donne aux novices la sensation d'une galerie, d'un auditoire.

— La Madeleine !... glapit l'employé.

Le petit véhicule s'arrêtait à sa place habituelle, et tandis que les chevaux fumants essuyaient mutuellement leurs naseaux sur leur crinière, oublieux du fouet déjà, et résignés dans l'essoufflement de leur repos, les voyageurs moins agiles que Marcel, les dames impotentes, descendaient à leur tour, en s'appuyant sur le bras rechigné du conducteur.

Son dernier passager parti, l'homme racontait sa querelle au contrôleur gravement occupé à vérifier la feuille de recette et le timbre enregistreur de la voiture.

— Figurez-vous que ce *particulier*-là...

Mais Marcel s'éloignait, voulant ne pas entendre afin de ne point avoir de plainte à déposer, et satisfait déjà, d'ailleurs, par l'approbation des vieux messieurs et des vieilles dames qu'il entendait derrière lui s'entretenir de sa galanterie. Au bout du boulevard Malesherbes, il ralentit le pas, machinalement, et se laissa dépasser comme si son allure eût suivi les modifications de son pouls. Pourquoi s'était-il emporté ? Il se le demandait un peu. La bizarre fantaisie, de jouer les Don Quichotte bourgeois en tramway pour les beaux yeux d'une matrone à *ridicule* qu'il n'avait point seulement vue ! Ah ! Marcel ! Toujours la langue prompte !... Comme s'il n'était pas habitué aux insolences populacières de ses égaux en électorat ! Eh ! l'on se « débrouille » parbleu ! La dame n'avait qu'à se faire comprendre sans impatienter l'employé !... En tout cas, il ne devait point intervenir, puisqu'avec sa lâcheté bien parisienne, il n'aurait pas le courage de pousser sa bonne action jusqu'à se déranger pour signer une plainte dans le bureau du contrôleur !... Les nerfs ! toujours les nerfs !

— Est-ce bien la faute de mes nerfs ?...

Il s'arrêta tout à fait, accrochant sa songerie questionneuse à la réfection d'une cigarette qu'il alluma longuement, sa canne sous le bras. Des gens passaient. Des bonnes, des soldats, deux filles d'élégance excentrique. L'une des deux le dévisagea longuement. Appétissante, brune, et mûre. Il sentit son œillade.

mais la rendit d'une haine instinctive, plus forte que lui, et qui emporta sa pensée. Avec un frémissement des paupières, pareil à un haussement d'épaules, la femme s'éloigna, ouvrant un sillon de parfums communs que battait le soyeux fla-fla de sa robe. et Marcel, planté devant le kiosque à journaux, suivait encore le ballonnement des jupes sur les reins de la flâneuse et le ballonnement de son ombrelle, celui-ci fixe, celui-là dandiné. Du doigt, il retenait contre la brise la feuille d'un journal illustré mis à la devanture et dont il n'arrivait pas à lire la légende, cloué là dans une détente, par une réaction de torpeur.

Des voitures filaient tout près de lui, avec de sourds roulements de roues, des craquements de cuir neuf, toute une vie ensoleillée, reluisante de harnais et de caisses vernies. La Madeleine semblait de pâte tendre. Une première communiante, à moitié des marches, regardait la rue Royale béante devant elle, tandis que sa mère et son institutrice, toutes deux noires à faire peur à côté de cette neige crémeuse, retapaient sa ceinture moirée. Autour du temple, Paris bruissait, charriant, sous un nimbe de poussière, ses clinquants, ses joies, ses couleurs d'après-midi de soleil; et devant les grilles, sur le refuge, un gardien de la paix soulignait ces papillotements par son immobilité endormie et sombre sous le cadran bêtement bleu d'une horloge pneumatique.

Marcel eut à peine conscience de ces choses auxquelles une accoutumance empêchait son rêve de se consoler. Les foules et leurs rumeurs, sa colère à présent tout à fait morte, berçaient seulement ses vagabondes mélancolies. C'était Paris cela, ces lumières, ces pierres, ces gens, ces tapages! C'était Paris, vu du bon endroit, à l'heure préférable, dans un cadre de ciel clair, de maisons souriantes, dont les fenêtres avaient des regards, et peuplé d'enchantements depuis le bord du tableau jusqu'au fond de la toile, peinte en relief de monuments à colonnes, bombée de dômes, barrée d'un obélisque crayeux et mourant enfin dans une confusion embuée. L'atmosphère spéciale qui planait là-dessus, il en avait sensuellement goûté la griserie, longtemps, très longtemps, hier encore. Alors, il quitterait tout cela, comme cela? C'était vrai! Tantôt n'avait-il pas sauté en tramway pour courir là, rue Royale, au cœur de la fête, et signer son consentement à l'exil?... Une mollesse glissant en lui, coupait ses interrogations, suspendait ses réponses, tandis que, lentement, montait à son esprit, avec l'infinie terreur d'une décision à prendre, le souhait vague d'un répit.

Sans plus vouloir penser, le jeune homme traversa la chaussée et prit la rue Royale. Son calme d'à présent lui semblait béatitude, et très loin lui apparaissait ce ministère de la Marine au seuil duquel il lui faudrait proférer un *oui* ou un *non*, entrer ou rebrousser chemin. L'œil perdu, il regardait les femmes, les hommes, les façades; mais à la porte de la *Taverne anglaise*, un garçon le salua discrètement d'un sourire effacé, et, tout à coup, cette rencontre ranima ses fièvres. Pourquoi ce garçon souriait-il? Pouvait-il point le saluer comme un client ordinaire? Ça, Paris? Ça, une ville? Allons donc! On n'y savait pas plus traîner incognito son boulet que dans un chef-lieu de canton! Là même, dans cette cohue cosmopolite, entre ces gens parlant toutes les langues, à côté de ces Arabes et de ces Chinois, derrière ces sauvages issus du Jardin d'Acclimatation, quelqu'un le reconnaissait, un obséquieux subalterne, et lui envoyait un petit signe, le bonjour du complice ou du bas confident se gaussant des amours dont il met le couvert! A qui le sourire : à M. Marcel Deschamps, ou à l'amant de la Leroux ? A l'amant !...

Le jeune homme hâta le pas, ses irritations revenues, et dépassa le Ministère, sans y songer. Les Champs-Élysées s'ouvrirent devant lui, l'attirèrent, distrait, en une allée peuplée de seuls enfants, surveillés de loin par des bonnes anglaises. Là, des fleurs roses criblaient les feuilles gros vert des marronniers, et l'ombre, au-dessous, était si calme, si éloignée du tapage voisin, qu'il se laissa tomber sur un banc. Mais ses membres seuls se reposèrent. Tout de suite, et comme malgré lui, le promeneur passait en revue ses tristesses.

Heure amère, pensait-il, ton périodique retour doit scander la vie des misérables, pour que si facilement je t'ouvre la porte qu'à peine tu grattais ! Il faut familièrement te connaître pour qu'au milieu de la paix des choses, je t'installe si largement dans mon cœur !...

Il est certain, reprit-il, que ne pouvant me dispenser de souffrir, je finis par prendre plaisir à ma souffrance, à la façon du moins de ces malades rouvrant leur plaie pour apaiser une démangeaison !...

Là-dessus, il s'affaissa davantage sur son banc, sous les arbres, et, tandis que les babies lui bégayaient aux oreilles et versaient du sable dans les poches de sa jaquette, il repassa brièvement son existence. Comme toujours, il n'y trouva que les deuils en notant les étapes, et presque aussitôt, il se sentit défaillir pour avoir tenté de se consoler des férocités de la vie en se découvrant supérieur à la vie. Des regrets se levaient avec ses malheurs ; il se jugea comme on se juge étant seul : il se vit pire qu'il n'était, puis, un instinctif besoin de se disculper à ses propres yeux l'amena à chercher des excuses. Bien vite, leur vulgarité, leur convenu l'écœurèrent. Sa pauvreté, sa famille, son enfance sans sourires : qu'était tout cela ? Combien d'autres n'avaient-ils pas victorieusement traversé ces épreuves ? Au mal dont il souffrait, son orgueil cherchait une raison plus noble, plus haute, plus puissante, une raison que son jugement d'analyste pressentait d'ailleurs, très réelle, trop réelle, sans cependant arriver à la définir.

Il eut un sanglot qui mourut en un bâillement ; sa pensée de Latin sensitif se traduisit, machinale, en gestes étirés. Mon Dieu ! Que faire ? Où aller ?... Ses chagrins tombaient à un ennui immense, d'une lourdeur de plomb. Il lui semblait qu'une chose liquide, qu'une rivière noire l'emportait en dérive, comme une épave, aussi impuissante à sortir du courant qu'à couler bas. C'était vivre cela ?... Son instinct lui disait encore que, ses deuils effacés, son cœur apaisé, il resterait cependant, comme à cette heure, affaissé sous un poids invisible, à se tordre les mains dans un désespoir sans nom, et cette pensée l'accablait.

Des ombres passèrent devant lui. Une jeune fille emmenait un de ses enfants. Il la regarda qui maternellement essuyait le visage du bébé, et son rêve errait encore ; mais quand elle s'éloigna, toujours penchée sur son petit compagnon, il s'arrêta à contempler sa taille mince, la gracilité exquise de sa silhouette ; puis, longtemps, ses yeux caressèrent la nuque rose, très découverte par les cheveux haut relevés, des cheveux couleur de bière.

Ah ! que cherchait-il ? Son mal, il le diagnostiquait maintenant, sans peine. Aimer... Il aurait fallu aimer. Puisque les « à quoi bon ? » de sa précoce expérience, puisque les exigences de son esthétique jamais satisfaite, avaient stérilisé toutes ses ambitions littéraires et crevé tous ses rêves, il aurait fallu que l'amour le consolât, qu'une passion peuplât son cœur avec son cerveau, qu'il souffrît par elle, qu'il vécût enfin. Tout à l'heure, il repassait ses années mortes : les rares joies qu'il y retrouvait, ne les devait-il pas à la femme? Ces joies fugitives, des lendemains cruels les avaient suivies ; seulement, la faute en restait à ses fringales, à sa solitude, aux amertumes exigeantes de son foyer sans affection. Il n'avait pas aimé d'abord : il avait cru aimer ; de là, la brièveté de ses bonheurs et ses rancœurs ensuite, quand la désillusion le réveillait de ses essais d'amour !... Aimer !... Quand et où aimerait-il ? Qui serait-elle ?...

Il se leva, redevenu fiévreux. Alors, la pensée qu'il n'était pas libre lui souffla une bouffée d'énergie. Or, justement, comme il se remémorait les supplices de son esclavage, un mot de sa maîtresse, son reproche habituel, le hanta: « Tu ne sais pas vouloir... »

— Oui, monologua-t-il, en redescendant rapidement l'allée, je ne sais pas vouloir, parce que je n'ai pas de motif à vouloir...

Une seconde il se tut, sous l'intuition qu'exactement il venait de définir son état d'âme, et il reprit sa course, plus léger, plus jeune et le sang aux pommettes.

— Eh bien, je voudrai ! je voudrai !...

Pareil aux enfants qui, par peur d'oublier la commission dont leur mère les charge, la crient à tous les échos du chemin, il répétait encore son « je voudrai », quand il entra sous la vaste porte cochère du ministère de la Marine. Mais il n'avait point peur d'oublier ; ce qu'il craignait, c'était de faiblir un dernier coup. Des gens existent qui ne se connaissent pas eux-mêmes ou ne se connaissent pas assez: Marcel sans doute se connaissait trop. Un frisson le glaça devant le factionnaire, puis devant le gros concierge. « Je veux ! Je veux ! » balbutia-t-il en serrant les poings comme s'il allait se battre, et cinq minutes après, il se trouvait dans le cabinet du Directeur des Colonies.

Le fonctionnaire lui tendit la main :

— Eh bien, filleul, acceptez-vous ?

A ce moment, le jeune homme était si naïvement, si sincèrement résolu, qu'il s'étonna :

— Oh ! mon cher parrain ! Mais je croyais ma nomination signée ?

Comme s'il avait compris les hommes, le directeur sourit. Immédiatement, d'ailleurs, il ajouta dans son faux-col :

> Amour, amour, quand tu nous tiens,
> On peut bien dire: adieu prudence !

Deschamps ne répondit que par un hochement triste. Peut-être, au fond, restait-il assez candide pour être flatté qu'on attribuât son exil à un chagrin d'amour ? peut-être aussi, plus simplement, se rappelait-il d'autres prud'hommeries moins bienveillantes, des jugements sévères sur sa liaison avec Claire Leroux ? A moins encore, et ceci doit être probable, qu'il ne pensât à rien, tout à cette satisfaction d'en avoir fini, que les plus navrés et les plus aimants rapportent du cimetière.

Quand il se retrouva dans la rue Royale, il était « administrateur stagiaire des Affaires Indigènes de Cochinchine » et « chancelier par intérim du Consulat de France, à Hanoï (Tonkin) ». Ce titre, il se le répétait également plusieurs fois sur le trottoir, s'habituant peu à peu à son exotisme, à son étrangeté. Et dans son exaltation, il ne trouvait d'autre cri qu'un banal : « Ça y est !... », — trois syllabes d'argot auxquelles se raccrochaient sa joie de la décision prise et son soulagement de n'avoir plus à réfléchir.

Le chemin qu'il suivait tout à l'heure, il le reprit. Devant la *Taverne anglaise*, le même garçon époussetait les tables d'un air ennuyé. Il lui trouva une « bonne figure », s'assit, puis, sans y penser, but une pinte d'ale, et laissa un pourboire généreux. Qui savait? Sans le sourire de ce domestique, tantôt, peut-être hésiterait-il encore? On ne dirait jamais assez les sottises et la petitesse de notre conscience.

Jusqu'à sa porte, cette constatation marchait avec lui. Il se rappelait son émotion d'après déjeuner, et sûr à présent qu'elle ne se renouvellerait plus, jamais plus, il revivait la scène humiliante qui l'avait jeté en tramway, soudain prêt à l'exil, cet exil vaguement décidé en des heures plus intimement, plus sérieusement navrantes.

Il descendait son escalier, boutonnant ses gants, las comme à l'ordinaire, mais ne songeant à rien, oui, ne songeant à rien, quand son nom, crié par une voix méchante, l'avait réveillé.

— Est-ce qu'il est là, votre monsieur Marcel Deschamps?

Le concierge, bien stylé, répondait non. Trop tard. La questionneuse avait vu le faux absent, et Marcel, éperdu comme un enfant pris en faute, ne songeait pas à remonter pour éviter une explication dans le vestibule. Il était blême.

— Je vous ai dit de revenir à la fin du mois!

— C'est le 28!

— La fin du mois, c'est le 30. Je ne vous paierai pas avant!

Il passait, raide, devant la créancière qu'excitait l'air goguenard du portier, et la mégère le suivait sur le trottoir, vexée de ce qu'il ne se retournât pas, s'en allant de sa démarche lente, la cigarette aux lèvres, et toujours visiblement préoccupé de boutonner son gant.

Elle criait des injures : « S'il était permis de s'habiller comme un *mylord*, lorsqu'on ne payait pas le pauvre monde !... » Les épithètes roulaient, et, déjà, les passants. tout de suite très amusés, entouraient la femme, goûtant en badauds sa colère, ou lui soufflant de nouveaux cris contre « l'aristo » dont les guêtres et le chapeau gris offusquaient leurs instincts.

Ah ! l'horrible minute !... Marcel étouffait de rage. Son orgueil de timide qu'affolaient la moindre piqûre, le moindre ridicule, saignait sous son plastron, et il aurait tué un homme sans frémir, brûlé Paris avec bonheur.

Peu à peu, comme il hâtait le pas enfin, et changeait de trottoir, il cessait d'entendre la femme ; pourtant, sa colère ne tombait point, changeait de cours seulement. Une vie pareille ne pouvait durer ; il fallait en sortir. Son parti était pris ; l'exil que son parrain lui offrait, et qu'il avait à peu près accepté dans un accès de désespérance moins banalement motivée, l'exil le sauverait de ces misères !...

Un tramway filait devant le parc Monceau, descendant à la Madeleine ; il s'y était jeté, le cœur lui sautant à grands coups. Une fois installé dans la voiture, il vibrait encore de cette fureur, et lui devait d'être intervenu auprès du conducteur en faveur d'une dame, — à cette heure cela le faisait rire intérieurement, — d'une dame qui, peut-être, sans doute même, n'avait pas raison ! Il se serait aussi bien battu avec un géant ou jeté du haut d'un pont, pour sauver un chien ! A quoi pourtant tiennent l'héroïsme et tout ce que conventionnellement il faut admirer ! Un créancier ameutant de bons prolétaires sur un trottoir : il ne lui en avait pas fallu davantage pour le rendre brave, car, avec ses terreurs du *qu'en dirait-on* et ses timidités puériles, il eût, de sang-froid, mieux aimé le plus périlleux duel qu'un éclat en voiture devant ces douze ou quinze bourgeois par lui fort méprisés, et il devait enfin, par expérience, estimer bravoure sa très naturelle résistance à l'un des petits tyrans du pavé.

Ensuite, par une logique association d'idées, il revenait au garçon de la taverne, au signe d'intelligence ou de salut que, client de marque, il en avait reçu au passage, juste à temps pour réveiller son humeur. Il n'oserait pas le nier : les favoris ministériels de cet homme étaient pour autant que l'esclandre de sa créancière dans cette décision de partir, dont, après de vrais deuils, de vrais pleurs, il n'avait pas eu le courage ! Et cela l'étonnait moins, au fond, que l'examen de conscience, que l'intime sondage, conséquences de cette rencontre stupide. Alors, les philosophies comme les héroïsmes étaient enfants du hasard, et petites, et mesquines comme leurs auteurs ? Par habitude, il formulait, ainsi que s'il eût parlé sa pensée, capable encore de s'étonner de ses découvertes, mais, par éducation, fidèle jusqu'au bout à la logique de ses examens. Il se disait, — son mépris coulant en découragement, — que, malgré la dissimulation de notre instinctif égoïsme, il n'est guère de crises de tristesse et de dégoût de vivre, dans l'explosion desquelles on ne puisse retrouver quelque contrariété misérable, ou quelque froissement de notre orgueil.

Si de telles causes, pensa-t-il, déterminent dans l'humeur du vulgaire de brèves violences, elles achèvent d'exacerber la sensibilité des natures dont notre manie de classification, et la mode un peu, qualifient le raffinement de névrose. Et ces natures ne pardonnent pas sa banalité à cette blessure, sans d'ailleurs en souffrir moins, leur humanité demeurant lucide au cours de ses pires faiblesses, et consciente toujours. Mélancoliquement, elles vibrent, durant des heures, des jours ou des années. Cette attaque mesquine et bête, cette méchanceté des choses, en choquant leur partie la moins noble, réveillent des échos, suscitent des études, évoquent des souvenirs aussi, les mettent enfin en présence de leur monstrueuse petitesse. Elles généralisent, poussées à bout. Une piqûre de moustique a rouvert des plaies qui s'enflamment dans une renaissance des douleurs assoupies, — et le moustique est oublié. De bonne foi, misérables observateurs, ils prêtent alors à leurs plus violentes amertumes une génération spontanée, et leur naïveté de souffrants ne se souvient pas plus de l'impulsion originelle que l'eau ne se souvient du caillou qui brisa son miroir.

Tout à l'heure, c'était une laque vague, une chose vitreuse, transparente à faible épaisseur, et qui couvait, semblant morte, horizontalement immobile. Le caillou du passant est tombé, et, tout aussitôt, sont nés des cercles concentriques. Sans fin, ils se succèdent, s'élargissant jusqu'aux rives; mais là, dans l'effort de leur fuite, ils se heurtent à des racines, à des branches pendantes, à des roches, et la violence de leur choc semble les multiplier, faisant naître, tout aussitôt, d'autres cercles, qui, sans fin aussi, se succèdent en s'élargissant jusqu'au large, si bien qu'au bout d'un instant, on chercherait en vain, sur ce miroir rayé où des plis s'embrouillent, le point où commença la révolte. L'eau ne s'en souvient pas. L'homme moins encore. Toutefois, l'eau seule est muette.

Marcel jeta sa cigarette finie avec sa méditation. Il était rue de Miromesnil, devant sa porte. Le concierge, comme tantôt, s'étalait sur le seuil, l'air goguenard, suant d'aise, sa médaille militaire bien en vue sur sa veste. Et Deschamps, sur un prétexte, lui donna son dernier louis. Car enfin, sans ce concierge!... Il recommençait la filière, et s'en aperçut, égayé soudain.

Installé chez lui, il savourait encore son bonheur d'avoir pris une décision, bonne ou mauvaise, d'en avoir terminé. C'était comme la sensation confuse d'une amputation qui lui aurait enlevé et sa douleur et le membre endolori. Il essaya de lire deux ou trois volumes parlant de sa future résidence, puis dîna seul, heureux et distrait. Avant le dessert, il se leva pour consulter un itinéraire. Par quel paquebot partirait-il ? Comme il cherchait le livret, il rencontra le portrait de Claire Leroux, le regarda comme s'il ne l'avait jamais vu. Était-elle jolie ! Pourquoi l'aimait-il donc si peu ? Un attendrissement l'empoignant, il jeta la photographie, furieux d'avoir à raisonner déjà la manière dont elle prendrait son départ. Des songes, des souvenirs, des regrets l'abîmèrent, sans que son rêve se précisât. Alors, il s'habilla, sortit, entra dans un théâtre. Des amis le reconnurent, qu'il suivit au dernier entr'acte. On discutait le livre de la veille, et Marcel retrouvait des fièvres d'artiste, des paradoxes convaincus. Cependant il tut son prochain départ, assez enfant pour s'imaginer une surprise de la dernière heure, quand on saurait, et pour s'en réjouir.

Lorsqu'il rentra, il était délesté de soucis. Une valse tournait en sa tête, et songeant à la décision qu'il avait prise, à la philosophie qu'il avait ruminée, il se coucha, trouvant sa journée bien remplie.

II

Sur le pont, dans les salons, dans les batteries du *Messidor*, c'était un tapage et une confusion inexprimables, ce matin de dimanche. On partirait à dix heures.

Marcel errait un peu partout, las du bruit, agacé de cette fièvre universelle, triste aussi de cette première et vague tristesse que donne la solitude dans une foule. Mentalement, à chaque fois que son vagabondage le ramenait à des bousculades essuyées déjà, il se comparait à un chien perdu; puis, sans savoir pourquoi, il se sentait le cœur serré avec une telle fatigue cérébrale qu'incapable de creuser sa sensation, il voulut se l'imaginer toute physique : « C'est une crampe d'estomac, je me suis levé tôt et j'ai faim! » Sur ce, toujours railleur à lui-même, il haussa les épaules et héla le maître d'hôtel. On lui servit un verre de Marsala et deux biscuits dont la première bouchée lui resta dans la gorge. Son malaise croissait. Il se réfugia à l'arrière, s'assit sur le caillebottis, n'ayant plus qu'un souhait, celui de partir vite, d'être au large, en plein ciel, en pleine mer.

Physiquement, elle l'accablait, la vie bruyante qui l'entourait, à cette heure. C'était un va-et-vient de passagers faisant les cent pas avec des amis attardés à leur dire adieu, d'enfants qui couraient par leurs jambes, et, tout près de lui, une stagnation agaçante d'hommes graves, trop décorés, vêtus de noir, hauts fonctionnaires de la Compagnie des Messageries, entretenant un dernier coup le commandant du paquebot. A ce moment, Marcel eut conscience de regards inconnus, fouilleurs ou distraits, s'abaissant sur son isolement, et sentit un regret très humain, et irréfléchi, presque une honte, de cet isolement. D'autres gens le regardaient aussi qui, déjà, semblait-il, s'inquiétaient de leur place à table et de l'espèce de leurs compagnons ou voisins futurs. Les femmes étaient les plus curieuses, mais comme elles paraissaient laides, insignifiantes du moins, il demeura revêche, sans remarquer que d'aucunes l'étudiaient avec plaisir, sans se soucier qu'on pût croire cherchés cette immobilité et cet air qui le distinguaient dans la cohue.

Indifférent à tout, en effet, et peut-être à cause de cela même, Deschamps appelait l'attention. Au milieu de *globe-trotters* affairés, il gardait l'attitude d'un être fier, vivant en dedans, d'esprit trop élevé pour tomber aux petitesses du paraître, trop hautain aussi pour descendre à laisser découvrir sa pensée ou son rêve au vulgaire. Il devait s'ensuivre — constatation banale, des jugements non mondains s'échafaudent pareillement — qu'avant l'appareillage, il aurait pour les passagers et les officiers du *Messidor* sa réputation établie qu'il devinait par expérience : celle d'un fat orgueilleux et méprisant. Mais il n'en avait cure : on n'en rechercherait sa connaissance qu'un peu plus.

Aussi bien, Marcel, dans son orgueil, ne s'arrêta point à ces examens. Bien vite, il retomba l'œil dans le vide, abasourdi, détaché des choses ambiantes. Brusquement alors, les vitres de la claire-voie lui renvoyèrent son image, et il la regarda, surpris comme étrangère, ne la reconnaissant point. A cette heure, son teint mat s'éclairait d'une pâleur saine sur laquelle ses traits s'accentuaient vigoureusement. Une finesse, il est vrai, atténuait leur mâle dessin, solide en son irrégularité. Sans doute venait-elle de la bouche, trop petite, trop féminine en sa pureté, avec ses lèvres moins rouges que roses et serrées dans un pli où se marquait plus de capricieuse bouderie que de volonté réelle? Peut-être encore, songea-t-il, était-ce son maigre menton ou son cou blanc et rond, un cou de femme, un peu fort, laissant à peine deviner les muscles, peut-être était-ce la gracilité de sa moustache, qui adoucissaient ainsi sa physionomie? Car le haut du visage, lorsqu'il clignait les yeux, comme à cette minute, montrait seulement de la force. Les méplats des joues en allongeaient l'ovale, creusaient la face où les pommettes pointaient, sans rudesse, arrondies par la lumière, et presque luisantes au contraste de l'envoûtement des yeux. Les sourcils tentaient de rejoindre leurs deux arcs entêtés au-dessus de la ligne mince et droite d'un nez dont la petitesse, dont les ailes mobiles semblaient aussi d'une femme. Et la vigueur masculine trahie par les pommettes et les sourcils, le front la révélait en son entier développement, faite d'intelligence et non plus d'appétits. Très large, — la tête s'exagérant au sommet, — ce front était haut sans être singulier, et d'une hauteur à peu près partout égale, comme si les cheveux eussent été tonsurés par devant. Ceux-ci très courts, très drus, revêches en leur rebrousse-poil, encadraient d'assez loin les oreilles, mouraient en rebelle duvet sur la nuque puissante, et, avec leur teinte châtain sans lustre, imprimaient à la figure quelque chose de cet aspect baptisé : air militaire, et qui, suivant les types, est fait de franchise et de résolution, d'insolence et de brutalité. Seul le regard crée la différence. Furieux de se voir, agacé de retrouver le sourire bête qui découvrait ses gencives, las de lui-même, comme de tout, Marcel riva le sien aux croisillons du caillebottis, puis le rentra dans une contemplation interne et perdue, laissant également inexpressifs sous la trame de longs cils recourbés, sa pupille au brun indécis, alors sans flamme, et l'humide nacre de sa prunelle.

Telle quelle, pensa-t-il, pour se consoler de n'être point l'homme physique qu'il souhaitait être, la tête était peu banale en l'ensemble, curieuse en quelques détails. Autant que la vie peut rappeler ce qui est mort et reste mort sous l'apparente résurrection des traductions artistiques, cette figure, ce cou, ces épaules robustes tendues ferme sous la cheviotte du veston, lui rappelaient les bustes de jeunes Romains dont fourmillent en Europe les musées des Antiques. Quand poursuivant sa pensée tout bas, il caressait quelque colère ou quelque plainte, ses dents se serraient, ses pommettes luisaient davantage, tandis que les maxillaires saillaient à leur tour, volontaires et ambitieux. C'était bien alors, tant il est dit qu'en nous tout doit mentir, le visage et la mine du Latin inquiet qu'un besoin pousse à la lutte devant le trône à conquérir ou la tribune à renverser.

Un physionomiste eût-il conclu de même? Volontiers Deschamps lui aurait demandé de confirmer sa propre analyse, mais il n'existait pas sans doute de tels observateurs sur le *Messidor*. Les passagers qui le regardaient mieux que les autres, lui trouvaient simplement l'aspect d'un « officier de chasseurs à pieds », puis, quand il se leva, développant ses longues jambes et sa maigreur aristocratique, « d'un lieutenant de cavalerie », en tout cas d'un « original ». Il sourit lorsque le vent lui apporta par lambeaux ces propos, car les hommes mettaient une rancune dans ce terme : « original », vexés instinctivement de ce que leurs compagnes reconnussent l'inconnu « distingué », la distinction, aujourd'hui que tous les mâles ne sont ni beaux ni laids et semblablement s'habillent, représentant sous ses syllabes élastiques tout l'idéal confus des bourgeoises et des femmes de classes moyennes.

— Monsieur Deschamps, voulez-vous me permettre de vous présenter à votre commandant ?

C'était un des fonctionnaires de la Compagnie, un des hommes noirs, trop décorés. Jusque-là, il tournait le dos au jeune homme et le découvrait seulement à cette minute, dans le brouhaha du croissant encombrement.

— Commandant, j'ai l'honneur de vous présenter, car il n'est pas besoin de vous le recommander... vous l'avez lu, j'en suis sûr... M. Marcel Deschamps, le poète des *Chimères* et des *Angoisses*.

Le commandant avait-il lu *Chimères* et *Angoisses* ? Le chancelier ne se le demanda pas pour n'avoir point à répondre non. D'ailleurs, d'emblée, il se sentait séduit par le visage sympathiquement cordial de l'officier dont l'œil intelligent et profond, le bon sourire, tout l'aspect extérieur lui promettaient un intéressant et aimable compagnon, dont les premiers mots enfin lui annonçaient un hôte assez lettré pour les discussions d'art, et, pour toutes autres causeries, savant sans pédanterie, conteur sans rabâchages.

— M. Louis Villaret, lieutenant de vaisseau démissionnaire, capitaine du *Messidor*.

Les deux hommes se serraient la main. Ils s'étaient plu. Le marin citait déjà des vers de son nouvel hôte :

Sous des cieux trop bas, par des routes mornes,
J'ai souvent pleuré mes espoirs défunts,

> Et, las de chercher couleur et parfums,
> Maudit ma Chimère aux désirs sans bornes,
> Sous les cieux trop bas, par les routes mornes !...

Marcel souriait sans amertume, habitué à chaque présentation à trouver sur les lèvres bien intentionnées de gens qui, la plupart du temps, ignoraient son œuvre, des vers de son début, vers popularisés par les gazettes, car le poète avait été un novateur, et des maîtres plus connus, introduisant après lui les anxieuses lassitudes de la jeunesse de ce temps dans le poème jusque-là conventionnel, l'avaient remorqué à leur gloire. A tout autre moment, il se fût, sur ce rappel, reporté à la fiévreuse époque d'où datait la pièce, aux joies brèves et brisantes de ces commencements; mais une autre préoccupation le tenait, plus terre à terre et pressante. Il lui fallait expliquer comment et pourquoi, poète, il renonçait à son milieu, à la vie intellectuelle, pour aller s'enterrer en Indo-Chine comme fonctionnaire colonial. Cherchant ses mots, gêné, furieux de n'avoir pas prévu cette si naturelle question qui, désormais, le poursuivrait partout, il bégayait, parlant de sa fatigue de Paris, de son besoin d'horizons infinis, de choses neuves.

— Et puis, termina-t-il, — moins honteux de son demi-mensonge que de son embarras qui le forçait à citer à son tour ses propres vers, — on se bat là-bas ; notre poignée de soldats fait de l'épopée dans du soleil, par les rizières, dans un cadre étrange :

> Être acteur et témoin de choses héroïques...

Il m'a pris une démangeaison de voir la guerre dans cet exotique milieu : je suis parti.

— Bravo ! faisait le commandant. Mieux vaut vivre l'histoire que la lire !...

De son œil clair, tout en causant, il détaillait son

nouveau passager, semblant dérouté lui aussi, sans que, d'ailleurs, sa sympathie primitive en souffrît, par ces contrastes de force et de douceur, de volonté et d'abattement, auxquels le visage de Marcel empruntait son originalité avec sa grâce. Le jeune homme avait recouvré son sang-froid. On remuait des choses banales; des présentations entrecoupaient dans le groupe la conversation généralisée. Ensuite, des dames s'approchèrent et, un coup encore, la mobile physionomie du voyageur changea. Son regard distrait s'allumait d'une flamme claire avec de fugitives éclipses sous les cils, d'où il resurgissait hautain et dur. Les yeux étaient-ils gris ou bruns ? L'officier ne put le savoir. Une fillette de quatre ou cinq ans, blonde et rose, jolie adorablement, lâchait la main maternelle pour se pendre à celle du chancelier qui la contemplait. Il l'avait prise, la tenait en l'air des deux bras, et, tandis qu'elle s'extasiait bienheureuse, conquise, sa prunelle ne la quittait point, avec la même caresse tendrement chaude qui faisait de sa pupille un bijou de vieil or rayonnant sur du velours. M. Villaret alors hocha la tête, comme jugeant que c'était assez étudier ce nouveau venu, qui, non célèbre, eût été remis à plus tard; et, se penchant vers l'auteur de la présentation, il définit, par acquit, le chancelier : « un monsieur complexe ». Au surplus, bien qu'ayant simplement conclu d'après l'examen du visage, il est vrai semblable que, seul parmi les nouvelles connaissances de Marcel, le capitaine émettait un jugement dont l'intéressé ne contestât point l'exactitude, car le poète, en le surprenant, ne put retenir un sourire.

Longuement, une cloche tinta ; les hommes graves tirèrent leur montre :

— C'est la première sonnerie pour avertir les visiteurs d'avoir à quitter le bord et à presser leurs embrassades.

Le marin se tourna vers son *second* qui s'approchait, la casquette à la main :

— Tout le monde au poste d'appareillage !

Puis, tandis que le commandement répété précipitait un peu plus le mouvement du bord, il prit congé des fonctionnaires, glissa un au revoir amical à Deschamps et courut à sa passerelle.

Le jeune homme aussitôt se sentit retomber à son navrement.

Sans voir le coquet remerciement de la mère du joli baby, il se penchait sur la lisse, cherchant machinalement dans la foule qui grouillait sur les appontements, sur le quai, sur la jetée, partout, un visage ami, une figure où se raccrochât sa vague tristesse. Personne.

Le cœur étreint, il battit et rebattit la foule avec sa lorgnette. Personne.

En bas, sur les flancs du *Messidor*, bâillant sous la coupée, une large porte-fenêtre se prolongeait d'une passerelle en pente ayant deux filins tendus pour garde-fous et dégorgeait tout un peuple sur le warff. Là encore, personne. Des visages inconnus, insignifiants, communs, que son égoïsme trouvait morts. Il sentit son malaise grandir et quelque chose le prendre à la gorge.

Le tapage croissait. Ce n'était plus la rumeur, les cris, les jurons, les rires de la cohue de tantôt. A un second coup de cloche, les salons et les batteries avaient vidé sur l'appontement le flot des commissionnaires, des garçons d'hôtel, des portefaix, des curieux et des indifférents. Quelques visiteurs seuls restaient en bas, devant les abord et la passerelle, prêts à l'expulsion suprême, mais ceux-là ne faisaient pas de bruit, muets dans l'attendrissement du départ proche, avec des étreintes subites aux bras des passagers, des larmes mal essuyées, des caresses, des recommandations à voix basse. Le vacarme du bord, c'était le bord qui le produisait à cette heure, fiévreusement, rageusement, par saccades, comme impatient et las d'avoir attendu. Et l'on percevait à peine les lazzis, les querelles montant du quai où se partageaient pourboires et salaires.

— *Tè*, Marius ! et tu ne pars pas pour *les îles* ?

La voix du *Messidor* couvrait tout, une voix rauque que le grondement de la vapeur orchestrait. Les treuils de l'avant et de l'arrière grinçaient sur le rythme précipité des *petits chevaux* ; les *faux-bras*, énormes, s'enroulaient, se traînant des machines aux bittes sur le parquet sali, avec des tremblotements et des soubresauts traîtres de boas. Le sifflet de la machine ululait, et son enrouement crevait encore le tympan, remplacé bientôt par les susurrements perçants et grêles du méchant sifflet d'argent du maître de manœuvre, — un roquet aboyant derrière un canon.

Dominant le vacarme, un commandement s'éleva qui, tombé de la passerelle, courut par les bouches :

— Paré à larguer les amarres !...

Une sorte de silence se fit. La vapeur ronflait seule avec entêtement.

— Machine en avant !........ Larguez tout !

Nul ne l'avait répété cet ordre, mais Marcel l'entendit ; les vibrantes syllabes lui meurtrirent le cœur.

Et le *Messidor* s'avança, lâchant ses câbles d'arrière, puis l'amarre qui, par bâbord, à l'avant, le retenait au paquebot voisin. Sur l'amarre de tribord, il se halait, sans secousses, avec une force douce, et l'on ne s'aperçut de son mouvement qu'aux vivats partis du quai dont le navire s'éloignait avec lenteur. Des manœuvres suivirent, scandées de coups de sifflet. Les treuils ronflaient toujours, on rentrait les haussières, le navire était dans la passe, le nez au large, renâclant. Brusquement, quelque chose l'ébranla plus fort. Il semblait s'étirer, se gonfler comme un monstre au réveil. Et ses flancs vibrèrent plus vite, et, plus violemment l'hélice battit l'eau glauque, sous une soudaine nappe de mousse bouillonneuse. On était en route.

Deschamps se redressa. Un souffle passa sur son front, il sentit l'heure plus grave encore que triste, ému d'étrange façon, impuissant à raisonner. Du moins voulut-il, afin d'analyser plus tard son trouble d'à présent, noter les détails du tableau, les moindres phases de cet « adieu vat. » Mais la terre était voilée par une pluie fine, délayant le brouillard. Marseille se noyait dans du gris, pareille à quelque port anglais, mélancolique ainsi, et plus sale. Des maisons creusaient des trous jaunes dans le sombre rideau, s'effaçaient à leur tour derrière des mâtures. Le voyageur se retourna, regarda l'officier de manœuvre placé à l'extrême arrière qui, tout en surveillant la rentrée des haussières, à proximité du porte-voix communiquant avec la passerelle, envoyait à terre des baisers furtifs à des femmes, la mère et les filles, pelotonnées sous une toute petite ombrelle. Les parapluies maintenant bombaient de toutes parts. Sur la jetée, des docks au phare, ondulait un étoilement de boucliers tremblotants comme des épis. Marcel s'efforça de trouver ridicules ces adieux trop mouillés, ces mouchoirs agités sous la bruine.

— Saluez! dit l'officier, l'oreille à son tuyau acoustique, l'œil et la main vers les trois femmes.

Deux timoniers saisirent la drisse, tirèrent doucement, l'un après l'autre, les deux bouts. La tente couvrant le paquebot empêchait Marcel de suivre la promenade du pavillon, montant et descendant pour le salut d'adieu; il s'en agaça, furieux de l'insouciance de ces matelots dont les bras allaient et venaient, distraits et monotones. Alors, il se réaccouda sur la lisse, se contraignant à déchiffrer au passage les noms des steamers rangés les uns le long des autres, l'arrière à quai, pareils des chevaux à l'écurie. Imitant leur hôte, le navire de guerre, ils rendaient le salut au courrier, eux aussi. Ce fut, pendant cinq minutes, une voltige de pavillons que l'absence de soleil décolorait, que l'averse faisait lamentables. Puis, plus rien. A droite le large, là sous cette brume légère où l'averse s'étale en rideau, là, derrière et après ce bout de jetée, où la foule a couru et grouille, fourmilière tapie sous des parapluies. Des cris arrivent, et vingt, et cinquante, et cent, cinq cents mouchoirs s'agitent, ensemble, sous les dômes de soie qu'anime une danse de Saint-Guy.

— Adieu!... adieu!... Bon voyage!

Des syllabes provençales, plus hautes, plus chantantes, dominent les autres. Et toujours les mouchoirs s'agitent. On dirait d'un essaim d'oiseaux blancs tentant de s'envoler de ces blocs de pierre et toujours reculant, effrayés par l'eau. Les passagers se sont tous précipités à tribord, pressant Marcel qui suffoque. Ils répondent aux vivats; leurs mouchoirs, leurs chapeaux dansent aussi entre les *pistolets* et les haubans, au bout de bras infatigables.

— Au revoir!... au revoir!...

Des enthousiastes crient des dates, des noms propres, et Deschamps se recule, tombe sur un banc à côté d'un Anglais grave et flegmatique qui déjà consulte sur ses genoux la première carte de son *Itinéraire*.

— Mais qu'ai-je donc? pense le jeune homme... Puisque je ne l'aime plus!...

Il ne dit point comme à Paris: *Puisque je ne l'aime*

pas, et s'en étonne. Malgré lui, il regarde encore la foule, le phare qui décroissent, et, lentement, se perdent, toujours pointillés par les mouchoirs, tandis que le paquebot roule un peu, et ronfle plus vite, dans la brise humide et iodée qui balaie son pont.

C'est fini, on part, on est parti. Eh quoi, déjà?... Déjà! On ferme les panneaux des cales, on passe fauberts et balais sur le parquet boueux. La toile à voile des tentes, trempée de pluie, a pris une couleur de bière, tendre et laide, on croirait une toiture aux vitres de corne, le plafond d'un laboratoire photographique. Elle commence, la vie à la mer; les matelots rangent les fauteuils de bambou, les *rocking-chairs* empilés, et le bruit qu'ils font semble être du silence auprès du vacarme de tout à l'heure. Deschamps les regarde et s'imagine, à sa lourdeur triste, au poids qui l'écrase, sentir l'affre d'un pressentiment. Il est seul, à tout jamais seul. Nulle main, nul mouchoir n'a remué pour lui, et, plus à plaindre que ces matelots, il n'emporte, pense-t-il, aucun souhait, aucun viatique. Que sera l'avenir, si la première heure s'ouvre ainsi? Sangloter lui ferait du bien, mais les pleurs se refusent, et puis ce serait bête! Mieux vaut se consoler avec les choses. Là-dessus il s'accoude de nouveau sur le bastingage, mais tout le repousse, le ciel d'un gris de suie, et la mer sans lumière, sans couleur, terne, laide, ridée. Alors, il rentre chez lui, et, la tête enfouie entre deux oreillers, cahoté de la muraille à la planche à roulis, mouillé par le sabord de l'étroite cabine, il laisse son cœur se crever et lentement s'endormir cette désespérance qu'il croit sans cause comme elle est sans larmes.

III

— Peuh !... La vie, la nature et les hommes, voyez-vous, restent toujours cruellement pareils, immuables dans leur férocité, immuables dans leur indifférence. Les sourires que nous leur découvrons à des heures rares, c'est nous qui les leur prêtons, libéralement. Encore, pour ce prêt, les empruntons-nous au ciel ou à la mer, parfois aux deux, quand surtout un soleil, longtemps attendu, balaie nos mélancolies avec leur brumes, et réveille toutes les exubérances physiques avec tous les espoirs. Plus ou moins, et sans nous en apercevoir, nous sommes, tous, de la *couleur du temps*, soumis presque autant aux variations du baromètre qu'aux caprices de notre estomac ! Or, juger hommes et choses par les enchantements d'un beau jour ou les béatitudes d'une heureuse digestion, c'est juger la mer par un temps calme. Rien n'est cruel comme la mer, et rien cependant, sauf l'enfance peut-être, n'a de sommeil plus doux, plus tendre. Cependant, comme l'inverse n'est pas moins véritable, mieux vaut, à mon sens, ne pas juger du tout et se tenir à l'écart, dans l'isolement de ses mépris ou de son insouciance. Le détachement de tout, la vie contemplative, redeviennent donc, en dépit des rhéteurs, le dernier mot de nos sagesses...

C'était Marcel qui, s'écoutant un peu parler, philosophait de la sorte, sur la passerelle supérieure du *Mess dor*, en vue du feu d'Ischia, entre trois et quatre heures du matin. On allait à toute petite vitesse, dans la nuit humide que cinglaient des grains du sud-est. A l'horizon, luttant contre le brouillard, l'aigrette incendiée du Vésuve se percevait, point rougeoyant.

Le commandant laissait s'épancher le jeune homme. Deschamps n'avait pas voulu dormir, afin d'assister à l'atterrissage et pour ne point quitter l'officier.

— *All right!* dit enfin le marin, après un silence pensif. Je vois que vous allez mieux qu'avant-hier et j'en suis heureux...

— Comment cela? interrogea Marcel, dont la susceptibilité vibrait vite.

Il s'était habitué déjà à ce familier : *All right*, dont le capitaine abusait, lui donnant vingt significations peu anglaises. L'interjection, cette fois moins que jamais, ne pouvait se traduire par un « Ça va bien » approbatif. N'était-ce pas plutôt un « Vraiment? » poli, une façon d'esquiver la discussion avec la réponse? Puis, pourquoi le trouvait-on mieux portant?....

M. Villaret reposa la grosse lorgnette avec laquelle il tentait de fouiller l'horizon et fixa son hôte. Une sympathie, une pitié cordiale voilée d'ironie s'exhalaient de son regard clair et de son rude visage, tout blanc dans l'encapuchonnement du caban.

— Je pense qu'il y a du mieux, simplement à cause de vos paroles, de vos plaintes... Je ne vous ferais pas l'injure de vous demander jusqu'à quel point vous avez souffert, même ayant le droit de vous interroger, mais par expérience, je sais la guérison proche quand le blessé discute de sa blessure.

— Il fit deux pas, se pencha sur le tube du porte-voix pour crier un ordre à la machine ou à l'officier de quart, debout à guetter à l'étage inférieur de la passerelle, devant le kiosque de timonerie. Marcel eut donc le temps de réprimer son mouvement boudeur, et de se rappeler la scène de l'avant-veille, après le départ. On avait sonné deux fois pour le déjeuner sans qu'il eût rien entendu, prostré sur sa couchette, où son angoisse maladive essayait de dormir. Non plus, il n'avait entendu le commandant frapper à la cloison, en soulevant la portière qui, seule alors, fermait la cabine ; mais, en sursaut, la face ravagée, il s'était dressé à un « Eh bien ? » affectueux de ton, dont la caresse devait provoquer la détente de ses nerfs, après la première honte d'être ainsi surpris, plus faible qu'une femme. Pas un mot n'avait suivi, ni de consolation banale, ni d'indiscrète question ; seulement, une main cherchait la sienne, lui disait dans une étreinte longue et forte ce qui ne pouvait être dit, même du regard, à ses yeux baissés de confusion. A cette minute précise, il s'était senti un ami, et son cœur s'était réchauffé.

Depuis, et durant ses longues conversations avec le marin, aucune allusion n'avait été faite à cette défaillance. Cependant, de quoi ne causaient-ils point, accrochés soudain l'un à l'autre par une de ces affinités que nous subissons sans les comprendre ? Nulles confidences ; des choses générales sur l'un et sur l'autre, simplement, comme si leur sympathie, assez forte pour mépriser les conventions et les réserves des ordinaires méfiances sociales, eût, du moins, voulu laisser à la divination de leurs deux intelligences mutuellement pressenties, le plaisir de lentement suppléer aux aveux.

Marcel remercia et rassura du regard M. Villaret dont l'œil s'excusait. Puis, quand celui-ci, content, eut souri, et repris, avec ses cent pas, son observation des brumes, il garda le silence un instant encore, pensant à la bizarrerie des hasards et des destinées qui lui faisait rencontrer à l'heure et dans les lieux les plus inattendus le partenaire intellectuel que ses rêves appelaient en vain à Paris. Il retombait de là à l'étude commencée de ce compagnon. Son caractère, il l'avait lu, à livre ouvert, sur sa physionomie de Bourguignon, bien équilibré, unissant dans une saine synthèse tout ce que donne l'héréditaire communion avec le sol, tout ce que livre la lutte avec la mer. La bonté, la franchise, l'énergie, l'amour des horizons infinis, l'œil et la bouche les proclamaient, mais cela formait le moral, et Marcel se préoccupait surtout de l'homme intellectuel. Sa complexité s'amusait au surplus de celle qu'il devinait chez son nouvel ami, pour deux ou trois lambeaux de profession de foi philosophique, dont le paradoxe restait irréfutable, étant vécu. M. Villaret, docteur ès-sciences naturelles et passionnément observateur, représentait dans le débat le physiologiste raisonnant sur des faits, alors qu'il demeurait lui-même — il en avait conscience, — le psychologue naïf, dont l'analyse tâtonne hors du *moi*, instinctive d'ailleurs, et par cela même, survivant à la volonté, comme le naturel et très égoïste produit d'un tempérament sensitif.

Justement, lorsqu'il renoua la conversation tombée, cette explication le frappa. Il disait :

— Mon cher commandant, il est certain qu'à Marseille j'eusse été plus... calme par un ciel bleu, sur de l'eau bleue, et que, depuis, à défaut de résignation, j'aurais atteint le non-penser, si le ciel et la mer avaient daigné sourire.

— Tout cela, répliqua le marin, est impression physique, donc dominable. Si vous étiez micrographe, vous vous apercevriez moins du temps !

Il riait. Marcel répliqua :

— Êtes-vous heureux de posséder des recettes !

— Pourquoi ce pluriel? Je n'en ai qu'une : être content de soi pour être, suivant les cas, content des autres, ou pour pouvoir les mépriser. Ma recette : le travail. Je le trouve pareil à la foi, l'amour en vient avec la pratique. Le travail console, et l'absence...

De nouveau il s'arrêtait redevenu timide, et craignant d'être allé trop loin en obéissant à son impulsion sympathique.

— L'absence?...

Le jeune homme n'avait dans le regard que de la mélancolie. Le capitaine, reprit plus bas :

— L'absence idéalise ce que l'on a fui : elle ne guérit rien...

Un silence encore tomba. Deschamps secouant la tête et chassant ses visions, le rompit :

— Pour travailler, il faut croire à quelque chose, ne fût-ce qu'en soi !

— Allons donc ! Excuse d'école, excuse de... paresseux ! Vous ne connaissez pas mon système d'éducation : prendre artificiellement l'habitude d'un travail qui, un jour, tôt ou tard, sera le refuge, le soutien, — la vengeance. La souffrance aigrit celui qui souffre, sans servir personne ; le travail sert tout le monde.

— Brrr ! Socialiste que vous êtes !... Mais que conseillez-vous à celui qui vous a connu trop tard, vous et votre panacée, à celui que l'absence d'horizon étreint et anémie? Que conseillez-vous à celui qui se débat entre les débris des croyances dont s'aidaient nos pères?... Ne vous récriez pas : je n'en suis pas au Christ poussiéreux de Musset, au Christ en toc dédoré par le « hideux Voltaire! » Les croyances dont je parle n'ont rien de religieux : croyances à la patrie, croyances à la simple honnêteté, croyances à un devoir quelconque, croyances à l'utilité de nos actions, croyances en nous-mêmes : il ne reste rien de tout cela. Nous sommes des castrats et nous ne savons ni pourquoi, ni comment vivre...

— Et vous vivez!
— On est lâche.
— Non : l'on espère. L'espoir est la prescience d'un mieux qu'on peut atteindre. C'est l'appeau à notre volonté, et tout est dans le vouloir. Vous ne partagez plus les croyances dont vous célébrez les funérailles, et cependant, vous agissez comme si vous les partagiez! Vous vous feriez tuer pour votre pays, vous êtes honnête, vous êtes serviable et vous avez, d'après vos propres livres, sacrifié à un idéal.

— Cela ne prouve rien, commandant! L'éducation...
— Mais vous dis-je autre chose? L'éducation vous a fait survivre à vos désillusions d'homme. Mieux entendue, elle vous les aurait évitées, comme elle les évitera à mes enfants. Que vous a-t-on appris? A chercher hors de vous-même un idéal qui n'est qu'en vous. En vous enseignant que cet idéal n'est et ne peut être qu'un perfectionnement de votre personnalité, elle vous évitait ces angoisses et ces découragements... Voyez-vous, nous sommes à la fois adaptés à notre milieu et perfectibles par transformations lentes. Or, de nos forces latentes, l'orgueil est la plus profonde. Il doit à la fois corriger et utiliser notre égoïsme, mais, pour cela, il faut le développer du premier jour où l'on nous façonne à vivre. L'orgueil et la conscience sont un. On tolère la vie, croyez-moi, quand pour se

montrer supérieur à elle, on s'impose de modifier les fruits de notre hérédité morale. Vous souriez?... Je sais bien que ma théorie est insuffisante, mais considérez-la comme de transition. Elle est du moins à la hauteur de ce que nous savons scientifiquement. Certes, on peut s'ingénier à rechercher la nature des relations de notre être psychologique avec le monde extérieur, mais réfléchissez qu'une petite veine en se rompant dans une circonvolution de notre cerveau nous fait *voir* ce qui n'existe point...

— Eh bien alors? ricana Marcel.

— Alors?... Cela constaté, je me suis rappelé, je vous le répète, que nous héritions de l'organisme psychologique comme du reste, et que nous pouvions le perfectionner comme le reste, — avec de la volonté. Appelez-le comme vous voudrez, notre espèce tend vers un état meilleur que nous ne connaissons pas, mais que nous pressentons. Le devoir pour chacun de nous consiste à pousser à la roue. Pourquoi s'inquiéter d'autre chose? Pour tomber dans les contradictions, dans les impossibilités? Le *devenir* est-il si important! Pour moi, mes spéculations théoriques ne vont pas plus loin. La morale pratique me préoccupe seule, que je considère comme individuelle, chacun ayant sa conscience propre, plus ou moins perfectionnée. Nos instincts, dit Spencer, sont des *habitudes organisées héréditaires*. Mon indulgence vient de ce que nous ne pouvons les modifier qu'avec peine, que lentement... Mais pourquoi discuter de ces choses? De même que notre morale et que notre conscience, nos façons de juger sont individuelles, et il est parfaitement inutile de nous les communiquer les uns aux autres. Grâce au dessin, nous savons que l'image des objets sur notre rétine est la même pour tout le monde : en est-il ainsi pour nos impressions ou sensations psychiques?... Le mieux est donc de rester sur le terrain banal, mais sûr, des faits... Mon cher ami, j'ai passé par vos épreuves et je vous parle étant guéri. Votre éducation n'est malheureusement pas à refaire, mais vous pouvez m'imiter et demander l'oubli au travail jusqu'au jour où, toujours comme moi, vous le trouverez dans la famille, dans un embourgeoisement n'atteignant pas le cerveau. Vous êtes jeune : Aimez !

— Commandant, répondit Marcel, vous concluez comme le *Puits-qui-parle*, dans la romance de ma mère-grand !

Tous deux sourirent et le jeune homme descendit, — non convaincu. Il rêvassait cependant ; même, un long moment, il s'arrêta à la passerelle inférieure, où l'officier de quart s'immobilisait dans son caban, les yeux rivés à ses jumelles. Autour, l'ombre était comme tangible ; la pluie gâchait des ténèbres où le pont du *Messidor*, sa mâture, se seraient perdus sans les feux de position, le vert et le rouge aux extrémités de la passerelle, le jaune à l'avant, qui jetaient, çà et là, des bouts de lueur sur les haubans et les câbles de fer, brouillés en toile d'araignée. Dans le kiosque de timonerie, son regard machinal chercha les lampes, masquées pour ne point gêner les observations. Un filet pâle indiquait seul le compas dont le cercle quadrillé, sous son bonnet de cuivre, ondulait doucement comme l'eau d'une cuvette. Mais l'officier entra dans le pavillon vitré, tourna une clé, et, soudain, une lumière jaillit dont l'obscurité proche et l'habitude du noir exagérèrent la nappe crue.

Penché sur une carte marine, le lieutenant étudiait l'atterrissage ; en arrière le timonier demeurait dans l'ombre, l'œil sur le compas, et l'on ne voyait que ses gros poings velus, tatoués d'une ancre près du pouce, s'appuyant aux manettes de la roue minuscule de la barre à vapeur. Dans le fond du poste, confuse, mystérieuse, la petite machine actionnant le gouvernail, se révélait à des éclairs de métal, à de courts souffles rauques. L'officier recoiffa la lumière, ressortit, et la nuit retomba, plus épaisse.

Marcel, accoté à l'échelle, s'attardait encore, songeant à présent à cette vie de la mer, toute de souffrance et de grandeur. Le vent faisait rage, moins froid, lourd des odeurs de la terre prochaine ; la nuit, devinant l'aube à l'horizon, se condensait davantage, s'accrochant aux choses désespérément, et l'immense navire dormait, frémissant à peine aux battements de l'hélice, roulant avec un bercement assoupi. Pas d'autre bruit que celui de cette roue, joujou d'enfant auquel obéissait le colosse; pas d'autre vie que celle de ces deux officiers veillant solitaires aux deux étages, et de ce matelot muet, planté comme une statue.

En haut, le commandant reprit son va-et-vient, et sous ses pas vibra la frêle passerelle.

— Bâbord un peu !... Tribord un peu !... Droite ! criait-il parfois à l'officier de quart qui, de son geste d'ombre chinoise, soulignait l'ordre en le répétant à l'homme de barre. Les chaînes grinçaient, le piston donnait quelques coups, puis le silence reprenait et tout semblait remourir.

Deschamps s'éloigna enfin. Ses semelles éveillaient les sonorités métalliques des claires-voies de la machine d'où montait une chaleur grasse. Entre leurs barreaux s'enfonçaient des étages, pareils à des puits de mine, où tremblotaient des lueurs résineuses. Vues de là, ces profondeurs lui parurent plus effrayantes encore que le jour. Des silhouettes luisantes traversaient leur enfer, torses maigres et ruisselants des chauffeurs somalis dont les ringards tintaient contre la fonte avec des bruits de gong. Ces démoniaques se penchèrent, des portes battirent, et Marcel entrevit les gueules béantes des brasiers. Ce fut une vision brève. Du charbon enfourné, dans le temps d'un éclair, les monstres éteignirent leurs bâillements ensanglantés, et le noir se rua dans ce coin de la chaufferie, souligné par les tisons tombés des grilles, de gros tisons roses, que, peu à peu, les cendres et l'eau voilèrent d'un tapis poudroyé d'étincelles.

Un limonier piquait quatre heures; secoué, le noctambule, qui, pour ne pas glisser, se retenait aux bordages des embarcations de sauvetage, atteignit la dernière échelle et redescendit sur le pont. Là, de joyeux parfums de pain chaud l'enveloppèrent de tiédeur. Plus loin, les bâbordais prenant le quart, déroulaient en bâillant, avec des gestes paresseux, le tuyau de la pompe pour le lavage du pont. Deschamps regagna sa cabine et s'habilla. Le *Messidor* stoppait, et, malgré lui, une impatience le tenait de descendre à Naples dont les lumières apparaissaient maintenant, falotes, affreuses, au contraste du Vésuve qui crachait des flammes, par à-coups furieux, et remplissait le ciel d'un reflet de forge.

IV

— Vous ne connaissez pas Naples, monsieur ?
— Je vous demande pardon, répondit Marcel, et il sauta dans le canot où l'attendaient le médecin du bord et l'agent des postes. L'embarcation poussa.
— C'est qu'en vous voyant si pressé...
Le chancelier fronça le sourcil sans répondre. Une susceptibilité maladive, dont il se rendait compte sans la pouvoir réprimer, lui faisait pressentir partout des malveillances, lui montrait des épigrammes dans des indiscrétions sans méchanceté. Ce matin-là particulièrement, son humeur n'était pas en veine d'indulgence, et il cédait au commun besoin de traduire son mécontentement de lui-même en sévérités pour autrui. Certes, il lui semblait grossier, ce marchand de timbres-poste dont la gêne à la table des premières classes, au milieu d'une majorité de gens du monde, s'épanchait tout le jour en sorties de goujat, mais il eût cependant trouvé ses questions naturelles, et il lui aurait affablement répondu s'il ne s'était justement, tout bas, reproché sa précipitation. Pourquoi cette hâte de descendre à terre ? Était-ce pour reparcourir, défigurée par la pluie, cette Naples

aimée dont l'ensoleillement et le golfe bleu, il y a vingt mois, au temps où ses baisers n'étaient point las, l'avaient vu promener sa maîtresse ? Idéalisait-il si tôt? sa volonté déjà faiblissait-elle ? Et pourquoi, radouci, demandait-il à son voisin l'adresse de la Poste centrale ?

Ah ! il lui tenait bien aux épaules, le vieil épiderme dont il avait cru se dépouiller ! On change d'air et d'habitudes sans pour cela faire peau neuve ; on guette les lettres de la femme quand on ne la guette plus elle-même; mais semblables sont les affres des attentes...

La brise passait au sud-ouest, balayant l'eau colère; la baleinière dansait comme un bouchon. Des embruns aspergeaient la face des trois hommes, plaquaient les chemises de laine et les cols bleus aux épaules des nageurs, déposaient de blanches efflorescences sur les sacs de lettres, vieux sacs avachis, fangeux et lourds, entassés sous les pieds de Deschamps. Il les regarda, songeant à la lettre de Claire, à la lettre espérée, qui l'avait précédé en Italie par le chemin de fer, perdue dans un semblable sac, également piétiné par des semelles indifférentes. Combien de destinées ressemblaient à ces valises postales, « foulées et trepées » ainsi que la courtisane de Brantôme, muettes sous les mépris et pareillement inconscientes de leur contenu sous un cachet que la vie appose et que la mort rompt seule, dans une ombre où nul ne lit ?

On accosta, sous l'ondée. Marcel laissant l'agent à la poste maritime, suivit le docteur à la Direction de la Santé, puis, la patente visée, fréta un corricolo et partit. Des laideurs de crasse se détrempaient de l'avant-port à la ville, et Naples, avec la puanteur en plus, ressemblait à Marseille, le dimanche du départ. Dans une joie amère, il goûta ce lendemain de rêve, mais ne s'étonna pas, ne récrimina pas, sachant bien, encore qu'elle fût jeune, son expérience, qu'on ne doit point, sous peine de nausées, rentrer dans les salles de banquet, le festin clos, quand la nappe devient loque, quand l'ivresse des valets s'attarde aux rinçures. Seulement, sa mélancolie, lorsqu'il eut fermé les paupières pour éviter la navrante horreur ambiante, s'ingénia à reconstituer les pampres et le soleil d'antan. Il revit le Pausilippe, la Chiaia, et, dans un défilé d'amoureux souvenirs, tous les chers endroits où, Claire au bras, il avait promené sa jeunesse, l'illusion du cadre lui donnant l'illusion de l'amour.

La voiture s'arrêtait devant un vieil hôtel orné d'un drapeau. Il descendit et se fit indiquer le guichet de la poste-restante.

— Avete alcuna lettera diretta da Parigi al signor Deschamps?...

L'employé, jeune homme noir et velu, fouilla comme à regret dans un tiroir. Marcel s'impatientait de sa lenteur, si nerveux qu'il eût volontiers secoué la forêt de poils que l'œil du commis trouait à peine. Comment ce faune pouvait-il lire avec tout cela sur la figure ? L'Italien se décida à relever la tête, et, dans un sourire qui fit scintiller des blancheurs d'ivoire sous les fourrés inférieurs de son visage, — telles brillent les étoiles entre les branches ! — laissa tomber un : « No, signor ! » musical et parfumé d'ail.

— Ah !... lui répondit-on avec un merci hébété. Deschamps venait de sentir un froid glisser sur ses reins. Il redescendit et, parvenu sur le trottoir, machinalement, il s'arrêta à regarder s'engouffrer, sous le porche de l'hôtel un flot de jeunes filles, les employées du télégraphe. Elles étaient jolies et crottées, mais il ne vit que leurs jupons sales, s'il les vit. Pourquoi donc aussi comptait-il sur une lettre ? Et que lui aurait appris cette lettre ?... La dernière Italienne n'avait point passé, et déjà Marcel s'était persuadé que l'amour-propre seul, que la curiosité seule, l'avaient amené là, et que, seuls, ils souffraient à cette heure. « J'aurais mieux fait de dormir », pensa-t-il. La pensée de sa nuit blanche, sur ce, lui donnant faim, il chercha un restaurant et s'y installa devant une tasse de chocolat, deux douzaines d'huîtres, deux tranches de mortadelle, et un fiaschino de vin de Capri. Sa fantaisie s'amusait, avec un rire jaune, de cet insolite menu et du démenti que son estomac donnait à son cœur.

A moitié du repas, il s'arrêta, reconnaissant la salle pour y avoir dîné avec Claire, mais il se contraignit à chasser cette image, acheva sa bouteille, et, un garçon à l'habit graisseux lui ayant rendu sa monnaie, il se dirigea vers la chapelle San Severino, où vainement il voulut retrouver ses admirations d'antan. Ensuite, il erra, sans savoir, les gestes lourds, les paupières lourdes, n'essayant point de lutter avec sa fatigue somnolente, comme si sa tristesse y eût trouvé une excuse ou une consolation. Devant la *Danaé*, devant la *Psyché*, devant les bronzes du Musée Royal, il eut bien de courts réveils et ce frisson à fleur de chair par lequel son organisme traduisait matériellement l'impression psychique du beau, mais ces enthousiasmes restaient brefs, gâtés par des réminiscences d'enthousiasmes jadis partagés, de leçons d'art professées là, là même, tout près d'une oreille rose dont l'ourlet le hantait à cette heure, vision gonflant encore sa lèvre de baisers. Comme elle l'entendait mal, sa Claire, mais comme elle l'écoutait, câline, pendue à son bras, et les yeux dans ses yeux, lui poussant au cœur, à travers les étoffes, la chaleur douce de son sein ! Nulle femme ne le regarderait plus ainsi ! Il ne le reverrait pas, ce beau regard où la fierté de l'homme adoré, le bonheur d'être vue collée à lui, et l'amour sans réserve éteignaient sous leurs flammes la sottise d'un cerveau d'enfant qui donnerait tout l'art pour une caresse, ne comprend pas les paroles de l'aimé, mais jouit cependant de la musique de sa voix! Il ne le reverrait pas... et il l'avait voulu!

Des chefs-d'œuvre... certes oui, des chefs-d'œuvre! Par malheur, déjà vus!... Puis, — fallait-il pas qu'il cherchât des raisons à côté pour ne pas s'avouer la vraie cause de cet amortissement de ses admirations? — c'était comme un autre cadre. Ces barbouilleurs d'enseignes, ces bohèmes aux chapeaux pouilleux, qui le harcelaient par les salles pour lui vendre leurs horribles copies, cette mendicité des gardiens, leurs patrons et complices, l'agaçaient, lui qui, jusque-là, ne les avait pas remarqués! Et c'était encore le temps, cette bruine montmartroise, ces verrières enfumées, cette suie grasse du ciel et des choses, cette Italie qu'on lui avait changée, en lui changeant son cœur... Il souleva un rideau, colla son front aux sales vitres, découvrit la rue banale, tachetée de flaques. Les corricolos dont il goûtait si fort la musique tintinnabulante et les rosses actives aux harnais cuivrés, lui semblèrent insupportablement lamentables. Lamentable aussi l'aigrelette fanfare des *bersaglieri*, rentrant d'une revue, qui défilaient entre deux haies d'admirateurs détrempés, et sonnaient du talon sur la lave boueuse, fantoches aussi laids sous la pluie qu'adorables sous le soleil. Marcel, jusqu'au retour d'angle de la rue, regarda frémir les pauvres plumes de coq, qui, flasques, sans plus un reflet bleu, pendaient, larmoyantes, au bord des feutres. Après, il s'en retourna, et de nouveau, il fermait les yeux, avec assez de deuil au cœur pour n'en pas vouloir demander aux choses.

Une musique entourait le *Messidor* épargné par l'averse, à son lointain mouillage. Là, Naples, la vraie Naples, se retrouvait, malgré le ciel bas et gris, malgré la brume du trop proche horizon. Car c'était, le long du géant paquebot, une confusion de barques multicolores, étrangement bariolées, qui se pressaient, s'accolaient, semblaient, de loin, monter les unes sur les autres. Des musiques s'en élevaient, orchestre et chœurs, portant plus haut que les huniers la gloire du Verdi national et de ses pasticheurs populaires. L'angoisse et les lamentations des *miserere*, les pleurs de la *Traviata*, les gloires barytonnantes d'*Aïda*, toutes les mélodies moulinées aux Deux-Mondes par les orgues barbares, confondaient là leur trémolos, et renforcées par les accordéons, les violons, les guitares, les harpes, promenaient leur banalité par les airs. Deschamps était trop mélomane pour que sa lassitude l'empêchât de noter l'inconcevable fusion de ces vulgaires harmonies. Cela faisait un tout, un ensemble, une œuvre unique, où rien ne détonnait, comme si Marguerite Gautier n'eût jamais joué que du trombone au deuxième escadron de la Garde Impériale égyptienne, comme si la nourrice du *Trovatore* eût toujours doublé la Prudence de la *Dame aux Camélias!* Ainsi l'avaient frappé jadis certains volumes timbrés par l'éditeur Lemerre et pareillement rimés, sur des conventions pareilles. Il en vint, lui-même, à mêler en sa tête, comme les exécutants en leur concert, les opéras du maëstro; mais une soudaine clameur le sortit de ce cauchemar, le brusque nouvel accord des *musicanti*.

— *Santa Lucia!* criaient les passagers accoudés sur la lisse.

La romance populaire commença, lancée d'un tel entrain que, pour le chancelier, son usure, son trop connu s'effacèrent. Cette race italienne semble avoir la musique dans le sang. En dépit des concurrences et des recettes, d'instinct, comme malgré eux, chanteuses et chanteurs s'étaient mis à l'unisson, et, avec une merveilleuse justesse, rythmaient leurs chants disséminés. Deschamps, le navire accosté, ne se décida pas à rentrer dans sa cabine, s'accouda comme ses compagnons de route, ne songea plus à rien, un brin d'art, pour peu qu'il fût de sensation neuve, distrayant son rêve. Il écoutait, il regardait, content, d'un contentement physique, partant très simple, partant très doux. Dans la plus proche des embarcations, se tenaient deux hommes et trois femmes, la mère et les filles, dont les roulades montraient les dents de souris et de palais rose. On eût dit des grenades ouvertes. L'aînée, le morceau fini, fit la quête, et, du pont, les plus grosses offrandes tombèrent à cette belle fille, Italienne vraie, savoureuse et puissante. Comme Deschamps était resté à la coupée de tribord, au niveau de la batterie, et plus bas placé que les autres passagers, il ne voulut pas lancer ses cent sous dans la barque et força la chanteuse à s'approcher juste au-dessous de lui. Trop loin encore du palier, elle se haussa sur la pointe des pieds, tendant au jeune homme sa large guitare comme aumônière. Lui, s'amusait de ses efforts, riait à ses grands yeux convoitants, à ses lèvres saignantes, à son teint de raisin muscat, à l'entrebâillement de sa guimpe, où les deux seins s'écartaient en v dans une rousseur d'or. Et il feignait de craindre une maladresse, la perte de la pièce, pour qu'elle tendît davantage ses bras mordorés, demi-nus, dont le jet hardi faisait rouler les rondeurs de son buste, tandis que sous sa manche s'élargissait une échancrure où luisait, entre deux éclairs de peau, dans des ombres jaunes, le troublant écheveau de sa fauve aisselle.

Les mandolines reprenaient, sur un chœur, non moins fameux, célébrant le chemin de fer funiculaire. On payait Marcel d'une œillade chaude, d'un rire sonore, et il cherchait encore l'éblouissement des dents scintillant entre ces lèvres italiennes, quand le commissaire du bord lui toucha l'épaule du doigt.

— Monsieur Deschamps, voici une lettre pour vous, confiée aux bons soins de l'agence de notre Compagnie à Naples. Vous étiez à terre, quand on me l'a portée...

Marcel remercia, prit la lettre, une lettre lourde. Son sourire s'était éteint, et, un coup encore, il s'impatientait du malaise qui l'empoignait. Pourquoi sa fausse honte? que se reprochait-il au juste? son frisson sensuel devant la belle fille, ou bien ses injustes accusations de tantôt, à la poste?... Il n'eut pas le temps de se répondre, il était chez lui, porte close, et il lisait, — il relisait.

V

« .... C'est donc vrai ! tu es parti !... Tout s'est passé
» si vite que je ne me rendais compte de rien. C'est
» cette dernière nuit passée chez toi, près de toi, qui
» m'a rendu la conscience de mon malheur. Tu es
» parti, et mon cœur se gonfle à se briser...

» La pensée que c'est moi qui suis cause de ton dé-
» part, qui t'ai déterminé à ce coup de tête, me rend
» folle !

» Mon pauvre cher, nous aurions pu être si heu-
» reux !...

» Vois-tu, Marcel, tu n'es pas organisé pour lut-
» ter avec la vie ; tu es artiste dans toute l'acception du
» mot. Le rêve te donne envie de jouir de l'existence
» et les difficultés t'abattent. Tu es trop songe-creux.
» Et moi, imbécile, au lieu de te soutenir, je m'irritais
» de ton peu d'énergie ; puis, le doute de ta tendresse.
» les racontars de nos amis, les infidélités qu'on te
» prêtait, tout cela m'a désespérée, m'a rendue furieuse,
» Ensuite, comme tous les faibles, car je suis une
» faible, je montrais ma colère au lieu de te reprendre
» par la douceur. Toi, tu me promettais de changer,
» mais tu cherchais toutes sortes de subterfuges pour

» n'en rien faire. Alors... oh! alors, je sentais que tu
» ne m'aimais plus, plus du tout. Alors, je me refusais
» à tes caresses, faisant taire ma chair, heureuse
» quand j'en arrivais à ne plus frémir à ton contact !
» Je t'aimais tant, qu'un moment, j'eus l'horrible
» courage d'espérer être aimée en amie, en amie
» seulement, et, comme telle, d'être écoutée. Je vou-
» lais te sauver de toi-même, mais moi aussi je ne
» suis pas la femme des longs efforts ! Et je t'aimais
» trop ! Je retombais à mes regrets qui finissaient en
» scènes méchantes...

» Va, pardonne-moi! j'avais soif de toi, soif de tes
» caresses, j'avais dans tout mon sang le souvenir de
» tes baisers. Je les revoulais, ces baisers ! seulement
» comme je t'avais habitué à ma froideur, comme ma
» froideur avait fini par te gagner, tu ne surmontais
» pas ma résistance qui ne demandait qu'à être vain-
» cue. Et une jalousie m'empoignait, une jalousie
» atroce, dissimulée, toute en dedans. Ah! si tu as
» souffert! je t'assure que je ne te dois rien!... J'en ai
» perdu le sourire et jusqu'à la faculté de réunir mes
» idées. Tout ce qui ne se rapportait pas à ma situation
» me devenait odieux, et je m'arrêtais au milieu d'une
» phrase, d'un mot, ne sachant plus. Au théâtre, on
» me disait folle... Ce n'était pas assez souffrir. Je me
» dis que j'étais ridicule et je cherchai à te rendre
» jaloux. J'encourageais, je promettais même, et puis,
» arrivée l'échéance, prise de rage et de dégoût, je
» me rétractais, et je te revenais, je revenais à mon
» amour, comme à ma niche!... Oh! cher, cher, je
» ne sais pas si tout ce qu'il y a eu de bon dans notre
» liaison prendra sa vraie place et effacera le souvenir
» de nos querelles, si tu me rendras ta tendresse,
» mais je puis te dire que tu as été, que tu resteras le
» seul amour, la seule affection de ma vie...

» ... Je viens de t'envoyer une dépêche à Marseille.
» J'ai calculé que ce dernier baiser t'arriverait avant
» que ton bateau lève l'ancre. Tu auras passé une
» bonne nuit, le soleil sera gai sur la mer que tu
» aimes, tu trouveras des compagnons agréables, des
» femmes rieuses, de ces créoles peut-être que tu as
» si bien chantées, tu auras la cabine que tu désirais;
» tout sera pour le mieux! Il ne restera que mon dé-
» sespoir à moi, triste et misérable.

» ... Comme je t'ai aimé, mon Marcel! Comme je
» t'aime!...

» Je prends ta tête dans mes deux bras et je t'em-
» brasse de tout mon cœur... »

Ces fragments de la lettre de Claire, ces passages plus incorrects ou plus mal orthographiés, dont l'émotion se trahissait autant par l'écriture que les mots eux-mêmes, Marcel s'entêtait à les retrouver dans sept ou huit feuillets, à les relire, — à les apprendre. Et, afin d'en souffrir à son tour, sa sensibilité s'exagérait à s'imaginer ce qu'avait souffert sa maîtresse.

La pauvre chère!... Pourquoi donc s'était-il trouvé sur sa route? Pourquoi l'avait-elle aimé? Pourquoi leurs deux destinées, que tout séparait, s'étaient-elles réunies, en dépit des obstacles, pour les laisser l'un et l'autre meurtris de cet accolement? La douceur des premiers baisers, l'ivresse des premières extases, valaient-elles les tortures dont ils les avaient si vite expiées? Certes, elle serait à présent exquise, et de plus en plus raffinée par le temps et l'idéalisation des choses disparues, la fleur de leurs souvenirs; mais, fleur précieuse, fleur de serre, fleur morte, ne leur coûtait-elle pas trop cher, ne l'avaient-ils pas arrosée de trop de larmes, de ces larmes qu'on ne retrouve point et qui, pareilles aux virginités, ne reviennent jamais aux sources qui les pleurent?

Oui, cette nuit du départ, il la revoyait, et il la revivait, plus étreint peut-être qu'en la vivant. Sa fuite, Claire l'avait acceptée sans grande crise, avec une résignation contrainte, une fataliste lassitude, et comme le prix enfin d'une réconciliation dernière qui lui rendrait pour une heure le fantôme des bonheurs anciens. Le fantôme s'était refusé aux appels de sa passion, et plus que l'exil de son amant, ce refus la brisait. Des récriminations, par bonheur brèves, des reproches avaient suivi ; Marcel énervé, à bout de sa courte énergie, tombait une minute à riposter, puis, des pleurs mal cachés leur trahissaient mutuellement la blessure dont ils saignaient, et confondus aux bras l'un de l'autre, ils se juraient de ne pas gâter la douceur d'un passé si cher. L'un et l'autre, depuis, s'empruntèrent ce sourire fictif et figé des êtres qui vont au supplice, des vaillants dont l'orgueil salue l'échafaud et s'exalte au martyre. Pour des raisons différentes, tous deux souffraient et souffraient également, car, pensait Marcel, nous n'avons qu'un cœur si nos souffrances sont multiples, et notre force de résistance au malheur dépend du temps seul qu'emploie notre sang à s'enfuir.

Navré du mal qu'il faisait sciemment à son amie, sans excuses qu'elle pût comprendre, du moins, avait-il voulu colorer de tendresse les adieux de leur amour. Il la sollicita de venir le rejoindre, comme autrefois, après son théâtre. Elle vint, vibrante et les lèvres sèches ; elle vint, et, comme autrefois, au bruit de sa clé tournant avec un petit bruit si connu, dans le silence de son appartement et de la maison endormis, il se relevait de sa table de travail, ouvrait sa porte, la regardait s'avancer dans l'antichambre où la veilleuse promenait des ombres tremblotantes. Que de fois il l'avait guettée ainsi !... Elle avait le même paletot fourré, le même costume, les mêmes choses extérieures qu'avant leur dernière rupture. Elle avait le même air, elle était la même, et ce n'était plus elle. Il le sentit bien, lorsque, dès le seuil, il l'eut prise dans ses bras. Les joues, les paupières, la bouche étaient glacées par le froid du dehors. Jadis, il aimait à les réchauffer tout de suite, sans lui laisser le temps de quitter son chapeau, à genoux devant elle, au coin du feu, devant la causeuse où les coussins gardaient toujours l'empreinte de son buste. Ce soir-là, il avait compris que vainement il réchaufferait cette chair, et qu'entre eux un froid était tombé, plus puissant que tous les brasiers. Cependant, il la dévêtissait avec les chères câlineries de leurs jours heureux. Elle le laissait faire, muette, ou bien elle lui prenait la tête à deux mains, et elle le regardait dans les yeux, dans l'âme, puis, lasse de leur abîme, elle baisait furieusement ces yeux dans lesquels elle ne se verrait plus. Chose étrange, — et en repassant ses souvenirs, à cette heure, le jeune homme se le rappelait avec une désespérance spéciale, — son regard n'avait pas un reproche. Ce qui l'attendrissait, c'était une inquiétude. Pouvant maudire, il plaignait.

Ensuite, quand dans sa chambre il l'étreignit, elle repoussa son étreinte, doucement. Encore qu'il le niât, par horreur de blesser ce cœur trop plein de lui, elle avait, avec son sens de femme, deviné depuis longtemps qu'il l'aimait moins, et moins l'aimer c'était ne plus l'aimer. Aussi, se refusait-elle, à présent, l'aimant trop, elle, pour consentir à le perdre tout de suite, voulant allonger les heures suprêmes, trop fière pourtant pour accepter qu'il parodiât les transports de jadis. Elle se refusait, d'un geste triste, et qui sait? peut-être avec l'espoir inavoué qu'il passerait outre et que a petite flamme se réveillerait dans cette résurrection de vitalité qu'ont avant d'expirer les lumières moribondes. Mais il insistait à peine, quoique épris à nouveau comme elle le pressentait. Et c'était une pudeur qui le retenait ainsi, les lèvres dans les cheveux de sa maîtresse à écouter les palpitations de leurs deux cœurs. « Elle sait, pensait-il, que je ne l'aime plus, et mes caresses lui répugnent comme la brutalité d'un désir où parlent les sens seuls ». Il eut un frisson pareil à un sanglot qu'on étouffe ; alors elle lui prit la tête, l'appuya sur sa poitrine et elle éteignit la lampe, ne voulant pas qu'il vît ses larmes.

— Mon pauvre Marcel !...

Elle n'ajoutait rien, émue de cette tendresse qui mentait pour lui éviter de souffrir et de cette noblesse qui reculait devant la comédie de l'amour, inachevant le mensonge et pleurant sur elle. Cependant, Marcel pleurait bien un peu sur lui-même, plus navré du chagrin de briser l'unique affection qu'il possédât au monde que du chagrin de la voir souffrir. Mais l'homme et la femme se trompent sur leurs larmes comme sur le reste, ruminait à présent le poète, et méprisant l'évidence, oubliant que l'amour n'est qu'égoïsme, leurs deux égoïsmes à l'envie s'illusionnent, dans un aveuglement naïf où leur bonheur se repose, — se repose à la façon de l'oiseau.

Avoir trop de choses à se dire, c'est n'en pas trouver. Ils étaient restés silencieux, dans l'ombre, puisant une telle douceur au chaste contact de leur chair et au partage de leur mal, que cette souffrance leur fut volupté et que cette nuit sans caresses leur demeura inoubliable. Les heures tombaient, toutes blanches, sans qu'ils bougeassent, ainsi que s'ils eussent craint de briser par un mot, par un geste, leur mélancolique communion A l'aube seulement, Claire s'endormit ; mais, pareille aux enfants qui dans la

joie du jouet neuf, le pressent sur leur cœur jusque
dans leur sommeil, de son bras replié elle retenait sur
son sein la tête de son amant Hélas! il était vieux, son
jouet, mais certains babies les préfèrent ceux-là. D'ailleurs, dans quelques jours, ne le lui enlèverait-on
point?... Deschamps, attendri jusqu'aux moelles, jouissait de la tiédeur de ce coussin ; seulement sa mobilité
d'esprit, le premier chagrin passé, emportait sa pensée loin de là, sur un steamer empanaché de fumée,
sur la grande mer, par les rizières tonkinoises. Et en
s'assoupissant, il songeait aux préparatifs qu'il devrait faire. Un torticolis, bientôt, l'éveillant à moitié, il
repoussa d'un bras inconscient, mais ferme encore, sa
compagne au bord du lit. Elle ouvrit les paupières,
rejetée à la réalité de son deuil, et elle se fit petite pour
ne plus le gêner. Elle le regardait dormir ; des pensées
nageaient dans ses yeux humides. Du moins, celle-ci
ne lui vint pas que le sommeil chez l'homme est seul à
ne pas mentir, et que cette poussée brutale du mâle *qui
ne veut plus* résumait la philosophie fatale de l'amour

Marcel continuait à relire, goûtant à voyager par
ses souvenirs cette mélancolie amère où se complai-
sent les êtres habitués à beaucoup vivre en eux. Les
passages les plus récents, la fin de ces adieux écrits à
deux reprises, le retinrent.

« ... Cette lettre que tu m'as envoyée de l'hôtel, à
» la veille de ton embarquement !... Non seulement tu
» n'as plus de flamme, mais tu ne te donnes même
» plus la peine de mentir ! L'absence, mon pauvre
» Marcel, est comme la mort : on aime davantage —
» ou l'on oublie.

» Il me semble qu'il y a un siècle que tu es parti,
» que je ne te verrai plus, et, triste ! triste ! cela me
» laisse presque sans larmes. J'avais dépensé mon
» énergie dans les dernières luttes : après ton départ,

» je n'en pouvais plus... L'énervement des adieux
» passé, je me suis dit: Il vaut mieux que cela soit.
» La séparation se fera naturellement, sans cris, sans
» colère — et nous deviendrons des amis.

» Moi, ton amie! Moi!... Je n'aurais jamais cru
» cette chose possible... si vite surtout!...

» O mon Marcel, tu ne retrouveras plus une ten-
» dresse comme la mienne!... Que tu es faible sous
» les apparences viriles! Bah! c'est peut-être pour
» cela que je t'ai aimé! Et pourtant, non! Non! car,
» sans te connaître moralement, je t'ai aimé tout de
» suite, comme une bête. Plus tard, c'était le reflet de
» ma propre illusion que j'essayais de rattraper... »

« On aime davantage ou l'on oublie! » Le chancelier aurait écrit cela, l'avait écrit peut-être. Il n'en souffrit pas moins en retrouvant ce naïf aphorisme sous la plume de Claire. Dans ces débats d'amants qui se quittent, l'homme ne se borne pas à se contredire, il veut être contredit. Par destinée bourreau de soi-même, il essaie d'oublier les blessures de son cœur en imaginant d'autres blessures à son orgueil, ou en exagérant celles-ci. Deschamps avait rompu, mais, justement à cause de ce fait, voulait être plaint davantage, et, des deux, sembler le plus malheureux. Il avait, de Marseille, prêché la résignation à l'abandonnée et sans se l'avouer, il regrettait que l'abandonnée ne lui fît pas de reproches; même, tout bas, il lui gardait rancune de paraître accepter ses conseils. Tantôt, aux premières lignes, il s'était apitoyé sur ce chagrin dont il était cause, — rien n'est plus accessible à la pitié qu'un amour-propre satisfait; — maintenant il trouvait son amie bien prompte à prendre son parti de leur séparation. A tout dire, son orgueil souffrait surtout de se découvrir, en cette occurrence, pareil aux autres hommes, avec les communes lâchetés et les égoïstes puérilités des épluchages sentimentaux. On prétend, en effet, par le monde, — par le monde des femmes, — que tous les hommes sont pareils. Peut-être est-il donc possible que Marcel, en ses intimes réflexions, imitât la généralité des amants ; cependant, les mêmes femmes inclineront sans doute à croire qu'il leur était supérieur, puisqu'il chassa ces petitesses, dès qu'avec sa machinale analyse, il se les fut découvertes. Une honte, à ce moment, renforça sa tristesse, et cette tristesse le ramena à la première partie de cette longue lettre, aux pages émues écrites après son départ. Et, entre les lignes, il recommença à revivre les jours morts.

Claire était revenue les nuits suivantes, mais comme il avait du travail, besognes à finir, affaires à régler, elle avait voulu demeurer près de son bureau, pelotonnée sur la causeuse. En vain, l'ancienne affection luttant mal contre son agacement, insistait-il pour qu'elle allât dormir : elle restait à ses côtés. Comme trop de femmes, la pauvre fille oubliait que l'amour, loin de se réchauffer, s'impatiente et s'enfuit devant ces attitudes de tendresse passive, muette et persistante, spéciales aux cœurs aussi faibles qu'épris, — spéciales aux chiens battus. Elle ne comprenait pas que son silence résigné, que son sourire trempé de larmes ne ramèneraient point l'oiseau envolé, et se croyant muette, elle parlait éloquemment. Ce silence, cette résignation, ces larmes qui se cachent, ce sourire qui dit : « Vois, j'ai du courage », tout cela c'était un reproche, un reproche criant, et Deschamps d'autant moins devait tolérer ce reproche qu'il le sentait plus mérité. Le dissentiment qui, depuis les débuts de l'humanité, sépare victimes et bourreaux, ne provient-il pas de ce que ceux-ci n'ont jamais compris et jamais ne comprendront l'ingratitude de celles-là ?

Marcel n'était point un bourreau. Ou l'était inconsciemment. Son malheur venait même de ce qu'il se trouvait à la fois bourreau et victime. Seulement, sa maîtresse ne pouvait le savoir, et tous les amis du jeune homme ne l'auraient pas saisi eux-mêmes. Et puis, Deschamps avait encore cette intériorité qu'il ne pouvait expliquer son mal, lui, tandis que sa maîtresse, avec sa logique de femme passionnée, c'est-à-dire à sentiments clairs et définis, aurait su préciser : « Je souffre parce que j'aime toujours Marcel qui ne m'aime plus et qui me quitte. Je souffre parce que je regrette ses caresses et parce qu'en aurai soif encore lorsqu'il m'aura depuis longtemps oubliée. » Le propre de la passion est d'être aussi intelligible en son objet qu'obscure en ses causes. Deschamps, n'étant pas passionné, restait si compliqué que leur confesseur à tous deux, s'il s'en était trouvé parmi leurs amis, l'eût condamné, au bénéfice de la femme — d'autant encore qu'elle était jolie, celle-ci, et qu'elle pleurait sans s'enlaidir.

A la fin, ce soir-là, puis les soirs suivants, Claire voyant son amant s'entêter à causer avec elle, sa plume inactive aux doigts, avait compris qu'elle le gênait. Il avait ce terrible pli du sourcil qu'elle connaissait trop, mais que ce pli revînt durant les dernières heures à passer avec lui, quel crève-cœur pour son orgueil, pour son amour ! Trop brisée pour une révolte et tombée à ce point douloureux, à ce point mort, où toute souffrance nouvelle trouve insensible l'être saturé de souffrance, elle s'étendit sur la chaise-longue non loin encore du bureau. Cependant, très ému, il insistait de nouveau pour qu'elle se couchât, mais elle refusa si énergiquement qu'il dut céder et se borner à jeter sur elle ses couvertures de voyage. La nature reprit par bonheur le dessus : elle s'endormit, tandis que la plume de Marcel grinçait sur le papier. Lorsqu'il entendit son souffle régularisé et s'appesantir, il se leva et l'emmaillota, sa tendresse débordant de pitié. Elle l'eût béni si elle l'avait pu voir penché sur elle et pleurant, lui qui ne pleurait jamais. Toutes les deux pages, il allumait une cigarette, la fumait en regardant sa maîtresse, et, vingt fois, il la baisa sur le front, sur les lèvres, sans qu'elle le sentît, notre sort étant d'être toujours éveillé pour ce qui nous blesse, et nos ronflements de bêtes harassées accueillant seuls nos courts bonheurs.

Les lendemains, Marcel, entre deux courses au Trésor et aux divers Ministères, dormait dans son fiacre. Elle, ne changeait rien à sa vie, supportait la fatigue comme la supportent les femmes, et, n'espérant plus le séduire, lui sacrifiait jusqu'à sa coquetterie. La dernière nuit fut la pire. Elle l'aidait à faire ses malles, lui passait un à un les livres qu'il emportait, rangeant les autres, car il gardait son appartement à Paris, par une dernière faiblesse où se trahissait, en dépit de ses discours, son espoir d'un retour prochain. Même, l'immolation de Claire était allée, cette après-midi-là, jusqu'à courir les magasins pour lui, avec la liste des objets lui manquant et de toutes ces menues choses que « les hommes, disait-elle, ne savent pas acheter. » Habituée à vivre follement, au tourbillon d'un au jour le jour luxueux et fantaisiste, elle avait acquis des bibelots inutiles et procédé comme ces jeunes mariées désordonnées que grise une visite aux Grands Bazars, mais il ne s'en apercevait pas, la voyant en lui-même s'égarer, sous les coups d'œil, aux rayons masculins, et s'empêtrer dans des emplettes où sa bonne volonté n'entendait goutte.

— C'est très joli, très bon, très utile et pas cher. Tu as eu bon goût !

Et il empilait dans ses coffres sans regarder, l'embrassant à tous propos avec une gratitude repentante. Les malles achevées, Dieu sait comment, il voulut, comme il l'avait voulu le premier soir, sceller leurs adieux de caresses, mais elle se refusa de nouveau, et la nuit s'acheva sans qu'il quittât sa table de travail, sans qu'elle abandonnât sa chaise. Seulement, elle ne s'y endormit qu'à l'aube.

Vint le soir, l'heure du départ. Elle arriva en avance, repassa avec lui par les pièces pour voir si rien n'était oublié, et dans chacune retrouvant des miettes du bonheur passé, ils laissaient un peu de leur cœur, sans se le dire.

— Je garde ta clé, si tu veux bien, pour revenir ici en pèlerinage. Je la remettrai au concierge et je disparaîtrai quand j'apprendrai ton retour...

Il répondit : « Oui », tout bas, et les bagages chargés, ils descendirent, leurs talons s'accrochant aux marches. Dans le fiacre, leur deuil se contint d'abord, mais ils s'étreignirent à mi-route et leur désespérance alors s'épancha en grosses larmes, muettement.

Voici la gare, les amis qui guettent le poète pour lui dire adieu. Les « deux tourtereaux », comme les indifférents les appellent, ne se trouvent plus seuls et se surveillent dans la foule, où des gens les reconnaissent. Ils sont en retard et les minutes s'envolent vite.

— En voiture !
— Déjà !...

Tout bas, il l'appelait impatiemment, ce signal, car il n'en pouvait plus, brisé de fatigue et d'émotion. Des mains pressent les siennes, le poussent dans son coupé, l'y enferment, et comme il remercie, encadré dans la portière, et souriant à Claire, la femme n'y tient plus, oublie qu'on la regarde et sautant sur le marchepied, lui tend furieusement les lèvres.

— Mon Marcel !...

Mais le train s'ébranle. Elle chancelle et serait écrasée si les amis du jeune homme ne la sauvaient pas.

— Quelle imprudence, aussi !...

Elle n'entend rien, elle suit dans sa fuite le convoi, le wagon d'où Deschamps salue encore. En un clin d'œil, il est hors du cercle bleu des lampes électriques, et il retombe dans le noir, — comme elle.

VI

Les pattes de mouche de la femme à qui l'on a laissé prendre un peu de son cœur, pour petit que soit ce peu, rappellent singulièrement les encyclopédies, voire les simples dictionnaires Le besoin de les consulter vous arrachant au travail, on dépose sa plume et l'on ouvre les gros tomes, intimement persuadé que brève sera l'interruption, et vite découvert le terme ou le renseignement souhaité. Mais les doigts ne peuvent plus se détacher des pages. D'article en article, de définition en définition, le regard se rive, oublieux du but. Ce sont des trouvailles, des surprises, des moissons de pensées et de mots, toute une école buissonnière, charmante en son inattendu, qui nous promène par les champs des idées, mais, comme tous les vagabondages, nous fait oublier l'heure — et les gendarmes. Rentré dans le devoir, on accuse la pendule, heureux encore si l'on se souvient du mobile de la recherche originelle, si l'on sait se réatteler à la besogne interrompue.

Pareillement, les lettres de femme incitent aux longues flâneries l'homme qui les ouvre une minute. On ne sort plus des tiroirs où dorment les chers papiers avec les amours anciens, soit qu'on relise ceux-là, soit qu'on revive ceux-ci. Marcel n'avait qu'une lettre sous la main — en vérité fort longue, encore qu'il la trouvât courte ; — mais, de chaque ligne lue et relue, un monde de souvenirs se levait pour lui, vivante encyclopédie, dont il n'avait pas le cœur de sortir, sensations et idées s'y mêlant à plaisir pour la plus grande joie de son rêve. Sans se douter qu'il repasserait ainsi son existence entière, — sa courte existence, — il allait, entraîné, étourdi, par les crochets de sa mémoire, il allait de scène en scène, au hasard, mêlant les dates.

Logiquement cette mentale promenade devait commencer par les origines de sa liaison avec Claire Leroux. Or, à peine retrouvait-il, dans une palpitation heureuse, la saveur de ses débuts, qu'il s'arrêtait court, confusément troublé de déterrer un Marcel semblable au fond de l'homme qu'il se sentait être, à présent. Des pourquoi le hantaient, la curiosité de l'analyste chez ce sensitif s'accordant à merveille avec les regrets. Et, peu à peu, voulant savoir comment il avait réellement pu vivre en une semblable peau, il reconstituait ses divers avatars, il reconstituait sa vie que, par soif d'exactitude et de vrai, il prenait à l'aube de ses souvenirs d'enfance.

Tout d'abord, cela était vague, comme crépusculaire. Des choses flottaient. Imprécises et pourtant proches, il avait conscience qu'elles n'étaient pas oubliées, qu'elles nichaient sous son front, voilées seulement, comme ces costumes, comme ces paysages dont au moment de les décrire, on ne parvient point à réunir les détails, tout en les revoyant, tangibles à ce qu'il semble. Des murs gris, une cour ombragée de platanes dont l'écorce seule lui réapparaissait très nette, à cause de ses effrois de baby devant les perce-oreilles découverts au-dessous ; plus loin, et plus confus encore, un balcon, des toits, les rubans d'une bonne Alsacienne, le dodo sur les genoux de grand'-mère, enfin des bêtes à Bon Dieu qu'il promenait sur sa main jusqu'au moment où des gens l'enfermaient au milieu des ténèbres : telles étaient les choses qu'il percevait dans la pénombre, sur un plan unique, dans l'éloignement. Une cornette de religieuse passait ; on le rapportait chez sa mère, hagard, demi-fou, angoissé du souvenir de ce noir où l'on avait jeté sa première révolte, de ce noir où couraient des bêtes. C'était, sans doute, cette peur nerveuse suivie d'une fièvre cérébrale qui creusait des trous dans sa mémoire. Sa convalescence resurgissait ensuite, moins obscure, bercée sur des navires, suivie de paysages exotiques, soit que, réellement, il se la rappelât, soit que, plutôt, il heurtât des souvenirs déjà réveillés une fois dans sa jeune tête par des conversations de famille, aux heures où, pour une première fable, pour une première culotte, les parents extasiés font défiler devant le héros l'histoire de sa vie qu'on compte encore par mois. A bien y songer, cette épouvante, cette maladie, qui l'avaient tiré de la vie végétative, n'étaient-elles pas l'accident initial, la primitive empreinte, qui, chez tant d'êtres, avant que le milieu et l'éducation aient agi, modifient ou compliquent l'œuvre de l'hérédité ?

Le certain, c'est que Marcel, à la source de ses sensations, retrouvait une terreur, ou plutôt le demi-sommeil cérébral, sa conséquence. Et celui-ci, il pouvait le mesurer, l'étudier, avec les dépositions si souvent entendues de ses proches. On l'avait cru idiotisé jusqu'au jour où l'on découvrait que ce cerveau fonctionnait d'autant plus activement que son travail restait silencieux. L'intelligence agissait sans se traduire par des sons, de sorte, — on le lui avait cent fois conté, — qu'après avoir refusé longtemps à son père et à sa mère la joie puérile et douce du premier balbutiement de leurs noms familiers : « pa-pa... ma-man », il les avait surpris ensuite en distinguant les lettres de l'alphabet avant que de parler comme les autres enfants de son âge. Cette paresse de la langue avait assez persisté pour inquiéter, puis, s'était envolée au contact d'autres petits hommes, mais elle n'avait pas pris fin qu'il manifestait, — « comme un sauvage » disait son père, — une extraordinaire affection pour la lumière et les couleurs vives.

Hors de ces caves où tâtonnait sa mémoire hésitante, Deschamps pénétrait dans de la clarté. Diffuse encore mais bien vivante, cette clarté s'élargissait dès lors à chaque marche dans l'escalier des souvenirs. Et tout à coup, il revoyait distinctement des physionomies, des coins de villes, des angles de chambre, tous les êtres et toutes les choses auxquelles son cœur et sa tête avaient emprunté. Il avait dix ans.

A l'homme fait, plus encore peut-être qu'au vieillard, un instinct, lorsqu'ils se revivent, semble souffler un trouble très bref, devant la si banale constatation que leur enfance a été. Le temps d'un éclair, le rêveur s'étonna donc, comme s'il eût, d'alors seulement, découvert que jadis il avait eu dix ans, lui aussi! Le mépris de soi-même, la conscience perçaient dans cette naïveté. A l'inverse de l'insecte, pensa Marcel, nous sommes papillons avant d'être chenilles, et l'étonnement des ailes disparues en prime le regret. Du reste, sa pitié ricanante s'étonna davantage d'avoir repassé ces dix années premières en une si prompte et si insignifiante promenade, calculant encore qu'à la raconter, à l'écrire, il aurait mis des heures longues.

Plus rapide fut l'évocation suivante, souvent déjà

faite sans doute. Dix ans : le premier lycée, les premières souffrances extérieures, car les autres avaient commencé plus tôt, mêlées, si loin qu'il remontât, aux moindres rappels du foyer familial. Comme toujours, ces choses vieilles se fixaient, se ramassaient en des petites scènes, en des points saillants, mieux retenus, et sans cause apparente, comme s'ils synthétisaient les impressions d'une période. De cette façon, Marcel revit en des bouts de province, en vingt appartements, vingt querelles entre son père et sa mère, et ses grands parents, querelles dont le souvenir surnageait dans le naufrage de souvenirs semblables, parce qu'il avait, ces vingt fois là, pleuré davantage, ou parce que des séparations les avaient closes. A ce propos, elles lui revenaient, les précocités de son intelligence. Il écoutait, il comprenait, il gardait les choses dites devant lui, sans jamais, quand il ne les saisissait pas tout de suite, proférer de pourquoi, pressentant des silences et des gronderies, s'il osait interroger, tandis que, muet, l'explication lui viendrait toute seule, à son heure. Oh! les tristesses de ce foyer d'officier pauvre, ces désunions des êtres qu'alors il aimait également, ne pouvant les juger! Il les revivait, le cœur étreint malgré leur date et pour pire qu'en eût été la suite... Ses petites mains avaient, en ces temps, déjà tenté des réconciliations, ses joues avaient essuyé les impatiences paternelles. Cependant, il poussait d'une croissance hâtive, se sentant aimé, lui aussi, et d'égales tendresses abrégeaient ses chagrins d'enfant, toutefois sans qu'il marquât jamais l'insouciance de son âge. Car, dans ce misérable intérieur, il vivait reclus, le teint blanc et les yeux trop profonds à cause de ses incessantes lectures aux pieds de sa mère, tandis que la jeune femme, non moins recluse, travaillait, très pâle les paupières rougies, à pousser une infatigable aiguille. Ces lectures inoubliées, mêlées étrangement dans une bibliothèque d'où son père avait retiré les seuls livres dangereux, il ne devait jamais perdre leurs résultats complexes, il les analysait à présent d'un jugement sûr — du moins le croyait-il, — y arrêtant une longue minute son voyage dans le passé.

Cette halte le fortifia dans cette opinion que l'abus du livre avait exagéré les legs de l'hérédité, l'intéressant trop tôt à la vie, tout en l'écartant de l'action, du vouloir, dans une habitude de paresse physique d'où sortiraient, d'où s'augmenteraient, à vingt ans, sa paresse morale, son amour du rêve, et ce besoin de sensations exceptionnelles qui lui faisaient écrire *Les Chimères*, à l'âge où les plus malheureux de ses aînés avaient à peine connu le doute en leurs passagères mélancolies.

Il se secoua, et, grain à grain, redéroula son chapelet. Un émoi l'attendrissait, contre lequel il luttait mal, à l'évocation fuyante de cette mère tant aimée, et morte. Ce n'était pas à cette époque qu'il la voulait retrouver, pâle figure, noyée de douceur, et pareille à une sœur aînée. Tantôt, il l'appellerait, douloureuse et tragique, vieillie, mais belle encore, telle qu'en ses derniers jours. Sa préférence allait d'abord à l'énumération complaisante d'autres deuils, d'autres souffrances. Les divers lycées et collèges par lesquels vagabondait son éducation d'enfant de fonctionnaire roulant la France, du nord au sud, et du sud au nord, au gré des caprices ministériels, lui apportaient de cruelles blessures, cuisantes d'humiliations. Il ignorait les champs, le grand air, les exercices physiques, les jeux corporels, gauche et ridicule hors des jupes maternelles, et quoiqu'externe, souffrait partout du fait de ses compagnons, bourreaux actifs taillés pour la vie. Puis, dans ces villes diverses où son enfance s'était posée comme un oiseau, il était, fatalement, l'*étranger* : l'ennemi. Dans le midi, traité en renégat, en « Franciot », et dans le centre, dans le nord, dans l'est, haï comme méridional, il avait joué le paria qui *n'est de nulle part*, et que tous repoussent. Mais les coups, les vexations auxquels son isolement, sa maladresse et son manque de muscles l'avaient condamné jusqu'à ses quinze ans, n'étaient pour rien dans ses rancunes endormies. Il les eût oubliés, si des misères morales, plus méchantes, ne les avaient accompagnés. La pauvreté des siens, en effet, le martyrisait déjà au temps où l'on joue aux billes. Quand on l'assommait, on ne manquait pas de l'appeler : *boursier*. Et cela s'expliquait. Dans ces petites villes, sa famille était haïe pour son renoncement fier aux distractions communes, pour l'orgueil d'une médiocrité s'obstinant à végéter solitaire. Puis, c'était une distinction de goût, une correction élégante, naturelle, une sorte de supériorité aristocratique, qu'on reprochait jalousement à ces gens inconnus entêtés à demeurer chez eux. Cette dignité passant pour dédain, les enfants de la ville, échos de leurs foyers respectifs, s'en vengeaient sur Marcel qui se rappellerait toujours les persécutions dont il avait payé les mépris attribués aux siens. Elles étaient bêtes et raffinées, telles que la province en sait inventer seule. Si, par exemple, il arrivait en classe avec des habits neufs, il emportait du collège des étiquettes injurieuses accrochées à son veston. « Pas payé! » disait le même billet, qu'avec un *mâchon*, on lançait sur son chapeau, sur ses livres, sur son manteau. En pleine étude, le fils du banquier de l'endroit lui reprochait la demande de renouvellement d'un billet faite la veille par M. Deschamps père. Pour un rien, les enfants des créanciers de sa famille, ses condisciples, lui jetaient au nez avec des rires méprisants le chiffre de ce que les « Deschamps » devaient à leur comptoir. Plusieurs fois, son père était intervenu, et trop militairement, menaçant le pion complice ou trop faible de le faire révoquer, tirant les oreilles aux plus acharnés aboyeurs ; mais ces interventions avaient justement attisé des persécutions qui se seraient peut-être éteintes, à la longue.

Hors de l'enfer universitaire, Marcel ne retrouvait pas chez lui le bonheur tranquille dont son enfance inquiète aurait eu besoin. Il pouvait compter les repas que ne troublait pas une querelle, ou que n'assombrissaient pas les yeux rougis de sa mère, la face rageuse de son père. Dans cette rétrospective revue, cela le frappait, lui prouvant que sa sensibilité maladive s'était aiguisée dans l'intimité de précoces chagrins. Aussitôt, il se remémorait ses parents, et les analysait, d'un effort volontaire, comme il eût étudié des êtres de sang étranger.

M. Deschamps, joli homme, Dauphinois, était un soldat de fortune. Sous-lieutenant à trente ans, sans avenir, il épousait par amour une jeune fille très belle dont, à grand'peine, le père, chef d'escadron retraité de la veille, avait fictivement constitué la dot règlementaire. Après la guerre d'Italie, d'où il revint décoré mais blessé, il entrait dans la gendarmerie comme lieutenant, et, plus tard, pour augmenter sa solde, passait dans le cadre colonial. Deux ans en effet après la naissance de Marcel, la misère était venue, l'odieuse misère en robe de soie et en uniforme. L'officier devait faire vivre sa famille, deux septuagénaires qui n'avaient que lui ; enfin, son beau-père qui, s'étant lancé dans les affaires, servait jusque-là à sa fille une pension dont le revenu représentait une assez jolie dot, se trouvait un matin victime d'une faillite, et, sans un sou, devait à sa rosette une modique place de caissier. Le jeune ménage s'était promené quelque temps dans les colonies, mais, finalement, réintégrait la France sans les économies rêvées, ramenant, au lieu de trésor, un domestique annamite, qui pris d'une adoration pour Marcel n'avait pas voulu s'en séparer. M. Deschamps, enfin promu capitaine, obtenait une perception et commençait sa tournée de voyages à travers la France, ses postes changeant tous les trois ans, au gré de l'avancement et surtout des disgrâces. Cette Juiverie Errante, escortée par les grands parents toujours plus vieux et plus grognons, interdisait le retour de l'aisance, creusait un fossé de dettes misérablement mesquines.

Or, l'amour était mort, qui seul eût soutenu, consolé le couple. La jeune femme perdait d'abord sa mère, un grand cœur, qu'avaient inconsciemment brisée son gendre et son mari, puis le frère et la sœur de Marcel emportés dans leur premier sourire. A ce moment, commençait un long martyre, le long duquel saignaient tous ses orgueils. Dès les premières épreuves, les parents de son mari lui reprochaient sa pauvreté. On l'insulta le jour où, pour la troisième fois, elle se sentit mère. Le percepteur était faible, sans caractère, soumis aux siens comme un enfant. Certes, il n'était point méchant homme, mais une lâcheté souvent rend cruels les êtres inintelligents, et il était inintelligent au point d'en vouloir à sa femme pour sa supériorité. Aussi céda-t-il à l'influence des siens, s'aigrissant davantage à chaque épreuve. Un jour, il lui reprocha d'être sans dot : « Si j'avais attendu ma seconde épaulette, j'aurais fait un riche mariage, et, pouvant payer un fort cautionnement, obtenu une perception importante, ou même une recette particulière. » Comme sa maternité l'avait pour un temps maigrie, il la trompait.

Mais si l'amour de la jeune femme eût pardonné l'infidélité, son orgueil ne pardonna pas l'injure d'un reproche qui mit entre elle et le soldat l'irrémédiable. Pour toujours leur tête-à-tête fut empoisonné, et les réconciliations restèrent apparentes.

Tristes évocations du foyer disparu! Marcel les chassa brusquement, car son cœur se gonflait. Et il accéléra son voyage dans le passé, glissant vite sur d'autres souvenirs, plus récents cependant, singulièrement plus cruels encore, et dont son avenir avait, semblait-il, subi l'influence davantage. On eût dit qu'il en voulait surtout à la vie de l'avoir si précocement entamé et qu'il dédaignait les épreuves de sa jeunesse, comme fatales celles-là, et communes. Pourtant elles n'étaient point absolument banales, closes par une catastrophe dont le souvenir lui empourprait le front.

Son père, sa retraite obtenue, se lançait dans la banque où le commanditaient d'anciens compagnons d'armes, aujourd'hui gros propriétaires. Les affaires, au début, étaient assez belles, grâce au coup de collier que donnait le pays après la guerre avec l'Allemagne; mais la politique aidant, et des grèves, et de mauvaises récoltes successives, et les conséquences enfin du traité de Francfort dont l'industrie de la région souffrait particulièrement, la maison Deschamps, Muller et Cie déclinait, végétant sans plus guère servir d'intérêt à ses commanditaires. Son chef, toujours correct au dehors, boutonné dans sa redingote, comme il l'avait été jadis dans son uniforme, prenait mal son parti de ce temps d'arrêt survenu au moment juste où l'aisance lui apportait une dernière jeunesse et le goût de la vie facile. Au logis, déposant son masque, il montrait des vices communs sentant la caserne, s'éclipsait à tout propos pour aller au chef-lieu voisin se con-

soler, dans de grossières joies, de la médiocrité de sa
parcimonieuse existence. Un jour, il n'en revenait
point, disparu vers Paris avec une chanteuse de café-
concert. Le lendemain, son associé Muller, oubliant
une amitié de vingt ans, mettait à la porte madame
Deschamps et rendait publiques la mauvaise gestion de
l'ancien officier, la brèche qu'il avait faite à la caisse
commune sous forme d'avances sur ses appointements
et intérêts, soit une trentaine de mille francs. Oh!
cette journée!... De la rue, on l'entendait crier qu'il
allait déposer une plainte aux mains du procureur.
Marcel et sa mère, sous la pitié ricanante d'une petite
ville, rendaient vite le peu qu'ils possédaient, montaient
tout un jour au calvaire. Puis, la somme due n'étant
pas complète encore, ils essayaient leurs rares amis,
collectionnaient les refus qui soufflètent, les conseils
qui raillent, les mépris où se vengent les rancunes
des vieilles liaisons, où se soulagent les égoïsmes que
caresse le mal d'autrui. Le parrain de Marcel les sauvait en parfaisant les trente mille francs, et l'honneur était sauf. Mais le pays était devenu impossible
aux abandonnés. Les créanciers surgissaient d'ailleurs; la mère et le fils, dépouillés de tout, s'enfuyaient
à leur tour à Paris. Là, le jeune homme retrouvait son
père, le ramenait chez lui. Enfin, sans quitter le ministère de la Marine où son parrain l'avait placé, il faisait
son droit, puis son volontariat d'un an. Par malheur,
quand il comptait pouvoir vivre et pousser librement
sa jeunesse jusque-là privée de toute joie, comme
de tout plaisir, la vie d'antan, l'enfer, recommençaient.
Sa mère, aigrie, à bout de forces, au milieu des vaines
tentatives qu'il essayait pour la réconcilier avec son
mari lui reprochait ses plaidoyers en faveur de son
père; et, un matin, après une scène plus violente,
devenait folle brusquement. Il fallait la conduire dans

une maison de santé. Elle y mourait au bout de trois mois.

Parvenu à cette étape, Marcel, prostré, ferma les yeux, puis oubliant la lettre de Claire et tout, monta sur le pont, s'assit dans le vent. L'horreur se dissipa; son pouls se calma peu à peu. Une fois de plus, il se reprochait ce coup d'œil en arrière. Pourquoi raviver ses blessures par plaisir? Sa mémoire hésitait, il se demanda quel mobile l'avait poussé à cette évocation, et demeura un long moment à reconstituer la filière de ses songeries. Lorsqu'il y fut arrivé, il haussa les épaules. Mon Dieu! qu'il restait donc enfant! Avait-il besoin de revivre le passé mort au point d'en souffrir pour pouvoir en étudier les influences? Mais les choses étaient claires, crevaient les yeux! L'incrédulité *précoce* que son foyer lui soufflait à l'âge des ferveurs lui avait prématurément montré la vie telle qu'elle est. Ses lectures *précoces* l'avaient voué au rêve, l'avaient trop tôt passionné pour les choses de l'esprit, lui soufflant une paresse pour l'action et des défaillances de volonté. Ses humiliations *précoces*, sa *précoce* expérience du mal lui avaient inoculé une susceptibilité maladive, une méfiance des hommes et des choses dont il ne guérirait point. Ses chagrins *précoces* lui avaient donné cette sensibilité qu'il dissimulait par d'inutiles hypocrisies d'où elle éclatait, plus vive. Lectures, perte de foi, chagrins, initiations au mal, humiliations, tout l'avait touché trop tôt, tout avait été *précoce*. Enfance et jeunesse étaient restées sevrées des plaisirs de leur âge, claustrées, mélancoliques, et il devait à cet étouffement ses naïvetés étranges, sa timidité, sa mobilité fébrile, ses airs braques, son instinctif besoin de déverser n'importe où, n'importe comment, le trop plein d'une vie confuse qui parfois bouillonnait en lui.

En vérité, n'était-il pas, ainsi pétri, admirablement

préparé pour souffrir jusqu'aux moelles quand les pires épreuves et les plus atroces séparations le broieraient? Alors, quoi d'étonnant qu'il eût souffert plus qu'un autre?

Il était et demeurait complexe, déséquilibré; mais de quoi s'étonnait-il encore? L'hérédité n'était-elle point là pour sourdement renforcer le travail des milieux et de l'éducation? Sa passion de l'art, sa soif de vérité, son besoin de tendresse, et cette intelligence dont l'acuité poussait à la manie l'amour de l'analyse et de la vie intérieure, il les avait reçues en germe de sa mère et de la mère de celle-ci. Au contraire, du côté paternel descendaient sa sensualité, son manque d'énergie, sa mollesse à lutter contre les hommes et les choses. Enfin, puisqu'il dénombrait ses héritages, qu'oubliait-il l'étrangeté des alliances qui réunissaient trois ou quatre races pour insuffler leur sang dans ses veines? Par son père, il dérivait de Dauphinois, tous pareils et non mésalliés depuis des siècles, voués à la glèbe, les mâles nés aux bords du Rhône, coureurs de filles, beaux buveurs, épris de plaisir, les femelles issues de la montagne, d'une docilité d'esclaves, mais entêtées et âpres à l'argent. Par sa mère, un sang plus mêlé coulait en sa chair. Celle-ci, Vauclusienne, avait le midi dans les yeux et dans l'âme, mais sa mère à elle était des Cévennes et son père Normand. Normand bizarre d'ailleurs, apportant la Gascogne dans le Calvados, et qui fut un idéologue soudard, un Don Quichotte actif dans une maison sanctifiée par la folie religieuse de la plupart de ses membres.

S'était-il maintenant assez revu et fouillé? Voyait-il comment et pourquoi en perdant son illusion d'être seul à souffrir, et son consolant orgueil de pâtir exceptionnellement par d'extraordinaires complications, il avait senti naître en lui la première lassitude de vivre, dans un dégoût de tout? Pour une fois, il pouvait se dispenser de reproches en causant avec lui-même ! Sa philosophie douloureuse n'avait rien d'emprunté, rien de pédant. Sincère et naturelle, elle coulait d'une source invisible, pareille à ces humeurs que secrète, au fond d'organes extérieurement sains, un cancer inabordable. La lésion étant héréditaire et entretenue par le traitement antérieur, l'ausculter restait donc inutile.

Enfin, que s'étonnait-il, à propos de sa liaison avec Claire, d'avoir changé ? Tout changeait, sauf notre misère fondamentale, sauf la pauvreté de nos philosophies, sauf l'inutilité de nos résistances. Eh bien oui, cela était étrange qu'il eût cru aimer sa maîtresse, — il ne s'était pas toujours assez connu ; — mais, par contre il était fatal, ne croyant à rien, qu'il rêvât de l'aimer et qu'il tentât de s'illusionner sur ses essais passionnels ! Nulle autre affection ne le retenait. Et puis l'amour n'était pas seulement l'instinctive manifestation d'un enfantin besoin d'idéal, mais aussi la sensation rare qu'appelle notre raffinement endolori. Ne le rencontrait-on pas dans les plus primitives poésies, dans les plus bégayantes enfances, comme dans les décadences artistiques ? Le chercher, c'était chercher l'introuvable, chercher Dieu : soit ! mais ils caressaient bien d'autres rêves, les balbutiements des rêves nouveaux-nés et les imaginations des caducités qui regrettent ! Aussi bien encore, puisqu'à cette heure il retombait à sa conclusion d'il y avait huit jours, aux Champs-Élysées, il devait constater sa folie sans l'aggraver de commentaires, car s'il est absurde d'espérer la pierre philosophale ou de réclamer le mouvement perpétuel, ces chimères, en se dérobant dans une éternelle fuite, dans une impossibilité suppliciante, châtient assez qui les poursuit, sans compter encore que de telles folies rendaient seules la vie vivable, en la peuplant d'un désir !

VII

Le *Messidor* roulait par le travers de Campanella. Un vague crépuscule noyait les côtes fuyantes; et déjà le premier coup de la cloche du dîner égrenait ses carillons dans les salons et dans les batteries, quand Deschamps regagna sa cabine afin de s'habiller. L'habitude lui restait, à bord, d'endosser pour le repas du soir, à défaut du frac, une tenue plus correcte que son *suit* de *globe-trotter*. Machinal d'ailleurs, son souci du vêtement, trahissant un besoin de satisfaction uniquement personnel, se conciliait sans peine avec son mépris des choses et des gens. Il se dévêtit, barbotta dans sa cuvette, puis, pour demander des serviettes au garçon, souleva le rideau qui, la porte bâillant à demeure, fermait seul son réduit. Au même instant, s'ouvrait, pareillement, le rideau de la cabine contiguë, et, comme décapitée, trouant les plis drapés de la serge verte, un visage de femme apparaissait, — un visage que Marcel ne connaissait point. Il se jeta en arrière tout de suite, et l'apparition l'imita, comme si tous deux eussent craint de laisser surprendre un négligé semblable.

Plein d'une surprise qui n'était pas sans plaisir,

il demeurait, une minute, aux écoutes. La vision avait été brève, très brève, et il n'arrivait point à la reconstituer, mais une lumière survivait d'elle, l'éclat de deux grands yeux. Cette femme évidemment était belle.

Le garçon entra.

— J'ai donc des voisins, maintenant? lui demanda-t-il.

— C'est le monsieur et la dame que nous avons pris à Naples, ce matin, répondit l'homme. Ils ont les deux cabines à côté de celle de monsieur...

Resté seul, Marcel se rappela que les nouveaux venus étaient annoncés, et qu'au départ de Marseille, leurs places étaient retenues. Vaguement, le troublait cette réflexion qu'à table, il aurait également la dame à la tête, pour voisine. Là-dessus, il s'habilla, et déjà croyait penser à autre chose, lorsque sa glace, tout à coup, lui renvoya son image. D'ordinaire, il ne s'adressait à son miroir que pour se raser; ce soir, il y vérifiait l'ajustement de sa cravate. Ce fut un coup d'œil court, comme instinctif, qui ne lui échappa point, cependant, et dont il se voulut. On peut être mauvais maître pour soi-même : il l'était, avec des soubresauts d'humeur, allant de l'orgueil à la cruauté, au hasard de ses intimes enquêtes. Donc, il s'invectiva et se hâta de sortir, mécontent de lui-même pour ne pas changer. Seulement le souvenir des deux grands yeux lui revint dès lors, l'obséda.

Sur le pont, il les retrouva, — brusquement. C'était à l'angle du pavillon encadrant la descente des Premières, entre l'appartement du commandant et les deux cabines de luxe. Et il se sentit plus bête qu'un enfant, et il eut comme un éblouissement, quand M. Villaret, le prenant par le coude, l'eût poussé sous le feu de ces deux yeux-là. Il baissait les paupières, timide, soudain gauche, heureux pourtant d'une joie perversement aiguë à sentir dans son habituelle timidité quelque chose d'insolite, d'exquis, de non goûté. Ces yeux qu'il évitait à cette heure et qui, tantôt, fuyaient sa mémoire, il les retrouvait entre les lames du parquet. Il les retrouvait, et à jamais, il en était certain, il les porterait en lui, photographiés, ineffaçables.

— Chère madame, permettez-moi de vous présenter M. Marcel Deschamps...

En s'inclinant, le chancelier hasardait un furtif regard, démêlait un mouvement de curiosité réprimé tout aussitôt.

— Madame Verdier... monsieur Verdier, Directeur du Service administratif de Cochinchine...

La connaissance était faite, d'autant mieux faite que chez l'homme, il reconnaissait un haut fonctionnaire souvent rencontré chez son parrain, le Directeur des Colonies. Leurs mains se cherchaient, et voulant, pour cacher son émotion, marquer son joyeux étonnement de cette rencontre, le jeune homme, qui n'osait toujours pas fixer sa voisine, trouvait des exclamations aussi banales, aussi bruyantes que celles de son compagnon.

Celui-ci, petit personnage couleur de pain d'épice, avait les yeux bêtement doux d'une biche, des pieds et des mains d'enfant, une voix chantante, où des zézaiements mangeaient les *r*, quand il ne s'étudiait pas. L'extérieur distingué, du reste, mais trop sautillant, et d'une fatigante pantomime.

Sa femme causait avec le commandant, il lui toucha le bras.

— Blanche... dites donc, Blanche, notre ami Villaret ne vous a pas suffisamment présenté M. Deschamps ! C'est un de mes amis, de mes bons amis... le filleul de M. Rassely, notre *grand chef*... Monsieur se rend au Tonkin comme administrateur stagiaire.

Madame Verdier regarda son mari et Marcel; elle avait un énigmatique sourire où le jeune homme pensa voir une raillerie du verbiage marital. De nouveau, elle lui rendait son salut d'une inclination à la fois gracieuse et hautaine. Elle allait parler, répondre au balbutiement du chancelier, mais le créole, — il était certainement créole, — ne lui en laissa pas le temps.

— Ce n'est pas tout, vous savez, ma chère! Monsieur doit vous être connu et figurerait dans votre bibliothèque, si ses livres...

— Cette fois, il n'acheva point. Des champs retrouvant l'homme, flairait une sottise dont le ridicule risquait de le toucher, et, quelque habitude qu'il eût de ce supplice, fronçait le sourcil, guéri de sa timidité par une subite terreur de passer devant cette inconnue pour un rimailleur de bureau. Un geste qui arrête lui échappa, et il dévisagea enfin sa voisine. Mais, alors, il se rendit compte de sa terreur d'être mal jugé, et comprit qu'elle la devinait, clairement.

— Je vous ai lu, monsieur, — et je vous ai relu, répondit-elle. Je suis heureuse de vous connaître, et plus heureuse de vous avoir pour compagnon de traversée...

Sa main tendue à l'anglaise, elle l'enveloppait d'un clair regard. Il lui serra les doigts, et, pour la seconde fois, malgré son assurance reconquise, des mots confus lui vinrent seuls, tant délicieusement caressant lui sembla ce contact, captivante cette tête d'expression inrêvée.

La cloche tintait son dernier coup. Ils descendirent, madame Verdier se penchant au bras du marin, tandis qu'il remorquait le Directeur sur leurs talons. Et la silhouette de la jeune femme, sa pose, sa nuque, les plis de sa jupe lui entrèrent sous le front, s'y gravèrent. Il ne songeait plus à noter ses sensations, l'air distrait, le pouls fébrile.

VIII

Le commencement du repas fut à peu près silencieux.

Assise à la droite de M. Villaret, la nouvelle venue faisait presque face à face à Marcel placé à la gauche du commandant dont le séparait seul M. Verdier. Aussi, tout le temps du potage, le chancelier bénit-il le capitaine d'avoir, en considération du grade du mari, réservé au couple ces deux places d'honneur. Les autres passagers se taisaient, mal liés encore, ou préoccupés d'étudier ces nouveaux hôtes. Peu nombreux d'ailleurs : une trentaine de personnes parmi lesquelles les Anglais, les Allemands et les Hollandais habituels formaient la majorité. A l'autre table parallèle, présidée par le commissaire du bord, les voyageurs n'étaient point pressés davantage. Dans les deux groupes, quelques fonctionnaires des divers corps de la marine, un vice-consul, un missionnaire des Lazaristes, un négociant naviguant aux frais d'une Chambre de commerce et qui déjà s'informait de ses chances d'entrée dans « un bureau quelconque », représentaient la France. Les femmes formaient la minorité : trois Anglaises pareilles à toutes les Anglaises qui voyagent, c'est-à-dire maigres, laides, coiffées de revêches et rares cheveux ; deux Hollandaises rieuses et massives; une Allemande tristement longue; et, par extraordinaire, quelques Françaises, ni laides ni jolies, anémiées élégantes, que le roulis travaillait sourdement et qui boudaient de ne pas être auprès du maître du bord. Les unes et les autres s'observaient avec ces coups d'œil en dessous spéciaux aux femmes de tous pays.

Encore qu'il les connût, Deschamps considéra ces gens, dont certains offraient des types suggestifs, mais il ne les vit pas. Son regard avait simplement suivi celui de madame Verdier. Revenu sur elle, il la détailla, trait par trait, et dans le bonheur imprécis qu'il goûtait à la contempler ainsi, passait, par une survie d'habitudes littéraires, comme un vague dépit de la pressentir indescriptible. Toutefois, il ne se demanda point pourquoi, ne discerna pas si son modèle était réellement étrange, ou bien si c'était son observation, sa méthode à lui, qui faiblissaient avec sa volonté.

Le service continuait, avec l'incessante promenade de plats infinis. La nappe glaçait son damassage sous la lumière fixe des bougies enfermées dans de larges verrines de cristal sur des flambeaux massifs qu'on eût dits d'église. Des corbeilles de roses, souvenirs de l'escale italienne, égayaient les blancheurs du linge, adoucissaient l'éclat commun de l'argenterie et des cristaux, éloignaient la pensée de la mer proche, de la mer immense, sur laquelle flottait, perdue, cette salle à manger, paisible. On se fût cru à terre, sans la longueur étroite des tables, sans le mât d'artimon deviné sous la colonne lamée de palissandre, au milieu du salon. Parfois aussi, lorsque les conversations mouraient, quand, les tapis étouffant les pas des garçons, le maître d'hôtel s'arrêtait de balayer les têtes avec ses favoris pour offrir son sherry et son marsala, des pauses de silence tombaient ; alors on entendait le ron-ron rauque et monotone de l'hélice, là, tout près, au fond de la rotonde fermant le salon, et terminant le navire. Sous le piano, cela vibrait ; puis, le parquet semblait éteindre graduellement ses frissons comme si l'arbre de couche eût trouvé un lit plus épais de ouate en filant vers la machine dans les profondeurs de son tunnel, très loin, très loin, sous les pieds des dîneurs. Et dans ces moments, on entendait aussi la mer, clémente encore, plaintive plutôt que grondante, qui blanchissait les fenêtres de l'arrière du reflet de son écume battue. Madame Verdier perçut ces vibrations, ces clameurs, ces rappels de l'ombre, de l'eau et de la vie frénétique du bord. Elle leva la tête, regarda la rotonde, chercha au-dessus du piano illuminé, du divan circulaire, sous les panaches des plantes vertes amarrées au couronnement, les fenêtres donnant sur le large. Ensuite, elle demeura songeuse une seconde. Marcel s'imagina qu'à cette seconde précise, elle se rendait compte de la certitude de son départ, de son envolement dans l'inconnu, dans l'aventure hasardeuse des exils. Des pitiés, des curiosités, toute une poussée de tendresses l'effleurèrent. Mais elle plissa les lèvres, tourna la tête avec une ébauche de geste las ou résigné, et il ne songea plus à suivre ses pensées. La reprise du bruit emportait les rêves. Une Hollandaise avait ri ; un couvert avait choqué une assiette; « Sherry ?... Marsala ?... » ; et ce rire de femme, ce cliquetis de fourchettes, cette psalmodie d'un domestique avaient étouffé les sanglots de la mer, les cris du vent, le han époumonné de la machine, et toutes les voix formidables du silence.

Le commandant parlait de la route : vers une heure du matin, on aurait le Stromboli à quelques milles par tribord, et, à trois heures, le *Messidor* entrerait dans le détroit de Messine. Ce détail délia les langues. Une Anglaise, qui commençait son septième voyage en Chine, discuta l'heure d'arrivée à Port-Saïd ; un de ses compatriotes, employé des Douanes du Céleste-Empire, dessina avec son couteau, sur la nappe, les côtes qu'on longeait ; les Hollandais proposèrent d'organiser des paris quotidiens sur le nombre de milles parcourus toutes les vingt-quatre heures, de midi à midi. Madame Verdier s'adressant tantôt au capitaine, tantôt au chancelier, parlait de l'Italie, où elle aurait voulu rester plus longtemps. Elle avait à grand'peine obtenu de son mari qu'ils partissent de Paris quinze jours d'avance pour s'embarquer à Naples après quelques promenades... Sa voix était d'un timbre un peu grave, légèrement assourdi, masculine sous sa douceur harmonieuse. Et tandis qu'elle le berçait, Marcel ne pouvait s'empêcher de noter la simplicité élégamment correcte de sa phrase, la justesse réfléchie, la finesse sans apprêts de ses brèves impressions sur l'art et le peuple italiens. Sous la caresse de la voix, ce lui était une autre caresse plus intime, toute intellectuelle, de ne pas découvrir en elle l'ordinaire poupée. Rapide comme l'éclair, cette constatation le traversa que Claire n'aurait ni parlé, ni senti de la sorte, et cette involontaire comparaison lui rappelant que, depuis l'apparition des deux yeux pensifs de madame Verdier sous sa portière, il n'avait plus songé du tout à Claire et à sa lettre du matin, le jeune homme éprouva une courte surprise honteuse, puis, chassa le souvenir de son ancienne maîtresse, violemment.

Il interrogeait son interlocutrice sur ce qu'elle avait vu à Naples, l'amenant, avec des ruses naïves, à dire son hôtel et l'emploi de sa matinée. Renseigné, il sentit un regret puéril d'avoir passé devant sa porte, de l'avoir coudoyée dans la foule, sans la découvrir, sans la prévoir. Aurait-il éprouvé sensation pareille, s'il avait croisé son premier regard, là-bas, à terre, et non ici, sur ce bâtiment ? Il aimait à rebâtir ainsi le passé, à s'imaginer les conséquences qu'eussent produites, sans doute, d'autres combinaisons du hasard. Puis, il se demanda si elle l'avait aperçu en arrêt devant la chanteuse de la barque...

Par malheur, M. Verdier n'entendait pas le laisser longtemps à ses rêves ou à la conversation. A chaque instant, il l'interpellait de son organe zézayant d'enfant qui mue. C'était une question sur son parrain, sur son entrée dans la « carrière » ; — le petit homme prononçait : *cayée*. Ensuite, le temps l'inquiéta : cette Méditerranée était bien la plus vilaine des mers.

— Mais enfin, ripostait Marcel, elle me semble pour l'instant fort tranquille !

— Je ne vous dis pas non, mon *ché*, mais vous verrez demain, ou plutôt cette nuit, quand la brise fraîchira en passant au sud-ouest !

Ainsi que tous les gens ayant navigué, sans être marin de profession, il affectait des termes techniques et une compétente expérience. Le chancelier remarqua qu'il était plus pâle qu'avant le dîner, qu'une rosée de sueur luisait à son front dégarni, et que sa volubilité cachait un malaise. Pourtant, le bâtiment roulait à peine, dans une amplitude régulièrement lente, douce et berceuse. Trois dames seulement s'étaient éclipsées — des Françaises, — moins malades, du reste, qu'effrayées de la possibilité du mal, et l'eau des carafes oscillait faiblement encore.

— Craignez-vous le roulis ? demanda le jeune homme.

— Le roulis, pas trop, mais le tangage me coupe bras et jambes. Toutefois...

Il allait faire le brave, et nier sa faiblesse, à l'imitation de toutes les victimes du mal de mer, quand un regard de madame Verdier l'arrêta. Evidemment, le créole redoutait sa femme. Assez intelligent au fond, il ne balança point entre sa peur d'un prétendu ridicule et la désaprobation de Blanche.

— Oui, fit-il, je crains la mer. Je n'ai pas réussi à m'y habituer, bien que j'en sois à ma dix-huitième traversée. Quand j'étais gouverneur, par intérim, de la Réunion, je ne pouvais jamais me décider à visiter nos dépendances de Nossi-bé, de Mayotte et de Sainte-Marie de Madagascar ! C'est bien assez de souffrir pour aller prendre son poste !...

— Et vous, madame ? poursuivit Deschamps.

— Oh! moi, monsieur, quoique Parisienne, je suis née pour la vie du bord ; je n'ai jamais été malade. A peine un peu de migraine par les très, très gros temps.

— C'est vrai, reprit le fonctionnaire, avec un gros soupir où l'on sentait autant de regret égoïste que d'admiration : ma femme est extraordinaire de résistance !

— Vous avez beaucoup voyagé, chère madame ? interrompit le commandant.

— Mais oui, pas mal... pour une Française! Depuis huit ans que nous sommes mariés, M. Verdier m'a montré une bonne partie de la terre. Nous avons fait notre voyage de noces à Pondichéry, où il venait d'être nommé Directeur de l'Intérieur. Depuis, je l'ai suivi à Tahiti, à la Réunion, aux Antilles. Il n'y a que la Calédonie qui m'ait fait reculer, et où je l'aie laissé se rendre sans moi ! Cette fois, par exemple, si j'avais écouté notre médecin, mon mari serait bien parti seul pour la Cochinchine, dont le docteur craint pour moi le climat spécial, mais le ministre nous a promis que M. Verdier serait chargé de l'organisation administrative du Tonkin dès que l'on en aurait terminé avec les Pavillons-Noirs, et cela m'a décidée, le Tonkin étant sain et m'attirant par ses côtés neufs.

Marcel ne parvint pas à dissimuler entièrement la joie irraisonnée que lui causait cette nouvelle. Ainsi, il la retrouverait là-bas !... là-bas ! Et ce *là-bas*, de même que déjà le *Messidor*, se résumait à présent en elle, lui apparaissait sous une aube vaporeuse, en rêve, délicieusement noyé dans sa large prunelle.

Le créole resoupirait, plus blême.

— Oui, madame Verdier est bien heureuse, flûta-t-il ; moi, j'ai déjà chaud, et, vous savez, en mer, quand on a chaud à table, c'est que le cœur commence à s'embrouiller !

Mélancoliquement il regarda l'eau des carafes. Elle paraissait osciller plus fort. Le commandant ne put s'empêcher de sourire, mais madame Verdier étudiait fixement son mari avec, dans le regard, des lueurs changeantes, dont on ne savait si elles étaient faites de sollicitude ou de méprisante pitié. Des deux peut-être. Le malade se roidit, but un grand coup, et, s'essuyant le front :

— Mon cher Marcel, il y avait de l'égoïsme dans ma joie de vous retrouver et dans ma hâte de vous présenter à madame Verdier. Vous ne me verrez pas souvent à table et sur le pont, allez ! Aussi, me suis-je permis de compter sur votre obligeance pour la distraire. Notre cher commandant, en effet, malgré sa vieille amitié pour nous, a trop d'occupations, et il n'y a ici, ajouta-t-il en baissant la voix, que des étrangers. Car, pour les commis et fonctionnaires que vous voyez là-bas, ce sont mes inférieurs, et, vous comprenez ?... Je ne veux pas, je ne peux pas, puisque je les aurai bientôt sous mes ordres, me lier avec eux.

Il oubliait son malaise pour exposer son principe, avec un petit redressement de tête orgueilleux, avec un ton très sérieusement autoritaire, où passait toute sa morgue hautaine de créole. Marcel se souvint qu'il signait *Verdier de Grandvély de Saint-Blaise*, du nom de sa mère, descendante d'un cadet émigré à Saint-Domingue en 1697, et ne pensa même pas à sourire, extasié de cette nouvelle joie. Même, il lui parut divin, l'homuncule. Donc, non seulement il retrouverait madame Verdier au Tonkin, mais, dès à present, on l'autorisait officiellement à s'occuper d'elle ! Une félicité subtile, imprévue, innotable, l'emplit tout entier, poussa le sang plus fort dans ses veines, baigna ses yeux et le transfigura. Mais, tandis qu'il remerciait son voisin avec une humilité souriante, il saisit à la fois un regard de Blanche, regard profond, franc et droit, adorable, qui semblait lui lire dans l'âme, et un coup d'œil méchamment curieux de l'homme qu'elle avait à sa droite, l'agent des postes, assis là de par un règlement routinier. Ce dernier coup d'œil, le mari dut l'apercevoir aussi. Sous ses ridicules, il cachait une finesse mondaine.

— Au fait, dit-il à voix haute, notre amitié a bien près de six ans, mon cher Marcel !

— Davantage ! Je vous ai rencontré pour la première fois chez mon parrain, avant mon volontariat. Il a fallu toute ma malechance pour que je n'aie pas l'honneur d'être présenté plus tôt à madame Verdier. Nous ne nous sommes jamais trouvés en même temps à Paris...

En deux phrases, très courtes, madame Verdier marqua son regret de cette « malechance ». Elle répétait le mot avec un sourire d'une gaieté voulue. Puis, on parla du temps encore, de la Méditerranée qui, décidément, frémissait plus fort.

— Que le service est lent ! exclama le Directeur. A bord, avec ce défilé de plats qui n'en finissent point, on reste des heures à table...

Et brusquement :

— Ma foi, vous voudrez bien m'excuser : j'esquive le dessert par prudence.

Il vida un nouveau verre d'eau, et, affecta de soigneusement rouler sa serviette, en homme pas pressé. Il se leva enfin, gravit l'escalier avec la même lenteur, mais, on l'entendit courir, une fois sur le pont, et presque tous les passagers, échangèrent une moue moqueuse. Du reste, la plupart des dames, et le missionnaire lui-même, avaient déjà disparu. Aux deux tables, cela faisait des vides, des trous sinistres comme le canon en creuse dans les rangs. Discrètement, des femmes de chambre se glissaient dans deux ou trois cabines.

Le directeur parti, Marcel sentit tomber son ivresse. Il cherchait quelque chose à dire, sut gré au commandant de renouer la conversation. Le postier qu'intimidaient un peu, malgré lui, les cinq galons et le titre du Directeur, essayait à présent, bien que le commandant ne l'eût pas présenté, de lier connaissance avec sa voisine. Sans doute avertie, elle répondait froidement, et devant cette politesse tranchante, la méchanceté clairvoyante de l'employé lui souffla de laisser madame Verdier pour contrecarrer Marcel en tous ses propos. Celui-ci demeura dédaigneux, dans l'indulgence de son bonheur, mais, au café, l'homme insista dans sa taquinerie, cherchant le joint de cette cuirasse d'indifférence. Il haïssait Deschamps, qui, le premier jour, avait défendu contre lui le commandant absent, et, depuis, significativement repoussé ses familiarités hâtives. A tout instant, il parlait des « poètes », prononçait : *poétes*, avec plusieurs accents aigus.

— Les *poètes* ont des grâces d'état !...

Sa lourde raillerie s'amusait toute seule.

— A propos, ajouta-t-il en lampant son cognac, il paraît, monsieur Deschamps, que votre départ a révolutionné l'Opéra-Comique !

Marcel eut un frisson, le cœur serré ; madame Verdier avait laissé échapper un mouvement imperceptible.

— Oui, continua l'homme, mesurant son effet, j'ai lu tantôt, à terre, les journaux de Paris parus le jour de notre départ de Marseille et arrivés par le chemin de fer à Naples, quelques heures après nous. On a dû donner, au dernier moment, l'*Étoile du Nord*, parce que mademoiselle Claire Leroux était indisposée, et le *Figaro* semble croire que les Parisiens devront attendre le retour du *Messidor* pour revoir *Carmen !*

Deschamps pâlit et ne répondit point, parce que sa voix aurait tremblé et proféré des violences. Il ne songeait qu'à sa voisine qui entendait, et qui, bourgeoise, femme honnête, apparemment remplie des préjugés courants, ne lui pardonnerait pas d'avoir aimé une chanteuse.

Le commis des postes, avec cette insistance provocante des sots qui se savent écoutés, reprit en gloussant d'un gros rire :

— Vous ne plaignez pas ces mélomanes, monsieur Deschamps ?

Le chancelier le fixa, avec des yeux aigus, et riposta, en scandant ses mots :

— Moi, monsieur, je ne plains que les imbéciles !

Un souffle passa sur la table ; mais cloué par un coup d'œil sévère du commandant, l'employé ne broncha point et cacha son embarras en causant avec son voisin. Marcel sentait encore le nouveau regard dont madame Verdier l'avait enveloppé, un regard de bonté et d'encouragement, montrant qu'elle savait tout, et il se sentait pour elle dans un soulagement presque physique, une gratitude infinie. Bien vite, elle avait parlé de choses indifférentes, afin d'étouffer l'incident, de dissiper la gêne, et il crut encore la découvrir pour la première fois, tant elle lui sembla nouvelle avec cette expression de chaude sympathie.

Elle se levait bientôt.

— Commandant, dit-elle, je vais voir si M. Verdier va mieux.

Sa cabine la reprit. Le jeune homme pensa s'éveiller d'un songe. Ses impressions avaient été trop vives, trop subites, trop précipitées, et il eût juré que des années avaient coulé depuis une heure et demie. Distrait, il suivit M. Villaret, sans entendre l'officier lui annoncer que l'agent des postes serait, le soir même, invité à ne plus recommencer ses grossièretés, sous peine de plainte au Ministère. Vraiment, il se souciait un peu de cet homme ! Ce qu'il lui fallait à présent c'était le calme, c'était la solitude, pour qu'il ramassât ses pensées flottantes, pour qu'il revécût ces derniers instants.

Il courut à la passerelle supérieure, s'installa sur le toit du kiosque de timonerie. Assis sur un pliant, accoudé à la balustrade, il roula et jeta plusieurs cigarettes, sans s'en apercevoir. Béatement, il livrait son front nu à la caresse salée de la brise, dans le voluptueux balancement du navire encore accru à cette hauteur, sous les étoiles. Les yeux clos, il essayait de reconstituer le visage de Blanche ; mais les yeux lui revinrent seuls, les grands yeux gris et verts, changeants comme l'Océan, les grand yeux, pensifs et doux. Obstinément, se déroba le reste du visage, sans que, toutefois, la mentale poursuite de ces traits lui fût fatigue, tant attirante lui réapparaissait la vivante profondeur des yeux inoubliables ! Et il ne pensait à rien, qu'à eux, incapable d'examen et de volonté, quoi qu'il fît. Il se découvrait un autre cerveau, un autre sang, d'autres nerfs, et ces légèretés de tout l'être que la prime ivresse inspire parfois. Toute seule, une idée surnageait dans le naufrage de ses idées ; mieux qu'une idée même : un besoin physique, celui de la revoir. Et rien ne se mêlait à ce désir immense et absorbant, à ce désir fixe, immédiat, instinctif, à cette invincible poussée, à cette *envie* insurmontable. Il redescendit alors sur le pont, le battit à grand pas, des deux côtés, la cherchant anxieusement dans l'ombre. Et il n'aurait su que lui dire s'il l'avait rencontrée.

Une seule fois, en se reprenant sur le caillebottis de l'arrière, penché sur la lisse à regarder l'eau, sans qu'il se rappelât comment il était arrivé là, Marcel eut conscience de la singularité de son état, de sa subite impuissance intérieure, et demeura stupéfait. Mais, à la même seconde, il songea que si Blanche n'était point sur le pont, c'était à cause de la fraîcheur, et il courut aux claires-voies vitrées d'où l'œil plongeait dans le salon. Personne. Son cœur se serra, puis, avec une reprise d'espérance, il compta que, retenue dans sa cabine, elle apparaîtrait, sûrement, pour le thé. Dès lors, il regarda sa montre toutes les deux minutes, et au premier tintement de la cloche, à huit heures et demie, il était en bas.

Elle vint, après une longue attente ; elle vint, toute seule, M. Verdier ayant dû se coucher. Le commandant restait sur sa passerelle, l'agent des postes au carré des officiers du bord, la plupart des autres voyageurs au fumoir à jouer, ou chez eux à consoler leurs femmes malades. Les rares passagers installés au salon lisaient à côté de leur tasse ou s'absorbaient qui aux échecs, qui dans le whist : Marcel et Blanche étaient donc isolés, en face l'un de l'autre, au bout de la table, dans un premier tête-à-tête, elle très calme, semblait-il, et silencieuse, lui troublé, tremblant, bienheureux, mais également muet.

Il lui tendit le sucrier, les biscuits. A chacun de ses « merci », il vibrait, puis, souhaitait qu'elle fermât un moment les paupières afin qu'il pût la contempler à son aise, toute entière.

— Monsieur Verdier ne va donc pas mieux ? s'enhardit-il à demander, lorsque, baissant la tête enfin sous ses regards continuels, elle s'occupa de remuer son thé, très attentive à la fonte du sucre.

Ses doigts étaient effilés, sa main longue, d'une pâleur rosée de cire sous la clarté des bougies. Depuis le dîner, elle avait changé de costume, toute blanche à présent dans une robe de maison en flanelle lâche, relevée de garnitures de satin crème, s'ouvrant sur la gorge dans un ébouriffement de dentelles. De la manche large, son poignet sortait, cerclé d'un bracelet discret, chaîne d'or mat que bouclait une pierre, et, quand elle levait un peu la main pour prendre un biscuit ou reposer sa cuiller, on voyait s'enfoncer, dans des ombres, la rondeur neigeuse de son bras.

— Mon mari est toujours souffrant, répondit-elle ; je l'ai déterminé à s'avouer vaincu, à se coucher. Puisqu'il doit être malade jusqu'à Port-Saïd, le mieux pour lui est de s'installer tout de suite dans la position la moins douloureuse !

Sa voix faisait une musique dont l'écho chantait en Marcel, et dont le bruit sembla la rassurer elle-même, car elle releva les yeux sur son interlocuteur, prête à l'affronter, mais, à son tour, il contempla sa tasse et balbutia :

— Vous allez être bien seule, si M. Verdier vous abandonne ainsi, toute la traversée !

Ces mots lâchés à peine, il comprit sa sottise. Ne

l'avait-on pas chargé de distraire l'abandonnée ? Justement, elle semblait étonnée, puis souriait. Et il rit aussi, car la bonté de ce sourire en éteignait la moquerie. Ensuite, remis en selle :

— Je serai fort heureux, madame, de remplir la charmante tâche que M. Verdier a bien voulu me confier. Je ne supporte pas la mer moins bien que vous et j'espère vous défendre de l'ennui...

— Oh ! ce sera facile. D'abord, j'ignore l'ennui. Le temps semble court à qui lit ou travaille. Je lirai, je dessinerai...

La conversation était accrochée. Ils causèrent. Les romans que Marcel offrait de lui prêter furent le point de départ. Elle lui parla de ses vers, lui montra que, réellement, elle avait lu, relu et compris *Les Chimères* et *Les Angoisses*, le lui prouvant moins par des citations que par des observations où se révélait encore, comme, tantôt, à propos de Naples, son intelligence bien nourrie. Pour le poète, ce fut un ravissement qu'il ne dissimula pas, puis, il se défendit de certains de ses reproches. Une chaleur soufflait des éloquences à sa phrase ; une passion jeune emportait ses théories : non ! non ! en dépit de ses vers, il ne jugeait point la femme comme elle l'avait cru...

Cet enthousiasme la fit de nouveau sourire, mais son œil s'était allumé d'une flamme presque pareille. Au bout d'un moment, elle se leva :

— Nous reprendrons la discussion demain, si vous le voulez bien ; on est fatigué les jours d'embarquement !...

Une poignée de main termina la séparation. Marcel monta sur le pont, ayant encore dans sa pupille le sourire de son adieu et dans l'oreille la chanson de sa voix. Longtemps, pendant des heures, il arpenta le parquet, dans la nuit à présent pluvieuse, ne sentant ni le froid, ni les embruns, ni le va-et-vient déhanché du navire, tombant sur un fauteuil à bascule, quand il était fatigué, roulant des cigarettes tôt brûlées, ou les fumant éteintes, et reprenant ces cent pas, sans motif, avec une mobilité fiévreuse d'écureuil. Et toujours, toujours, exquisement obsédante, il la revoyait et la réentendait. Oh! à cette heure, point n'était besoin qu'il cherchât pour la dessiner, la peindre, l'évoquer toute entière, malgré la hantise spéciale de ses grands yeux. Qu'avait-elle donc que ses rêves n'eussent prêté à la femme imaginée en ses veilles, à la séductrice artificiellement créée dans ses amoureux châteaux en Espagne! Tout et rien. Ce type, il ne l'avait, du reste, jamais précisé, pas plus de détails que d'expression, mais c'était bien Elle, elle, l'attendue, l'espérée, et il n'en pouvait douter puisque son cœur sautait à se décrocher dans sa poitrine. Plus tard, peut-être la défirait-il et se rendrait-il compte. Aujourd'hui, ce n'était pas possible : il n'avait pas le temps...

Parisienne! Avait-elle pas dit à dîner qu'elle était Parisienne? Si bien : il l'entendait encore! Mais de quel sang? de quel quartier? Il eût voulu le savoir pour vivre de sa vie, pour la suivre dans le passé. Comment avait-elle tardé? Il connaissait de longtemps son mari, pourquoi la connaissait-il seulement de ce jour? Que c'était bête, et beau, le hasard!...

Tantôt, quelle bizarrerie! comme le commandant lui demandait une date ou le nom d'un bâtiment, elle avait fermé les yeux pour réfléchir, et, pendant une seconde, il lui avait trouvé le masque sémitique, avec il ne savait quel attendrissement général. Elle ressemblait à une Juive, à une Juive du Nord, conservant le profil hiératique de sa race, mais d'un teint adouci et gardant tout un reflet sur elle d'une lumière septentrionale, pâle et mélancolique. Et puis, ses paupières relevées, quand les longs cils n'en avaient plus frangé les blanches coquilles sur la mateur des joues, ce n'avait plus été cela. La régularité des traits n'appelait plus le souvenir des têtes orientales ou des têtes classiques, car l'œil la dérangeait, toujours plus étrange, plus changeant, au contraste des cheveux crépelés sur les tempes, et la bouche aussi, un peu grande, aux lèvres vaguement ombrées d'or au-dessus des commissures, et le menton enfin, trop grassouilllet pour les lignes sévères du front, du nez, et du haut du visage.

Non ! non ! il ne se la décrirait pas à lui-même, car il la gâterait, la ferait fausse, ou s'arrêterait de la penser, tout à sa tangible vision qui marchait devant lui. Seulement, il allait s'attarder à des félicités partielles : à la revue successive de sa nuque adorable sous les cheveux haut tirés et haut noués, rousse sous les frisons décolorés ! à la revue de son cou long et souple, d'une attirance crémeuse, sous l'oreille ! et à la revue de ses dents surtout, de ses dents du même orient mouillé que la nacre rosée des prunelles !...

La pluie tombait plus fort, crevait la tente de l'arrière. Marcel se retrouva chez lui, se coucha avec des gestes, des habitudes d'automate. En heurtant la cloison, il songea, tout à coup, qu'elle était là, derrière ces planches, et, frénétiquement, il colla ses lèvres au lambris vernissé, puis, se jeta en arrière, glacé d'un frisson froid comme la mort. Elle était là, près de son mari ! près de ce créole ! près de ce bout d'homme ridicule ! — près d'un homme ! Il demeurait atterré, sans souffle, comme s'il eût seulement alors découvert qu'elle était femme d'un autre. A l'ensorcellement dont elle l'avait conquis, à la possession dont son image l'enveloppait, il l'avait si bien crue sienne ! Maintenant, livide, brisé, il retombait dans le réel.

Comment cela se faisait-il ? Il avait donc déliré depuis cinq heures ? Un autre l'avait, et il oubliait cela ? rien que cela !

Il se tut. Son pouls battait à peine. Sa gorge sèche se contractait. Les poings sur les yeux, il chassait sa sinistre découverte. Peu à peu, cela devint vague. Blanche repassait devant lui ; lentement, voilait l'autre image, la navrante imagination des choses qui étaient.

Et, pas plus que tout à l'heure, il ne pensait, repris, qu'elle était femme, et, pas plus que tout à l'heure, nul désir ne l'envahissait. Son trouble, ses admirations ne descendaient pas encore. Mais il ne s'en étonnait point, lui le mâle puissant, tant l'étrange, depuis cette rencontre étrange, lui devenait familier ! tant elle était affolée, sa curiosité de penseur solitaire ! Tout sombrait, du reste, devant la constatation de son amour — la seule dont il fût encore capable. Car il aimait, et son émoi n'était que de l'amour, ou bien, il était devenu fou. Il aimait !... C'était impossible, insensé, et pourtant cela était. Enthousiasme d'artiste ? L'enthousiasme n'a pas cet emportement. Où était-il, au surplus, l'artiste, dans l'enfant qui ne savait le préciser, son enthousiasme ! Aussi vrai qu'il vivait à cette heure, il aimait ! il aimait ! il aimait !...

Or, à se crier à voix haute cette chose extraordinaire, ainsi que s'il eût bataillé dans un cauchemar, Marcel se réveilla de son emportement, recouvra son sang-froid. N'eût-il pas alors rencontré le souvenir de son écrasement de l'instant d'avant, lorsqu'il s'était remémoré le mari de Blanche, l'homme présent à ses côtés, derrière la cloison, il se fût, cependant, par un retour de ses clairvoyances, convaincu de la réalité de sa soudaine passion. Il s'assit sur son lit, il lut dans le noir de l'ombre, dans le noir de sa conscience.

L'aventure demeurait inouïe, mais tout le reste restait logique. Logique aussi la joie qui, maintenant encore, précipitait son examen. Aimer n'était-il pas son souhait ? N'avait-il pas appelé la passion, en forcené, en désespéré qui se noie ! Son extase ? mais c'était un hosannah d'allégresse, la bénédiction souriante d'une renaissance, d'une libération ! Il aimait. Le fait était là, éblouissant, miraculeux, mais indéniable, et il se souciait du reste, comme de ses désespérances du matin, comme des chagrins de sa vie passée !

A quoi cela le mènerait-il ? Peu importait. Eh ! sans doute, il le savait un peu : il souffrirait ! le désir viendrait à son heure, demain peut-être, au premier contact de sa chair, — elle était trop belle d'abord ! — et ce ne serait plus la béatitude tranquille de ce soir, et il pâlirait dans les tortures lancinantes des jalousies, des espoirs déçus qui espèrent encore. Oui, il savait tout cela, mais de ce martyre, il avait soif, une soif inextinguible. Souffrir c'est vivre. Il vivrait enfin. Il aurait le régal des affres de sa passion, le vertige exquis de sa douleur, toutes les félicités surhumaines du crucifiement volontaire. Comme il comprenait la voluptueuse appétence du supplice chez les persécutés religieux ! La vie l'avait persécuté, lui ; elle avait entravé sa vocation passionnelle : quelle revanche il allait prendre ! Vivre ! enfin vivre ! sentir bondir son cœur ! Avoir de vrais sanglots à traduire !... Il la reprendrait sa plume ! ses vers les rediraient, ses angoisses et ses joies ! ils seraient superbes, nerveux, musclés, sanglants ! La vie tant méprisée, tant raillée, cette vie où il ne trouvait rien que misères, rien qu'agonies inutiles, il la montrerait exultante pour une heure d'amour, et son existence, peuplée de cette heure unique, il la trouverait un jour trop petite pour l'abîme de ses souvenirs !

Marcel s'endormit, le nom de Blanche aux lèvres.

Pas une minute il n'avait songé qu'elle pourrait ne pas l'aimer.

IX

— As-tu vu notre nouvelle passagère ? Elle est assez jolie...

— Oui, pas mal...

Les deux officiers s'éloignaient ; Marcel n'en entendit pas davantage. Levé, à pointe d'aube, il arpentait le pont en ruminant les douceurs de la veille, avec cette molle hébétude et cette paresse étonnée des lendemains d'orgie chez les êtres habituellement chastes, lorsque les paroles du second et du lieutenant le soufvvfletèrent. Il leur jeta un regard haineux et surpris.

« Oui, pas mal...! » Les imbéciles ; les brutes !... « Elle est assez jolie... Oui, pas mal...! » Et ces gens avaient des yeux ! un cerveau !...

Tout à coup, il arrêta ses mentales invectives. Il songeait que Blanche serait plus à lui si, pour tout le monde, elle n'était pas exceptionnelle. Même, il se réjouit, en poète, en amant, de penser qu'elle lui devrait quelque chose et qu'il se la serait un peu créée. Un orgueil d'artiste incompris, une joie de collectionneur égoïste traversèrent son amour. Puis, la lèvre hautaine, grandi de mépris, il se souvint que l'opinion plus unanime proclamait Claire Leroux non pas jolie, mais belle, et sa naissante passion pour Blanche exulta.

X

Trois jours se passèrent, trois jours longs et brefs à la fois. Longs, parce qu'avec la vie du bord, si étroite et commune, des choses infinies les peuplaient, évolutions d'âme, intimes événements, qui, pour se développer ou se reproduire de la sorte, auraient à terre, sous le réseau des obligations sociales, coûté des semaines traînardes. Brefs, cependant, car Marcel, emporté vivait de front les mille vies multiples de l'amour, ne vivait qu'elles.

Tout aidait d'ailleurs à cette superactivité de son intelligence et de son cœur : la morne solitude de la mer, la tristesse du ciel, l'effarement fuligineux des nuages, et, mieux encore, l'impossibilité de l'isolement. En ses plus chimériques arrangements d'existence, Deschamps bâtissant, un roman passionnel, n'aurait pas imaginé des rapprochements aussi nombreux, aussi plausibles, avec un concours pareillement inouï de discrètes ou inconscientes complicités. Et, bienheureusement, il s'en rendait compte, ne manquant point de reporter sur Blanche la gratitude qu'il devait au hasard. Parfois même, avec l'injustice du bonheur, il tremblait, d'une révolte rétrospective, à l'idée que l'aventure aurait très bien pu se passer autrement, ou ailleurs, ou même ne pas naître. Un frisson le glaçait au souvenir de son projet primitif d'embarquer sur la malle anglaise à Brindisi, comme encore à la seule évocation de ce qu'il souffrirait s'il avait rencontré madame Verdier à Paris, où les sépareraient le monde, la bonne santé du mari, les usages et les innombrables obstacles ordinaires. A terre, pour obtenir la joie de lui presser la main, pour simplement l'apercevoir une pauvre fois par jour, quel machiavélisme n'aurait-il pas dû déployer ! Où donc, quand donc, aurait-il trouvé moyen, comme sur ce tant aimé *Messidor*, de la saluer à son lever matinal, de lui sourire à sa sortie du bain, puis, de prendre le thé à côté d'elle, en causant? Ailleurs, comment, après avoir épié l'achèvement de sa toilette à travers la cloison, l'eût-il promenée, jusqu'au second déjeuner de neuf heures? En France, c'eût été le maximum de ses plaisirs d'être son hôte, de lui offrir le bras, un misérable soir par semaine ! A bord, il savourait ces délices, constamment.

Vers dix heures, en se levant de table avec elle, il devenait son cavalier, la guidait en ses excursions par les interminables cent trente-cinq mètres du pont; l'installait, sitôt lasse, sur son fauteuil-lit de bambou, à l'arrière, s'asseyait non loin d'elle, et lui parlait encore, lorsqu'elle ne lisait point, ou lui refusait le ravissement d'un court sommeil dormi devant lui. A midi, venait le point qu'on affichait au-dessus de l'escalier des premières, et qu'il la menait voir, curieuse du nombre de milles parcourus dans les vingt-quatre heures; une nouvelle promenade d'une demi-heure les menait alors jusqu'au lunch. Le meilleur repas, ce *tiffin*, comme elle disait, à la mode coloniale anglaise ! Gavés du déjeuner, les passagers étaient rares, ou remontaient vite, après avoir croqué un fruit et vidé un verre de bière. La solitude pourtant eût gêné, séparé le couple, mais dans le salon, à quelques pas de leur bout de table, ils se découvraient des voisins penchés sur leur livre ou sur leur courrier, et leur causerie, ne risquant point de choquer, s'attardait à broyer les amandes jusqu'à complet débarras des assiettes. Du *tiffin* au repas du soir, ou plutôt à la toilette préliminaire, d'autres prétextes les rapprochaient : parties de palet, montées à la passerelle, échanges de volumes. Après le dîner, une promenade encore, et l'on jouait aux échecs, quand on ne lisait pas jusqu'au thé, que suivait une dernière et douce flânerie sur le pont, si la pluie daignait le permettre.

Et c'était encore la discrétion du commandant, c'était l'impossibilité, pressentie par tous, de faillir en cette maison de verre, c'était l'inattention des voyageurs, la plupart de race anglo-saxonne, donc habitués au *flirt*, et trouvant naturelle cette amitié d'homme à femme ; c'était le mal de mer clouant chez elles les Françaises moins tolérantes ; c'était enfin la galanterie des fonctionnaires passagers occupant dans les embellies les loisirs des convalescentes.

Par instinct, sinon par raison, Deschamps, du reste, encore qu'éperdu, dissimulait devant ses compagnons de route, et ne se doutait pas qu'il était habile en coupant de courtes séparations la continuité du tête-à-tête. Celui-ci, grâce à ses manœuvres de mondaine hypocrisie, se changeait en une série de rencontres, de visites, d'invitations, parodiait, dans vingt-quatre heures, la vie salonnière d'un long mois, en la transfigurant. Il en résultait qu'une seule journée opérait dans la sympathie primitive, et peut-être toute intellectuelle, de Blanche, le travail puissant et sourd, la poussée lente et continue qu'en son cœur vide, des semaines d'assiduités amoureuses auraient à peine entamés, par des conditions normales. Il en résultait qu'au bout de quelques jours, également sincères l'un et l'autre, ils croyaient se connaître depuis des temps infinis, — et se le disaient, naïvement.

Les vers de Marcel, dans ce début d'intimité, permettaient de brûler les étapes, motivant des questions chez la femme, soufflant aux lèvres de l'homme des confidences dont s'étonnaient ensuite, ayant le sommeil, sa revue du jour, son rappel des choses dites ou entendues, et que, pourtant, le lendemain, il recommençait sans y songer, sous un regard impulsif. Ce furent même ces confidences ou plutôt ces questions, qui l'éclairèrent le mieux sur son état.

A l'une des rares minutes où reprenait sa vie intérieure, il s'était étonné de nouveau du vague ensommeillement de ses désirs. Il l'aimait, fût mort, croyait-il, si elle avait disparu de son horizon; elle était belle enfin, au delà de ses souhaits : comment donc tardaient-elles, la tentation coutumière et la soif de son baiser? Peu à peu, il se douta qu'en lui, l'artiste avait été séduit avant l'homme, et que l'artiste demeurait victorieux encore — le matin, par exemple, à l'heure où il la déshabillait du regard, quand elle sortait du bain, savoureusement odorante, d'une fraîche odeur de chair mouillée dédaigneuse des parfums !

Aussi bien, il devait prévoir qu'elle serait passagère, cette émotion toute cérébrale, et que la crise future y puiserait une plus ardente folie. Seulement, il lui plaisait de déguster, avec une lenteur dévotement béate, l'inespéré, l'invraisemblable de cette bonne fortune. Enfin, il retrouvait confusément dans son cœur, dans le tâtonnement délicat de sa convalescence d'âme, le sincère dilettantisme qu'il apportait en toutes choses, et dont la possession, à son sens, rendait seule la vie tolérable. Il était évident, au surplus, que cette période de charme, que cette indécision auraient duré des heures, et non des jours, puisqu'elles demeuraient, en somme, le résultat d'une surprise brusque et d'une violence du hasard, si, dilettante, il n'avait pas été pris dans toutes ses fibres à la fois. Certes, oui, sa chair aurait frémi déjà, — ou, du moins, plus violemment, — s'il avait été séduit par l'œil seul! On n'est pas ainsi terrassé pour une ligne, pour un profil, pour une couleur innommée, pour des ombres et des lumières!...

Et, ce pensant, il s'échauffait, l'évoquant dans le noir de ses paupières closes, amoureux du dessin de certains de ses gestes, de ses attitudes si neuves et naturelles, de cet étrange qui était sa beauté!...

O mon ami, se disait-il, quelle œuvre, que ses yeux! L'as-tu vue, tout à l'heure, le menton dans sa main, accoudée au bras du fauteuil, m'écoutant lire?... Un pollen, une poussière d'aile de papillon, lustrait sa joue du côté du soleil; l'autre joue, et le cou, son cou adorable, étaient d'une froideur sombre de marbre, la nuit. Le pouce et l'index seuls s'appuyaient, creusant deux fossettes veloutées que la compression du sang cerclait d'un peu de neige; les autres doigts filtraient le soleil et luisaient, radieusement roses... Dans la sonorité mourante des strophes, je levais mon regard sur elle, puis, je repartais, et dans les marges, par les lignes, je retrouvais son œil. Il se promenait, il enjambait, son œil toujours pareil et jamais le même, son œil pervers à l'ombre des cils ou n'éclairant que le profil, son œil tendrement noyé, vu de face! Il avait autant d'expressions que je chantais de rimes, et des reflets fugaces d'arc-en-ciel!...

A la fin, Marcel, s'arrachait à cet hypnotisme, Non! non! ce n'était pas tout! D'abord, s'il adorait les oppositions de lumière et de couleurs brassant des poèmes avec la pâte d'une chair vivante, s'il adorait cette matérialisation d'un ancien songe d'art, il n'était pas peintre! Amateur infécond, maladroit copiste, il l'aurait caricaturée s'il avait tenté la folie de dérouler ses toiles pour elle, s'il avait simplement ouvert ses albums de croquis! Et ce n'était pas non plus la voix chaude dont elle chantait, le soir, au salon, — une voix moins puissante peut-être que celle de la Leroux, mais d'une flamme vraie, débordante, une voix de pensées qui lui prenait le cœur, et, parfois, lui donnait l'inouïe sensation que Blanche s'accompagnait en martelant ce cœur d'homme comme les touches du piano!... Ce n'était pas sa voix, sa toilette, sa beauté; — il l'aurait prise devant tout le monde, il l'aurait écrasée contre lui d'une étreinte, si elle n'avait eu que cela, et si, l'ayant, elle l'avait empoigné de la sorte. Non! il fallait bien qu'il y revînt, si ces choses expliquaient l'amour, elles n'expliquaient pas le muet écrasement de sa félicité. Comment! Mais il ne lui avait même pas dit qu'il l'aimait — et il ne pensait pas à le lui dire!

Alors, au fond, au tréfond de lui-même, enveloppant tout autre sentiment, Deschamps découvrait sa surprise première de la venue de Blanche, son étonnement de sa rencontre, de sa nouveauté souveraine, de son non vu, sa stupéfaction de l'au-delà où elle emportait ses rêves pour une merveilleuse fois dépassés par le réel. Ensuite, et parallèles aux invasions de tous les sortilèges de cette femme, il déterrait d'autres étonnements. Elle avait le sens de l'art! Elle vibrait pour une chose de l'esprit! Elle avait des lointains de pensée, des profondeurs, des exaltations d'intellect! Elle sentait; elle jugeait! Elle exprimait des sensations, des idées, des mondes, au seuil desquels, d'habitude, la femme s'arrête et recule, si, par hasard, elle les atteint !

Il gisait là le phénomène ; pas ailleurs. Et ce n'était pas extraordinaire qu'il l'aimât dans la paix de son corps avec de telles délices ! Poète, artiste, hypertrophié du cerveau, elle l'avait pris en poète, en artiste. par le cerveau ! Sa séduction était avant tout intellectuelle. Elle n'avait pas séduit ces deux marins discutant l'autre jour sa beauté ! Lui, subissait cette séduction et voulait la subir, sans plus d'analyse. Eclairé maintenant, il se donnait de tout son être, d'un don absolu, comme on se donne à Dieu ou à la Mort. Oh ! joie ! La mer était trop petite ! Il touchait l'horizon ! Quelle extase de vivre !... Ah ! ses lèvres joindraient bien les lèvres de Blanche toutes seules : son intelligence s'accouplait déjà !...

XI

Marcel avait daté à l'avance, comme des feuilles d'agenda, trente-sept pages de son carnet. Il fallait trente-sept jours pour aller au Tonkin. Cependant, une semaine s'était écoulée depuis son départ, et, sur les sept premières pages, il n'avait rien écrit. Son cœur notait. Marcel jugeait ces notes-là ineffaçables.

C'était le matin, après déjeuner. Il rêvait assis sur un des bancs du pont, le dos à la claire-voie par où le salon prenait jour. Il attendait Blanche. Elle arriva, et sourit à voir qu'il avait ainsi placé son fauteuil-lit qu'à moins de déranger toute une tribu hollandaise, ou de renoncer à s'asseoir, elle ne pouvait éviter le voisinage du jeune homme. Pourtant, tranquille encore, elle s'étendit sur les cambrures de la chaise-longue et, de son joli geste habituel, avant de renverser son buste en arrière, tira sa jupe, en ramena les plis sous ses chevilles rapprochées. Dans cette pose fugitive, sa taille s'effilait d'une ligne harmonieusement serpentine et l'étoffe de son corsage luisait, tendue entre les épaules, semblait éclater sur sa gorge fière. Ensuite, elle se laissa tomber sur le dossier et ses bras glissèrent le long de son corps, sur les branches du siège, les mains se relevant, à la hauteur des hanches, pour pianoter sur les pochettes de bambou fixées au meuble. Dans ces pochettes son mouchoir évaporait son vague parfum de muguet, entre sa broderie, ses gants et l'exemplaire des *Chimères* que lui avait donné Marcel.

Longuement, il la contempla, si épris que, pour engager la causerie, il ne retrouvait pas les banalités ordinaires. Elle, sous ce regard, baissa ses paupières, et ses doigts cessèrent de battre le treillis. Pour le chancelier, lorsqu'il n'entendit plus le tintement de ses bracelets, un grand silence tomba.

— Vous ne travaillez pas? demanda-t-il enfin. Est-ce que je vous empêcherais de lire?

— Non, répondit-elle, mon ouvrage m'ennuie quand il ne m'aide pas à fixer mes rêves. C'est le fil que je mets à la patte de mon imagination.

— Et votre imagination ne voyage pas aujourd'hui?

Elle leva ses grands yeux clairs, sentant revenir au premier remuement d'idées sa bravoure souriante.

— Peut-être voyagerait-elle si vous n'étiez pas là, mais à quoi bon, puisque vous pouvez me donner l'explication de ce que je cherche?

Et, tout aussitôt, elle prit le volume, tourna les feuillets avec son couteau d'écaille, et l'interrogea. Chaque pièce motivait une question, mais comme elle l'écoutait distraitement, ou revenait à des sujets déjà traités entre eux, il comprit qu'elle voulait autre chose, et, tout de suite, devina ses hésitations. Il avança la main, lui prit le coupe-papier, tourna vingt pages en bloc, et laissant le livre ouvert sur des strophes sans titre :

— Ne serait-ce pas ce morceau que vous ne comprenez point?

Un rose furtif montait aux joues de la jeune femme.

— Je suis pourtant très franche, murmura-t-elle, avec vous surtout... mais, cette fois, ma curiosité pourrait vous déplaire, vous... gêner. Je suis par trop indiscrète...

— Indiscrète! s'écria-t-il, et dans son exclamation il mit tant de feu qu'elle le regarda, et que pendant une seconde, ils lurent mutuellement dans leurs yeux.

— Vous ne serez jamais indiscrète, reprit-il d'une voix sourde qui tremblait, — jamais!

Alors, il lui montra que ces vers écrits pour une femme étaient sortis de sa tête, non de son cœur. Rhétorique tout cela, rhétorique! Cet hymne de passion n'était là que pour amener la malédiction finale, le blasphème que la fuite de la Chimère, un instant arrêtée, arrachait au poète.

Il n'acheva pas devant une moue qui cachait mal une curiosité presque anxieuse.

— Ce n'est pas tout à fait cela... Ces vers m'avaient frappée par leur virulence, par leur accent de vie... Vous savez : bien avant qu'une nouvelle esthétique eût généralisé cette habitude en la légitimant, c'était notre travers, à nous femmes, de chercher l'auteur (c'est-à-dire le réel) dans son œuvre!... Ce qui m'intriguait donc dans vos deux volumes, c'était la contradiction de certains passages, également beaux de forme. Vous avez, çà et là, des cris d'angoisse poignante, des anathèmes contre la femme, des négations furieuses de l'amour, et puis, le feuillet tourné, l'on tombe sur un débordement passionné, sur un hymne véritable, d'une sensualité voulue, effrayante, mais qui n'en est pas moins un démenti des vers précédents... Alors, j'ai comparé les dates des divers poèmes pour voir si vos... amendes honorables ne coïncidaient pas avec les... avec la... avec ce que l'indiscrétion parisienne m'avait appris de votre vie...

Elle s'arrêta, confuse ; son corsage palpitait, et, tout à l'heure rose d'être devinée, elle avait pâli.

Marcel aussi pâlissait. Il lui prit la main, ne sachant plus ce qu'il faisait, croyant prendre le volume. Cette main demeura sienne une seconde, et, durant ce contact, son sang l'étouffait, puis, elle se retira d'un seul coup, d'une brusque révolte. Ils ne se regardaient plus. Un silence les écrasait, dans lequel ils n'entendaient que leur respiration anhélante.

Mais chez l'homme, c'était une joie qui précipitait le battement des artères. Elle l'aimait donc, puisqu'elle était jalouse ? Car c'était de la jalousie, son allusion, et le ton surtout dont elle l'avait faite, la voix indifférente d'abord, vibrante ensuite. Elle l'aimait !... Amour-propre ? Coquetterie ? Une femme comme elle en était incapable ! Oui, il fallait qu'elle l'aimât, puisque, le sachant cependant libre de la Leroux, sa jalousie s'adressait au passé. L'amour en ses commencements a seul de ces regards en arrière !

Brusquement, il lui dit, presque à voix basse, et à mots précipités, comme se dégonflant le cœur, tout ce qu'il ne lui avait pas dit encore. Avec cette éloquence de la passion, cette éloquence qui ne naît pas du verbe, mais du regard, de la voix, du geste, il lui raconta son existence. A grands traits, qui peignaient, il se montra dans sa nudité de souffrant, dans sa soif de tendresses. Ce fut une confession sincère, ou qu'il crut telle, et qui l'emporta. Tout ce qu'il pouvait avouer, il l'avoua éperdument, se consolant, chemin faisant, de quelques omissions par cette pensée que, du moins, s'il laissait des choses dans l'ombre, il n'en inventait aucune, et qu'il n'était pas encore né, d'ailleurs, l'homme capable de tout dire de sa vie, tout !

Le frémissement de Blanche, le bruit de son souffle court, le propre murmure de sa voix claironnaient une

charge en son être, tandis qu'il s'épanchait, et il eut
conscience d'être empoignant et de conviction irrésistible, quand il montra comment s'étaient produits,
auprès de Claire, ses essais d'amour.

Il la nommait crûment, à cette minute, sans une
pudeur, sans un remords. Sa folie piétinait le passé,
reniait ensemble bonheurs et tortures, bafouait tout ce
qui n'était pas sa passion présente. Il s'indignait des
baisers éteints, les maudissait, les insultait avec un
cynisme brutal, avec une franchise horrible, dont elle,
la femme, jouissait voluptueusement, dans la cruauté
réveillée de son sexe. Et il était pareil à un boucher,
s'acharnant à l'autopsie de l'amour ancien pour se prouver qu'il était bien mort, qu'il n'avait même point vécu.
Tout y passa. Il ne vit point le geste suppliant de
madame Verdier, sa révolte effarouchée de femme
honnête. Il lui dit le début de cette liaison, son ennui,
son cœur à vau-l'eau, ses dégoûts de la fille vénale,
toujours pareille, et ce qu'il ressentait d'intime désespoir jusqu'au jour où Claire avait paru, et où il s'était
laissé prendre. Car elle l'avait pris, envahie d'une
toquade de courtisane amoureuse, excitée par les lenteurs de l'homme à céder ! En ce temps, il avait pensé
que l'étreinte serait passagère, et il la savourait physiquement, sans se donner ; mais au réveil, après un
mois ou deux d'intermittentes caresses, il s'était senti
lié, — lié par ces cheveux de femme, par cette soie
qu'un souffle casserait, semble-t-il, et qui sont des
câbles d'acier où se brisent des dents d'homme. Elle
l'emmenait, un matin de veulerie, l'emportait au loin,
par les grèves désertes de Bretagne, par les forêts
vosgiennes, en des retraites où les sanglots de la mer
et le bruissement des feuilles étouffaient leurs spasmes,
puis en Italie, et partout où la complicité des choses
et de l'art pouvait resserrer la chaîne. Bientôt, il ne

résistait plus. Un jour, il croyait l'aimer vraiment, le lui jurait, lui faisait recouvrer sa liberté et, sans souci du demain, la voulait sienne, pour toujours. Oui, il avait fait cette chose, prêté et exigé ce serment d'amour. Était-ce sa faute? Et où serait-il allé? Où donc son égoïsme eût-il trouvé cette tendresse de toutes les heures, et cette beauté dans la tendresse? De foyer, il n'en avait plus; son passé, un crêpe de deuil en couvrait les étapes, — ces étapes douloureuses qu'il venait de dérouler devant elle pour amener cette justification. D'amis, il ne s'en connaissait pas, chef d'école pour la foule, dans la réalité victime haïe de ses suiveurs. La réputation? le succès? On les lui discutait si âprement d'abord! et quelle insuffisante pâture enfin pour un cœur de vingt-cinq ans, pour un être qui n'a pas eu d'enfance, d'adolescence, de jeunesse, qui mendie une affection quelconque et pleure d'être seul! Il savait bien: le culte de l'art! l'austérité des ambitions, etc.! toutes les phrases des eunuques chez qui rien ne bat plus sous la mamelle gauche. Mais avant tout, il aurait fallu qu'il y crût, à son art, et que son idéal se dégageât. Tout se tient : sa précocité l'avait jeté en philosophie au nihilisme; aussi, dès les premières querelles des écoles littéraires, le doute avait-il eu raison de ses croyances artistiques — seules survivantes. Blanche ne s'imaginait pas ces stérilisants « à quoi bon? », ces découragements qui tuent l'écrivain! Pourquoi avait-on fait de lui un dilettante, un jouisseur des sons, des parfums, des couleurs qu'il serait impuissant à rendre? Il cherchait la vérité, ne la trouvait pas, et par la fatalité de son éducation, se lassait avant ses compagnons. Où était-il enfin, où écrivait-il, le consolateur qu'appelait sa jeunesse trop tôt désabusée? Grâce au progrès de son siècle, il avait appris à mieux souffrir que ses anciens; il savait mieux son mal, mais ne le guérissait pas davantage. Dans quel but, par conséquent, se confinerait-il dans les lettres? La vie n'était-elle pas démontrée inutile et bête, douloureuse et sans résultats! Lui avait-on donné une volonté et une intelligence également puissantes et pouvant se tempérer l'une l'autre, pour l'empêcher de traduire en refus de vivre, puis en indifférence de tout, le doute attristé de ses aînés?... C'était aisé de parler de l'art, d'autant que, de ce côté encore, nulle épreuve ne lui avait été épargnée. Il se croyait poète pour quelques inoculations hâtives du romantisme lyrique de Hugo. A seize ans, il rimait des *Occidentales* et des drames à clair de lune. Sorti du collège, broyé par la férocité des hommes et des choses, bronzé avant l'âge, il se débarrassait bien du fatras romantique; mais il en gardait le lyrisme. Des évolutions suivaient encore, qu'on pouvait appeler des martyres, mais quand, à force de plonger, il avait touché la lie des réalités, c'était encore en cris rythmés et rimés qu'il proclamait ses découvertes, ses mépris, ses désespoirs, sa soif de raffinements à défaut de consolations. Alors, il lançait les *Angoisses*, puis les *Chimères*, ses deux livres. On l'injuriait, on le fêtait, on voulait le convertir, et dans le bruit du succès, dans le tapage des polémiques, il découvrait que son œuvre était détestable, conventionnelle encore sous ses rimes d'or. Il aurait voulu la détruire comme ses poèmes de collège, sentant qu'il n'avait rien créé, si ce n'est son outil. Mais cet outil, comment l'utiliser? Le roman, il lui fallait le roman, sa complexité prête à tout recevoir avec son cadre souple, et sa langue universelle. Par malheur, la prose sous sa plume ne coulait pas. Au lieu d'emporter sa pensée, comme l'eau porte une barque, elle l'encerclait, se congelant autour de l'idée appauvrie en stalactites fouillées, prismatiques, multicolores. Le lyrisme survivait : il faisait simplement des poèmes en prose qu'il brûlait, furieux de la rébellion des mots et de son impuissance.

Or, c'était à cette heure épouvantable, tandis qu'envié et louangé par la foule ignorante, il se débattait dans cette intime torture, c'était à cette heure que Claire le rencontrant, s'emparait de lui. Qui donc n'aurait pas essayé d'aimer la consolatrice sous l'amante ? Certes, il n'avait pas tardé à découvrir son erreur. L'infirmière n'était pas le médecin, mais au moment de cette découverte, il n'écrivait plus et sa virilité d'artiste était morte, tuée par le dilettantisme, tuée par son besoin névrosé de perfectionnements, tuée par les défaillances de sa volonté que ne galvanisait la tentation d'aucun but. A cette époque, il était littérairement fini. Une soif intellectuelle le stérilisait, une passion de recherches avec des ardeurs de transmuteur aimant son creuset non par espoir d'une improbable pierre philosophale, mais pour la seule joie de ses surprises devant les inattendus résidus des cuissons. Il vivait trop en dedans enfin, pour vivre pour les autres, et s'il rêvait encore de l'*œuvre à faire*, lorsqu'il s'échappait de la théorie, la rêvait d'un rêve platonique, prêtait sa vie propre à ses personnages, existait en eux et par eux, et leur donnait ses analyses, ses expériences, sans jamais parvenir à les camper debout.

Et c'était cela, sans aucun doute, qui l'avait rendu si lâche sous les baisers de la femme, si faible devant ses larmes. Il n'avait pas osé lui dire qu'il ne l'aimait plus ; longtemps, il n'avait pas osé l'arracher de sa vie. Pour qu'il s'y décidât, il avait fallu l'entrée en jeu des misères banales, des mesquineries de l'existence, l'impossibilité de la garder à soi seul. Vingt réconciliations avaient clos vingt ruptures, car, l'habitude l'étreignant et la peur du solitaire lendemain, il ne savait jamais, pareil à un enfant, s'il l'aimait encore, s'il l'avait jamais aimée, s'il ne l'aimait plus ! Il n'était même point fixé, après la rupture suprême, l'autre jour, puisqu'à la pensée de ses lèvres, il frémissait, — tout en la haïssant lorsque lui revenait le souvenir de sa sottise et de son intelligence uniquement soumise à l'impulsion de son sexe !

Longtemps, il parla de la sorte, et des larmes, des colères, des tendresses, passaient dans sa voix. Blanche demeurait immobile, délicieusement prostrée, une flamme de bonheur aux joues, et, pour mieux se taire, l'œil mi-clos. Mais lorsqu'il s'arrêta, cramponné au banc pour ne pas tomber à ses pieds, elle ne lui refusa pas la brève étreinte de sa main ; ses yeux transfigurés, mouillés, radieux se levèrent sur lui ; passionnément le baisèrent. Puis, elle se dressa, et disparut, onduleuse, sans se retourner, comme un rêve. Marcel alors songea qu'elle ne lui avait pas demandé la cause de son émotion et de cette chaleur à se justifier.

XII

L'insomnie de Deschamps, ce soir-là, s'entêtait à disséquer son amour.

Avant tout, rumina-t-il, Blanche était suggestive au sens artiste du mot! Elle incitait au rêve comme certaine musique, et ce rêve, elle l'exaltait. Seulement le rêveur cherchait, dans une tension furieuse d'esprit, quelle lumière de ces yeux aimés, quelle ligne de cette silhouette, quelle note inentendue de cette voix déterminaient le sortilège. Et las de sa vaine poursuite, il se leva. Le fanal démasqué, son crayon tâtonna sur les pages. Oh! comme alors il éprouva l'amère impuissance des phrases, l'inutilité creuse des mots, l'affreux vide des périodes accordées! Un aphasique ne pouvait souffrir davantage à vouloir arracher des sons de sa gorge. Il eut même une plus mortelle angoisse, celle de sentir sur son cœur son amie se pâmer, frissonnante, tangible, tandis que sous l'aspiration de ses caresses, il se découvrait eunuque irrémédiablement.

Blanche qu'il voulait peindre se photographiait, s'enluminait, déplorablement exacte, comme si son image eût été découpée dans une glace terne, sans plus d'air ainsi, sans plus d'ombre — dépouillée d'au-delà.

D'elle et d'autour d'elle, toutes choses, à présent, revenaient, nettes, — plus nettes qu'à leur véritable apparition. Elles l'effleuraient vivantes, il les revivait mortes ; mais cette abstraite atmosphère dans laquelle il les avait perçues, rien ne pouvait la rendre ; or, sa passion gisait dans ce nimbe fugace, dans cet insaisissable, il le voyait bien.

Il jeta papier et crayon, recoiffa le fanal, rentra dans son obscurité songeuse. Une musique, pensa-t-il, traduirait sa suggestion, peut-être ? Une seconde même cette musique le traversa, délicieusement imprécise et douce. Il voulut la noter ; alors ce fut l'image de Blanche qu'il entrevit devant un clavier d'orgue, comme descendue d'un vitrail proche. Elle demeura, le clavier parti, toujours confuse ; mais elle n'avait plus que son regard de réel, son regard où passaient des mondes.

Marcel se resaisit, se trouva fou de creuser son bonheur. A quoi bon fixer les chimères qui l'emportaient en croupe ? Dans quel but asservir leur vol ? Puis, avec un effroi, il redouta de gâter le réveil, et là-dessus, se demanda ce qu'il lui réservait : Blanche, physiquement, serait-elle aussi fort impressive ? Son premier abandon ne serait-il pas fatalement inférieur à la sublimité de son regard, tantôt, quand elle s'était levée pour le fuir ?...

Ce regard, il le rebut, le pouls arrêté soudain. Cependant, il eut la force de noter cette montée lente et sûre de la marée du désir. A cette heure, se faisant complice des faits, de l'instinct, quelque chose le précipitait à l'étreinte, et c'était une curiosité.

XIII

Malgré l'irruption de madame Verdier dans sa vie, Deschamps ne cessait pas entièrement de fréquenter le capitaine. Peut-être même devait-il en partie à la persistance de ces relations, l'insuffisance de ses rares examens, l'hésitation de son jugement sur la nature de son amour. Il éprouvait en effet pour le marin un peu plus que de la sympathie, une amicale gratitude et s'empressait de lui donner les rares moments dont Blanche le laissait maître. Mais il en résultait que jamais il n'était seul. Aussi, lui paraissaient-elles couler dans une insaisissable fuite, les heures si longues de la traversée. Dans l'évaporation du temps, dérisoires étaient les jours.

M. Villaret, cependant, ne pouvait point ne pas s'apercevoir du subit changement opéré chez Marcel, qui, maintes fois, avait surpris le regard de l'officier allant de Blanche à lui, sympathique et discret, sans doute, mais perspicace. A quelque heure, du reste, que le chancelier le vînt voir, le commandant reprenait sans un étonnement la conversation de la veille ou de l'instant d'avant, renouait la discussion qu'avait interrompue le bruissement d'une robe, derrière sa porte. Parfois, pourtant, il réprimait mal un sourire.

Ce jour-là, — le *Messidor* courait par le travers du feu de Damiette, — Deschamps, abandonné de sa voisine, alla s'asseoir chez son ami et, sans le vouloir, lui dit son bonheur par sa poignée de main trop fébrile. Puis, ils causèrent, parlant, comme toujours, de la savante besogne à laquelle le lieutenant de vaisseau consacrait ses loisirs, ne se reposant de ses travaux de physiologie et de micrographie que par des traductions pour la *Bibliothèque scientifique internationale*. Et, moins par taquinerie que par instinct, le jeune homme le mit, une fois de plus, sur le chapitre de la femme.

— Je vous ai dit ma pensée, conclut M. Villaret : je considère la monogamie stricte, complète, absolue — vierge avec vierge, — comme la théorie de l'amour de l'avenir...

Il donnait ses raisons, des raisons de science ; son visiteur l'écoutait mal, l'interrompant avec des paradoxes. Pourtant, quand la conversation obliquait, le poète la ramenait toujours à son point de départ.

— Voulez-vous que je vous dise, mon ami ? s'écria enfin le capitaine, eh bien ! vous sentez la femme !

Marcel éclata de rire. Involontairement, toutefois, son œil cherchait le petit miroir de son hôte. Il s'y vit un visage qu'il ne se connaissait point. Quelque chose de fluide, de subtil flottait autour de lui, brûlait dans ses yeux. Tout aussitôt, il trouva des paroles quelconques.

Sans plus insister, toujours cordial, toujours charmeur, l'officier lui donna la réplique, mais le retint, lorsqu'il voulut se lever :

— A propos, mon cher Deschamps, il faudra qu'un de ces matins, vous veniez — sous promesse du plus grand secret, — écouter le rapport de mon capitaine d'armes. Cela vous intéressera et vous montrera comment fonctionne la police du bord. Notez que je n'ai rien organisé et que mon second maître fait avec moi ce qu'il faisait avec mes prédécesseurs, et ce que l'on fait sur tous les bâtiments de la Compagnie. C'est très curieux ! Nos voyageuses des troisièmes ne sont pas toutes des Agnès, mais je vous affirme qu'elles se surveillent joliment avec ce brave gardien des mœurs ! C'est un lynx ! De l'avant à l'arrière, il voit tout, il sait tout, et n'importe quelle passagère ne peut, la nuit venue, serrer la main d'un passager sans qu'il m'en avise.

Marcel avait imperceptiblement rougi. Pourquoi lui disait-on ces choses ? Et s'essayant à paraître aussi indifférent que le commandant, il demanda :

— Est-ce que la Compagnie n'assure pas que les marchandises ?

— Pardon si, mais, pour parler comme ses prospectus, elle garantit la « respectabilité » de ses paquebots. En conséquence, elle y organise le service de telle façon, et elle nous donne de telles consignes qu'il est *matériellement* impossible de... dépasser à bord les limites permises du *flirt !*

Deschamps tressaillit et les deux hommes se fixèrent : le regard de M. Villaret contenait de la bonté seule. On se sépara sans plus un mot, une poignée de main particulièrement cordiale, montrant au jeune homme que, véritable ami, le savant voulait simplement le préserver d'un oubli dont la surprise causerait un scandale, perdrait Blanche.

Ensuite, il réfléchit. Certes, le capitaine exagérait un peu : malgré la disposition des lieux, surtout avec des complicités et de l'argent au besoin, on réussirait peut-être à échapper à l'œil du dragon... Son rêve ne s'acheva pas, dans un brusque dégoût de ses délicatesses d'esprit et de corps, devant l'évocation du milieu banal où, fatalement, se cacherait son bonheur. Puis, le feu aux joues, il s'étonna d'avoir encore effleuré la possibilité de cet au-delà sensuel. Un trouble bref lui remua des profondeurs de pensées, lui pinça des fibres inconnues, et, dans une injuste rancune contre cette vie maritime qui avait couvé son intimité avec Blanche, mais qui la limitait à jamais, impitoyablement, un regret lui vint — le premier, — de la terre absente.

Pour la première fois aussi, ce soir-là, il calcula combien de jours le séparaient du débarquement, — de la liberté.

XIV

C'était à Port-Saïd, sous un ciel crûment bleu, sous un soleil féroce. Les plantes du square de Lesseps effritaient leurs cassures de métal, atrocement rigides dans l'air cuisant, et lumineuses.

— Je n'en puis plus! soupira madame Verdier, ses emplettes faites.

Son ombrelle de soie cerise ensanglantait sa pâleur déjà luisante d'une fine rosée sur les tempes. Mais le créole prenait sa revanche du mal de mer. Il ne sentait point la chaleur, et souriait de se voir correct, la peau sèche, le geste souple.

— Ma pauvre amie! chantonna-t-il, moqueur. Ma pauvre amie!...

Et tout en se démenant, comme s'il eût voulu se payer de son immobilité à bord, il jeta sur Marcel un regard de prière :

— Soyez donc bien gentil... (Il disait *zentil!* Le jeune homme, fou de joie, n'y prenait pas garde.) Vous devriez conduire madame Verdier au Casino : elle se reposerait à la fraîcheur, et je vous y reprendrais aussitôt après ma visite à notre consul...

Deschamps s'inclina et offrit son bras à Blanche, après lui avoir enlevé son petit paquet d'achats. Le fonctionnaire s'éloignait en sautillant, son parasol fermé comme inutile ; le chancelier et la jeune femme ne purent s'empêcher de sourire.

D'abord, leur marche fut silencieuse. Pour la première fois, ils s'en allaient ainsi, côte à côte, sur le sol ferme ; pour la première fois leurs bustes se touchaient, et cela leur était une douceur infinie, une caresse trop profonde pour être dite. Blanche portait une robe de toile bleue à pois blancs, et un casque indien entouré d'un turban de cachemire à liserés rouges. Sa manche courte découvrait son bras nu ; ses jupes battaient parfois les jambes de Marcel ; elle sentait la chair.

Ils entrèrent au « Casino ». La salle de l'horrible café, ses stores abaissés, se baignait d'ombre. Au fond apparaissait la scène, d'une petitesse d'estrade, peuplée d'une quinzaine de musiciens austro-hongrois, hommes et femmes. Peu d'auditeurs. A peine quelques-uns de leurs compagnons du bord. Les magasins, la roulette retenaient encore la plupart des passagers. Cependant, Marcel demanda trois sodas ; les curieux sauraient ainsi que sa compagne et lui n'étaient point en tête-à-tête et que le mari les accompagnait.

D'abord, ils eurent des paroles banales, préoccupés de sucer leur glace et de chasser les fourmis de la table, les mouches de leur front. Une raie de soleil perçait les volets, jouait, poussiéreuse et vibrante, sur la robe de Blanche, sur les ors allumés de ses bracelets. L'orchestre brusquement entama le *Beau Danube bleu* et cela les faisait encore se sourire, jusqu'à ce que l'air trop connu les remuât en dedans, et détendît leurs nerfs. Il sembla bientôt que ce bercement extérieur emportait leurs hésitations, balayait leurs rêves, car leur causerie s'accrocha tout de suite, sans préambule, comme continuant de communes pensées.

Une des violonistes quêta ; la musique reprit ensuite, toujours familière. Du Strauss, de l'Offenbach, du Métra, du Lecocq, se succédaient, avec une quête toujours entre les morceaux. Ils n'entendaient plus rien pourtant que le son de leur obole tintant sur la soucoupe, quand la Danubienne, arrivant à eux, passait sa faïence entre leurs regards.

Madame Verdier — comment ? à quel propos ? ils ne savaient, ni l'un, ni l'autre — montrait son enfance entre quatre murs de pension, son père, remarié un jour de folie, venant la voir pour pleurer avec elle... Ah ! elle ne devait rien à Deschamps ! Sa belle-mère qui la haïssait, l'éloignait, et martyrisait son mari par jalousie contre l'enfant, restée l'idole du père. Lui, le brave homme, devenait un innocent une fois sorti de ses livres et de ses collections. Les jours de congé, il s'enfuyait avec sa fille. Parfois, la semaine, prétextant une réunion savante, il allait la chercher en cachette, la menait au restaurant, au théâtre, et ressemblait dans sa joie à un homme en bonne fortune...

Elle avait atteint ses dix-sept ans, conquis ses diplômes et réintégré le foyer familial, mais sa claustration avait continué entre la belle-mère farouche, avare, dévote et grondeuse, et le père impotent. Pendant deux années durait ce supplice ; seulement, durant ces deux années, elle avait vécu dans les livres et dans les objets d'art, s'était faite ce qu'elle était, intellectuellement. Son père en effet la laissait libre par ses bibliothèques, ses cartons, ses vitrines. Le brave homme avait des inconsciences, des ingénuités de bibliophile et d'artiste. Pour lui la reliure d'un livre, la couleur d'un tableau, la ligne d'un marbre existaient à peu près seules. Pas une fois, il n'avait enfermé ses trésors. L'art purifie tout ce qu'il touche. Il ignorait la vie du reste, et n'existait que cérébralement.

Le vieillard mort, Blanche aurait succombé sous la main de sa tutrice. Aussi avait-elle accepté le premier épouseur que tentaient sa figure et sa dot dissimulées dans la retraite...

Parvenue à ce point de ses souvenirs, elle réfléchit, puis sauta à l'histoire de ses voyages. Commissaire de la marine, ensuite Inspecteur, M. Verdier qui, quoique du cadre colonial, était docteur en droit, et riche avec cela, avançait vite. Au fur et à mesure de ses promotions, elle le suivait dans ses postes divers, un peu par soif de sensations nouvelles, beaucoup par lassitude de ses relations moroses, de son salon de Paris ennuyeux et froid...

Marcel songeait qu'il aurait pu la rencontrer jeune fille, et la prendre. O sottise des hasards ! Mais l'eût-il aimée de même ? Chrysalide, ne l'aurait-il pas méconnue ? Qui savait ?

Et ravi de ce qu'elle restât muette sur ses désillusions, sur ses souffrances d'épouse, sur le vide atroce de son cœur, il ne se demanda point à quelles consolations elle avait bien pu aller.

Le mari survint, fit fête à la musique, combla la quêteuse qu'il trouva jolie. Ils partirent tous ensemble, raccrochés, au seuil du café, par un Levantin obèse et répugnant, qui les poussa à sa roulette. Le créole avec des cris d'enfant gagna quelques guinées, sa femme et Deschamps vidèrent leur bourse, et tous trois rejoignirent le bord, également heureux.

XV

Lentement, avec de lourdes nonchalances de géant prisonnier, le *Messidor* s'avançait entre des berges jaunes, dans l'étroit canal de Suez. Son énormité devenait là monstrueuse, rapetissait encore le ruisseau. On l'eût dit amené par une furieuse marée aussitôt repartie, à le voir échoué en plein sable, gauche comme un albatros tombé de son ciel. Bientôt, il se gara, pour laisser passer d'autres navires marchant en sens inverse. Il se rencognait sur un pan de la berge, creusée par places pour ces haltes, et avec ses amarres rampant sur le sol à la façon de boas, semblait prendre racine à la terre.

Madame Verdier assise près du bastingage montrait ces choses à Marcel, debout à ses côtés, et pour les noter en mots pittoresques, oubliait de les fixer dans l'album de croquis, déployé sur ses genoux. Autour d'elle, son mari allait et venait, à grands pas, et bavardait, exhalant son trop plein d'exubérance. Ici l'on ne roulait plus! ici l'on ne tanguait plus! constatait-il joyeusement, toutes les cinq minutes, professant qu'entendue de la sorte, la navigation lui convenait à merveille.

Il se tut. Les passagers se précipitaient vers la lisse pour regarder monter une file de vapeurs rentrant en Europe. Blanche et Deschamps se penchèrent aussi, et de vagues pensées les unirent à nouveau, avec des fouilles dans leur avenir et de confuses imaginations devant ce spectacle du retour. Cargo-boats ou paquebots, tous ces bâtiments étaient fatigués, tristement sales ; des taches de rouille ensanglantaient la tôle de leurs flancs décolorés. Leurs voyageurs regardaient également le *Messidor*, gens en tas dont les têtes inconnues remuaient d'un grouillement continuel. Des hommes, des femmes, des enfants, qui paraissaient d'une race inconnue, habillés étrangement, sales aussi, et fatigués. C'était comme un cortège de blessés, comme un flot d'invalides revenant de la bataille.

— Un jour, nous rentrerons avec cet air dépaysé, murmura madame Verdier rêveuse. Nos vêtements, notre teint paraîtront également étranges, et nous ne nous en douterons pas, faits à nous-mêmes qui aurons vieilli sans savoir. Et il y aura peut-être, sur le pont des bateaux croisés en route, des illusions, des espérances, des bonheurs qui s'étonneront, des santés physiques et morales qui nous mépriseront avant de nous plaindre !

Marcel l'applaudit du regard. Il aimait en elle ce fond de mélancolie, et cette observation désenchantée, sœur jumelle de la sienne. Même, son égoïsme se réjouissait tout bas, prévoyant que l'amour de cette femme serait d'autant plus aigu qu'en sa désolation antérieure elle l'avait moins espéré.

Le *Messidor* remis en marche, ils demeurèrent à causer sur le bastingage, inséparables maintenant et incapables de rien ressentir une fois seuls. Les solitudes des deux rives se déroulaient encore, parfois animées par la promenade de chameaux galeux, d'Arabes en haillons, marchant à la file et se découpant en noir sur le ciel. Une flamme ardait dans le bleu profond, d'où tombait un morne accablement. La réverbération déprimait encore l'ocreuse étendue, exagérait les miroitements durs des lagunes, la brique poudroyée du sol. Mais la férocité du ciel et du soleil, la monotonie de la sécheresse restaient grandioses. Le silence brûlait.

Vers deux heures, le paquebot étant encore garé, un steam-lunch portant le pavillon de la Compagnie du Canal l'accosta, qui, sur les flancs du géant, prit l'air d'un minuscule you-you. L'escalier abaissé, un homme grimpa sur le pont, se précipita aux bras de M. Verdier.

— Blanche, mon cher Deschamps : mon cousin !.... l'ingénieur en chef du Canal, M. Le Salvy.

Un instant après, tous descendaient dans la chaloupe. Marcel qui, de Paris, connaissait l'ingénieur, s'était à peine fait prier pour accepter son hospitalité à Ismaïlia. Les valises empilées, l'embarcation poussa sur un aigre coup de sifflet, et comme son remous ne pouvait dégrader les berges, se lança à toute vitesse, laissant le *Messidor* se démarrer paresseusement et, déhalé, reprendre son petit train de cinq milles à l'heure.

— A demain matin ! cria le commandant du haut de la passerelle. Ne nous manquez pas au passage dans le lac Timsah !

— Soyez tranquille ?

On filait. Par contraste avec l'immobilité endormie d'où l'on sortait, c'était comme un recommencement de voyage. Le salonnet du steam-lunch était d'ailleurs confortable, entouré de divans, qui encadraient une table où le goûter était servi. Un moment, la causerie transporta ces choses à Paris, les peupla de souvenirs communs. Par les vitres, on découvrait la fuite des dunes et celle des navires dont le canot narguait la lenteur règlementaire. En plein canal, il se trouvait chez lui, proportionné à l'étroit courant d'eau, ne parlait pas d'exils, de rentrées mélancoliques, berçait une partie de plaisir. Cependant, entre les flacons, des cartes s'étalaient sur un tapis vert, et les deux cousins s'étaient regardés en souriant, ramenés aux jours de leur réunion au cercle, pendant les congés annuels de l'ingénieur.

— Je vous laisse jouer ! dit Blanche.

Elle monta sur le toit du kiosque, s'assit sous la tente, sur un pliant, bientôt rejointe par Marcel.

Ils étaient plus seuls encore que le matin, et pourtant se parlaient à peine, confessés mutuellement et comme ne pressentant plus, l'un et l'autre, que les suprêmes paroles, que le formel éclat de leurs aveux.

Ils croisaient des dragues, ou bien de grands chalands portant des maisons de bois, de vraies arches. Du seuil de ces baraques flottantes, des femmes, des enfants leur criaient bonjour, et, pour se dire quelque chose, ils s'entretinrent de la vie des ouvriers travaillant tout le jour sous un soleil de feu, entre deux déserts, et la nuit, retrouvant, en guise de foyer, ces abris flottants. Madame Verdier les plaignait, sans phrases banales.

Chaque fois qu'ils avaient ainsi parlé des souffrants de ce monde, il lui avait trouvé la même pitié large, la même profonde sensibilité. Mais, cette fois, il lui envia ce don de bonté, cette puissance de dévouement par lesquels, âme tendre et malgré tout vivant d'amour, elle s'était jusqu'ici consolée de ses désespérances, de ses rancœurs. Lui, devant les misères sociales, il n'éprouvait qu'un plus âpre mépris du prétendu progrès dont elles étaient filles, qu'un dégoût plus complet de l'inutilité des efforts humains.

A glisser devant ces croisées par où s'apercevaient de pauvres intérieurs et sur lesquelles se penchaient parfois des femmes, un bébé aux bras, on se serait imaginé longer des cités ouvrières. Ils virent une misérable arrosant, sur le rebord de sa fenêtre, une plante étique abritée sous deux parapluies. Deschamps ricanait. Blanche, alors, essaya de le convertir à sa folie généreuse : c'était mal se venger de la vie que tourner en dérision toute tentative de réaction contre l'égoïsme de notre instinct, que de refuser sa sympathie aux déshérités. Il fallait se dévouer afin de pouvoir s'intéresser à l'existence et la trouver moins aride. Verser des larmes sur la douleur d'autrui, c'était en moins garder pour soi-même...

Peu à peu, elle s'échauffait, rayonnante d'une bonté mystique, dévoilant son âme saignante, transfigurée une fois encore. Il ne la connaissait donc pas ? ne la connaîtrait donc jamais tout entière ? Elle s'abandonnait à un élan de conviction ardente, et il l'écoutait avec une ferveur d'adoration qui la buvait des yeux. D'abord, il hochait la tête ; mais elle lui avait pris la main ; du reste, elle était si chastement belle qu'il ne pensait pas à lui baiser les doigts. Le commandant lui avait dit : Travail ; elle lui disait : Amour, et, sous cette seconde voix, c'était en tout son être ulcéré précocement comme une aube, dont le lever peut-être chasserait les impassibilités mauvaises.

Il ne put répondre : l'embarcation s'arrêtait à El Kantara pour prendre de l'eau. Ils descendirent, forcés de voir, sur la rive arabe, un village aux huttes malpropres, et, au bord opposé, une auberge italienne, l'habitation du passeur. L'émotion de madame Verdier tombait. A peine, sentait-il frémir son bras.

On repartit. Tous quatre à présent causaient sur le toit du kiosque, s'intéressaient aux moutonnements des sables, aux caprices des mirages. Le soleil était bas, quand les ruines de la villa mauresque de l'Impératrice Eugénie se profilèrent au loin sur la berge plus montante.

— Nous arrivons! dit l'ingénieur. Vite aux bagages!

Et il descendit avec le créole.

— Où sont les gloires d'antan? murmura Marcel resté seul à côté de son amie.

Il pensait tout haut, repris par la tristesse songeuse qu'il ressentait toujours à l'approche du soir. Des couleurs étranges adoucissaient à cette heure les pans lointains de ciel qu'on découvrait par les embrasures de la ligne des dunes, là plus élevées, mais leurs gammes impuissantes métallisaient seulement l'eau sombre. Sur le désert, une passagère mélancolie s'étendait avec la sérénité du repos prochain. Et il raconta à Blanche la légende d'Ismaïl bâtissant dans cette solitude désolée, pour montrer sa foi en l'œuvre future de Lesseps, un palais, de la terrasse duquel, comme un vieillard du chœur de *Faust*, il verrait un jour passer les bateaux. Le palais fut achevé; plus heureux que le chalet Eugénie il subsiste encore, mais sur sa terrasse, Ismaïl n'est jamais monté...

Ils se turent. L'embarcation débouchant dans le lac Timsah, entrait dans une féerie. Soudain leurs mains se cherchèrent dans une admiration, s'unirent dans un bonheur.

Devant eux, à l'autre extrémité du lac, face au canal, le soleil s'abîmait avec une lenteur souveraine. Avant que de s'éteindre, sa rutilance s'exaltait triomphalement. Ni Blanche, ni Marcel, dans le chenal abrité, ne l'avaient vu décroître : ils sortaient d'une cave pour entrer dans un incendie. Tout flamboyait. L'astre disparu, l'horizon en retenait comme le nimbe dont le demi-cercle s'irradiait en flèches ardentes. Mais leurs pennes fondaient ainsi qu'une cire, aspirées invisiblement, et les pointes s'émoussaient à vue d'œil, ne balayant plus qu'une pâleur orange. Cependant, l'horizon plat décuplait l'expirante lumière, la vaporisait dans l'espace. Des triangles d'oiseaux blancs filèrent au-dessus du canot, avec des cris aigus. Tous les tons, peu à peu, se lavaient dans une note fuyante, innommée, semblant d'un rêve. Sous des fumées, le cuivre des lointains s'argenta. Un long moment encore, une bande carminée s'y retint, pareille au pan d'un manteau que le soleil aurait laissé prendre entre le ciel et le lac refermés sur lui. Tandis que l'horizon la dévorait, tandis qu'elle s'amincissait, déchiquetée, le soir, au-dessus d'elle, se teinta d'or vert. C'était fini. La nuit montait sans crépuscule, noyait l'eau glauque. Les choses décolorées avaient l'air de mourir, et leur mort était voluptueuse, et leur agonie se prolongeait en spasmes sous les frissons des roseaux. Alors, dans un silence poignant, cette muette tristesse tomba qui succède aux instants d'amour. Et Jupiter surgit, seul, tout seul, et son reflet courut, plus pâle et plus doux qu'un rayon de lune.

Marcel n'avait pas quitté la main de son amie, une main qui se mourait aussi. Il la porta à ses lèvres, l'y colla. Anéantie, elle ne résistait point. Dans le noir, il la prit, l'approcha contre sa poitrine. Ils chancelaient l'un et l'autre.

— Est-ce que vous savez, balbutia-t-il... est-ce que vous comprenez combien je vous aime ?...

Les yeux de Blanche se rouvrirent, étoilèrent l'ombre de leurs deux faces.

— Oui ! sanglota-t-elle, éperdue. Je le sais... je le sais, et je suis heureuse... bien heureuse...

Il cherchait ses lèvres si proches. La froideur de

cette peau le brûlait. Mais elle se roidit, et se détourna, violemment.

— Non... Pas cela... Je ne puis pas! Ce serait me donner...

Il allait crier, la reprendre. Elle lui ferma la bouche de sa main, et d'une voix plus faible qu'un souffle :

— Là-bas... Plus tard...

Elle s'enfuit.

XVI

De cette halte à Ismaïlia, Deschamps ne se rappelle qu'un épisode, un bal improvisé chez l'ingénieur, après le dîner, et de ce bal qu'une valse dansée avec Blanche. Elle se révélait femme; il découvrit sa gorge dans l'entrebâillement de ses dentelles, mais le regard qu'il eut à ce moment la fit se trouver mal, les sauva.

Le lendemain, de grand matin, sous les *filaos*, dans le jardin de leur hôte, ils cueillaient des roses.

— Jurez-moi, lui dit-elle à voix basse, que vous ne me parlerez plus d'amour avant que je vous relève de votre parole.

— Et si je ne jure pas?

— Je croirai que vous m'avez menti!

Elle était si bouleversée, si pâle, si tragique; il se sentait si profondément maître de ce cœur qu'une félicité sortit pour lui de cette condamnation.

— Pardonnez-moi... j'obéirai!

A son tour, elle le regarda. Dans l'allégresse de la voix du jeune homme, dans l'exaltation de ses yeux, elle devina qu'il se réjouissait de souffrir par elle. Et ce cri lui échappa :

— Oh! comme je vous aimerai, vous!

Ce *vous* n'irrita point Marcel. N'avait-il pas comparé lui-même? D'ailleurs, il le savait : nos joies sont faites de nos douleurs anciennes.

Le *Messidor* avait passé la nuit au garage. Il entrait dans le lac. Les déserteurs se jetèrent dans un canot, accostèrent le paquebot et, leur vie antérieure réintégrée, nul ne trouva rien de changé dans le visage ou dans les attitudes de Deschamps et de son amie. Il se pourrait, pensa le chancelier, qu'extérieurement, nous soyons sensibles au malheur seul. Serait-ce par prescience de la fragilité de nos bonheurs?...

XVII

Cependant, il tint parole. D'ailleurs, il n'aurait su faire autrement. Ses recherches, dont il ne rougissait plus, lui montraient trop que le commandant avait raison, et que le *Messidor*, maison de verre, ne pouvait abriter un secret rendez-vous.

D'un tacite accord, ils introduisirent l'art dans leur tête-à-tête. Ils lisaient, faisaient de la musique, échangeaient leurs sensations intellectuelles. Elle reprit ses aquarelles, tandis qu'il retrouvait ses papiers. La mer enfin les occupa qui berçait leurs rêves.

Et les jours filèrent, d'abord plus faciles que Marcel n'aurait espéré. Les nuits seules lui furent torturantes, avec leurs veilles chaudes. Il les passait sur le pont, dans son fauteuil de paille, et ses désirs roulaient des phosphorescences de la mer aux phosphorescences du ciel. Le matin, ses ongles semblaient teints de henné : inconsciemment, il s'en labourait la poitrine.

Tous deux pâlirent. Leurs orbites se creusèrent, leurs yeux brûlaient. Ils eurent, pour des riens, des rires frénétiques et des envies de sanglots. Des siestes les écrasaient, le jour, dans des sommeils de plomb. Ils traversèrent des boulimies et des inappétences de malades, et toujours, en se retrouvant le matin, ils s'étonnaient de se parler, de se serrer les doigts, sans que quelque chose se brisât en eux.

Autour de leur passion, l'Océan s'enroulait avec des félineries animées, invraisemblablement vertes ou bleues, roulait des tentations de lit et de tombeau. Une chaleur coulait du grand ciel, déprimait les lames courtes. Parfois, des souffles brefs d'iode et de brôme rasaient l'eau, comme des mouettes, baignaient le navire d'un âcre parfum d'algues se desséchant au soleil. A l'arrière, l'hélice remuait des mousses de guipures, des blancheurs de linge de femme, et Marcel vivait surtout à l'arrière, les coins de la bouche tirés, les lèvres vernissées, l'œil et le cœur perdus dans ces bouillonnés, dans ces ruches, dans ces dentelles fripées, toujours renaissantes comme ses impossibles désirs.

Le matin et l'après-midi, parfois même le soir encore, ils demandaient l'un et l'autre un apaisement à la douche. Mais l'amère caresse de l'eau salée, le fouettement du jet, le cinglement des cascades brusques leur soufflaient, une fois leurs pores rafraîchis, des fièvres plus cuisantes. Alors, comprenant qu'ils risquaient moins l'un près de l'autre, à se causer, à se distraire à coups d'idées, ils ne se quittèrent plus, se taisant seulement à la nuit, sous les étoiles, dans le charme de l'ombre où leurs coudes se touchaient. Et leur supplice, chaque jour, leur fut plus cher.

XVIII

Une nuit, à bout de cigarettes, Marcel descendit renouveler sa provision dans sa cabine. Il entendit un bruit de voix chez les Verdier, essaya d'entendre, et le silence retombé, remonta sur le pont, avec son mouchoir aux dents pour ne pas crier.

Plus aiguë qu'un coup de couteau, la pensée venait de le traverser que Blanche pouvait encore se donner à son mari, et la hantise de cette pensée ne cessant point, douloureuse jusqu'à la folie, il se jeta la tête sur le bastingage, s'y meurtrit jusqu'à ce que la souffrance physique chassât la vision.

Il acheva la nuit à cette place, puis, le jour venu, rafraîchit sous la pompe son front tuméfié et guetta Blanche. Elle recula toute effrayée en le voyant.

— Mon Dieu ! qu'avez-vous ?...

Mais sans remarquer son émoi de femme aimante, il lui saisit le poignet, l'interrogea, profitant de la solitude du pont, qu'on lavait loin d'eux à cet instant.

Aux premiers mots, elle le repoussait, hagarde, affreusement pâle.

— Oh !... cria-t-elle, et les sons ne sortirent plus de sa gorge.

Cette indignation, cette colère, cette surprise ne le convainquaient pas. Il fut brutal, d'autant plus brutal qu'il était tenté de la croire et qu'il craignait en son orgueil de lui paraître trop facile à persuader.

— Eh oui ! je sais bien ! Vous dites toutes que non ! A vous croire, vous n'appartenez...

Elle lui mit la main sur l'épaule, l'y enfonça, et renversant la tête, retrouvant d'un effort sa salive et déparalysant son gosier, elle lui cria :

— Toutes... toutes... toutes disent que non !... Ah ! Marcel ! Suis-je donc comme toutes !... Pourquoi m'aimez-vous, alors ?... Marcel !... Toi, tu parles ainsi !...

Elle défaillait. Ses yeux indignés ne jetaient plus leurs larmes. Une douleur à présent la terrassait qui, muette, s'écoulait à gouttes grosses, très lentes, effleurant sa joue et s'écrasant à la même place sur son corsage.

Jamais encore elle n'avait tutoyé Marcel. Ce *tu* lui creva le cœur, mieux que ses pleurs la lui montra sincère. Il lui demanda pardon, et comme l'équipe du lavage les pouvait voir, il la renvoya.

Mais, après le déjeuner, elle lui prit le bras, et tout en marchant :

— Écoutez, dit-elle, vous devez trop souffrir pour que je ne vous pardonne pas, bien que vous m'ayez jugée lâche... Cependant, votre mal peut revenir. Faites-moi jurer sur ce que vous voudrez, sur ce que vous croirez de plus inviolable, que je suis vôtre, et à vous seulement...

Marcel ne voulut pas de son serment. Du reste, il ne trouvait aucune formule.

Sa conscience avait des obscurités. Elle l'aimait ; il en était sûr ; dès lors, que cherchait-il ?...

Mais sa foi reconquise, il ne guérit point. Et la

vision revint, ne le quitta plus, marcha dans son ombre ; et il fut jaloux, éperdument. S'il descendait à épier à la porte de Blanche, à trouer la cloison, à compter les jours de maladie du mari depuis Naples, il arrivait, honteux de son enquête, de ses doutes, à se persuader de l'inanité de ses craintes, mais alors, il retombait aux jalousies rétrospectives, plus mortelles.

Il fallut encore qu'il les lui avouât, un soir, un triste soir de vent et de pluie, dont la mouillure avait réveillé les odeurs écœurantes du chargement et des goudrons, un soir qui merveilleusement convenait, pensait-il, à remuer cette lie humaine. Elle sanglota, pleura ses rêves. Il pleurait aussi, comme un enfant, se trouvant ignoble, se jugeant stupide.

— Oh ! mon ami, murmura-t-elle enfin, je ne sais si vous m'aimerez jamais assez pour me payer de ce que vous me faites souffrir à présent !...

Il eut les mots quelconques, entrecoupés, des émotions souveraines chez les êtres de sa nature.

— Comme je vous plains ! reprit-elle. Allons, il faut cautériser la plaie... Vous l'aurez voulu !... Je vais vous dire ce qu'a été mon mariage... Ah ! Marcel...

Malgré l'ombre, elle cachait sa figure dans ses mains. Et elle lui conta son initiation douloureuse et méprisante, toute de devoir, ses dégoûts sans compensation et, au bout d'une année, cette condition, mise à son premier embarquement, que, désormais, le livre des rares caresses conjugales serait clos, que son mari et elle resteraient séparés, au foyer commun.

Elle lui dit ces choses, bien d'autres encore, très intimes. Elle lui fit un récit de femme, et, peut-être, ne mentit-elle pas, ou si peu, que c'était encore de la vérité.

12.

Ils se réconcilièrent. Étant très tendre, Deschamps était naïf. Elle lui donnait enfin ses lèvres. Plus long, entier et délirant, ce baiser fut âpre, ne valut pas l'étreinte d'Ismaïlia.

XIX

Deux jours, ils restèrent secoués. La mer, comme eux revenait lentement à ses mollesses antérieures. Elle était calme, mais ce n'était plus la glace, le mercure d'après le canal. A des centaines de mètres, elle était ridée de tout petits plis, pressés et uniformes. Au delà, par des gradations lentes, commençait une zone de nouveaux plis, frémissant sur place ceux-là, et rappelant les frissons d'un gazon où vacille seul le sommet des graminées. Tout près du bord, au contraire, un balaiement rapide, continu, résultant à la fois du vent et de la vitesse du bâtiment, promenait d'une course folle les rides de l'eau. Très loin seulement, très loin, au large, paraissait revenir le vrai calme. La glauque surface s'y endormait, gaufrée ou chagrinée à peine, pendant des lieues, et immobile, jusqu'à l'horizon où l'eau plus claire, baignée de lumière, comme métallisée, redevenait mobile en son apparente course parallèle à la marche du navire.

Finie, la crise de jalousie, ou la cuisson du moins de sa première morsure, Marcel tombait à d'autres supplices.

Sa chair criait plus fort; et puis, dans un passager

retour de ses manies d'analyste, il se découvrait des doutes sur la nature de son amour. Certes : il aimait, mais comment ? Sa gourmandise de souffrant demandait maintenant de l'inédit au désir même, et s'étonnait qu'auprès de cette femme, l'appel de ses sens n'eût de nouveau que sa violence, tant Blanche, avec ses surprises d'intelligence et de cœur, l'avait promptement accoutumé au merveilleux, tant, jusque-là, elle avait dépassé son rêve par ses réalités adorables. Cette folie fut courte. Ensuite, dans la soif physique toujours croissante qu'il avait d'elle, il découvrit une déchéance, une rechute à la banalité, redouta un affaiblissement de son amour. Puérilement, il s'interrogeait avec des essais naïfs, inavoués de lui-même, au réveil. Par exemple, pour mesurer sa passion aux affres involontaires que lui valait cette simple imagination, il se contraignait à la supposer morte, tombée à la mer ou débarquée malade, dans une escale.

Le devina-t-elle ? Peut-être. En tous cas, elle voulut panser, elle voulut guérir ce cœur d'enfant chétif, si peu mâle, et si humain. Elle l'enveloppa de tendresses, de musiques, de bonheurs variés, et la mer aida sa cure, autant en embellissant encore la garde-malade, qu'en les berçant l'un et l'autre, redevenue charmeresse ainsi qu'aux premiers jours.

Le soir où plus rien ne fut entre eux que souriante affection, qu'attente exquise du bonheur, le soir où ils recouvrèrent l'espoir confiant et l'irréflexion du véritable amour, la grande bleue leur offrit une fête.

C'était un peu avant Aden, en vue des terres déjà, dans la tombée douce d'un jour moribond. L'eau, froncée imperceptiblement, semblait, devenue moins profonde, refléter des infinis de feuillage au lieu des azurs clairs. Des rocs roses, à peine visibles, émergeant dans les lointains ; la vague brume voilant leurs arêtes était, comme transparente, également rose. Le soleil s'enfonçait, et son adieu ne rougissait pas l'ouest seul. Partout il ruisselait ; l'horizon entourait le navire semblait baigné d'un lavis de cette pourpre. Son cercle parfait, de l'orange initial, pour revenir à cet orange, traversait des éclats d'or et de soufre, se nuançait à l'est d'une pâleur de feuille, morte avant l'automne.

Rapide, la nuit montait, ignorante des hésitations de nos crépuscules. Une étoile la devançait qui marqua dans l'espace le point où s'était engloutie la lumière. Vive, elle s'éleva dépassant d'un bond les suprêmes lueurs rougeoyantes. Toute seule, perdue dans le ciel tendre, elle paraissait verte, d'un vert très doux. Marcel la regarda s'effacer lentement, et, à mesure que s'avançait l'ombre, lentement jaunir, bientôt pareille à ses sœurs banales dont le semis trouait l'infini gros bleu.

Romanesque encore à cette minute, il se penchait sur Blanche :

— Vous voyez cette étoile ? Certaines vies sont semblables, des vies jeunes, qui rayonnent d'une teinte unique, captivante, avant de se perdre semblablement dans l'océan des vies communes, comptées et fixes, et comme enrégimentées !...

— Taisez-vous donc, répondit-elle, avec un sourire où se lurent la grandeur de sa passion et de la bonne santé de sa jeunesse, par son sexe et par sa beauté rivée à l'espoir. Devant les étoiles, je ne songe pas à ces choses... Comme si la plus belle philosophie valait un baiser ! Comme si l'on n'en trouvait pas encore, et toujours, des étoiles inconnues !...

Elle l'eut, ce baiser ; même, du coup, elle lui soutira l'âme, l'irrésistible victorieuse. Une tendresse les enveloppa, qui montait de l'océan endormi, coulait du ciel sur des rayons de lune. Au ciel elle prenait une douceur rêveuse, à l'eau l'attendrissement d'un spasme qui voudrait renaître et balbutie Car la mer n'était pas immobile, la mer vivante. Des ondulations, parfois, faisaient vibrer sa surface, se mêler ses gros plis et l'on eût dit une couverture de moire bruissant entre deux baisers, sur un lit d'amour.

XX

Le *Messidor* battit des flots infinis, en vint à bout, mouilla dans maintes rades, dans maints ports, se brûla sous divers soleils.

Son voyage dura-t-il des semaines, ou bien des heures ? Ni Blanche ni Marcel ne le surent. Compter les jours, c'eût été voir la séparation prochaine, gâter leur présente félicité : à quoi bon ?

Sur les flots sans fin, dans les ports exotiques, sous les différents soleils, sans se posséder, ils s'aimèrent.

DEUXIÈME PARTIE

> « *Qu'éprouve-t-on ? que voit-on ? des choses merveilleuses, n'est-ce pas ? des spectacles extraordinaires ? Est-ce bien beau ? et bien terrible ? et bien dangereux ?...* »
> (Baudelaire : *Le Théâtre de Séraphin.*)

I

Un matin, Deschamps se réveilla sur les côtes tonkinoises, et, devant l'implacabilité du calendrier, un coup encore, constata l'inutile vanité du vouloir. Qu'on vécût ou qu'on se laissât vivre, le robinet du temps n'en coulait pas moins !

Donc, trente-six jours avaient fui, déjà, depuis le soir où madame Verdier était entrée dans sa vie, et près d'une semaine depuis son débarquement du *Messidor*, depuis le matin de leur séparation, à Saïgon ! Une semaine ! six fois vingt-quatre heures ! Et c'était hier ! tantôt !...

Il se dressa sur sa couchette, chercha du regard le portrait de Blanche. Dans les marges de la photographie, sa contemplation évoquait la scène de leurs adieux si brusques. Longtemps, son deuil se reput des tristes douceurs du souvenir.

Marcel avait décroché la chère image, la tenait à deux mains devant lui, son caprice puéril s'entêtant à voiler avec cet écran l'ouverture du hublot où défilaient des rivages, sous la brume.

Sans doute, il aurait dû compter avec l'imprévu, avec sa malechance; mais il était aveugle et croyait que la terre se montrerait complice, après la mer. Or, le paquebot, pour se ranger à quai, halait encore sur ses amarres, que les choses tournaient, revenues à leur fatalité méchante de jadis ! Un aide de camp du Gouverneur de la Cochinchine montait à bord, avisait tous les passagers officiels à destination du Tonkin d'avoir à transborder immédiatement leurs bagages sur le vapeur annexe : Réquisitionné pour un urgent transport de troupes, le *Cambodge* partirait pour Haïphong à la marée descendante, — dans une heure. Sous cet ordre, le chancelier éprouvait sa première révolte, son premier désespoir de son enrégimentement dans l'armée des fonctionnaires. Furieux, il parlait d'écrire une lettre de démission. Et c'était Blanche qui l'avait contraint à obéir !

Craignait-elle à présent cette terre tant souhaitée? Dégrisée, redoutait-elle l'échéance consentie, l'hôtel proche, l'inévitable déchaînement de cette passion d'homme enfin libre, enfin dégagée de son serment?... Deschamps le croyait ou feignait de le croire, et le lui disait, mais elle avait les mots qui consolent, les regards qui promettent, le charme qui musèle : elle était la toute-puissante. Cet attendrissement de femme éteignait bientôt sa fureur, si charmeur encore, qu'il n'avait pas trouvé son amie bourgeoise, et sotte, de répondre à ses baisers par des conseils pratiques, par des observations sensées sur la folie d'un tel coup de tête le laissant en Cochinchine, sans avenir, « sans position ». Puis, le mari mis au courant arrivait, et entre deux condoléances, ignorant du débat, ignorant de tout, l'imbécile ! aidait « son jeune ami » dans ses préparatifs. Abasourdi, muet, sa raison surnageant juste assez pour qu'il se roidît, Deschamps poussé, remorqué, porté presque, s'était trouvé sur le pont du *Cambodge*. Il serrait des mains, recevait des adieux, se sentait devenir fou, et sa révolte allait peut-être éclater enfin, quand, voyant retirer les passerelles et craignant de partir aussi, le créole se jetait dans ses bras. Et la colère du jeune homme s'était fondue tout à coup, sous cette démonstration méridionalement ridicule, car madame Verdier l'utilisait, vraiment femme, et lui reprenait la main pour la pétrir entre les siennes. Ah! le commissaire avait dû se croire bien aimé! Comme il lui avait retenu la tête sur sa poitrine! comme il l'avait pressé!... Quelqu'un le lui avait arraché. Qui donc?... Verdier, là-dessus, sautait sur le quai avec sa femme, — juste à temps.

— Vous nous écrirez, en nous attendant! criait Blanche.

Il ne pouvait répondre que du geste; sur sa main vibrante encore, il sentait une cuisson, — le sillon sans doute d'une larme de l'aimée.

Deschamps baisa la photographie. Et, pour la mieux admirer, il la reculait, lorsqu'une découverte l'atterra: sous le souffle de la mer, sous l'humidité de ce nouveau ciel, l'épreuve avait déjà pâli. Les traits se décoloraient, le buste se piquait de points jaunes, mais cet effacement lui fit plus de peur peut-être que de chagrin.

Pressentiment? superstition? Manie de l'analogie? Lent à se reprendre et à se bien voir, il ne sut laquelle de ces raisons attribuer à son trouble subit. En tous cas, il souffrit. Quelque chose de Blanche pouvait donc diminuer?...

II

Volontairement d'abord, et pour chasser ses tristesses, machinalement ensuite, dans un lent éveil de curiosité, Marcel regardait du haut du pont le golfe, les côtes et cette révélation première du paysage qui désormais encerclerait son existence, puis, à l'arrivée de Blanche, leur amour. Les flots étaient rouillés, les terres brumeuses, le ciel gris de suie. Il pleuvait sur le Cua-cam. Le *Cambodge* stoppait pour prendre le pilote, et des herbes, des détritus, nageaient autour de ses flancs sans pouvoir le dépasser, nonchalants et sales. Dans le grand silence de l'espace désert, la respiration du navire s'entendait seule, haletante comme le souffle d'un animal à bout de course. On ne distinguait point sur les nuages bas sa fumée livide.

Marcel se raisonna pour réprimer un serrement de cœur devant le navrement des choses, puis, comme le *Cambodge* repartait, il considéra les rochers de la Cacba, les Norway, la pointe de Do-song et d'Hong-do, tous les bastions ocreux et nus, toute la ligne de remparts ébréchés et sans grandeur défendant de la mer le Delta tonkinois. Déchirant la pluie, le premier plan des rizières lui apparut enfin. Jusqu'à l'horizon la plaine se déroulait, monotonement plate et verte, frisée ras par les panaches des aréquiers, pareille à un très vieux tapis au tricot, — lamentable. Il lui semblait qu'avec un caillou, il pourrait prolonger ses ricochets depuis le bord jusqu'aux rares montagnes dentelant en scie l'horizon, tant la perspective étendait sa tonte désespérément vide.

La rivière charria le vapeur dans ses courbes. On croisait des jonques, sabots difformes, dont les voiles cachaient d'immenses pans de ce paysage écrasé. L'eau demeurait mêmement boueuse, ainsi qu'elle roule dans les labours après les gros orages. En suspens, elle emportait, visibles, une poussière de brique finement pilée, une farine de maïs. La pluie qui la battait, poudroyée presque, semblait tomber d'une passoire, et, moins la violence, terminer la gerbe d'un vaporisateur. Les rives coulaient au fleuve, à larges pans de beurre d'un jaune luisant et gras. Un sentier les surplombait de quelques centimètres, jalonné de norias, limitant le flot lancéolé des riz. Fréquemment, des buffles au cuir écorcé de bouses et de boues, y profilaient leur masse grise, se détournaient sans impotence aux coups de sifflet et regardaient avec des yeux énormes, aux cils de fil de fer, la montée ralentie du navire. Ils étaient souvent à toucher ; Marcel distinguait la sournoiserie féroce de leur regard, le retroussis de leurs narines flairant l'Européen haï. Des flocons blancs sortaient avec leur souffle, disaient, précipités, la colère de ces brutes, s'accrochaient aux tiges d'herbe en brins de ouate.

Puis, ce furent des cases entr'aperçues, des pagodes au faîte dentelé, des huttes de terre, coiffées de *paillottes*, égayées par des coqs. Un héron s'enleva, gris et rose, et des aigrettes délicieusement blanches, leurs pattes de soufre pendant, obliques et unies. Haï-phong se rapprochait, devinable, sur le fleuve, aux jonques plus nombreuses, sur la rive, au croissant fourmillement des porcs; et, soudain, le *Cambodge* atteignit des navires de guerre mouillés le nez au courant, très étranges au milieu des terres basses. Sur leur pont, des matelots firent des signes; les pavillons répondaient au salut officiel du paquebot; des voix arrivaient, joyeuses :

— Voilà le courrier !... le courrier de France !...

Déja, le nouveau venu mouillait entre des bricks et des cargo-boats anglais et allemands, seul à battre les couleurs françaises. Marcel cherchait la ville; il n'en vit point.

Dès la patente visée, il avait suivi ses bagages. A présent, ses préoccupations étaient d'ordre purement matériel, constatation qui l'amusa. Cependant, il ressentit une joie confuse, une sorte de rajeunissement, à retrouver presque sans efforts cette langue annamite apprise dans l'enfance et à la connaissance de laquelle il devait surtout sa nomination. Ce fut bref, mais cela suffit à lui remémorer mille disparitions, son père, sa mère, son premier foyer, dix visages et cent objets qui s'accrochaient à l'image du vieux Bâ, le domestique saïgonnais de sa famille. Et son vieux Bâ lui-même, il le retrouvait maintenant dans chaque Annamite des embarcations accostées. Mais où donc le sourire dévoué du brave homme qui, fanatique de son jeune maître, l'avait suivi en France et y était mort de froid, de nostalgie ?

— Allons, *maô* ! plus vite...

Envahi, sur ce souvenir, d'un impatient besoin de sentir la terre à ses semelles, Deschamps gourmandait les bateliers. Le *sampan* démarra, fendit en biais le courant. Le jeune homme alors compta ses malles sous la voûte de bambou tressé recouvrant une fausse cale au centre de la barque, et rien ne lui manquant, s'assit à l'avant près des nageurs, qui promenaient, à contre mesure, de longs avirons. Leur élan se coupait de flexions alternatives des jambes, avec des pointes de danseuses sur leurs orteils très écartés. Ils tournaient le dos au voyageur qu'intéressa leur cassure de petits pantins. Lorsqu'ils se penchaient, leur blouse fendue latéralement collait à leur corps, se plaquait sur leur déhanchement, soulignait leur ensellure professionnelle de mariniers d'Indo-Chine, toujours nageant debout. Ils avaient, l'un et l'autre, un chignon sous leur salaco, et de larges pantalons s'arrêtant au genou sur des jambes grêles. Aussi, la cotonnade brune et sale de leurs hardes, après les premières répugnances, arrêta-t-elle Marcel pour les lignes qu'elle recouvrait, fuyantes lignes, d'une finesse presque élégante, qui parlaient d'hermaphrodites. Et il douta de leur sexe.

Curieux il les interrogea, leur posant crûment la question. Tous deux se retournèrent, éclatant de rire, se montrant frère et sœur. Également laids, avec leurs dents pareillement laquées en noir, avec la même chique de bétel ensanglantant leurs lèvres saliveuses, ils étaient également doux, la face écrasée, lui, sans un poil, sans rien de mâle, elle, femme à peine, deux projets de seins soulevant un peu la triple rangée de son collier d'ambre.

La besogne reprise, leurs rires puérils se prolongeaient, raillant chez Deschamps son accent de Basse Cochinchine, son vocabulaire différent çà et là du leur, s'amusant surtout de sa question. Et lui, stupéfait maintenant de se trouver dans cet exotisme, dans cette savante barbarie, à ces antipodes, regardait à nouveau monter et descendre, tortillées, leurs deux croupes jumelles. A cette minute la vision le traversa de choses étranges. Et il perçut les troublants mystères d'une enfantine civilisation perversement décadente ; il *sentit* l'Asie.

III

Pour faire comme tout le monde, — cette raison, la seule qu'il trouvât, le délectait, — Deschamps demanda un verre d'absinthe.

— *Boy!* cria-t-il, en imitant aussi les officiers, ses voisins, dont l'intonation comique traînait sur ce monosyllabe anglais.

Le *boy*, jeune Annamite souffreteux, mal au courant encore de ses fonctions de garçon de café, lui servit, lentement, objet par objet, un verre, une gargoulette, une bouteille. Marcel, toujours comme ses voisins, versa son eau goutte à goutte, en vieux troupier, et tout en chassant les moustiques, dégusta le mélange opalin.

Il s'amusait du manque de glace, du serviteur pouilleux et nu-pieds, du verre épais, de la table et de sa chaise inconfortable, de cette peau neuve enfin dans laquelle il entrait, commençant une vie si différente de ses vies antérieures, sans que rien en lui se modifiât, rien d'intime, et comme on commence une cigarette après une cigarette. Un déménagement à Paris, un simple déplacement des papiers ou des livres épars sur son bureau, l'auraient remué davantage.

La nuit tombait. Près de lui zigzaguaient des lucioles entrant parfois sous le champignon abritant les buveurs. Au-dessus de sa tête, une lampe à pétrole s'alluma qui, suspendue par un fil de fer, oscillait comme un pendule; et il s'étonna encore de sa facilité d'adaptation aux milieux. Ensuite, ce lui fut une autre surprise de constater la rapidité de ses découvertes. Au prix d'un léger mal de tête, il avait emmagasiné des mondes d'impressions, à présent confuses, mais bien réelles; or, moins d'une journée avait suffi pour ce travail. Après les heures d'amour, pensa-t-il, les heures les plus courtes sont celles qui suivent les débarquements.

Une somnolence à demi voluptueuse alourdissait sa pensée : la sensation de sa stabilité sur un sol ferme.

Pendant trente-sept jours la grande mer berceuse avait balancé ses courts sommeils, et il savourait, avec le repos de ses membres, le retour à la vie terrienne, la réentente de bruits perdus, la reprise des fièvres normales. Cette conscience physique était d'ailleurs si douce, et la nouveauté des choses du moment, des visions du jour, si nouvelle, qu'il ne revenait plus à la dernière cigarette brûlée, à ces trente-sept jours de paquebot, tout entier maintenant à la paresseuse reconstitution de son après-midi.

Tout d'abord, sa songerie le ramenait au *sampan* qui l'avait conduit à terre. Pourtant, ce n'était pas un besoin de suivre logiquement, depuis le bateau initial, la filière de ses découvertes, qui dirigeait ainsi son souvenir, mais bien plutôt, il le sentait, la vivacité de l'impression première. Il revoyait, nageant debout, tout jaunes sur le ciel gris et sur l'eau jaune, les deux rameurs symbolisant leur race insexuelle. En se retournant, il revoyait aussi la mère, sorcière hideuse, qui, debout au gouvernail, berçait, avec le pied deux enfants, deux petits singes, empilés dans un hamac, à l'abri du toit de bambou. Cette famille de *sampaniers* l'avait empêché d'étudier après le fleuve, l'étroit Song-Thang-Bac, son affluent. Aussi bien, la pluie noyait encore les rives. On avait remonté cet *arroyo* quelques centaines de mètres, croisé des barques pareilles et des jonques, longé des masures, étalant sur les deux rives leurs irrégulières murailles de boue ou de pisé. Par exemple, le point précis de l'accostage, il le retrouvait, très net, l'ayant volontairement retenu.

Baignant dans l'eau boueuse, qui, entre les sordides paillottes du grand village, ressemblait à la coulée d'un égout et charriait mille immondices, des pilotis visqueux soutenaient un vague plancher orné d'une guérite. Non sans pataugeage, car, la marée descendant, la rivière découvrait le long de ses berges des lacs de fange, il s'était hissé sur ce tréteau. C'est là, qu'en attendant l'ascension de ses bagages, il avait, dans une joie puérile, très instinctive, repris possession du sol ferme. Ensuite, il s'était orienté; après un bref écœurement, ce tréteau, à en juger par la guérite, paraissant ne servir qu'à la submersion des pires ordures.

A cette heure, du reste, il riait même de son passager frisson. Tous ses dégoûts s'effaçaient de sa mémoire que l'excès de la nouveauté rendait indulgente. Dans la bâtisse en ruines qui se carrait plus loin, il avait reconnu l'*Hôtel du Tonkin* et il y avait couru. A peine avait-il vu sa misérable chambre et la ruelle où donnait sa fenêtre : l'étrangeté des choses continuait à lui en cacher l'horreur. A tout dire, les sensations qui l'auraient arrêté en le blessant comme artiste, comme délicat, s'étaient émoussées aussitôt après l'accostage. Elles se heurtaient à l'idée préconçue qu'il s'était faite du Tonkin, en apprenant que madame Verdier l'y rejoindrait bientôt. Donc, les réalités, il ne les verrait qu'à travers les songeries caressées à bord, et son erreur d'optique, s'il le fallait, deviendrait volontaire.

Volontaire ou non, l'illusion n'avait plus cessé de cheminer devant lui, se logeant même en sa pupille, quand, par une survie de conscience, son examen s'efforçait de ne point être trop superficiel. Elle avait plaqué des sourires aux croisées trouant, sous l'orbite des vérandahs, le front des quatre ou cinq bâtiments officiels dont les façades regardaient le fleuve et dont les chevets mal voilés par les bananiers, les ibiscus, les bougainvillas et quelques mimosas chétifs, prenaient, babyloniens, un luxe architectural au contraste des marais proches et des ravins de boue les séparant du Haï-phong véritable, des louches cavernes des mercantis vendeurs d'alcool. Bienfaisante, cette même illusion, ce parti pris plutôt de ne point voir, pour éviter les impressions funèbres, l'avait laissé sans indignation devant l'ignoble et trop exigu cimetière aux croix pourries, devant la malsaine misère des chenils où vivaient les soldats. De fait, pensait-il, ces soldats eux-mêmes s'illusionnaient pareillement, sans doute, bien Français en cela; car, inaptes à utiliser les choses, sans passion de confort, voire de propreté, ils gardaient tous leur insouciance nationale.

Et Marcel, devant son verre, les yeux mi-clos, de repasser par les bivouacs, les cours, les baraquements plus pareils à des porcheries qu'à des habitations, au milieu desquels fraternisaient culottes bleues et culottes rouges, l'infanterie de marine et l'infanterie de ligne. Ces enfants, — les plus vieux ne paraissaient pas vingt-quatre ans, — chantaient, jouaient, autour des marmites de rata, avec des tapes, des cris, de grosses farces paysannes, comiquement soulignées parfois du lazzi faubourien d'un Parisien de Belleville ou de Montmartre. D'aucuns, sortis pour une heure de l'hôpital voisin, portaient le bras en écharpe ou la jambe en pantenne, et des taches marbraient les linges enveloppant leurs membres blessés. Et même ceux-là n'étaient pas moins joyeux. Des bidons circulaient, lampés à la régalade avec des glougloux sonores, échos des rires des buveurs. Sur de maigres feux, tout en fumée fuligineuse, des hardes trouées et règlementairement matriculées des chiffres administratifs, essayaient de sécher. Sous la bruine s'en exhalaient des vapeurs rousses. Le nouveau venu, en regardant ces choses, ruminait le souvenir d'articles de journaux lus à Paris, de polémiques, dont ces troupiers, victimes à la fois des parlottes parlementaires et des balles chinoises, faisaient les frais, inconsciemment. Et son indifférence d'artiste méprisant, son impassibilité sociale de philosophe, goûtaient, un long moment, ce tableau coloré, de vie intense, avec le ressouvenir aussi des bouffonneries, soi-disant d'après nature, des Déroulède de la peinture militaire. Cette contemplation n'allait point d'ailleurs sans une cordiale sympathie pour ces gais misérables, si sales et si crânes, entre deux combats. Tout homme, a dit un sage, est le résumé d'une race. Deschamps se retrouvait et retrouvait son pays tout entier dans ce ramassis de grands enfants, et se sentait content sans motif défini. Sûrement, ouvriers ou campagnards, ces malheureux bonshommes devaient être hors d'état de comprendre une idée pure, et ne discutaient pas les conventions. Ils étaient peuple, du fond du peuple, illettrés pris en masse. Certainement, les mots de *patrie* et de *drapeau* demeuraient un peu plus qu'abstraits pour eux et vagues. Cependant, ils se battaient, superbement, et Gaulois ou Francs d'hérédité, dans ces dangers et cet exil survenus en leur vie sans qu'ils sussent pourquoi ni comment, sans qu'ils en devinassent surtout l'utilité possible, ils montraient cette insouciance puérile, ce rire *blagueur*, cette âme enfin que la France semble avoir reçue de la Grèce et qui coule dans ses vins.

Deschamps rouvrit les yeux, but une gorgée d'absinthe et se rappela que, devant ces groupes, la souvenance l'avait traversé, très étrange et très brusque, de ses joies de gamin quand on déménageait chez son père. C'était alors un vrai bonheur pour lui de *farfouiller* dans les choses antiques déplacées, dans les vieilleries inutiles et pourtant pieusement conservées, qui voyaient le jour et secouaient leur poussière en ces seuls jours de branle-bas. Ses parents maugréaient : « tout déménagement équivaut à deux incendies, — au moins » disaient sa mère et sa grand'mère, méridionales. Mais il les laissait geindre, sur les bris de porcelaines et les éraflures des meubles, pour goûter égoïstement le bruit, le remue-ménage, le dérèglement des heures réglées, et pour tout dire, le désordre, la poussière, la saleté créés à la place des arrangements luisants des installations normales.

Mais pourquoi ce souvenir enfantin ? Et il revoyait les soldats débraillés et malpropres, oubliant leurs balafres et les camarades *nettoyés*, pour s'amuser du tohu-bohu de la hasardeuse campagne, des bizarres choses nouvelles, inexpliquées à leur ignorance et plus drôles ainsi, pour jouir du tapage de la guerre, du boum-boum tintamarrant de leur existence présente, et surtout de leur évasion hors du convenu des astiquages, des parades, des punitions écolières, fléau des monotones garnisons.

Plus loin, ç'avait été l'escadron des spahis, si étranges avec leur casque indien, placé en bataille sur leur tête rase, et fichant bizarrement un saladier blanc sur la conique silhouette de leur manteau rouge. Ils s'amusaient aussi, les arbis, et découvraient leurs dents de jeunes loups, si blanches. De la patrie lointaine, ils jacassaient entre des turcos bleus, passementés de jaune, qui, plus anciennement débarqués, les interrogeaient, avec des rires et des exhibitions de portraits-cartes représentant, en des poses sentimentales, les prostituées cosmopolites des faubourgs perdus. Non loin de ces amants dépaysés et nostalgiques, un marabout vautrait dans la boue beurrée ses ferventes dévotions. Un autre, le couteau aux dents, fouillait le poitrail pantelant d'une vache écartelée, et ses bras sanglants semblaient être les manches de son manteau sanglant.

Encadrant les Arabes, et attachés au piquet, les chevaux, maigris par la mer et la privation d'orge, boudaient les bottes de riz, hennissaient, rageurs, ou se battaient entre eux, les yeux injectés, les mâchoires jaunes, indifférents aux coups de *matraque*. Tout à coup, ils se raidissaient, avec des cris plus forts, et des ruades. C'était un poney annamite, un coureur mignon qui, devant le camp, passait, luisant et gras. Les étalons d'Afrique, mis en rut, se dressaient debout et leurs naseaux lascifs haletaient, entre deux appels, flairant la bête asiatique qui trompait ces mâles. Les cavaliers riaient. Souvent, pris de la gaieté de leurs chevaux, ils entouraient un tirailleur annamite, faux soldat imberbe, aux hanches roulantes qui, sous les caresses et les mots obscènes, gardait, tranquille, son rire vague de Bouddha. Devant le gourbi, le maréchal des logis allait et venait en bâillant, Européen lui, fils de famille, vingt ans et rose, ganté de suède, chaussé de bottes Chantilly avec des éperons de nickel à la chevalière, et un numéro du *Figaro* sous le bras.

Sorti si vite de l'hôtel, par désir de parcourir la

ville, Marcel, ses visites faites, les présentations finies, ses papiers exhibés, resignés et retimbrés dans dix bureaux, n'avait pas vu grand'chose. Et il s'étonnait d'avoir été un si long temps retenu par les soldats. De fait, ce n'est pas ainsi qu'il s'était imaginé les choses, et le lendemain des héroïsmes de Son-Tay. D'ailleurs, pour la première fois, peut-être, il ne souffrait point d'être déçu. Même, ils lui plaisaient, ces petits côtés de la guerre auxquels nulle traduction réaliste ne l'avait préparé. Cette bravoure familière, ces rires à deux pas de l'hôpital où l'on charcutait encore, cette boue universelle bouchant les trous des uniformes fripés, cette pluie, cette ordure ambiante le réjouissaient, mais naturellement et sans que la rancune d'anciennes amertumes fît de son contentement une de ces vengeances intellectuelles qui, jadis, le précipitaient au crève-l'œil des pires réalités. Au fond, sa bonne humeur machinale se bâtissait seulement sur ce meurtre des nombreux clichés — un vrai massacre — qu'avait en lui produit la première vision. Elle naissait enfin de l'aspect terre à terre de cette Gloire prise sur le vif, de cette vivandière bonne fille que les recolleurs d'hémistiches ne s'imaginaient point, sans doute, de la sorte, dépouillée des nuées et de ses draperies de chromolithographies, troussant haut sa jupe crottée pour être plus vite culbutée au bord des routes, et l'haleine avinée, fumant sa bouffarde au milieu de brutes joyeuses !

Beaucoup moins le préoccupaient le *flou*, le glissement fuyant du fantôme de madame Verdier au milieu de ces tableaux que, pour la seconde ou la troisième fois, il repassait ce soir, au fond du laitage ambré de sa longue absinthe. Elle s'allongeait indéfiniment, la perspective de ses rêves, et la femme apparaissait tout au bout, au dernier plan, disparaissait, revenait, s'enfuyait encore, falotte comme une ombre blanche. Il n'avait pas la force ou le vouloir de l'évoquer plus près, plus réelle, plus précise; il devinait son bras trop court pour atteindre sa robe. Mais, sans énergie et comme ensommeillé, il savourait sa présence à distance, et son bruissement vaporeux.

Cependant, à la longue, il dut noter cette fuite de l'image familière, cette diminution de la hantise qui trente-sept jours ne l'avait point abandonné. Sûr de lui-même, d'ailleurs, et de pouvoir quand il voudrait, il ne tenta pas d'effort, ne rappela point la passante tant aimée, puis retombant à sa torpeur, il feignit de ne point démêler la sensation de soulagement qui pointait en lui, et cette délivrance d'il ne savait quelle faculté de son être.

IV

Une main s'abattit sur l'épaule de Marcel.

— L'heure de l'absinthe *bat son plein!* s'écriait le nouveau venu, que Deschamps reconnut pour un de ses collègues dont il avait fait la connaissance deux heures auparavant. C'est l'instant, mon cher camarade!...

Le champignon recouvert de paillottes, sous lequel il s'était installé, abritait maintenant un pêle-mêle coloré d'uniformes. Les présentations aussitôt commencèrent. Remorqué par son compagnon, le chancelier se faufilait à travers les tables, serrait des mains, essuyait cent questions et mille souhaits de bienvenue, sans avoir le temps de se reconnaître.

A part lui, deux choses le surprenaient : la désertion de ses habituelles timidités et la familiarité cordiale de ces accueils militaires. Celle-là lui sembla découler de son entrée en fonctions, — le coudoiement de tant de galons et d'insignes distinctifs lui rendant la conscience de son propre grade et l'invitant à se cataloguer à son tour. Celle-ci, d'une sensation plus vive, lui parut être la conséquence de la vie en campagne. Et cela le fit rire de songer alors aux bons utopistes de sa connaissance! Ils proscrivaient la guerre au nom de leur chimérique fraternité, et rien comme la guerre ne rendait fraternels, entre eux du moins, et dans le même camp, les égorgeurs de la veille ou du lendemain ! Sans contredit, tous ces sympathiques guerriers auraient été, pour lui pékin, moins grandement affables, en France, dans la paix aigrissante de leurs garnisons !

Marcel ruminait ces choses avec des à-coups de pensée entre deux *shake-hands*, et tout en essayant de noter des noms propres, des numéros de bataillon ou de régiment, des détails d'uniformes. Encore que vivant dans les meilleurs termes, ces officiers ne se mêlaient qu'à demi les uns aux autres, et des taches rouges, noires, bleu-gendarme, bleu-clair marquaient dans la cohue les attablements des différentes armes, des turcos aux *lignards*, en passant par les lieutenants de vaisseau et les artilleurs. Le nouveau venu écrasa l'orteil de quelques amours-propres féroces sur l'esprit de corps, en confondant entre eux des *turbans* de képi, mais on n'en garda point rancune.

— A table !

Une clochette d'enfant de chœur tintait, et une petite femme, exsangue, furonculeuse, dont l'anémie et la face tête-de-mort trahissaient les longs séjours en Cochinchine, appelait les pensionnaires. Deschamps se trouva tiraillé de tous côtés. Chaque groupe voulait l'inviter et son collègue essayait en vain de mettre d'accord toutes ces rivalités flatteuses, lorsque survint, fendant la presse, un grand et maigre chef d'escadron qui, au milieu des rires, sauta sur le fonctionnaire, comme sur une proie, l'empoigna et l'entraîna, résignée victime.

— *Razzié* le pékin !... Messieurs, ce rapt arrange tout ! cria-t-il en se retournant, vous êtes classés en *unités distinctes*, vous autres ; nous, nous sommes *en ordre dispersé*, cosmopolites, de tous corps et de toutes couleurs... la table de baptême du petit *ébénissse*, quoi !... D'un seul coup, monsieur fera dans notre coin la connaissance du Corps Expéditionnaire !...

Le commandant emmena son hôte, puis, s'arrêtant à la porte de la salle à manger, lui lâcha le bras, et s'étant découvert, s'inclina gracieusement :

— Excusez ma violence, cher monsieur. Nous n'en eussions pas fini si je m'étais fait présenter là-bas, au jardin... J'ai l'honneur de... : René de Pontailly, du 8e chasseurs d'Afrique, chef d'escadron breveté, attaché à l'État-major général...

Les deux hommes se serrèrent la main ; Marcel, à qui l'officier plaisait déjà fort, allait se nommer à son tour ; son hôte l'interrompit :

— Mais je vous connais ! Et c'est pour cela que je vous ai... *soufflé* à ces messieurs ! Un Parisien doublé d'un poète de talent ! Peste ! ce gibier se voit trop peu dans nos rizières pour que je vous laisse aux mains de camarades aux yeux de qui vous seriez simplement peut-être M. le chancelier Deschamps !... Dame ! vous savez, ajouta-t-il avec un fin sourire, on peut être très brave et ne pas être très lettré !... Entrons !

Le chancelier fut nommé aux convives, officiers supérieurs de la Guerre et de la Marine, qui, de passage à Haï-phong, et renouvelés presque chaque jour et à cause aussi de leur grade, vivaient forcément à part des pensions organisées de leur arme. Aussitôt commença le repas, exécrable autant que joyeux. Toutes les cinq minutes, on mandait en chœur l'hôtelière pour lui reprocher de ne pas être restée en Cochinchine, et la petite femme souffreteuse riait chaque fois, surtout avec les marins qu'elle avait pour la plupart connus à leurs débuts. Un capitaine de frégate à qui elle rappelait ses frasques d'aspirant lui fit, aux rires de l'assemblée, réciter deux pages d'Annuaire, avec les dates. Puis, on retombait sur Deschamps : Paris ! Que faisait-on à Paris ? Que jouait-on aux Variétés ? chez Brasseur ?...

Les questions pleuvaient comme grêle. Et toujours revenaient ces deux syllabes : « Paris », que d'aucuns prononçaient dévotement et tous avec une flamme dans les yeux. Un médecin principal de la flotte feignit de flairer l'invité, et sa plaisanterie cachait mal son attendrissement à la pensée du lointain *dulces Argos*.

— Il sent le boulevard ! Il le sent !

Avec Marcel, un furtif rayon du lointain paradis semblait, en effet, être entré dans la salle. Balayant la nappe vineuse et le service en déroute, il promenait des visions chères que la voix nouvelle du jeune homme, son air bien portant, sa mise elle-même, et tout ce qui chez lui disait la France de la veille, le Paris récent, complétaient, faisaient tangibles. Les évocations ordinaires, rêves muets, que ces soldats et ces marins caressaient au bivouac, ou sur leur passerelle, durant les gardes et les quarts, n'avaient point dans l'accoutumance de leur solitude et vu le vague de leurs contours, ce charme, cette sensation de réalités proches, et, si Dieu permettait le retour, vraisemblablement prochaines.

L'enthousiasme et la bienveillance croissaient avec la chaleur.

Souriant de ces joies écloses sous son verbe, le jeune homme accepta le champagne qu'offrait le plus élevé en grade de ses hôtes, et l'on but, chacun, puisqu'on se trouvait hors de France, finissant par trouver naturelles ces libations de mode étrangère à la fin du dessert. Marcel cependant se sentait peu à peu glisser à la gaieté générale, et, content sans savoir pourquoi, riait aux lazzis de ses voisins.

— Messieurs, cria le plus ancien, je bois et je vous invite à boire à la santé d'Anatole !

Les rires s'étaient tus. Toutes les coupes se levèrent, unanimes, d'un mouvement de cœur ; les parquets tremblèrent sous les vivats.

Et, comme le chancelier s'étonnait de ce toast ardent et grave, de Pontailly se pencha :

— Anatole, c'est le prénom et le nom familier de l'amiral Courbet !

Alors Marcel se sentit ému. Pour la première fois de cette journée, et hormis la familiarité peut-être de l'appellation, quelque chose le frappait qui ne décevait point la poésie de la guerre. Il vida sa coupe et, glorieux, admira l'homme dont le caractère et le talent pouvaient s'imposer de la sorte à ces légèretés, à ces égoïstes amours-propres, à ces courages ambitieux.

Ensuite, ce fut à sa bienvenue qu'on toasta ; son contentement lui souffla des réponses qui lui concilièrent des sympathies rivales. Depuis la seconde bouteille, on parlait de femmes.

— Que devient Delphine de Rizy ?... Et Laure ?... Et la grosse Mignon ? Et Léa d'Asco ?...

Les noms partaient comme des fusées de feu d'artifice. Ex-élèves de l'École supérieure de guerre à Paris ou détachés aux états-majors des ministères, ces officiers les connaissaient toutes.

— Elles ont vieilli, messieurs ! répondit Marcel.

Tout bas, il songeait pour la centième fois, — mais en ces tonkinoiseries, il le surprenait, l'inattendu de cette réflexion, retour des malédictions de jadis, — que cet immense Paris était bien village pour qu'un si petit nombre de ses femmes défrayât tant de souvenirs ! Et les marins l'amusaient surtout, qui, grâce à leurs campagnes plus longues, par les lointaines mers propices aux rêves, en citaient de très anciennes. Le gros médecin le tirait par sa manche, l'œil guilleret comme devant un beau cas. Jœger était-elle toujours au Châtelet ? Et Ghinassi ? Le brave homme disait familièrement : Ghi-Ghi, et Deschamps ne comprenait pas tout de suite, un peu vexé de son ignorance.

— Voulez-vous voir Haï-phong de nuit ? les coins... drôles ? Si oui, comme dans la *Vie Parisienne* d'Offenbach :

> Je serai votre guide
> Dans la ville splendide.
> Nous visiterons tout
> Et nous irons partout !...

Mais en ce cas, ajouta le chasseur d'Afrique, je vous demanderais la permission d'aller quitter le harnois et de m'habiller comme vous...

Deschamps, heureux, se garda de refuser et en attendant le retour de son hôte, se laissa remettre sur la sellette. Il ressemblait, constata-t-il, à un prisonnier de guerre.

Un instant après, il suivait l'officier d'état-major. Son nouvel ami raccola deux compagnons également en bourgeois, et plus jeunes que les dîneurs, deux officiers subalternes : un lieutenant d'infanterie de marine et un capitaine du génie.

— De bons camarades : MM. Paul Bocher et Victor Lehrer... En route !

A la porte, tous les quatre s'arrêtèrent. Dans la nuit noire de la ruelle, une bande de petits Annamites, couchés auparavant le long du mur de l'auberge, s'était précipitée et, faisant face aux jeunes gens, leur barrait la route, chaque gamin brandissant, avec des cris rauques, un lampion au bout d'un bâtonnet.

— Nos *lucioles !* s'écria de Pontailly. Nos *lucioles*, ainsi nommées, monsieur Deschamps, parce que dans les ténèbres de nos belles nuits, ces vauriens ressemblent à des insectes lumineux...

Il en choisissait quatre, chassait les autres, mais le chancelier s'étonnait encore des familiarités du capitaine et du lieutenant avec l'un des porte-flambeaux.

— Quand on vous dit que vous êtes au Tonkin, lui répondit un gros rire. Eh bien ! oui, c'est cela... parfaitement ! Ne roulez pas des yeux ronds ! Nous n'avons ici, voyez-vous, ni réverbères, ni compagnes... ou si peu ! Alors, vous comprenez ?... Civil ou militaire, chacun en sortant comme à présent de chez la mère Carbonnel, se fait précéder par un de ces petits singes qui éclairent les trous au fond desquels sans eux nous nous casserions les reins. Arrivés au logis, si l'on ne met pas la main à sa poche pour y prendre une pièce de monnaie, le jeune esclave dépose sa lanterne et pousse le verrou. Si non, il empoche immédiatement son salaire et part à la recherche d'un autre client. *Voilllà !*

Le nouveau débarqué trahit son haut-le-cœur par une énergique grimace.

— Bah !... Cela fait cet effet le premier jour, et l'on s'y habitue avec la chaleur... Vous y viendrez, monsieur le poète ! D'abord ce n'est pas ce que vous vous imaginez. Ces gens sont des spécialistes...

Le militaire acheva ses éclaircissements à l'oreille de Marcel qui ne répondit point. Le jeune homme regrettait presque d'être venu. Ses curiosités de tantôt, cependant, traversaient encore, honteuses, ses dégoûts, le faisaient lâche pour partir en plantant là ses compagnons. Sans plus sourire à leurs paroles, il les suivit. Son jeune guide indigène trottinait, se retournant tous les dix pas pour abaisser son lampion au-dessus des crevasses ou des flaques afin de les lui bien indiquer, puis, repartait, et ses pieds nus, avec un bruit mouillé, gâchaient la terre spongieuse. Le débutant, la tête lourde, l'esprit perdu, regardait aller et venir dans un dandinement égal, le torse grassouillet de l'enfant, et son lampion blanc que bariolaient les pattes d'araignée d'une inscription chinoise. Sur le sol, leurs ombres s'accolaient, monstrueuses, avec des hauts de corps et des galoppades aux retours d'angles des ruelles. Des pans de lueur très rapides réveillaient des rigoles rougeâtres, des touffes éplorées de bambou, des caractères idéographiques zigzaguant en éclairs sur les enseignes. Des bandes de gros rats filaient, avec des bonds qui les perdaient dans des lacs d'encre. La nuit entourait les promeneurs, noire désespérément, et silencieuse. Par instants, des lointains *Qui vive?* la traversaient, mélancoliques.

V

Pendant une demi-heure, les quatre hommes battirent ces ténèbres denses. Heureux de réapprendre la marche, Marcel écoutait sans fatigue bavarder ses compagnons qui lui nommaient, au passage, les rares magasins, les échoppes des mercantis, les sinistres masures que des souffles chauds trahissaient des deux côtés des chaussées en dos d'âne. On croisait d'autres *lucioles*. Puis, c'étaient des chiens indigènes, trapus et féroces, dont les dents claquaient entre deux abois. De l'eau se devinait partout, gargouillait sous les semelles. Parfois, à droite, lorsque s'entre-bâillait la file opaque des bâtisses, le Song-Thang-Bac se devinait, parallèle à la rue, et pointillé des quelques lalots jaunes éclairant les barques. Des puanteurs prenaient à la gorge, des émanations pestilentielles de voirie que coupaient, à des carrefours, des souffles de poissonnerie ou de chaudes effluves de graisse laudanisée.

On entra dans le faubourg chinois. Là, régnait une odeur spéciale de moisissure, de camphre et de santal. Des dalles revêtaient la chaussée et de grosses lanternes, peintes de dragons rouges, d'initiales ou de devises, éclairaient les façades mornes, trouées haut de rares fenêtres. Ces lanternes dans la solitude donnaient à Deschamps l'impression bizarre d'une impasse de faubourg illuminée par ordre et que ses habitants ont désertée afin d'aller voir les quartiers riches, et leurs feux d'artifice luxueux. Les portes que surmontaient ces ballons tremblotants aux lueurs douteuses étaient, en surcroît des contrevents intérieurs, fermées chacune par cinq ou six poutrelles dont les extrémités amincies reposaient et se logeaient dans des trous creusés aux pierres du seuil et du fronton.

Deschamps s'en approcha, regarda par les fentes du volet et vit de gros Célestes obèses, le torse nu, qui comptaient leur caisse ou arrêtaient, à coups de pinceau, leurs livres de commerce, sous la clarté fumeuse d'une mèche végétale nageant dans un godet d'huile, sur un pied de bambou. Derrière eux, pareils à des cadavres, des hommes couchés sur un lit de camp de corps de garde recouvert de nattes, entouraient une petite lampe dont les reflets rosaient leur immobilité. Quelque chose enfin remua qu'il distingua mal et qui ressemblait à une pipe, puis, une vapeur bleue passa, cacha la lampe.

— Des fumeurs d'opium ! lui souffla l'officier.

— Ah ! fit Marcel dont la curiosité s'éveilla soudain, tandis que ses narines aspiraient l'âcre et fort parfum de l'opium et retrouvaient après coup son relent dans l'atmosphère inexpliquée qu'il avait humée en pénétrant dans la rue. Et des souvenirs de lecture lui revinrent, des pages de Gautier et de Baudelaire, toutes les légendes.

— Est-ce que l'on pourrait voir ?

— Non ! pas ici : ces gens sont chez eux et ne nous recevraient pas. Mais vous verrez la Macette annamite chez qui nous nous arrêterons. C'est une grande lumeuse. Ensuite, nous vous mènerons chez Tchang, le chef de la colonie chinoise, un de nos amis, et vous pourrez essayer vous-même le fameux poison d'or.

Ils repartirent, troublant partout la même muette solitude. Parfois, pourtant, une ombre les croisait de loin, semblant peureuse, celle du Chinois veilleur de nuit à la solde des habitants, qui promenait, de maison en maison, sa ronde et ses glapissements, en choquant d'énormes castagnettes pour écarter les voleurs.

Peu après, sortis du faubourg, les quatre hommes se trouvèrent dans la campagne, sous des aréquiers. Des cases espacées, gardées par des meutes, bordaient le chemin. Les officiers heurtèrent une porte. Timidement, une minuscule vieille annamite ouvrit, examina les visiteurs et les ayant reconnus, les fit passer devant elle avec des inclinations serviles, des *tchin-tchin* multipliés qui achevaient de la casser. Tout de suite, le chancelier ayant trahi sa connaissance de la langue indigène, dut servir d'interprète à ses compagnons. Et ceux-ci, sans voir sa répugnance, satisfaits de n'avoir plus à jargonner, le prièrent de demander mesdemoiselles Thi-sa et Thi-aï.

Hangar banal, la salle s'étendait entre des murs en pisé, sous un toit de paillotte mal jeté sur les charpentes. Point de meubles. Une image sauvagement coloriée tachait la cloison. De vagues outils, des ustensiles informes pendaient aux poutres, traînaient dans les coins couverts de cancrelats, au milieu de corbeilles, indistincts et effrayants d'aspect sous la lumière louche d'un lumignon pareil à celui des boutiquiers de tout à l'heure. Un large et long lit de camp prenait la moitié de la pièce. Les nouveaux venus s'assirent tout au bord, les pieds sur le sol fangeux et attendirent, tandis que la vieille se recouchait devant eux, sur les nattes.

Plus ignoble encore que l'aïeule gouvernant la barque du matin, la sorcière entama la causette, tout en s'épuçant. Ses chicots bruns croquaient un pou, toutes les deux minutes. Elle se plaignait de la dureté des temps, du maraudage des turcos, de la cherté du riz, et de la coquetterie de ses filles qui dépensaient en bijoux la moitié de leur gain.

Deux fois, elle se leva pour réprimer les larcins des quatre porte-lanternes qui, abandonnés au seuil de la case, n'avaient point tardé à se faufiler à la suite de leurs maîtres. Ils se battaient accroupis autour d'une théière, et lampaient des tassettes d'une infusion jaune en se pinçant entre eux. Dans l'ombre où la matrone les repoussait, leurs yeux brillaient comme des pupilles de chat; il fallut qu'elle leur prêtât sa pipe à eau pour ramener le calme. Tour à tour, alors, ils prirent le bambou commun, le piquèrent dans sa tubulure et, chaque fois, renouvelant l'imperceptible pincée de tabac habituelle, tétèrent la fumée qui, de la seconde ouverture, descendait dans l'intérieur de l'appareil, sorte de sucrier ventru de faïence bleue. L'eau gloussait, et, brûlant tout le tabac, ils aspiraient goulûment, d'un seul trait, passaient le tuyau à leur voisin, puis dégonflaient longuement leurs bajoues pleines, avec des extases muettes de vieux fumeurs devant les spirales nimbant leurs faces simiesques et vicieuses.

Entra mademoiselle Thi-sa, qui, la bouche salivant une mousse rougeâtre de bétel, salua, puis, aussitôt, éclata d'un rire puéril. Cela découvrit ses dents laquées en noir, suivant la mode locale, et le débutant, comme si, tout le jour, il n'avait point aperçu ces horreurs, pensait n'avoir jamais rien vu de plus de plus affreux que cette rangée d'osselets charbonneux, vernissés et macabres entre les lèvres trop minces, trop sanglantes.

La *congaï* avait une face plate et luisante de tête en carton pour modiste, de jolis yeux sibyllins sans cils ni sourcils, un teint de beurre ranci, le nez écrasé dans les joues. Des bandeaux à la Vierge d'un ton d'encre encadraient de cheveux huilés et gros son front étroit de poupée. Elle était l'Annamite maigre, la jeune batelière que Deschamps avait interrogée le matin ; celle-ci grasse comme une caille, et ronde uniformément, l'écœurait davantage. Thi-sa, cependant, était seule : Thi-aï opérait en ville, et elle excusa sa sœur, avec une caresse successive, doublée d'une invite, à ses quatre amis. Tandis que sa bouche riait, son œil noir demeurait sans flamme, voyait ailleurs.

— Fume ! dit Marcel à la vieille.

Des surprises atténuaient encore ses dégoûts ; seulement, il ne voulait plus voir la jeune guenon d'Asie, et son regard de mauvais rêve.

Sans bouger, la sorcière se mit à geindre sur la hausse de la drogue aimée. Tandis qu'il la regardait, son amertume savourait cette désillusion nouvelle : le dieu Opium prostitué à pareille harpie, dans ce cadre infect ! Où donc l'Orient des Gérard de Nerval ?...

Il avait pris la pipe pour l'examiner et la tournait, la retournait, furieux contre les mensonges de ses lectures. C'était un tuyau long de quarante centimètres et du diamètre d'un pouce et demi. Une rondelle d'os fermait un des bouts complètement. A l'autre se vissait un bouquin bombé, troué d'une ouverture où n'aurait passé qu'à peine une allumette. Légèrement convexe et de la largeur d'un verre ordinaire, le fourneau, foré d'un trou d'aiguille au centre, avait la forme d'une coupe pleine privée de son pied et se fixait aux deux tiers du tuyau, près de la rondelle.

— Fume à présent !

Mais la femme hocha la tête encore : les *piates* étaient rares, l'opium cher. Il lui jeta une piastre :

— Voilà ta *piate*. Fume !

Lentement, avec le couteau spécial dont elle venait de nettoyer le fourneau, elle curait un pot de corne, en tirait quelques maigres résidus si secs qu'ils s'écaillèrent. Ensuite, elle fouilla de ses ongles immenses la boîte dans laquelle, après chaque pipe, elle jetait soigneusement l'imperceptible culot d'opium cuit, tête d'épingle de matière mélasseuse, puis, crachant dans sa main, finit par transformer en une pâte tous ces répugnants vestiges.

— Tenez, commandant, partons ! j'aime mieux cela...

Deschamps avait le cœur aux lèvres. Laissant se lamenter leur hôtesse stupéfaite, les promeneurs regagnèrent Haï-phong.

Hors du quartier chinois, ils rôdèrent encore. Marcel s'en voulait de son mouvement et de la faiblesse de ses nerfs. Guéri de ses nausées par le grand air, il finissait par s'intéresser aux recherches de ses compagnons qui, depuis le Marché jusqu'à la Douane, entraient dans les *sampans*, interpellaient les femmes, et, comme des gamins, couraient sur les toits vacillants de ces arches, de ces huttes flottantes.

L'*arroyo* traversé, la bande se dirigea vers la maison de Tchang. En chemin, Marcel s'efforçait de ne pas juger encore ce Tonkin bizarre, ses tristesses sans grandeur et cette imprévue banalité haillonnant à l'européenne des horreurs asiatiques.

VI

En arrivant au premier étage, Deschamps crut rêver.

Il entrait dans un salon, un vieux petit salon de province avec d'honnêtes meubles d'acajou, revêtus de velours d'Utrecht, sous des housses au crochet. Au plafond, pendait une lampe à pétrole, enguirlandée de pendeloques cristallines dont les prismes jetaient des feux. La Chine ne se retrouvait qu'au-dessous, avec la table en bois de *trac*, massive, à pieds droits, recouverte de marbre blanc, et plus loin, avec une série de *kakimonos* déroulés aux murailles et chargés de maximes de Confucius peintes sur soie en énormes caractères pareils à des pieuvres noires. Coudoyant les bandes étroites de ces longs rouleaux, des gravures sur bois coupées dans l'*Illustration* pendaient, violemment banales. La cheminée supportait, entre des flambeaux de zinc, trois globes de verre qui abritaient une pendule ornée d'un Galilée vert-de-gris, et des bouquets de lys artificiels.

Tchang déposa ses lunettes rondes sur sa boîte à compter et souriant, s'avança, la main tendue. Le chancelier à peine présenté, il l'entraînait à ses côtés sur un sopha poussif rempli d'un crin végétal à l'odeur forte.

Cinquante ans, ce Céleste, et si maigre, d'ailleurs, si sec, que Marcel n'eût osé le heurter de peur qu'il en jaillît des étincelles. De physionomie intelligente, il s'exprimait dans un français très pur, mais louchait déplorablement, d'un air de duplicité falotte. Il portait le costume de sa nation et des commerçants riches, de soyeuses robes gorge de pigeon découvrant un linge neigeux.

Sans ordre, en serviteurs bien dressés, les *boys* avaient servi de la bière. On trinqua comme on trinque au faubourg, puis, avec une déférence très chinoise pour les fonctions civiles de son hôte, le négociant l'interrogea sur son voyage et lui offrit une pipe d'opium.

Impuissant à parler, Deschamps accepta d'un signe de tête : il sentait à ces surprises dernières une migraine endolorir son ahurissement.

Tous deux passèrent dans une seconde pièce, que séparait du salon une cloison de bois ajouré, aux ornements d'un art charmant et fantaisiste, mais doublée d'un vitrage dépoli.

En cet intime et nouveau réduit, luisait, sous un lustre au pétrole, un petit lit de camp, de bois laqué de rouge, relevé de moulures d'or. Des nattes excessivement fines et souples y protégeaient deux matelas habillés de soie rose, entre lesquels reposait un plateau incrusté de nacre contenant au milieu d'ustensibles vagues une veilleuse coiffée d'un chapeau de cristal et des rangées de pots d'ivoire ou de corne. Tchang s'étendit sur un des matelas, en fit faire autant à son convive et, gracieux, lui poussa sous la nuque un imperceptible coussin très dur. Il avait déjà pris sa pipe. Couché de côté, face à son hôte, il s'appuyait sur son bras gauche dont la main tenait l'instrument, et de la main droite il lavait le fourneau de terre avec une éponge humide, quand Marcel poussa une exclamation : à côté de la *fumerie*, il venait de découvrir la dernière livraison de la *Revue des Deux Mondes*.

Le Chinois souriait, louchant plus fort.

Et Deschamps ouvrit la brochure au *Bulletin Politique* que marquait un couteau d'écaille.

— Votre monsieur de Mazade est bien intéressant! soupira le négociant.

— N'est-ce pas! acquiesça le jeune homme stupide.

Machinalement il regardait le sommaire et, sans comprendre, il épelait : DU ROLE FUTUR DE LA TORPILLE... LE LIBRE ÉCHANGE DANS LES PAYS A RÉGIME PARLEMENTAIRE DONT LA REPRÉSENTATION EST ÉLUE AU SUFFRAGE RESTREINT... LA PRESQU'ILE DES BALKANS ET LA POLITIQUE AUTRICHIENNE.......

Cependant, dans la pièce voisine, un whist s'organisait et peu à peu les voix des officiers s'assourdissaient, avec des paroles plus rares. Le Céleste expliquait à son nouvel élève l'usage des outils épars sur le plateau.

A la pointe d'une longue aiguille, il prit dans un flacon d'ivoire une goutte d'opium, brune et sirupeuse, et la suspendit sur la lampe dont la flamme aussitôt monta. La goutte grésillait, se boursouflait, menaçant toujours de tomber, toujours retenue, et, dans son gonflement, demeurant sphérique sous la rotation continue de la tige d'acier entre le pouce et l'index de l'opérateur. Elle devenait, à la fin, pareille à une noisette de résine; mais il l'allongeait en la modelant au bord de l'instrument. Ensuite, il la recuisit et, toute épaissie, la remalaxa, puis, en piquant son aiguille à l'orifice du fourneau et en la retirant d'un coup sec, il y colla enfin la boulette d'opium maintenant réduite au volume d'une perle, et cylindrique.

Cela durait deux minutes au moins, deux minutes très longues.

Paternel, le bon Tchang, son travail fini, installait commodément son nouvel ami, la tête de côté sur le coussin dur, le corps tourné de même.

— Nous y voilà, monsieur ! il faut maintenir l'instrument au-dessus de la flamme en appuyant le bouquin contre vos lèvres... C'est cela même... On doit tirer à perte d'haleine... Avec l'aiguille, j'empêcherai le canal de se boucher... Allez !

Marcel aspira. On n'entendait dans la pièce que les tétements précipités de sa bouche et le grésillement de la veilleuse.

D'abord, une fumée chaude lui titilla le palais, le caressant d'une saveur à la fois âcre et douce. A ce contact, ses papilles lui semblaient s'arrêter de saliver. Puis, ce fut un chatouillement de ses bronches, puis, un sentiment d'oppression comme on en éprouve au bain, dans un plongeon, ou sur les lèvres amoureuses d'une femme pâmée quand son baiser boit votre souffle le temps d'un spasme. Et il étouffa. Ses yeux s'élargissaient, ses narines se pinçaient, ses tempes se lustraient de sueur. A bout, il rejeta quelques flocons par les narines, sans cesser d'aspirer et, tout à coup, plus rien ne vint à sa succion. La pipe enlevée, il dégonflait ses joues, sa poitrine, et chassait de gros nuages bleus, dont les volutes fugitives l'embuèrent, dont son regard éteint suivit l'agonie jusqu'au plafond. Et il savoura le fort parfum, si étrange, si neuf de cette fumée distrayante.

— Est-ce bon ? demanda Tchang.

— Je ne sais pas. C'est bizarre en tous cas, et... très amusant, répondit-il abasourdi.

Sa désillusion rapprochait les quinze courtes secondes qu'avait duré la pipe des si longues minutes de sa préparation.

— Alors, je vais vous en servir une autre...

— Non, permettez-moi plutôt d'essayer de la charger moi-même.

Une curiosité le tenait, impérieuse, qu'il ne raisonnait point, noyé dans la stupeur de ses découvertes. A cette heure, sa fièvre vivait plusieurs vies, et il relisait en lui les féeries des poètes, les impressions de leurs voyages au pays des rêves. Une sorte d'ivresse multipliait et paralysait à la fois son intelligence. Toutes ces choses d'ailleurs étaient confuses; il notait seulement un vacarme sous son crâne, un roulis de pensées, comme il en avait ressentis, enfant, en s'endormant après des heures de chemin de fer, dans la réentente des trépidations du train et du vacarme des plaques tournantes.

— Essayez! fit le Chinois en riant.

Il s'apprêtait à jouir de la maladresse du Français, sachant combien difficile et compliqué cet art de confection des pipes qui demande un long apprentissage, mais Deschamps le déçut, refaisant sans se tromper et avec la même prestesse des doigts, tout ce qu'il avait vu faire à son professeur. Même, il n'hésitait point, l'œil fixe, la main ferme, comme habitué déjà, ou retrouvant d'anciennes habitudes. Seulement, il avait mis une plus forte dose d'opium.

— Bravo! vous avez attrapé ça du premier coup!

Sans entendre, Marcel refumait. Il enlevait l'aiguille des doigts de son voisin, et seul, il ménageait le tirage, ramenait à l'ouverture l'opium en fusion. Bientôt, la boulette consommée, il n'y resta qu'une sorte de croûte en couronne qu'il jeta dans la sébile niellée, tout en chassant la fumée lourde emplissant sa bouche et sa gorge.

Une sueur perlait à son front. Il était pâle, mais son anxiété n'avait point de souffrance, et il demanda :

— C'est toujours ainsi?

— Toujours! répondit le Chinois sans comprendre, mais avec un rire fallacieux. Pourtant beaucoup d'Européens ne supportent pas cela tout de suite comme vous. Tenez : de vos amis qui sont là derrière, le capitaine seul est capable de fumer... La plupart vomissent aux premières tentatives. C'est comme pour le tabac...

— Oui, reprit Marcel pensif, c'est comme le tabac !

Il trempa la petite éponge dans une tasse de porcelaine impériale et lava le fourneau dont l'ocre reluisait d'un joli brun d'or culotté. Et déjà, il saisissait l'aiguille, lorsque le Céleste l'arrêta :

— Pardon, laissez, je vous prie, reposer la pipe...

— Ah!... murmura-t-il, si préoccupé, du reste, qu'il ne trouvait point d'excuse pour l'indiscrétion dont il se sentait coupable.

— Il faut en changer souvent... Prenez donc plutôt celle-ci !

Le chancelier remercia ; son sourire marquait le retour d'un espoir, tandis que sur le tuyau neuf, il vissait un des fourneaux rangés au bord de la *fumerie*. Mais de la pièce voisine, des voix appelaient. Tchang se leva, disparut, revint avec une bouteille, un verre, un paquet de cigarettes :

— Si vous le permettez, puisque vous n'avez plus besoin de moi, j'irai jouer avec ces messieurs... Voici qui vous dispensera de vous déranger... La cigarette est très bonne avec l'opium...

Resté seul, Deschamps but d'abord un grand verre de bière. C'était une décoction hambourgeoise, alcoolique et âpre, dont la relative fraîcheur parut exquise à son palais brûlé. Ensuite, il examina le logis. Sans plus un étonnement pour la confusion bâtarde des choses, il allait de l'image pieuse et caricaturale devant laquelle, dans une niche, brûlait un lumignon, à une seconde cloison vitrée dont les carreaux flamboyaient, multicolores.

Aux autres murs s'étalait une série d'innombrables dessins représentant des vues lithographiées de la Suisse, avec légendes en cinq langues. Le mobilier par contre demeurait chinois, composé de petites tables à thé, encadrées chacune de deux fauteuils, comme elles à dessus de marbre, et qui, collées à la muraille, faisaient le tour de la pièce.

Il vida un second verre, se réaccouda sur le plateau. A présent, il voulait penser, mais la cuisson de l'opium en étant compromise, il se tut, puis, fuma, religieusement. Et les pipes succédèrent aux pipes.

A chaque fois que s'évanouissait l'odorant nuage bleu, Marcel, soulevant sa manche et cherchant son pouls sur sa peau moite, mesurait les ralentissements et les galopades brusques de son sang. A chaque fois, il se sentait plus léger, mais son front restait grave, avec la barre entêtée d'une volonté fixe entre les sourcils, et ses yeux disaient sa désillusion, sa poursuite inutile du rêve. Un moment, il aperçut devant lui deux bouteilles vides, et s'étonna, non de leur présence, mais seulement de les avoir bues. Ainsi c'était cela, l'opium? rien que cela?...

Dans sa déception, des colères parfois passaient, qu'il adressait à ce vitrage de kiosque bête, dont flambaient les carreaux multicolores. Mais elles étaient brèves, ces colères, car les choses se brouillaient, et vite il fermait les yeux, ou refumait pour que ses perceptions redevinssent lucides.

Ainsi c'était cela?... La chose étrange que la vie! On vivait pour briser chaque jour une fiction et percer un mirage, et il en restait encore, lorsqu'on mourait!... Voilà! l'opium, dont on parlait tant, ne valait pas plus que le reste!... Comme aussi cette Indo-Chine, où des laideurs européennes s'accouplaient dans la fange avec les misères locales et des dégradations invétérées! La civilisation? un échange de vices!... On voyageait pourtant afin de sortir du déjà vu!... Quant à la Chine, s'il en jugeait par cet appartement, elle devait être pire encore! La propreté même du carrelage, des murs et des meubles l'exaspérait. A cette Asie familière manquaient seuls des concierges! Certainement elle les aurait sous peu, avec des Académies sans doute!...

Il ouvrit la *Revue des Deux-Mondes*, se contraignit à la feuilleter.

« DU PESSIMISME DANS LA JEUNESSE DE CE TEMPS ». A ce titre, il éclata de rire. Pessimisme! Pessimistes! O la manie des étiquettes et des mots! Donc, ces choses étaient vraies?... Des gens avaient lu Schopenhauer pour s'apprendre à mépriser la nature et les hommes, comme si vivre ne suffisait point à ce résultat!...

Sa pensée bégayait; il s'endormit.

VII

D'abord, ce fut un grand silence, une eau muette dans laquelle il flottait, sans efforts de nage, comme une épave. Du noir l'enveloppait, piqué d'étincelles qui bientôt se rejoignirent. Autour de lui, tout devint jaune, et comme le fleuve et l'*arroyo*, le matin, d'un jaune de boue. Il se débattait, avec un écœurement, mais le flot poissait, si répugnant qu'il élevait ses bras en l'air et dressait le cou, laissant couler l'eau sans plus de révolte. Elle filait autour de lui d'un calme huileux quoique rapide. Pourtant, il émergeait, immobile, et il lui semblait être une bouée, une bouée à l'envers, la tête fixe, les pieds obliques entraînés par la marée.

Et bientôt l'éternelle fuite de ce discret et mystérieux courant l'effraya. Il glissait sans un souffle, toujours pareil, incessant : c'était comme une mort qui courait dans les ténèbres. Marcel ne voyait point les rives, n'entendait rien, pas même contre sa chair le frôlement du fleuve. Lentement, il se sentait devenir fou de la continuité de cet écoulement, de cette immobilité, de ce supplice sans souffrance. Il appela au secours. Sa voix sortait comme un vagissement ; l'eau semblait la boire... Des jours, des mois, des années passèrent, une éternité d'angoisses : rien ne répondait au balbutiement de ses lèvres. Dans l'immensité pesante du silence, il s'endormait, il n'était plus, mais quelque chose en lui sentait encore...

Passaient des bêtes, froides, visqueuses, que le flot entraînait et qui se cramponnaient à ses jambes, s'y fixaient de leurs suçoirs. Elles tiraient son sang, le fumaient comme de l'opium, et il voyait, distincts, à chaque aspiration, se gonfler sous leurs tentacules des goîtres gélatineux. Son horreur haletait, le paralysait. A la longue, d'un effort inouï dont auraient tremblé des montagnes, il se penchait vers les monstres, les décollait de ses membres, mais alors il les reconnaissait pour les lettres chinoises des *kakémonos*, de Tchang.

Marcel soupira; de nouveau il regardait la marée. A présent, il attendait quelque chose *qu'il savait être là*, tout proche, quelque chose qu'il avait vu déjà, et dont il se souvenait, vaguement. Le silence l'étreignait toujours, plus effrayant que tout. Soudain des bruits le coupèrent, des bruits scandés régulièrement, qui, peu à peu, s'approchaient. Des avirons battaient le fleuve. Il entendit le han époumoné des nageurs...

... C'était dans un *sampan*, — le *sampan* du matin. Il reposait sur les nattes de la gondole, sous la bâche de bambou tressé, et regardait les petits singes annamites balancés dans leur hamac.

— Thi-aï! appelait-il.

Les deux rameurs se retournaient à la fois.

— Qui de vous deux est Thi-aï?

Ils ne répondaient point et riaient, leurs lèvres ensanglantées de bétel montrant les perles noires de leurs dents vernies. Derrière eux, Tchang riait aussi, avec une taie blanche sur son œil gauche, et son rire comiquement cruel faisait froid. Marcel se reculait, pris de peur.

— Thi-aï!

Les deux bateliers s'avançaient en rampant, s'étendaient près de lui.

— Est-ce toi qni es Thi-aï? demandait-il à chacun tour à tour, et tous deux répondaient oui, toujours avec des rires. Et il riait aussi, s'abandonnant à leurs caresses.

Son souffle se précipita, ses lèvres s'entr'ouvrirent, ses bras tentèrent des étreintes...

Tout à coup, il frissonna. Contre sa poitrine, au lieu de la *congaï*, la vieille macette du faubourg se serrait, amoureuse. Il eut un cri de détresse qui sortit en plainte rauque ; il se débattit avec rage. Longue fut la lutte. A la fin, le *sampan* pencha, pencha, chavira, et tous roulèrent dans l'*arroyo*...

— Ce n'est rien ! lui disait le commandant de Pontailly. Nous la retrouverons, votre Thi-aï!...

Ils erraient par les faubourgs, à travers les paillottes sordides ; ils frappaient aux portes. Les cases s'ouvraient et la vieille apparaissait, courait sur Marcel qui fuyait, éperdu. Des ruelles s'ouvraient, infinies, qu'il suivait, haletant, au galop, avec le bruit des pieds de la sorcière clapotant dans les flaques sur ses talons. Et, toujours, il revoyait ses chicots bruns, et malgré le tapage, malgré le vent de sa fuite, il les entendait distinctement se rejoindre avec un petit coup sec broyant de la vermine.

Souvent la chaussée glissante manquant à ses pieds, il tombait dans des trous fangeux. Tandis qu'il essayait d'en sortir, il sentait se rapprocher la vieille femme, et son souffle déjà chauffer sa nuque. Il croyait mourir...

.... Il se revoyait seul dans les rues , s'arrêtant pour interroger le veilleur de nuit. Anxieusement, il cherchait non plus un être, non plus un objet, mais quelque chose d'inconnu *qu'il savait bien*. Et il s'approchait des maisons, regardait par les fentes des contrevents : de nouveau, la vieille apparaissait, et il se sauvait encore, brisé de courir ainsi, et pourtant traversant des espaces immenses, d'un seul trait. Des fois, il se cachait dans la rizière, au milieu des buffles, ou bien à l'auberge de la mère Carbonnel, derrière des uniformes. Là, il rencontrait encore de Pontailly et ses deux camarades.

— Vous n'avez pas trouvé ?
— Non !

Tous quatre se regardaient avec des figures tristes. Et ils allaient dans le cimetière, se courbant sur les tombes, déchiffrant les noms des morts. Il y avait des croix abattues par le vent et souillées dont ils épelaient les inscriptions, penchés sur elles. Toujours les noms étaient connus à Marcel : il s'étonnait de ce que tous ses amis se fussent faits soldats sans le lui dire. Une pitié mouillait ses yeux, il essayait de relever les couronnes et de balayer les tertres, mais sa besogne avançait lentement, le vent recouchait les croix, et il ne pouvait atteindre le bout de l'enclos. Alors, il pleura. Jamais il n'achèverait sa besogne à temps !... Un désespoir le secouait, immensément douloureux.

Ses amis l'entraînèrent ; il se débattait, leur reprochant d'oublier les morts.

— Il y en a trop ! disait de Pontailly, il y en a trop !...

De chaque côté de l'allée serpentant au fond du ravin, c'était une forêt de croix. Il en poussait jusqu'à l'horizon ; elles cachaient le ciel. Longtemps ils grimpèrent. Puis, parvenus au sommet d'une colline, ils ne découvrirent plus que la mer, les rochers de la

Cac-ba, la pointe de Do-Song, et la rivière coulant entre des plaines de riz.

— Nous sommes donc hors des tombes !...

Marcel avec un frisson secouait la tête. A ses pieds, s'ouvrait une fosse contenant un cercueil vide; tous quatre, ils se regardèrent encore, glacés de peur. Le trou semblait creusé de frais. Sur ses parois, on voyait des vers rouges, des racines, et ces luisants de métal que le fer de la bêche laisse à la terre grasse.

— Pour qui sera-ce? demanda le lieutenant.

— Pour qui Dieu voudra, répondit le capitaine, nous allons jouer : le perdant y restera...

— Mais je ne sais pas jouer! balbutiait Deschamps, une sueur froide au front.

— Je jouerai pour vous! dit un nouveau venu.

C'était Tchang.

Il rit de son œil blanc, puis se pencha sur la fosse, en tira le couvercle du cercueil, — un beau couvercle neuf, veiné de rose. Les quatre joueurs s'assirent autour de cette table improvisée.

— Fumez, cria Tchang. Il faut aspirer à perte d'haleine...

Docile, Marcel se couchait sur l'herbe, près de la fosse. Une *fumerie* reposait devant lui, toute prête, qu'il reconnut, avec sa livraison de la *Revue des Deux-Mondes* servant d'oreiller aux pipes.

D'abord, il hésita, regardant les joueurs. Le Céleste abattait son jeu pour montrer son point, et à chaque carte qu'il jetait, son geste se profilait sur le ciel, comme un vol d'oiseau. Mais le jeune homme remarqua qu'il escamotait tous les rois dans sa large manche chinoise.

— Il triche, pensa-t-il, pour que je perde et que je reste ici!...

Chose étrange, son angoisse s'en était allée; l'idée

de la mort prochaine le laissait indifférent. Il prit la *Revue des Deux-Mondes*, dont la brochure s'ouvrit toute seule, au milieu : DU PESSIMISME DANS LA JEUNESSE DE CE TEMPS. Il sourit, regarda la fosse, puis fuma.

Dès les premières bouffées, une joie l'inondait d'extase. Enfin il la tenait la chimère poursuivie ! Il s'envolait enfin, hors du réel sur les nuages bleus de l'odorant opium ! Il rêvait !...

Son rêve d'abord resta vague, flottant, très doux, comme une promenade en ballon, la nuit au-dessus d'une ville endormie dans les ténèbres. Puis, la lune se leva, et le ciel se piqua d'étoiles qu'il sentit tangibles, proches de son vouloir ; ce lui fut une jouissance déraisonnée, qui le grisa comme un alcool.

Soudain, tout s'effaça, se fondit dans une hallucination sans causes...

Il se retrouvait au bord de l'*arroyo*, et courait sur les toits des *sampans*, avec des légèretés de danseur de corde... A un moment, il s'assit sur une des bâches et attendit les officiers qui, au-dessous de lui, dans la barque, chatouillaient les *congaïs*. Leurs rires secouaient l'embarcation ; il y notait les petits cris des femmes, aboyant comme des bêtes joyeuses... De là, quelqu'un l'emmenait au bivouac des spahis ; il donnait de l'orge aux chevaux arabes... Ensuite, la nuit tomba, et seul il s'en allait dans la ville, cherchant l'hôtel. Une *luciole*, devant lui, éclairait les flaques... Marcel l'arrêta sous les bambous, et s'assit à ses côtés. La lanterne brillait dans l'herbe.

VIII

— Assez !... Je ne veux pas !...

Deschamps balbutia quelques mots encore, pâlit et frissonna de la tête aux pieds. Il soupira profondément ; ses yeux se rouvrirent.

Tout de suite, il se reprit. Son réveil débutait par une colère. Naïvement, il maudissait la nature qui imposait ses lâchetés au sommeil, et, cruelle, humiliait à plaisir un vouloir misérable. Il se demanda, tandis que de la honte montait à ses tempes, pourquoi la pensée de Blanche lui venait seulement à cette heure ? Cette vision chassée, il haussa les épaules ; puis, en se levant, il revécut ses songes, et, avec un frisson, repassa par leurs épouvantements, mais, à se rappeler qu'à la fin, il rêvait qu'il rêvait, il ne put s'empêcher de sourire.

— Est-ce l'effet de l'opium, ou me suis-je grisé sans y prendre garde, en m'entêtant à chercher les hallucinations qu'on m'avait dites ?...

Le salon, maintenant, était rempli : le whist avait cédé la place au baccarat, sur la demande de nouveaux visiteurs, officiers et fonctionnaires.

— Excusez-moi, monsieur Deschamps ! cria Tchang

qui tenait la banque... Messieurs, faites vos jeux !...
Les cartes passent !... Tenez, il y a sur le guéridon de
quoi souper. Si vous ne voulez pas de vin, j'ai fait monter de la bière nouvelle, ma bière hambourgeoise d'exportation étant trop alcoolique... Rien ne va plus !...

Marcel remercia et prit le bras de Pontailly qui, décavé, le reconduisit à sa chambre. En route, ils causèrent peu, comme écrasés de cette tristesse lasse qui succède aux grandes déperditions de force, aux vains essais de joie. L'officier expliquait à son compagnon la situation exceptionnelle de Tchang, ce chinois né à Singapoore, cet européanisé polyglotte, qui, fixé depuis des années au Tonkin, faisait fortune grâce à l'intervention des Français, et les servait de son mieux.

— Tous ne sont pas pareils ; il s'en faut !... Bonne nuit, cher monsieur !

Marcel se coucha. Le grand air ayant achevé de dissiper son malaise, il ne put fermer les yeux, assailli par les moustiques, ou vibrant au passage des rats qui sautaient des solives sur son lit. L'instinctif effroi de l'inconnu précipitait son sang, enfiévrait ses rêves furtifs. Sa pensée, qu'il accrochait de force à des choses plaisantes, ou aux douceurs de ses souvenirs d'amour, se cabrait à des jurons d'ivrogne partis de la ruelle, sursautait au cri rauque des lézards *geckos*, aux hurlements des chiens, au craquement des meubles, aux mille bruits décuplés et pleurants de l'ombre. Des vies répugnantes, infiniment petites, et grossies par le noir, bruissaient dans la chambre. Des choses volaient, lourdes ; d'autres, fétides, froides, visqueuses rampaient, et il y avait des amours, des accouplements, des batailles dans l'obscurité plus obscure des coins de la pièce, sous le lit, dans les plis des mornes rideaux.

Enfin la brute en lui s'endormit, vaincue, incapable

même de songes. Et à son réveil, au grand jour, le front cerclé, il se sentit moins las que confus. Cependant, il ne savait quoi se reprocher au juste, et il écrivit aussitôt à Blanche, s'adressant à son mari, leur racontant ses initiations diverses dans de longues pages dont le ton affectueux se doublait au début d'une sorte de remords, puis, très littérairement, par habitude, s'échauffait aux descriptions des choses, à l'évocation des tableaux découverts en ce premier jour de débarquement.

Un soldat du train passa la tête par la porte entr'ouverte, lui tendit un billet.

Bon matin, cher Parisien!... Si vous n'êtes point trop fatigué de votre voyage de découvertes, hier au soir, montez Zéphyr que mon tringlot reprendra chez vous à dix heures. La canonnière L'ÉCLAIR *part cette après-midi seulement; vous avez donc le temps de visiter de jour la ville (?) et ses environs. Mille amitiés.*

RENÉ DE PONTAILLY.

P. S. — Mon cheval est dur au montoir, mais très sage en route. Tenez-le loin des buffles, car il s'emballerait...

Le chancelier sortit, regarda la bête; elle piaffait déjà, très belle; alors, joyeux comme un enfant, il se hâta de couper court sa lettre interrompue, et la cacheta sans la relire.

X

En sortant de chez Tchang, la veille, Deschamps avait cru son cauchemar ineffaçable, et voilà qu'il s'en rappelait à peine ! De même, il avait cru gravée intimement sous son front, pour toujours, l'horrifiante impression de ce lamentable village, si sale, si laid, où les tristesses d'un lendemain de combat se perdaient dans la crasse indigène ; or, ce souvenir le fuyait déjà, s'atténuait, passait au second plan de la perspective, pour lui laisser seulement revoir le tohu-bohu coloré des pittoresques bivouacs, mille nouveautés grouillantes, pleines de vie et suggestives, dont son imagination d'artiste ne pouvait point, s'il les avait prévues, soupçonner l'intérêt.

Depuis quatre heures l'oubli montait encore. Forçant de vapeur, l'*Éclair*, en route pour Hanoï, dévidait un écheveau d'*arroyos*, de canaux et de fleuves. Maintenant, la fugacité des impressions de Marcel, la mobilité de son rêve empruntaient leur excuse aux coudes brusques des rivières déplaçant l'horizon et promenant, comme un décor de cirque, le lointain profil bleu de la montagne de l'Éléphant. Autour de la canonnière, la rotation de la plaine balayait les choses à peine vues, les cultures en ligne, les norias dégingandées, les buffles qui regardaient passer le bateau, avec, sur leur dos gris, énorme, de placides oiseaux, chasseurs de parasites, ou des enfants nus, semblables à des terres cuites, piaillant des « *Bonjoul, Capitaine!* » et demandant des sous, entre deux saluts balancés de leurs bras serrés l'un contre l'autre.

Cependant, dans cette défilade des rives si proches, ce n'était point une jouissance d'art qui paralysait Deschamps. Du Song-Thang-Bac au Lac-Tray, du Taï-Binh au Fleuve Rouge, il rencontrait la même platitude noyée, roulant, décourageante, jusqu'aux confins du ciel et de la terre, mortelle de monotonie, prodigieuse de fertilité, effrayante de population, mais laide vulgairement, avec ses cases de pisé, ses villages barricadés dans des massifs de bambous, ses ocreuses rigoles, ses arbres rares, ses minuscules paysans, son aspect maraîcher de Gennevilliers asiatique, et triste enfin de cette tristesse battue dont l'homme laisse pleurants les pays qu'il nivelle et qu'il engraisse de son fumier. Écrasant le paysage bas, la nue basse dont un invisible soleil métallisait le blanc sale ardait, féroce, dans une humide cuisson. Certes, ce n'était pas une jouissance qui retenait Marcel accoudé sur ce canon-revolver Hotchkiss, sur ce toit de tôle servant de passerelle, à contempler le monochrome Delta. Un étonnement plutôt, une badauderie peut-être, d'oisif qu'arrête au carrefour une lanterne magique entourée d'écoliers et qui regarde, et qui s'attarde, moins par désœuvrement que par le vague espoir d'une sensation neuve et de cet inconnu quelconque dont son inconscience a soif. Lui-même ne savait pas ce qu'attendait, ce que cherchait sa contemplation flâneuse, ou dédaignait de le savoir, oublieux de ses analyses, et distrait, comme un enfant dont le bruit, le mouvement, la variété des choses amusent la pensée qu'ils exercent. Sa pupille vivait seule, et, seule, emmagasinait, machinalement. Et parfois, si la voix du lieutenant de vaisseau commandant l'*Éclair*, si quelque interrogation nouvelle sur Paris ou ses théâtres, le réveillaient de son hypnotisme, son concept galvanisé ne concluait point pour cela, mais simplement évoquait Blanche au milieu de ces exotiques paysages, et, dérouté, s'efforçait de s'imaginer ce que serait l'amour futur dans ce cadre où pour l'instant rien ne parlait à sa passion.

La nuit venue, la brusque nuit tombée comme un rideau, il se renfiévra peu à peu. Bien qu'elle menaçât, il goûtait la mollesse de cette ombre chaude. Le ciel, laqué soudain, avait rentré sa voûte, et le timide scintillement de ses rares étoiles redonnait l'ordinaire sensation de profondeurs lointaines, infinies. Maintenant, l'étendue s'ouvrait au vol des rêves. Et la terre à ceux-ci soufflait sa pâmoison, la terre de tantôt, si monotonement laide, que la nuit à cette heure baignait d'encre, et dont les tièdes exhalaisons disaient la fécondité. Des haleines fauchaient la rizière, se chargeaient de musc sur les sillons gras, sur les ruisseaux, sur les gîtes des bêtes. Des lucioles brodaient l'obscurité d'arabesques phosphoriques, vertes et jaunes, s'éteignaient et se rallumaient toutes ensemble. Partout s'éveillait, sur le sol, parmi les herbes, dans l'eau, avec des clameurs stridentes : chœurs de crapauds, solis argentins de grillons, la vie nocturne et tropicale, formidable de douceur. Derrière une digue, la lune se leva, peuplant l'espace qui se vert-de-grisait. Elle montait, lente et sereine, parmi les bambous. Sa faucille semblait émonder les branches. Lorsqu'elle les eut dépassées, un lait bleuâtre inonda la plaine. Les vagues des épis de riz courbés par la brise y mettaient des mousses d'argent, et coupant leurs lacs, le fleuve roulait, écaillé de nacre.

Marcel frissonna. Des baisers venaient à ses lèvres. Timide, sans oser déshabiller son bonheur, réconcilié avec ce pays neuf aux vieillesses étranges, il rêvait de voluptés ralenties, de caresses rasant la chair comme ces souffles musqués, et des soirées prochaines, pareilles de tendresse, que, Blanche à ses côtés, il goûterait dans cette ombre, alangui comme elle, amoureusement. Même, il ferma les yeux : la chaste imprécision de ses songes, le tâtonnement maladroit de ses mains impuissantes à lever les derniers voiles, la fuite de sa chimère se dérobant sans qu'il osât ou sût la retenir, toutes ces puériles folies, encore que très involontaires, fouettaient son sang, troublantes comme un raffinement sensuel.

Cette même nuit, — l'*Éclair* avait mouillé par peur des échouages, — Deschamps, à qui le commandant avait fait faire un lit sur son canapé, dans l'unique cabine de la canonnière, se réveilla, l'épigastre douloureux et souffrant à perdre la respiration. D'abord il demanda quelque soulagement à l'eau de la gargoulette acidulée de rhum ; mais la brûlure survivait, plus intolérable. Sommeillant encore, dans sa fatigue, il s'imaginait qu'une main gantée de fer lui labourait l'estomac, lui raclait les côtes. Discrètement, il sortit, évitant de déranger son hôte, et, sa cigarette allumée, se promena sur le pont. La lune avait disparu derrière les berges plus hautes et les digues ; tout était noir autour de l'*Éclair*, et le bateau lui-même dormait dans les ténèbres, avec ses feux de position autour desquels tournoyaient les phalènes et les chauves-souris. Pourtant, le malade vit filtrer à l'avant, sous la culasse d'un canon drapé d'un prélart, un rayon falot de lumière, et s'avança vers lui, moins par curiosité que par besoin de ne plus souffrir sans se plaindre. Enjambant les corps des marins ronflant sur le parquet, il atteignit la pièce et découvrit derrière la toile, couchés en plein air, le *boy* chinois du commandant et le pilote annamite qui, la tête sur l'affût, bienheureux et tranquilles, fumaient béatement l'opium.

Effrayés d'abord, ils rirent vite en reconnaissant ce promeneur étranger au bâtiment, partant incapable de les mettre aux fers. Deschamps, du reste, les rassurait d'un mot, les invitait à poursuivre, puis comprimant des deux mains son estomac torturé, les regardait aspirer à nouveau la fumée odorante. Dans l'air calme, elle montait droit, toute bleue dans le rayon de la veilleuse, et plus haut, dans la nuit, toute blanche. Elle fleurait divinement, grisante, artificielle, étrange.

Et il débattit le projet de jeter quelques piastres à ces gens, de s'étendre près d'eux, sur les planches, en plein air, d'emprunter leur pipe commune, leur grossier plateau, pour aspirer à son tour et pour voir monter droit la fumée toute bleue devant la veilleuse, et plus haut, dans le noir, toute blanche, la distrayante fumée qui fleurait divinement, grisante, artificielle, étrange. Peut-être cette fois, son rêve ne serait-il pas cauchemar ?

Lancinante, la douleur le mordait plus fort. Haletant, il pressentait qu'une bouffée, une seule, longuement tirée de cette vapeur floconneuse le guérirait tout de suite, anesthésierait la main qui le suppliciait.

Il n'osa pas. Son orgueil se cabrait. Ces gens étaient ses domestiques, et de race inférieure, des esclaves. Ils riraient ; en dépit du gain, ils colporteraient sans gratitude cette fantaisie maladive du passager noctambule. Pourtant, il ne s'en allait point, tenté physiquement, malade comme une femme grosse prise d'envie. Peut-être allait-il céder, tant l'obsession devenait pressante quand, tout à coup, les fumeurs éteignirent leur lampe et disparurent, entendant un bruit de pas.

Le commandant réveillé faisait une ronde, s'approchait de l'avant. Marcel lui dit son mal. Inquiet, l'officier l'interrogea plein d'expérience, seul médecin de son humble bâtiment...

— Alors, ce n'est pas la cholérine !... Mais, dites-moi, avez-vous fumé de l'opium, hier ?

— Oui... un peu...

— A cette même heure, n'est-ce pas ?

— Justement...

— C'est bien cela ! Cet essai s'expie, voyez-vous. On endure la petite mort, les vingt-quatre heures écoulées, et pour se guérir on refume. Le remède est bon, mais on entre de son fait dans la servitude de la pipe...

Marcel pensait à Blanche, prêt à souffrir héroïquement. Le lieutenant de vaisseau le ramena dans sa chambre, lui versa quelques gouttes de laudanum dans un verre d'eau sucrée, et le contraignit à s'étendre sur son divan.

— Méfiez-vous de l'opium !

Deschamps, repentant et guéri, rentrait dans le sommeil.

X

... Le long des drisses, Marcel regardait descendre les pavillons des canonnières et des avisos de la flottille. Le soleil se couchait; deux coups de feu pétillaient sur chaque bâtiment et les clairons du bord rendaient les honneurs à la fois à l'emblème national et à l'expirante lumière.

— On amène les *couleurs* ! pensa Deschamps tout haut.

Son rêve perdu écoutait chanter les cuivres dont les notes s'éteignaient, mélancoliquement.

— Sur nos navires, monsieur, on n'*amène* jamais les *couleurs*; on les *rentre !*

Le chancelier rougit sous la leçon, puis il quitta son casque en voyant l'amiral Courbet s'arrêter et, grave, se découvrir, l'œil sur ses navires.

Les derniers pans d'étamine disparaissaient; les drisses nettes et nues coupaient le ciel verdi ; à l'arrière des bâtiments, on distinguait la silhouette des timoniers ferlant le pavillon ; et l'écho des sonneries mourait dans l'espace, amoindri, vibrant encore, comme la fumée des coups de fusil dont les spirales s'effilochaient au heurt des basses vergues. L'amiral remit son chapeau de paille et, comme un seul homme, ses officiers d'ordonnance recoiffèrent casquettes et képis.

Prompt à consoler les amours-propres que, parfois, blessait sa parole brève, le commandant en chef se tournant vers le jeune fonctionnaire, lui rendait son sang-froid, avec des mots affables pour lui expliquer ces deux termes du dictionnaire de la mer, dont l'un symbolise la défaite, l'humiliation devant l'ennemi, et dont l'autre désigne la mise à l'abri des *couleurs*, chaque soir.

A quelques pas, derrière les deux hommes, les officiers s'échelonnaient en causant.

C'était à Hanoï, sur le quai de la *Concession* surplombant le fleuve, où Deschamps avait suivi l'amiral...

Son aplomb reconquis, il regardait le marin, repris de ses curiosités d'antan à sa première entrée chez certains grands artistes, ses maîtres. Et justement, ce maigre Courbet, au front énorme, lui rappelait d'aucuns de ces artistes, avec son regard clair, baigné d'infini, avec la grandeur simple de son geste, avec la bonhomie de ses supériorités, avec sa grande allure dédaigneuse d'apparat. Deux hommes seulement l'avaient également impressionné, l'avaient fixé de ce même œil profond, et ce ressouvenir lui soufflait une admiration réfléchie, respectueuse, contente. Les faibles de vouloir ont le culte de la force ; l'amiral personnifiai une force toute intellectuelle, faite de son seul talent ; il n'était pas enfin au dessous du portrait que Marcel s'en était jusque-là dessiné : Marcel l'admira.

— Messieurs, voulez vous passer à table ?...

Courbet s'appuyait au bras du jeune homme qu'il rapetissait ainsi, puis, devant la nappe couverte de fleurs — son seul luxe, — lui parlait de Paris à son tour. Et ce n'était plus le thème de l'avant-veille, mais la conversation d'un vrai causeur, d'un érudit.

Deux heures après, en rentrant à Hanoï, Deschamps, encore sous l'impression de cet homme, vraiment homme, ne remarqua rien de la ville, un bourg moins sale qu'Haï-phong, mais plus triste. Sa pensée dominait cette ruche militaire sillonnée d'ivrognes et de patrouilles, où s'agitaient, dans les bruyantes nostalgies de leur exil, les éternels pitoyables comparses qui peuplent le théâtre de la Guerre, et, parmi les pitiés ou les indifférences, vont au bout de leur rôle, inconscients dans la main d'un chef souvent inapte, parfois génial, mais dont le Hasard toujours reste le grand souffleur.

XI

Une semaine se passa, puis une seconde, et les impressions de Marcel se tassèrent. Leur étourdissante multiplicité l'avait enlevé à lui-même; sous la décroissance de la pluie d'imprévu, il se reprit. A sa vague migraine cérébrale, une lassitude succédait où pointaient des désillusions faites d'étonnements amortis autant que d'enthousiasmes déçus, mais dont, après ses fièvres, il devait goûter l'accablement. Et l'accoutumance aux choses exotiques glissant en lui, son acclimatation affranchit sa pensée. Dès lors, sa jalouse passion pour Blanche fut seule à l'occuper; il s'y rua, comme avec un remords de s'en être laissé distraire. De nouveau l'image de madame Verdier lui cachait les hommes et les choses; cette hantise au reste le fit heureux, encore que voulue, car en constatant la mobilité de son esprit sous le tourbillonnement des sensations nouvelles, il avait eu peur, une minute, de ne pas l'aimer autant qu'il l'avait cru, et cette crainte l'avait glacé d'un frisson.

Pourtant, ce n'était pas qu'il l'eût un seul jour oubliée, depuis cette initiation à l'opium restée sans lendemain. Elle le visitait chaque heure au contraire.

Comme à bord du *Messidor*, il l'associait à sa vie, l'évoquant malgré lui à chacune de ses émotions, mais surtout, la retrouvant régulièrement le soir, quand, enfin seul, il s'enfermait dans sa chambre. Par ces nuits déjà chaudes, le sommeil entrait tard... Seulement, ces évocations avaient été rapides jusqu'ici, comme nées d'une machinale habitude. A peine les savourait-il, pris par le milieu, dépaysé. A son insu, l'insouciance ordinaire aux êtres sûrs de leur bonheur l'avait envahi. Son installation achevée, quand il se fut familiarisé avec son cadre, il redevint lui-même.

Tout d'abord, il arrangea sa vie comme si Blanche eût habité déjà Hanoï. « Ce sont les préparatifs de nos noces ! » se disait-il avec une naïveté d'enfant content. Ses lèvres s'ouvraient alors dans un sourire qui s'éteignait vite, lui laissant au cœur une délicieuse palpitation. Sa manie d'analyse reparaissait, et lorsqu'il se regardait vivre, il jugeait de son amour, comme s'il fût né de la veille, d'après ce trouble inattendu qu'encore à présent, l'idée de la possession lui soufflait. « Oui, je l'aime ! oui, je l'aime !... » se répétait-il, éperdu de joie ; et un besoin instinctif de bien s'en convaincre, en se marquant à lui-même ce bonheur inespéré, lui faisait caresser ces deux syllabes pendant des heures. Il les chantait au bord du Grand Lac, le soir, dans sa promenade après le bureau, et tout lui était jouissance, la brise fraîche embrouillant ses cheveux et la douceur du couchant orangeant l'eau sous les dentelles des bambous.

D'autres fois, il se reprochait de s'être débattu, d'avoir douté de lui-même, quand il se scrutait, indécis entre son besoin de la passion et sa défiance découragée, mais il ne lui arrivait plus de se poser la question étrange : « Si elle mourait ?... » car, à l'effleurer seulement, une nuit d'insomnie, il s'était senti frémir, envahi d'une telle angoisse qu'il avait rallumé sa bougie et que pendant une heure, la pupille dilatée perdue dans le vide, il avait, assis sous son moustiquaire, laissé se calmer la galopade de son sang.

« Je l'aime !... » Il riait sans s'en apercevoir, avec des éclats fébrilement brusques. Puis, calmé, il admirait encore le hasard. La vie pourtant était bien sotte et les théories providentielles s'expliquaient. S'il n'était pas parti pour le Tonkin? Si, simplement, il avait pris un autre paquebot que Blanche? ou encore, si ç'avait été elle, au lieu de son mari, qui eût eu le mal de mer?... Là-dessus, après un haussement d'épaules, il se renfonçait dans son rêve, puisant de telles douceurs dans son nouvel état d'âme qu'à certains jours, il ne s'impatientait plus de la lenteur du dénouement à venir. Sans doute aussi ruminait-il le vague souvenir de misères anciennes, l'histoire simplement de ses premiers désirs et de ses premières jalousies à bord du *Messidor?*... Un désenchantement se cache derrière tout rideau et l'attente du bonheur vaut mieux que le bonheur.

Ce fut une lettre de M. Verdier, une lettre croisée avec la première des siennes, qui le tira de ses joies contemplatives. Le commissaire annonçait que sa nomination à Hanoï n'était plus qu'une affaire de jours. « Vous nous verrez dans un mois... » écrivait-il, et le jeune homme relut deux fois la phrase, en savourant ce *nous* qui lui rapprochait Blanche. La lettre était longue, le fonctionnaire racontant à « son jeune ami » son installation à Saïgon et mille insignifiantes aventures, mais Marcel ne s'en aperçut point. A travers l'égrènement des phrases du créole, hachées en julienne dans une naturelle drôlerie, il retrouvait cà et là le « nous » qui le ravissait. Et il voyait Blanche et ne voyait qu'elle dans tous les endroits, dans toutes les situations que décrivait son mari.

A la dernière page, Verdier changeait de ton, demandait un service avec mille excuses. Il s'agissait de lui trouver une maison confortable, et, si possible, de la meubler. « Pardonnez-moi, répétait-il, mais je ne connais que vous à Hanoï... » La missive se terminait par des litanies de remerciements « à l'avance », et par un post-scriptum notant l'envoi « ci-inclus » d'un bon de cinq cents piastres, mais sans qu'il y eût un mot de la part de la jeune femme, un souvenir, un simple bonjour. Marcel pâlit, le cœur étreint de cette indifférence qui, si cruellement, douchait son amour. Le dernier feuillet tremblait dans sa main crispée, lorsqu'il découvrit une tache d'encre sous la signature. Des caractères, effacés étant frais encore et d'un coup, comme si le doigt eût passé sur eux, apparaissaient à cette place, Il les déchiffra, le sang affluant soudain à ses joues et bruissant à ses oreilles. « *Mon cher M...* », c'était tout, mais il exulta, la poitrine élargie, et il baisa la tache. Ces mots étaient de son écriture à Elle. *Mon cher M...* : cela voulait dire : *Mon cher Marcel!*

Mon cher Monsieur plutôt. Oui, c'était cela, puisqu'elle avait écrit après son mari!... Tout de suite, il s'imaginait les choses !

Verdier avait lu la lettre à sa femme qui s'était approchée, tentée d'y mettre un peu d'elle-même sous son remerciement officiel pour le tracas que le ménage imposait à son compagnon de route. Il la voyait, devant le bureau du commissaire, hésitante, la plume sur les lèvres, l'œil dans le vague, reconstituant le *Messidor...* et Marcel. Le créole furetait par la pièce, en chantonnant comme toujours ; elle s'impatientait. *Mon cher M...* D'un trait de doigt, comme une pensionnaire, elle avait effacé les trois mots, et, dans un ravissement, il se figurait aussi l'entendre murmurer de sa voix un peu grave :

— Non, ce ne serait pas convenable...

Mais alors, il fallait qu'elle lui eût écrit à part ?... Comment n'avait-il pas... Angoissé, il bouleversa les plis du courrier officiel administratif, que le vaguemestre venait de déposer devant lui. Se pouvait-il qu'il n'y eût pas songé plus tôt ! elle était là, entre deux livraisons des *Excursions et Reconnaissances en Indo-Chine*, la petite lettre ! elle était là, *sa première lettre !* et il la baisa aussi, passionnément, lui trouvant, avec ses nerfs de sensitif, le parfum de l'aimée.

Oh ! bien courte, la pauvre ! Blanche, l'avait évidemment griffonnée devant Verdier, en hâte, et sous ce prétexte qu'il est de mauvais ton d'écrire dans la lettre de son mari... Bien courte : de simples remerciements, de simples excuses pour la peine qu'on donnait au nouvel ami. Seulement pour justifier cette indiscrétion, il y avait une allusion à la traversée faite en commun, à « cette jeune sympathie née entre le ciel et l'eau » : cela suffit à Marcel qui lut et relut, apprit par cœur les vingt lignes et trouva entre elles les baisers qu'on y avait mis. A peine donna-t-il un coup d'œil à ses autres correspondances. Une lettre de Claire qu'il n'acheva pas lui parut tomber d'un autre monde. Et trouvant le logis trop petit pour son bonheur, il mit son casque, sortit afin de chercher sans retard la maison. A sa porte, le capitaine Rioux, un officier de ses voisins, l'aborda :

— Eh bien ! qu'est-ce que vous en dites ? On n'a pas fini d'enterrer à Son-Tay, et voilà qu'on remplace l'amiral Courbet !

— Ah ! c'est vous...

Marcel le regardait, ahuri. Il songeait bien à Son-Tay et à l'amiral, à cette heure !

A cet égoïsme, à ce détachement de tout ce qui n'était pas Blanche ou ne la touchait pas, il aurait encore pu mesurer l'étendue de sa passion. Mais il ne se regardait pas vivre en cet instant : il se sentait vivre, simplement. S'étudie-t-on, pensait-il, quand le bonheur arrive, inespéré, comme ces hôtes inattendus, comme ces turbulents voyageurs, pour qui de prime abord nous croyons toujours nos demeures trop petites ?

L'officier le crut fou, ou gris, peut-être. Marcel, il est vrai, ne s'en souciait pas plus que des nouvelles politiques. Il descendit la rue, se disant qu'il cherchait des maisons à louer.

Distinctement, dans une obsession tenace dont la brusquerie, dont la précision ne l'étonnaient pas, il revoyait son amie sur le warff Bornéo, à Singapoore ; elle portait la robe et le chapeau qu'à leur passage là, elle avait mis pour monter à Saint-James ; et, comme ce jour-là encore, elle lui livrait sa main gantée en le priant de tendre le suède dont les plis, arrêtés par ses bracelets, tirebouchonnaient du poignet à mi-coude. M. Verdier, pendant ce temps, cherchait une voiture et s'égosillait au milieu de la cohue des Malabars et des charbonniers chinois. Durant deux minutes, Marcel avait tenu la jeune femme ; il n'en finissait pas, défaillant à manier ses bras potelés et se grisant à humer le parfum attendri de violette qui s'exhalait d'elle, sans qu'il sût si ce parfum sortait de ses gants ou de la gorge à peine décolletée, en carré, sans un bijou. Les deux exquises minutes !... Il les revivait, retrouvant la même oppression devant cet éclair de peau voilé tout autour d'une dentelle dont les fils, à côté de cet éblouissement de chair, semblaient d'or. Il avait levé les yeux sur les siens. Sous le dôme de son ombrelle dont le satin pâle filtrait le soleil en pluie laiteuse sur sa joue, elle le regardait aussi de ses grands yeux gris, si clairs, si profonds. Et il avait senti qu'elle comprenait son trouble, la poussée de désirs dont tremblait sa lèvre. Lentement, — le commissaire revenait avec une voiture, — elle retirait sa main, mais sans que sa prunelle cessât de le baigner, et elle avait un mot quelconque : « Enfant! » peut-être, un geste de gronderie tendre, l'aimable faire de la femme qui repousse un hommage d'amour tout en le savourant...

Au coin de la rue des Incrusteurs, il s'arrêta, tant son rêve l'empoignait, se faisait tangible. Puis, il reprit sa course, passant sans les remarquer devant les maisons auxquelles il avait songé, la lettre lue. Le rêve se généralisait. Dans un mois, il l'aurait là et il rejouerait cette scène du warff en lui détaillant son extase de Singapoore. Ensuite, il la déganterait, et longtemps, longtemps, il baiserait ses ongles... Son imagination aujourd'hui n'allait pas au-delà. La bouche sèche, il faisait taire ses fièvres, frémissant à l'idée seule de caresses plus complètes, plus lointaines. Ce n'était point pudeur ou délicatesse inexpliquée ; sa passion assoiffée les oubliait. Mais son exaltation dans ce nouveau milieu, dans cette solitude, grandissait son amour de tout l'appétit qu'il avait eu de l'amour et de toutes les désillusions de son cœur qu'il y a trois mois, il croyait incapable de battre. Comme les enfants à qui la récompense promise semble improbable, il disait maintenant : c'est trop beau. Et, se rappelant Saïgon, il avait encore cette superstition de ne pas vouloir trop penser à son futur bonheur. Les choses rêvées, pensait-il, ne se réalisent pas.

XII

Le lendemain, la demeure future des Verdier était découverte. A la joie qu'éprouva Marcel à préparer l'installation de son amie, se mêla donc la sensation rassurante que sa fortune se réalisait, prenait corps.

A dire le vrai, peut-être n'était-il pas besoin d'avoir partagé ses déboires et de posséder son tempérament prompt aux défiances, pour trouver l'aventure extraordinaire. Si elle restait, en effet, charmante, elle apparaissait de plus en plus étrange. Le jeune homme en venait à la comparer aux romanesques épisodes dont fourmillent les histoires de *poncho* et de *tomahawk*, — aliàs de cape et d'épée, — imitations de Fenimore Cooper, dans lesquels il avait vu des déesses hispano-américaines traverser, avec le *salero* de rigueur et pour l'amour de fallacieux coureurs des bois, des savanes où ne se risquerait pas, encore que très escortée, une vivandière à trois chevrons.

Il n'existait encore au Tonkin que deux ou trois Françaises, marchandes de goutte polyglottes : bien vite, Marcel s'aperçut des difficultés qu'offrirait l'installation dans Hanoï d'une vraie femme, avec cela Parisienne. A l'avance, il plaignit Blanche. Les sourires des *mercantis* auxquels il reprochait leur manque de tout article féminin, l'agaçaient. Mais n'allait-il pas, à présent, blâmer Verdier d'avoir amené sa femme ?... Il éclata de rire. Bast ! Il l'aimerait tant d'abord, qu'elle ne s'apercevrait pas de ses privations.

Cet enfant de vingt-sept ans qui raillait la veille toutes les naïvetés de l'amour, tombait aux pires candeurs. Sans précisément se le dire, car la sottise des mots nous frappe encore lorsque la sottise de l'idée ne détonne plus, il pensait, ou n'était pas loin de penser : « Une chaumière et mon cœur ! »

En l'espèce, comme eût dit le commissaire, la chaumière fut une pagode. Deschamps ne trouvant ni maison européenne, ni *cagna* habitable, s'était adressé au Résident, et, très aimablement, le fonctionnaire, heureux d'obliger à la fois le jeune magistrat et le futur Chef des services administratifs, lui avait concédé la jouissance d'un temple en abandon, situé au bord du Petit Lac, au centre de la ville.

C'était une de ces plates constructions, rez-de-chaussée sans grâce, que la piété annamite a semées partout en Indo-Chine. Briques et bois, avec une couverture de tuiles dont la couche imbriquée se veloutait de mousse. Le faîte se terminait en un cordon plâtreux, au centre relevé par un médaillon à jour qu'encadraient des monstres chimériques. Les mêmes monstres se retrouvaient aux extrémités, roulant leur corps en anneaux de serpent, dardant d'énormes yeux tubulaires, et leur gueule béante menaçant les nuages d'une langue en fer de lance. Une crête hérissée de piquants suivait les anneaux, mourait seulement au bout de la queue barbelée.

Or, profilés sur le ciel, ces animaux hiératiques, bien que le chancelier, pour les avoir partout déjà trop vus, les aimât médiocrement, et malgré leur exécution grossière, relevaient d'une pointe d'art bizarre la pauvreté du logis. Sur la façade, aux deux angles, la chute du toit se recourbait brusquement dans un coude inattendu ; sa ligne sèche s'y perdait sous le mufle grimaçant d'une autre bête symbolique, perchée comme une gargouille. Et la couleur consolait du dessin. Tous ces monstres asiatiques étaient écaillés de morceaux de faïence blanche et bleue, tessons irréguliers et triangulaires que l'artiste indigène avait plaqués sur le ciment frais ou sur la terre glaise, dans ses essais timides de décoration polychrome.

Si Marcel, à l'encontre des débutants, s'occupait en premier lieu du toit, c'est que la pagode se baignait presque dans le lac, sur la rive opposée à la sienne et que, du matin au soir, de son balcon, il en découvrait le sommet perçant les verdures. D'abord, il projetait de le rentuiler à neuf ; mais il y renonça vite, et ce sentiment de la couleur qui survivait en lui, lui fit garder telles ces tuiles à peine rosées au milieu et d'un gros vert moussu sur les bords. Et puis, il pouvait de la sorte, conserver les *flamboyants* voisins. Leurs branches noires, encore sans feuilles, mais déjà fleuries, mettaient un parasol sur tout un pan, et sous le soleil, leurs énormes fleurs pourpre, tombant sans cesse, criblaient le temple de taches de sang.

Deux plumeaux grêles d'arèquier, en arrière de la pagode, et la dépassant, fixaient la perspective, mettaient de l'air derrière les monstres, animaient leur croupe torse. A droite et à gauche enfin, un encadrement de bambous en massif l'isolait, achevait d'en faire un cottage mirant sa façade dans l'eau.

Deschamps l'aima tout de suite. Une fièvre d'activité l'y retint des heures à presser les ouvriers, indigènes flegmatiques et sans muscles, qui, comprenant mal leur besogne, s'attardaient dans d'incessants recommencements. Souvent, il s'absenta de son bureau pour venir les bousculer ou essayer d'un nouvel embellissement dont l'idée l'avait hanté sur ses paperasses.

Au fond, l'œuvre était compliquée. Certes, il connaissait maintes installations d'officiers dans des pagodes transformées pareillement; mais aucune ne pouvait lui servir de modèle, car si le soldat en campagne s'accommode de tout, une femme se résigne moins, et Marcel ne pouvait supporter la pensée que Blanche partageât ses propres privations. Plus d'une fois, son cœur se serra, en découvrant qu'en dépit de tous ses efforts, de tous ses miracles d'ingéniosité, la chère aimée qu'il rêvait dans son atmosphère naturelle de luxe, de confort et d'art, aurait le nécessaire à peine.

Quoique la pagode fût grande, on ne pouvait en effet en tirer plus de trois pièces. D'énormes colonnes de bois de teck et de bois sacré, — un bois superbe réservé aux constructions royales et religieuses, — soutenaient la charpente de leur quinconce régulier et indéplaçable. Il fallut se décider, les autels enlevés, à dresser seulement deux minces cloisons qui divisèrent la nef en une salle à manger et deux chambres.

L'appartement, dès lors, prit tournure. Le sol carrelé, que verdissait la moisissure, fut couvert d'une couche de ciment, d'un lit de sable sec, puis, d'un parquet. A tout prix, Marcel voulait éviter cette humidité tenace qui lui rendait intolérable la vie au Tonkin. Ce fut une guerre à mort entre le jeune homme et les champignons dont la poussée, en une nuit, couvrait les meubles apportés dans le jour. Le ciment, le sable et le planchéiage, eurent enfin raison de ce sol aquatique, grâce au massif de maçonnerie sur lequel la bâtisse se carrait sans contact immédiat avec les fonds de glaise et de boue.

Au reste, l'originalité de certains détails palliait

l'exiguïté de la demeure. Revêtues d'un nattage de lamelles de bambou finement tressées, les cloisons ne montaient point jusqu'au toit, hautes de trois mètres seulement. L'architecte improvisé ayant cloué des nattes sur les chevilles de la toiture pour cacher l'envers des tuiles, s'en félicitait : des trois pièces on découvrait de la sorte le jeu des charpentes.

D'un bois pareil à celui des piliers et, comme eux, d'un beau ton d'or bruni, elles étaient cylindriques, fouillées au ciseau ; et leurs sculptures symboliques reproduisaient les chimères du faîte ; mais la naïveté même de leur art, l'adoucissement que la patine enfumante du temps apportait à leurs lignes dures, leur donnaient, avec un charme vague, cette vie que les moulages du toit ne possédaient point. Entrant et sortant par le jour ménagé entre les solives et les murs, des moineaux, — de gros moineaux pareils à leurs frères de France, — nichaient librement sur les poutres, et picoraient sans peur de tous côtés. Marcel les respecta, ravi de ce bruit d'ailes et de ces pépiements qui peuplaient la maison : Blanche aimait les oiseaux.

Alors ne trouvant plus rien à réparer, il employa les ouvriers, derrière le temple, à la construction d'une cuisine, d'un cellier, d'une écurie, d'un pigeonnier, d'une salle de bains. Cela lui prit encore des jours que sa fièvre abrégea. Il s'acharnait dans une continuelle tension d'esprit. Le manque d'outillage mettait son imagination à de cruelles épreuves ; souvent il devait fabriquer ce qu'il ne trouvait point chez les marchands. Et avec un contentement dont l'explosion le payait de ses peines, il se rappelait combien il avait toujours été peu pratique et maladroit ridiculement. Dans sa garçonnière, à Paris, jamais il n'avait su planter un clou pour accrocher un tableau, ni réussi à arroser ses plantes sans inonder les tapis. Aujourd'hui...

Mais il n'avait plus le temps de philosopher sur cet inconnu de l'amour. La tendresse, trouvant son cœur vierge, lui apportait les joies de l'enfant qu'affole un premier baiser de cousine ; et les plus simples délices de ce balbutiement de la passion s'attendrissant en cet exotisme d'une pointe d'invraisemblable, il les goûtait toutes goulûment, sans plus les noter. Boulimique depuis qu'il était à table, la serviette sous le menton, il se réconciliait avec la vie. Oh ! comme il fêterait la douce chère du menu ! Chère et chair : Marcel tombait au calembour, en même temps que remontait, en sève romantique, le lyrisme de ses vingt ans !

XIII

L'installation s'acheva et, soudainement désœuvré, traînant des heures alanguies, Marcel regrettait ses fièvres d'architecte. Après avoir redouté que sa besogne ne fût pas à temps finie, il se désespérait du retard de ses locataires, leur télégraphiait sur un prétexte tous les deux jours et passait ses loisirs dans la pagode, par habitude, avec les gestes navrés, les furieuses allées et venues des maîtresses de maison dont le dîner brûle en l'absence des invités. Puis, il tuait son impatience avec des furetages de maniaque et des embellissements d'une féminine minutie.

Cependant, un moment vint où cette ressource même lui manqua. L'écurie pouvait recevoir ses chevaux ; la salle de bains tentait, charmante de fraîcheur ; le jardin planté d'ibiscus, de rosiers, de jasmins et de bougainvillas appelait ses hôtes, prêt comme le reste ; et son kiosque riait de toutes ses vitres, dominant la volière et la pelouse de *lawn-tennis* dont une chèvre tondait en cercle le gazon. Du côté du lac, la vérandah invitait, toute blanche sous les immenses stores qui tombaient jusqu'à sa balustrade ajourée de trèfles en briques, revêtue de carreaux de faïence, couverte de potiches gaiement fleuries. A l'intérieur, rien non plus ne manquait ; seules les places réservées aux deux lits et au piano qu'apporteraient les futurs habitants, mettaient des trous dans les trois pièces. L'appartement rempli de bibelots provenant de la prise de Son-Tay, de bahuts incrustés de nacre, de paravents bariolés, de lanternes multicolores, d'écrans, d'éventails et d'élégants meubles chinois à dessus de marbre, avait l'air d'un musée. Des panoplies et des *kakémonos* luisaient aux cloisons, où des pièces de crépon et de soie drapaient leurs nuances tendres, donnant aux choses, mieux encore que les plantes vertes, un parfum de salon parisien, doublement exquis en ces étrangetés. Il n'était point enfin jusqu'aux meubles plus spécialement européens : buffet, bibliothèque, lavabos et dix autres, dont Marcel qui, d'après ses dessins, les avait fait construire à ses simiesques ouvriers indigènes, n'eût à force d'ingénieux bon goût dissimulé l'ornementation ou la couleur pauvres. Un nid de civilisés dans lequel le confort se relevait d'art français et d'asiatisme de choix, remplaçait le temple grossier et ses idoles de carton pâte. Deschamps, en y jetant un dernier regard, à la fois satisfait et impatient, dédaigna de calculer qu'aux fonds envoyés par le créole il avait, dans son enthousiasme, ajouté plus de deux cents piastres.

Mais quand donc arriverait-elle ?... Depuis la fin de sa besogne, une soif de la revoir exaspérait son inaction.

Comme il l'aimait !... Maintenant, il lui semblait, ainsi qu'après Suez, entrer dans un nouvel amour, moins haut, moins étrange, d'une passion par contre plus précise, mais toujours délicieux. Comme avant leur première étreinte sur le lac Timsah, c'était l'apparition de cette flamme tendre dont la douceur caresse, plus troublante à mesure qu'approche la date tant crainte et tant souhaitée des aveux qui lient, des noces mystérieuses, et des libres baisers en quête du bonheur. Et c'était aussi, le soir du moins, dans la solitude obscure de sa chambre, le cri de sa chair, l'ardent appel de ses sens, que, depuis la mer Rouge jusqu'à Saïgon, ses nuits sans sommeil avaient exhalés vainement.

Comme il l'aimait !...

De nouveau le suppliciait sa passion ; de nouveau les choses s'en faisaient complices, la triste besogne de sa chancellerie, la rareté de ses relations, la monotonie de son existence, l'implacable chaleur surtout tombant d'un ciel de métal, entre deux orages, et, l'ombre revenue, s'amollissant, au milieu des souffles du lac pareils à des soupirs, tandis qu'en des chœurs énormes, se concentraient vibrations stridentes, coassements, aboiements, plaintes et râles, mille clameurs énamourées montant de l'herbe ou de l'eau vers les étoiles.

Oh ! comme il la voulait !...

Dans la pagode, à présent, ses visites cherchaient les coins qui plus spécialement seraient à elle. Il se couchait à la place où serait son lit. Son lit !... Puis, il se l'imaginait dans la salle de bains. L'œil en extase, il passait des heures devant la vasque, à jeter une cascade sur les blancheurs d'un corps dont, éperdu, son rêve aurait voulu évoquer le souvenir au lieu de trop imparfaitement en inventer le vague fantôme et la confuse splendeur.

A la longue, comme à chaque aube, il se découvrait plus pâle et plus nonchalant à vivre, Deschamps eut peur que l'anémie l'abattît, aidée par le climat. Être malade lorsqu'elle débarquerait à Hanoï ! La seule perspective d'un tel soufflet de la malechance le glaçait. Aussi, se contraignit-il à des exercices violents auxquels bientôt prit goût sa jeunesse étiolée jusque-là par ses sédentaires habitudes de lettré paresseux. Il acheta deux chevaux, et battit la rizière, prompt à jeter la bride à un indigène pour sauter dans un *sampan* et poursuivre les échassiers, lorsqu'il rencontrait un étang. Des douches au retour rendaient à ses membres leur élasticité. Ensuite, il chercha quelque occupation non moins distrayante, mais intellectuelle, et, de longs jours, s'ingénia, redevenu tapissier, à reproduire chez lui l'exacte image de la chambre qu'il venait d'aménager pour Blanche. Il eut les mêmes nattes accumulées et cousues, pareilles à des *tatamis* japonais, et moelleuses ; le même divan frais et large, les mêmes meubles, les mêmes soyeuses tentures cachant les murailles et mettant avec leur *flou*, avec leurs teintes passées ou doucement claires, la féminité d'un boudoir dans le vulgaire appartement par lequel il campait. Qui savait ? Blanche y viendrait peut-être ! En tout cas, en sortant de chez elle, il la croirait proche encore de ses lèvres, à ruminer ses caresses dans la simulation des choses familières servant à l'aimée.

Au surplus, cette belle imagination lui valut un retour de pensée aux obstacles probables, aux mille misères qui, sans doute, entraveraient sa passion. Certes non, elle ne viendrait point dans cette pièce, ou pas plus d'une fois ! Mais lui ? Pourrait-il la voir à son aise, seule, sans que, dans ce milieu de soldats et de fonctionnaires cancaniers par désœuvrement, forcément jaloux à cause de l'absence de toute autre vraie femme, le mari trouvât leur liaison trop intime ? Marcel frissonna, mais expulsa la pensée gênante. Il l'aimait, elle l'aimait : de quoi donc s'inquiétait-il ?... La vraie passion se plaît, par tous les cieux, à ces raisonnements tyranniques, mais son illogisme saute de pires fossés, quand un soleil tropical la chauffe et, dans l'ombre, par exemple, pousse à 45° un thermomètre tonkinois !

Sa chambre enfin prête, Deschamps, entre deux chasses, rouvrit ses livres, chercha des rimes, crayonna des paysages. Cet essai fut court : Blanche se profilait sur les feuillets, l'arrachait à son travail, obsédante, et toujours bienvenue. Il cherchait à la rendre elle-même, à la mettre en scène, mais les traductions qu'il risquait de son amie, lui apparaissaient si peu dignes d'elle qu'il les plantait là, bien vite, pour faire seller un cheval et goûter, une fois de plus, la jouissance d'un triple galop à travers la campagne.

C'est après l'une de ces dernières tentatives qu'il se résolut à ne plus vivre en sauvage. L'unique cabaret de Hanoï le vit donc à l'heure de l'absinthe, mêlé aux uniformes, et il connut les réunions de table par « fractions de corps », les *popotes*, où les officiers dévoraient joyeusement les vivres ferrugineux des boîtes de conserves, et celles encore où, la nappe enlevée, après les lamentations quotidiennes sur le manque de femmes, de cafés, de musique, de théâtres, de *mess*, on se laissait aller aux douceurs d'un baccarat familial dont les jetons se figuraient par des sapèques. Et il accepta aussi, lorsque, de présentation en présentation, il eut connu tout le monde, des grands et petits états-majors au dernier sous-lieutenant d'infanterie de marine ou de turcos, l'offre de son voisin, le capitaine de spahis Rioux, qui lui proposait de partager sa table au lieu de vivre seul.

Cependant, ces relations introduisaient seulement du bruit dans son existence. Supérieurs ou quelconques, lettrés ou bon vivants et braves sans rien de plus, ses nouveaux amis ne l'occupaient pas tant, qu'il ne continuât à se ronger les poings, plus furieusement épris à mesure que coulaient les jours sans amener Blanche.

Et entre deux parties, deux discussions, deux dîners,

il retournait à la pagode, sous prétexte d'aérer les chambres ou de changer les plantes vertes : dans le *home* encore vierge, son amour caressait les mêmes rêves, s'endolorissait. Une autre de ses souffrances, très bêtement humaine, — ce dont s'irritait son orgueil, — et faite d'une de ses anciennes et plus douces joies, — ce dont il eût pleuré, — venait de son obligation de taire à tous ses fièvres, ses espoirs, ses tristesses. Il regretta M. Villaret, un ami véritable celui-là. Sans doute, lui aurait-il tout avoué, s'il l'avait eu sous la main, et son chagrin d'enfant fût-il tombé à la lâcheté de nommer l'idole, tant comme un criminel le travaillait le pressant besoin de se confier à quelque être, de ne plus être seul, moralement seul.

Même, il discuta si, sans se trahir, il n'amènerait pas visiter *sa* pagode quelqu'un de ses nouveaux compagnons, Rioux par exemple. Mais l'idée qu'un autre homme que lui pénètrerait dans *sa* chambre, dans *sa* salle de bains, lui mit le sang aux joues, et sa honte jalouse, après le rappel des rêves qu'il caressait dans cette salle et dans cette chambre, le rejeta à sa vie quotidienne, plus fermé que jamais, plus malheureux. Ce fut donc seul qu'il retourna dans le cottage. Il s'était commandé, pour traverser le lac, une légère yole, et, plusieurs fois par jour, insoucieux de la chaleur, il manœuvrait l'aviron, filait et débarquait, tout haletant, dans la maison vide. Puérilement, il escomptait les joies futures qu'il goûterait bientôt à trouver la main de Blanche, et, s'il la rencontrait seule, la caresse de ses lèvres, lorsqu'il débarquerait ainsi, tout essoufflé du voyage.

Un jour, — depuis près de trois mois il habitait Hanoï, — une lettre du créole le surprit au retour du temple. Pour la première fois, Blanche ne lui avait pas écrit de son côté : Marcel tremblait en décachetant l'unique lettre du courrier de Saïgon.

Le commissaire, en présence du changement de l'amiral Courbet remplacé par le général Millot, ne savait plus à quelle époque il pourrait obtenir du ministre sa nomination au Tonkin : « pas avant quelques mois au plus tôt » terminait-il. Deschamps pleura comme un enfant.

XIV

Et la monotonie des jours, désormais pareils, l'enserra, coula dans sa vie comme une eau triste sur un sol sans pente.

Chaque quinzaine, un court réveil l'arrachait à la torpeur de sa désespérance. Le cœur étreint, il guettait l'arrivée de la chaloupe à vapeur apportant le courrier à Hanoï. Ensuite, durant des heures douloureuses, il attendait que les commis des postes eussent daigné ouvrir les sacs et fait procéder à la distribution. Venait enfin son tour : il avait ses lettres. Son angoisse alors hésitait une seconde. Que contenaient les deux enveloppes ?... Et même, les plis ouverts, il voyait mal d'abord, se raccrochant à l'espoir d'une bonne nouvelle, de l'annonce du départ de l'amie pour le Tonkin. Il lisait, mais c'était toujours la même antienne du mari qui parlait politique coloniale, ou ressassait les bruits courant à Saïgon. Marcel n'achevait point l'épître, revenait au billet de madame Verdier, au billet toujours plus court, dans lequel il percevait, ému, l'écho de sa propre misère, avec, parfois, une amertume dont, venant d'elle, l'explosion l'étonnait. Blanche ne parlait jamais de son voyage remis à plus tard, ni de son désir de voir abréger l'épreuve, mais elle se dévoilait mortellement soucieuse, et l'égoïsme du jeune homme se réjouissait d'être aimé à ce point.

« A bientôt », terminait régulièrement le créole. Quand serait-ce, ce «à bientôt»? L'obsédante question ponctuait les heures de Marcel, quinze jours encore ; puis, revenait le supplice de l'épiage du courrier en retard, des distributions trop lentes, et la lecture enfin de la même lettre toujours plus mélancolique où se trahissait l'acuité d'une souffrance que l'aimée, contre tout ce qu'il savait d'elle, de sa douceur et de sa résignation vaillante, laissait chaque fois percer davantage. On eût dit qu'elle souhaitait le décourager. Mais pourquoi? Il se comprimait le front à deux mains devant la douloureuse énigme de ce changement de caractère où son inquiétude pressentait un malheur, et que, l'instant d'après, il niait, quand il ne se l'expliquait point, très naturellement, par une impatience analogue à la sienne, consolante à son amour. Et de nouveau reprenait encore sa vie monotone, pleine des mêmes hantises, butée sur la même idée fixe, dans la même torture de voir le temps refuser de marcher.

Les nuits cependant devenaient de plus en plus cruelles, à cause de sa solitude, à cause aussi de la chaleur. Le climat aggravait sa torture, en soufflant à ses insomnies, depuis tant de mois déshabituées des étreintes, de furieuses ardeurs. Leur inassouvissement, leur persistance brisaient Deschamps, mais ses dégoûts continuaient à le préserver d'une chute bestialement soulageante et de l'unique courtisane indigène. Aussi bien attribuait-il son héroïsme à la hauteur de son amour, et se mentait-il à lui-même, pour l'honneur. Même il goûtait, à prolonger son martyre, un peu de ces joies raffinées et de cette âpre jouissance que laissent après elles les immolations volontaires.

Son seul regret était l'obligation dans ses lettres à Blanche de taire, avec son mal, ce bonheur de souffrir pour elle.

Le jour, son exaltation tombait, et, par surcroît, sa souffrance physique. C'était alors une somnolente veulerie, une indifférence de tout, et des désespoirs mornes, silencieux à force de répétition, qui se résumaient en un ennui immense. Les crises rares, il vivait machinalement, comme tout le monde, et, seule, la flamme de son œil sous l'orbite cave décelait sa distraction incurable, sa passionnelle folie.

A l'aube, la voix du capitaine Rioux l'appelait. Sortant aussitôt de sa moustiquaire, il saluait la lumière comme une délivrance, puis, courait à son balcon. L'officier l'attendait à cheval dans la rue, avec un *boy* tenant en main la monture de Deschamps, dont les chevaux habitaient l'écurie du capitaine. Et le jeune homme, sur un regard à l'autre rive du lac, vers la pagode vide, hélas! des Verdier, s'habillait, descendait, et après une poignée de main à son voisin, sautait en selle. Cette heure était sa meilleure. Tous deux partaient botte à botte, un fusil parfois à l'arçon, et gagnaient la campagne après un interminable lacis dans les rues grouillantes des faubourgs.

— Gare!...

Ils trottaient, et les Annamites, hommes et femmes, d'un coup sec sur les longs cordons noués devant leur ventre, faisaient respectueusement tomber leurs immenses chapeaux, tout en se rangeant avec des mines d'effroi auxquelles sans transition succédaient leurs rires habituels Comme au premier jour, Marcel cherchait dans la foule une tête sinon jolie, du moins sympathique. Pareils étaient les visages, ratatinés chez les vieux, rusés et bêtes chez les jeunes, d'une expression également canaille et comique-

ment vieillotte chez tous. Pourtant, il lui arrivait
de suivre du regard, malgré lui, le dandinement
de cane des femmes traînant à leurs pieds nus de
larges galoches recourbées; mais un écœurement lui
faisait vite pousser son cheval par fureur de toujours
revoir la même face de brute dont l'œil riait sans
qu'une pensée traversât la perle de jais de sa froide
pupille. Et il en aurait volontiers écrasé quelques-unes,
des filles appartenant à des officiers, des *congaïs* nu-
biles à peine, qui le reconnaissaient et lui envoyaient
des risettes de leurs dents vernies. Avec leur nez
camard, leur bouche en O, ces têtes caricaturales ressemblaient à ces croupions de volailles qui semblent
vouloir pondre aux éventaires, ou bien encore à ces
faces de fœtus ou de monstres mort-nés, jaunis par
l'alcool, qui, dans les musées de médecine, écrasent
leur bâillement contre le verre des bocaux. Deschamps
rendait la main; son cheval poussait dans la fourmil-
lière, bousculait les paniers pendus aux extrémités des
bambous sur l'épaule des *coolies*, donnait du mors
sur les grands chapeaux pareils à des parapluies, puis
se lançait, franchie la dernière porte, et emportait
dans le vent la colère de son maître.

Les malédictions du jeune homme, chaque fois,
amusaient le capitaine dont la philosophie étrangement bienveillante semblait s'accommoder de tout.

— Nous sommes en Asie, répétait-il, dans une Asie
spéciale, sans Indiennes, sans Chinoises, sans Ma-
laises, mais ces minuscules bâtardes ont un peu de
ces trois races — en laid. Cela nous évite des voyages,
voyez-vous, mon cher !...

Jusqu'à ce que Marcel se fût déridé, il poursuivait ses
taquineries ou ses paradoxes, toujours joyeux, toujours content de vivre, et triste seulement quand les
canards sauvages se levaient avant qu'ils eussent

atteint le Grand Lac, ou lorsqu'il manquait son *doublé*. Sa bonne humeur soulageait, pour un temps, le jeune homme qui, après avoir décidé de rester à l'ombre, près des chevaux commis à la garde d'un gamin, se levait au premier coup de fusil, prenait un *sampan* et rattrapait le soldat. Leur liaison, chaque jour plus étroite, devait moins d'ailleurs de subsister sans nuages aux contrastes de leur caractère et de leur esprit qu'à leur mutuelle sympathie presque toute physique, qu'à leur goût commun pour les chevaux, les chiens, les armes, le canotage.

Élevé sans air, dans les livres, Deschamps n'avait pas été l'homme que, par ses muscles, par l'hérédité paternelle, il devait être. Cet homme, il le redevenait au Tonkin, y trouvant enfin l'emploi de sa taille vigoureuse, de cette constitution et de cette santé robustes que la névrose maternelle et la névrose acquise n'avaient point ébranlées. Rioux l'avait aimé, tout de suite, pour l'avoir vu discuter avec son cheval en cavalier adroit et fort, puis, parce qu'il lui avait tenu tête à lui-même, deux fois le même jour, le verre et le fleuret en main. Ces choses, pour lui, primaient *Angoisses* et *Chimères* qu'il n'aurait pas lues, et très cordialement, il s'était mis en tête de *débrouiller* son nouveau voisin, d'achever son éducation.

Or, Marcel lui en avait su gré. Timide de cette si commune timidité qui se voile mal sous de l'insolence dans certains milieux, sous de la sauvagerie dans d'autres, il manquait une guérite à cinquante pas au revolver, quand quelqu'un le regardait tirer. Devant Rioux, d'emblée à son aise, il logea dans le noir de leur cible au jardin, cinq balles sur six, ce qui les attacha plus l'un à l'autre qu'un service rendu ou qu'une commune admiration d'art.

Avec un mépris ricanant pour cette humanité toujours semblable en dépit des différences cérébrales, le chancelier, dans ses lettres à Blanche, avait expliqué cette amitié.

« Le capitaine au surplus, ajoutait-il, n'était point pour déplaire, s'il n'avait rien qui commandât l'admiration. Physiquement et moralement, il était *le troupier*, tel que l'ont produit treize années de paix, des examens plus sévères et l'obligation nationale pour tous les Français de passer par la caserne. Fruit sec au lycée, étudiant fantaisiste, sa famille l'avait contraint à s'engager pour garder prétexte à longtemps payer ses dettes. Saumur en avait fait un sous-lieutenant, et quinze ans d'Algérie un capitaine, aimant son métier pour le métier, et sans grande ambition depuis qu'une reprise d'études devait légitimer celle-ci. Beau buveur sans être ivrogne, apte naturellement à tous les sports, sans puer l'anglomanie, il aimait moins la table et le cheval que la femme et demandait à la femme du plaisir seulement. Brave de sang, sceptique d'éducation, mais dans l'orgie se souvenant autant de sa famille que de ses galons, il représentait enfin le type de l'officier moyen que la petite bourgeoisie donne à la France. Au physique, joli homme, solide, un peu rond, d'une élégance sans finesse, il semblait, comme homme du monde, réservé à conduire les cotillons d'une préfecture, comme soldat à faire tuer brillamment un escadron, en sous-ordre. »

Il va de soi que Deschamps ne lui avait point lu ce portrait, non plus du reste que tous ceux crayonnés ainsi à l'intention de Blanche, souvent avec des croquis dans les marges. Dans sa crainte, en effet, que ses envois se perdissent, il devait écrire à son amie des lettres lisibles pour tous, y compris son mari. De là, cette nécessité de parler d'autrui et de recourir à de courtes phrases conventionnelles pour glisser dans les paysages et les comptes rendus quelques pauvres mots d'amour.

La chasse finie, vers les neuf heures, lorsque le soleil haut dans le ciel brûlait leurs crânes sous le casque et le couvre-nuque, ils remontaient à cheval, suivis du même gamin indigène portant à présent le gibier et courant infatigable derrière les arabes confiés tout à l'heure à sa garde. Bientôt, on rencontrait des camarades, revenant aussi de la promenade, de la chasse ou d'excursions topographiques, tous les officiers que leur service spécial laissait libres, le matin, jusqu'au *rapport*.

C'était d'abord René de Pontailly, celui de tous que Deschamps aimait le mieux, mais qu'il voyait le moins, le commandant doublant le sous-chef, à l'État-major général, et passant au bureau les trois quarts de son existence.

« Grand, maigre — l'avenir militaire est aux maigres! — ce *chass'd'Af*, écrivait Marcel, commande l'attention sans tout de suite trop attirer la sympathie. Le nez en bec d'aigle, la moustache tombante démentent l'œil qui est d'un chercheur, avec du rêve un peu dans la nacre mouillée des prunelles, avec de l'acuité tenace dans le regard bleu. La bouche est tendre, très jeune, le cheveu rare. Beaucoup de race, beaucoup de finesse et de choses non acquises, dans la gaucherie de ce grand corps aux attaches de femme. Il est l'officier savant, le travailleur de la nouvelle école, mais des goûts lui restent, des raffinements d'éducation, des habitudes d'esprit curieux de toutes choses intellectuelles, qui lui font voir à côté de la Guerre science, la Guerre art. Il lit beaucoup, et sa cordialité de bon camarade cache une philosophie méprisante, sa gaieté de soldat un désenchantement d'homme que l'armée a déçu comme le reste, comme tout le reste. Brillant soldat, il fait à l'occasion le service et le travail du voisin pour qu'on lui pardonne d'exécuter de vraie musique chez lui, presque aussi bien qu'une manœuvre sur le terrrain... »

Et derrière le chef d'escadron, trottaient ou galopaient, entre vingt autres, le docteur Chalon « un savant grognon, à tête de Christ brun, par qui chacun veut se faire amputer, et qui serait célèbre dans un pays moins insoucieux de sa Marine... »; Lehrer, le capitaine du Génie, « une tête de Bohémien, étrange, avec des rides précoces, où se lit plus de volonté que de fatigue; avec des silences inquiétants, des gestes cassés, un rire bizarre et cette pupille contractée des fumeurs d'opium. Car il fume, beaucoup, et l'on ne sait pourquoi. Parlant peu, il s'échappe brusquement, en écolier, avec des farces de conscrit... »; le petit *marsouin* Paul Bocher, « une tête d'écureuil, un piocheur, d'une gaieté de Gavroche, qui passe les nuits en fêtes de soudards ou à travailler comme trois de ses collègues, et qui, blessé deux fois, a refusé de rentrer parce qu'il est ambitieux et parce que son avancement fera plaisir à maman; » le télégraphiste Saylor, « heureux de vivre et d'être turco »; Sambos, « le fils de votre ami le général, vingt ans, pareil à une fille », et les frères Lochery, « deux boulevardiers qui vont au feu comme au café du Helder »...

On rentrait en bande, en parlant chasse, chevaux, opérations militaires. Toujours quelque passe-droit animait le groupe, sauf Marcel, contre les privilégiés désignés pour aller se battre quand leurs camarades, aussi méritants, demeuraient « l'arme au pied ». Quelle imbécile de guerre aussi avec ses embuscades, ses petits combats si périlleux où l'on « crevait » sans gloire, bêtement, sans montrer ce qu'on avait dans le ventre !... Et ce Parlement qui, envoyant quatre hommes et un caporal à la fois, s'étonnait qu'on n'en finît point!...

Deschamps saluait, serrait des mains et pressait son cheval. Il retraversait la hideuse foule incolore et sale, grouillant dans les rues du Marché, sous les auvents des boutiques, au milieu des fruits, des légumes, des quartiers de porc et de chien, des cercueils et des ustensiles de ménage.

Rentré dans sa chambre, il se douchait, désespéré de l'eau tiède; et gagnait sa chancellerie, où, la dernière lettre de Blanche relue et son portrait recaressé du regard, il signait des certificats de décès, des procès-verbaux d'inhumation. Ou bien, c'était une audience, car il était notaire, juge d'instruction, juge de paix, suivant les heures et les jours, et bien autre chose encore, auprès du Résident, non moins bien partagé en fonctions anormales, de par le manque d'organisation de la nouvelle conquête et la fusion bâtarde du régime de protectorat avec l'administration directe, telle qu'on la pratique en Cochinchine. Cependant, ses signatures données, et mis d'accord, ou à peu près, les comparants, *mercantis* et indigènes à bout de mutuelles filouteries, il se renversait dans son *rocking-chair*, limait ses ongles, regardait la pendule, gourmandait son interprète chinois et ses lettrés annamites, puis fumait force tabac, jusqu'à ce que, vaincu, il se laissât aller à ruminer son triste rêve d'amour, à rouvrir son portefeuille, à en tirer lettre et portrait.

Le coup de canon de midi roulait sur les vitres grelottantes. Il se levait, prenait son casque, ouvrait son parasol et gagnait par la rue des Brodeurs la rue des Tambours, sa rue. Le soleil ardait aux façades aveuglantes, sur les chaussées diamantées de mica qui reverbéraient sa brûlure. Au seuil des cases, des chiens étalés sur le ventre, les pattes inférieures étendues

derrière eux, la langue pendante, écrasaient leurs
flancs tressautants. L'air vibrait. Sous la lourdeur du
ciel, une vapeur d'eau invisible saturait, oppressante,
la solitude du chemin. Seuls, des corbeaux aspergeaient d'encre le mercure du ciel. Sur la route,
personne, que de vieux *coolies* annamites, demi-nus,
chancelants sous leur bricole, derrière des brouettes
à roues pleines, qui grinçaient d'une agaçante plainte
de crécelle volontairement entretenue pour trahir la
nuit les voleurs. On eût cru la chanson d'un chantier
de scieurs de marbre. Et tout autour, du silence pesait.

A deux pas de son propre logis Deschamps entrait
chez Rioux. Le capitaine, à l'exemple du lieutenant
Saylor et de quelques autres chefs de services indé-
pendants, avait loué une maison chinoise, étroite et
longue, faite d'une suite de rez-de-chaussée coupés
de petites cours humides, allant du lac à la rue,
dont les séparait une avant-cour. Là s'éploraient
deux arbres abritant des dalles moussues, en dépit du
soleil, et la margelle d'une citerne. Toujours un chat
y dormait, dans l'ombre, et dardait ses pupilles pou-
drées d'or quand le jeune homme soulevait le loquet
de la claire-voie, ou refermait son ombrelle. Le toit
s'avançait, très bas, dominait la citerne, où coassaient
des crapauds, où aboyaient des grenouilles géantes.
Des lézards battaient la gouttière sonore à coups de
queue qui, sur le zinc rouillé, promenaient des ruti-
lances de bijouterie. Des cigales usaient leurs élytres
à strider dans les arbres, et Deschamps sentait une
lassitude mortelle à trop reconnaître ces insectes, ces
bêtes, ces plantes, toutes ces choses trop connues.

Il soulevait un des grands stores historiés de
dragons symboliques peinturlurés sur les lamelles,
puis, un pan de la lustrine rose qui les doublait, et
alors, il entrait dans une ombre recueillie où ce rideau

rose, filtrant le jour comme un vitrail, jetait une paix de chapelle.

Rioux, étendu sur un lit de camp indigène, l'attendait, l'éventail aux doigts, en « battant » son absinthe, et nu sous une *mauresque* de crêpon. Marcel encore aveuglé par la clarté du dehors, se déshabillait et passait aussi la *mauresque* que lui tendait son *boy*, puis, on entrait dans l'habitation pour se mettre à table, et dès le seuil de la salle à manger, unique pièce du premier bâtiment, la même sensation de lassitude l'empoignait au trop vu des meubles, du couvert, toujours inexorablement pareil, de la nappe longue, tachée de sauce ou de vin, des raviers à la même place exacte, du baquet d'eau de puits contenant les bouteilles, et de l'éternelle boîte de beurre de conserve montrant à l'entre-bâillement de son couvercle de métal, sous un coin de batiste, un jaunâtre suint.

Un gong sonnait. Tel un glas.

— A table!...

Ils s'asseyaient en face l'un de l'autre.

Les deux jours qui suivaient le courrier, chacun appuyait sur son verre un journal vieux de quarante-cinq jours. Rioux s'esclaffait bruyamment sur des nouvelles-à-la-main, ou jurait, avec de naïves colères, à chaque monumentale erreur qu'il découvrait dans les feuilles à la rubrique : TONKIN ; Marcel, mélancolique, et pourtant sans regrets, cherchait dans les délayages des gazettes, les rares coins donnés aux lettres, le bulletin des livres nouveaux et les comptes rendus des théâtres. Toutes ces choses jadis familières lui semblaient loin, loin, dans ces infinis de passé, qu'endormi, l'on trouve en soi, dans le rêve. Mais s'ils avaient déjà dévoré leur mensuelle provende d'imprimés, ils causaient, la chaleur aidant la lassitude ou la préoccupation de chacun et coupant de pauses les paroles. Dans ces instants de silence, on entendait la poulie du *pankah* dont un *boy*, depuis la cour, tirait paresseusement la ficelle.

— Il s'endort, cet animal... *Maô!*

Réveillé, le gamin précipitait la marche de l'éventail mécanique, un châssis couvert de calicot et pendu au-dessus de la table. Une fraîcheur soufflait, alors, vaporisait la sueur sur les fronts, jetait des mouches dans le suint jaune du beurrier. Puis, soit qu'on s'y accoutumât, soit que l'enfant tirât moins sur la corde, des bouffées de chaleur repassaient, telles qu'en pousse un four.

Le menu, pendant ce temps, se déroulait, toujours le même comme les paroles : des œufs toujours, toujours des œufs et des sardines, — toujours. Ensuite la viande de la distribution, les deux doubles rations d'officier, cuites ensemble d'un coup, par peur de ne pouvoir les conserver, ou du poisson, ou des grenouilles, un étique poulet parfois. Sous les mains du cuisinier annamite, ces aliments étaient devenus immangeables, et, coriaces, nageaient dans des sauces nauséeuses. On les noyait avec du vin additionné d'eau-de-vie à cause du voyage, bon du moins, mais tiède, et plus assoiffant qu'un jambon. Quant aux propos, ils roulaient sur le combat de la veille, les cancans du jour, l'avancement, les préséances, les rivalités de corps. Surtout revenait l'historique des fautes commises, le rappel des commandants en chef changés tous les trois mois, des renforts insuffisants, et les lamentations sur l'ignorance nationale, qu'ils auraient, d'ailleurs, partagée l'un et l'autre, Rioux du moins, si la destinée ne les avait pas jetés en ce pays.

Ces palpitants dialogues se scandaient par les calottes dont le peu patient capitaine gratifiait les six ou sept *boys*, son cuisinier, son palefrenier et son propre brosseur, spahi arabe timbré d'une étoile tatouée entre les sourcils, — une domesticité piaillante, malpropre et voleuse qui se disputait à tout propos dans la cour.

Entrait la *congaï* de Rioux, une toute jeune fille, dont de jolis yeux éclairaient la laideur. Elle venait lui « carotter » une piastre, pleurait pour l'obtenir, consentait à laver au savon son cou toujours sale, puis, récompensée, s'en retournait, rieuse et chatte, avec sa smala de frères et sœurs, accrochés à sa blouse. Son grand chapeau pendu entre ses épaules, trop large pour passer la porte, l'arrêtait un instant.

La fillette partie, les deux hommes retombaient à leur causerie. Marcel n'écoutait plus. Renversé sur sa chaise, il trempait ses mains moites dans le seau à rafraîchir le vin, et son ennui s'engourdissait à regarder encore le lit proche, un lit chinois semblable à un catafalque et drapé d'une soie vert-pomme, le lavabo, les collections d'éperons et de pipes, les fauteuils de paille, le bureau, les trophées d'armes, les bibelots collectionnés, et surtout, pendant du plafond, au bout de trois mètres de hampe, d'immenses et macabres drapeaux de Pavillons-Noirs, des pans monstrueux de lugubre étamine, avec des inscriptions blanches pareilles à des larmes ou à des ossements en écusson, qui mettaient sur son deuil un dais de pompes funèbres, le poêle du bout de l'an de l'amour.

— El caoua!...

La bande des *boys*, oubliant ses calottes, éclatait d'un rire frénétique, toujours amusée d'entendre Rioux et son ordonnance parler arabe. Le grand diable de spahi, sa *chechia* droite comme un bonnet de coton, apportait le café qu'il confectionnait à la mode orientale, et de la sorte, consolait son maître du pauvre repas.

— Tu n'as pas honte d'être plus enfant que ces

vilains singes, dis, grand *flandrin*? grand carcan?...

Les épithètes se succédaient, croissantes, épuisant le répertoire arabe après le répertoire français, et le spahi, sans rancune, découvrait ses dents de jeune loup dans un rire bienheureux.

Après cette scène quotidienne, Marcel et son hôte, leurs tasses entre eux, s'étendaient sur les matelas cambodgiens du lit de camp. On fumait, on échangeait quelques mots encore, dans la chaleur à peine atténuée sur leurs têtes par le va-et-vient d'un second éventail mécanique, puis, on fermait les yeux.

O bonnes heures de sommeil! Comme Deschamps les aimait et comme il en avait l'impatience!... Voluptueusement, avec une lâcheté de corps et d'esprit, il s'y ruait, s'y reposant à la fois de ses nuits blanches et du martyre de son attente. La vie, pensait-il, n'a rien qui vaille la sieste, les joies de l'engourdissement, les exquises paresses du réveil!... Il dormait, bercé par le grincement adouci des brouettes, la chanson des cigales et le bruissement des stores. Il dormait, et l'ombre s'épaississait au contraste de la rue enflammée devinée entre les lamelles. Il dormait, et le *pankah* se promenait, au-dessus de ses paupières closes, comme un immense oiseau blanc.

Rioux s'émerveillait de ce sommeil d'enfant qui rendait seul à son ami le sourire. Ne connaissant pas ses insomnies, il s'étonnait de le voir s'abîmer dans cette mort heureuse, avec un souffle doux de jeune fille et, parfois, de vagues gestes pour dégager d'autour de son cou la serviette-éponge buvant sa transpiration continue.

— Quel « type! » pensait-il sympathiquement.

Le spahi, lui, ne pouvait somnoler sans qu'un planton vînt le déranger pour présenter un registre d'ordres à son émargement, mais il retenait ses jurons afin de ne pas éveiller son voisin, bien que ni bruit de pas, ni bruit de voix ne pussent tirer Marcel de sa béatitude reposante.

Vers les quatre heures, le chancelier rouvrait les paupières. Rioux était encore près de lui, assis à la turque et plongé dans sa correspondance officielle, toujours noyé de paperasseries à cause de son emploi d'organisateur d'un corps de cavalerie indigène. Ou bien, il pinçait des marchandes de fleurs entrées avec leurs corbeilles embaumées, et qui l'entouraient, moutonnières, le sachant généreux.

D'autres fois encore, en rentrant du songe dans la vie, Deschamps le surprenait interrogeant quelque garçon annamite de quinze ou seize ans, dont les vêtements, par exception assez propres, trahissaient les mœurs complaisantes. Dans Hanoï, à peu près éclairé de quinquets au pétrole, et de rues à peu près entretenues, les *lucioles* de Haï-phong, en effet, ne s'étaient pas acclimatées. Seuls, quelques jeunes affranchis, dressés sans doute par de riches Chinois, avant la conquête française, y promenaient leurs grâces répugnantes. En entrant chez leurs clients devant les *boys* compatriotes, ils feignaient, hypocrites, de venir vendre un crucifix incrusté de nacre, toujours le même. Et ceux-là ne spécialisaient pas le vice, prêts à tout. N'ayant pas l'inconscience des *lucioles* plus jeunes, ils écœuraient Marcel davantage, mais Rioux riait avec l'éternel : « Vous y viendrez ! » sceptique des médecins voués aux cures des plus humiliantes affections.

A cette heure, commençaient des visites. Les officiers libérés de leur service venaient inviter les deux hommes à la promenade. C'était leur voisin surtout, le lieutenant de turcos Saylor, le télégraphiste, dont la maison, pareille à la leur, était contiguë, ce qui faisait souvent leurs vies communes.

Deschamps, ses ablutions finies, se rhabillait et remontait à cheval ou retournait à sa chancellerie, mais, de toute façon, retrouvait ses compagnons à « l'heure de l'absinthe », devant l'unique café de Hanoï Le bruit des dominos couvrait celui des voix ; il se croyait reporté à Paris, en plein café de Madrid, au temps où ses débuts coudoyaient un instant la bohème. Et il s'ennuyait une heure.

Ensuite on dînait comme on avait déjeuné le matin. Certains jours, venaient des camarades, toujours les mêmes, apportant les mêmes paroles. Souvent, du bout de leur fourchette, ils indiquaient sur la nappe, avec de la sauce de poulet, la façon dont, à la place du colonel X... ou du général Z..., ils auraient mené le siège ou l'opération de la veille. Un *Annuaire* toujours traînait parmi les assiettes. Deschamps découvrait que l'armée, son ancienne idole, n'était guère intéressante hors du combat. Pourtant, il enviait ces hommes qu'une croix, qu'un galon pouvaient contenter et qui gardaient en eux confusément un idéal. Puis, il bâillait, laissant se traîner la soirée, péniblement. On cartonnait à la prière de nouveaux venus, plus jeunes. Des officiers arabes au poil frisottant, au cuir tanné, hésitaient toujours à répondre au banquier, et leurs yeux luisaient comme des braises ; mais, plus d'un soir, Marcel laissait au baccarat les convaincus et les oisifs, gagnait son jardin, détachait la yole et filait sur le lac.

L'eau, comme une encre de Chine, luisait, embuée d'une poussière ténue, lumineuse. La lune large s'y mirait, éclipsant tous les astres, et sa blancheur d'hostie attendrissait le ciel pâle, mettait dans l'espace une molle tristesse, le deuil des étoiles, dont le souvenir sablait l'infini. Quelques mouches à feu passaient avec la brise, se noyaient, ou de gros papillons et des chauves-souris, froides. Au milieu, un silence énorme angoissait l'ombre. Sur les rives dormaient des temples confus et des toits perdus dans la noirceur tout en haut argentée des feuillages. Un gros poisson soudain cabriolait hors de l'eau, l'écaillait de métal, le temps d'un éclair. Sur la moire du lac, une onde courait, heurtait la barque et sous l'avant chuchotait, frissonnante. Immobile, Marcel rêvait : son regard cherchait la maison de l'aimée, — la maison vide. Lointainement, un clairon sonnait l'*extinction des feux*, et les notes traînaient comme une plainte, avec mélancolie.

De retour dans sa chambre, en vain essayait-il de lire ou de travailler. Sa volonté tout à fait morte ne lui répondait plus. La chaleur, du reste, l'écrasait sous sa lampe; et les moustiques s'acharnaient sur sa chair. Vaincu, il s'installait dans son hamac, sur le balcon, dans le noir, et de son premier étage, il retrouvait, en se berçant, des choses invisibles du lac, tantôt, et tout entière, hors des bambous, la pagode de Blanche dont le faîte brillait sous la lune. Et de son observatoire, il réentendait aussi la nocturne musique, la trépidante clameur des insectes et des bêtes aquatiques s'égosillant sur les rives, dans l'ombre fécondante. Elle berçait son rêve, orchestrait la chanson de son cœur, tandis que dans l'air tiède où passaient des parfums de plantes, revenait l'exaspérante soif d'amour.

Et pareilles étaient, toujours, les journées et les nuits si longues, — toujours. La campagne cependant continuait, et des soldats étaient tués, d'aucuns qu'il connaissait déjà, dont il avait serré la main, dont son verre avait heurté le verre, dont il avait écouté les songes d'avenir. Et il n'y prenait point garde, et l'égoïsme de sa passion, féroce, se désintéressait de tout ce qui n'était point Blanche et sa venue. Pareilles, les journées, pareilles les nuits : la monotonie des choses sur la monotonie de la souffrance. Quelquefois, des dîners officiels, le soir, le rendaient plus tard à sa solitude, ou, gagnant, il était forcé de jouer jusqu'à l'aube. D'autres jours, d'autres nuits, il pleuvait à torrents et son morne ennui s'étendait plus à l'aise sous la chanson de l'eau gargouillant dans de l'eau.

XV

Las de vivre toujours au milieu d'uniformes, Deschamps se rapprochait des fonctionnaires civils, qui, bien vite, lui faisaient regretter la cordialité rude et le libre parler des soldats. Tous avaient à se plaindre, et cancanaient ; tous convoitaient un poste supérieur, féroces dans l'acharnement de leurs rancunes. Mesquines, des intrigues les occupaient, puant la paperasse et le moisi des cartons verts. Le nouveau venu, pour s'en trop tenir à l'écart, se voyait mis en quarantaine, poliment. L'étrange personnage ! Ni du parti Harmand, ni du parti Silvestre, ni d'aucun des dix autres partis? Certains s'en indignèrent. Alors le camp des indifférents lui fit des avances. Par malheur, ses jeunes membres n'étaient point non plus pour le retenir, habitant en Saint-Simoniens une étroite maisonnette, au loin, dans un faubourg perdu. Quelconques, d'ailleurs, et d'une vulgarité fatigante, ils menaient leur *popotte* à la façon d'étudiants provinciaux de première année, gangrenés de Mürger. Chez eux, on mangeait mal, on buvait fort, on causait peu, mais on jouait la *Mascotte* sur un vieil harmonium. Marcel espaça ses visites.

Restait, en l'absence des colons encore attendus, son chef immédiat, le Résident, aimable homme dont l'énergie, l'intelligence et jusqu'aux peu banales colères de convaincu toujours sur la brèche pour la défense de ses projets d'organisation, le trouvaient sympathique. Mais ce fonctionnaire reçut de France sa famille et dès lors se terra. Le chancelier demeurait seul. Les jours, les semaines s'accumulaient cependant, sans amener Blanche. Sa passion croissait avec son ennui.

Un matin, revint de Son-Tay un administrateur, qu'il ne connaissait pas encore, et qui l'intéressa tout de suite. Vieux Tonkinois, plus vieux Cochinchinois, vivante gazette, causeur curieux, Herthol le frappait par son air de dur-à-cuire autant que par ses récits. Ceux-ci le montraient, tour à tour, capitaine dans la marine marchande, explorateur, chef de guérillas, amenaient Deschamps à rêver surtout du passé que cet homme devait taire, d'autant que le conteur ne gasconnait point, précisant sans prétention, de quelque coin de la terre qu'il parlât.

Et ils se lièrent à leur bureau, dans le *far niente* des heures oisives, dans la fumée des cigarettes. Le jeune homme se distrayait à écouter ces souvenirs de bord et de bivouac, dans un regret vague de n'avoir pas, dès ses premiers dégoûts de vivre, cherché l'oubli par une vie pareille, toute de péril et de liberté. Sans doute il eût plus tôt trouvé l'amour, — le *Messidor* ne lui montrait-il pas dans l'Océan le cadre idéal ? — et libre ainsi, et fort, il aurait violé le bonheur, n'aurait jamais connu sa souffrance actuelle....

— Venez-vous passer la soirée chez moi, aujourd'hui ? lui proposait Herthol au bout de la semaine.

Il accepta.

Chinoise aussi, la maison de son collègue se composait d'une suite de bâtisses et d'étroites courettes où des jarres recueillaient l'eau des gouttières entre des murs moisis. Les premières pièces, vides de leur ancien matériel de négoce, abritaient une détresse de malles, de hardes et de choses indistinctes. Tout au fond du logis, dans l'ancien foyer du premier propriétaire, s'ouvrait un appartement européanisé. La chambre d'Herthol, un immense salon, une troisième salle pour l'instant close, formaient deux côtés d'une assez large cour, surplombée, des deux autres, par des murs très hauts, blanchis de neuf. Des cloisons chinoises ouvragées et fantaisistes, se repliant sur des charnières, laissaient bâiller d'énormes baies arrondies sur cette cour-jardin au milieu de laquelle un jet d'eau chantait dans une vasque, entre des palmes et des fleurs..

Herthol présenta son « épouse » à son hôte qui d'abord ne vit rien d'autre, surpris que cette Annamite fût jolie, très avenante, les dents blanches, l'œil drôle, et le saluât en bon français.

— Une métis !... lui chuchota le lieutenant Saylor. Elle est fille d'un officier de marine qui l'oublia chez sa mère, *congaï* réputée de Saïgon. Les religieuses de la Sainte-Enfance l'ont élevée là-bas, mais Herthol la leur a fait demander comme femme de chambre, par un ami marié, puis, l'a prise avec lui, en venant au Tonkin !... Ah ! si nous imitions tous le père de Loulou, nos successeurs s'ennuieraient ici moins que nous autres !

— Avez-vous fini de dire du mal de moi ?...

Loulou se penchait, coquette et câline. Elle zézayait. Sans son costume annamite, Deschamps l'eût prise pour une quarteronne des Antilles, car elle restait un peu jaune, et seuls ses traits disaient son sang européen.

— Monsieur, voulez-vous du thé ? des gâteaux ? des sirops ? de la bière ?...

Avec une enfantine joie d'Orientale trop cloîtrée, toujours seule, elle allait et venait, sérieuse dans son rôle de maîtresse de maison. Son buste ferme se cambrait sous les blouses de soie, et gonflant l'étoffe collante, ses hanches et ses flancs ondulaient, lascifs, rythmant sa traînante démarche alourdie par ses galoches. Sur le bois verni de la plate chaussure, Marcel remarqua son pied, un joli pied, s'étonna de lui voir des bas, des bas blancs, dont elle semblait fière.

A côté de Saylor qui lutinait Loulou sans respect, il retrouvait dans le salon un interprète français, Rémy, vieux bohême à tête de squelette, vétéran de Cochinchine, Bernardet, un jeune élève-administrateur, et le docteur Chalon. Un second officier s'installait devant le piano, commençait un morceau d'opérette, mais Herthol tira le chancelier par sa manche :

— Venez voir mon vrai nid...

Il ouvrait la porte de la dernière pièce restée close, et Deschamps, surpris, pénétrait dans une salle étroite, qu'un énorme lit de camp laqué de rouge et miroitant sous ses dorures occupait presque tout entière. Au milieu de ce lit, entre deux nattes s'étalait une *fumerie* d'opium, sa lampe allumée.

— Je ne fumerai certes pas ! pensa-t-il.

Il se remémorait ses essais chez Tchang et la leçon reçue à bord de l'*Éclair*; mais déjà, son hôte enlevant sa jaquette, s'installait, et d'un air de triomphe, brandissant un pot d'opium :

— Mon ami, je vais vous initier au *grand-œuvre*, au Mystère !...

— Je n'en fumerai qu'une, qu'une seule !... se dit Marcel sans lui répondre.

Et cédant au soudain et puéril désir d'étonner son hôte, de se révéler initié de longue date, il s'étendit, conscient de sa sottise et s'en amusant, puis, souriant à Herthol stupéfait, il chargea une pipe, l'alluma.

Une heure après, il fumait encore, avec un plaisir croissant. Mais il s'étonnait de ne pas s'endormir, de ne pas retrouver ses rêves de Haï-phong. Alors, c'était donc cette bière trop alcoolique involontairement bue, et non l'opium qui l'avait transporté dans le pays des songes ?

Cette désillusion l'attristait, sans que son espoir disparût tout à fait de revivre d'une vie meilleure, fantaisiste, une fois ses yeux clos ; et un vague plaisir, un contentement physique coloraient cet espoir, atténuaient sa surprise chagrine.

XVI

Le lendemain, il revint chez son collègue.

Cette envie l'avait prise en sortant de table, à cette heure navrante où l'ennui l'écrasait le plus fort. Il rentrait et tremblait, chemin faisant, devant la perspective de sa morne soirée solitaire. Rioux était à la Citadelle. Où aller tout seul? Chez qui?... Et puis trouver les mêmes figures devant des bouteilles de bière ou des cartes !... Canoter? Le ciel était sans lune. Lire? Écrire ?... Au milieu des moustiques ! Il s'arracherait la peau ; d'ailleurs, il ne ferait rien avec, comme toujours, la hantise de Blanche sur les pages...

Il bâilla, puis, à grands coups de son rotin, décapita les herbes dépassant sur la route l'alignement des terrains vagues. Devant sa porte, le souvenir lui revint de sa soirée de la veille si vite coulée. Au fait, s'il retournait là-bas?...

Hésitant, il marcha de long en large devant l'entrée. Son *boy* attendait immobile, étonné, ne sachant s'il devait monter allumer la lampe, ou aller démarrer la yole au bord du lac. Et cette statue dont les yeux bêtes le suivaient comme ceux d'un portrait sans que frémît le reste du visage, l'agaça tout à coup.

— Va-t'en ! cria-t-il exaspéré.

L'enfant disparut, et lentement Marcel reprit sa marche, mais dépassa sa maison, celles de Rioux et de Saylor, sans les voir.

Voilà ! s'il allait chez Herthol, son collègue le croirait attiré par Loulou. Déjà, hier, il avait trop curieusement examiné cette femme. Donc, il faudrait qu'il fumât...

Et s'étant de la sorte tout de suite prouvé que la pipe serait inévitable, nécessaire, il laissa courir ses pensées devant lui.

Fumer !... Certes, ce serait bon, bien bon... Elle lui revenait à cette heure, l'odeur si âpre, si tendre de l'opium... L'indéfinissable parfum lui titillait les narines, lui amollissait le cœur. Oui, ce serait doux, très doux de s'étendre et, si le rêve ne venait pas, comme il était venu à Haï-phong, de ne plus sentir du moins le spleen dans sa tête... La veille, il avait oublié de souffrir, oublié de songer à Blanche, et cela surtout était bien doux, infiniment bon, infiniment doux !... Oui, mais s'il fumait ce soir, demain il fumerait encore, et après-demain, et toujours ! On le lui avait bien dit sur l'*Éclair*. Et Blanche, en arrivant rougirait de lui, douterait de son amour, à le voir comme Herthol. Est-ce qu'il n'avait pas remarqué, quand celui-ci s'était déshabillé, sa maigreur atroce, ses côtes saillantes, ses monstrueuses clavicules, et les cordes tressées, hideuses des muscles de son cou ! Alors, il aurait cette face émaciée, cette pupille effrayante, cet air précoce de vieillard ?

Il frissonna, s'arrêta l'œil dans le vide, repartit.

Etait-il enfant !... Comme si la passion de l'opium venait si vite ! Là ! parce que, tout seul, il savait se confectionner une pipe, il se croyait fumeur et vétéran ! Quelle folie ! mais il n'était pas un officier, un fonctionnaire, un Européen quelconque qui n'eût essayé de l'opium et n'en eût essayé maintes et maintes fois. Pourtant, combien comptait-on de fumeurs européens, de vrais fumeurs comme Herthol, dans toute l'Indo-Chine française ? Le même Herthol le lui avait dit : Cinq ou six, une dizaine au maximum ! Enfin, si par hasard, il contractait l'habitude du poison au point d'en dépérir, ne possédait-il pas le docteur Chalon, un ami, capable, affirmait-il, de guérir tout fumeur doué d'un peu de volonté ? Sans doute, il se savait faible, lui, mais quelle énergie lui rendrait la présence de Blanche ! Certes, il ferait d'autres miracles que celui de vouloir guérir, si, arrivant demain par exemple, elle devait l'en payer de ses lèvres ! Ensuite, tout cela c'était revenir à la légende. Avait-il eu de véritables hallucinations chez Tchang ? Non ! son cauchemar était fils de l'ivresse, de la fatigue, de la nouveauté. L'opium lui procurait-il du moins les sensations exceptionnelles qu'il devait donner aux gens comme Herthol pour les asservir à ce point ? Non ! son plaisir était vague. Donc, il était rebelle à la drogue, préservé par sa névrose, par son imagination, vacciné par l'abus du tabac, et il ne risquait rien...

Cependant, au coin de la rue du Chanvre, il rebroussa chemin, brusquement, prit la première rue qu'il trouva, et il se demandait si ses raisonnements n'étaient point des sophismes. Et même, son sang-froid reparu en découvrant qu'assurément il ne courait aucun danger, il tergiversa de nouveau. Tout à l'heure, il songeait à Blanche. Lui avouerait-il, lui qui lui disait tout, que, pour l'attendre plus patiemment, il s'était adonné à l'opium ? Elle ne lui reprocherait pas cette faiblesse, mais elle le plaindrait de n'avoir pas su lutter, d'avoir manqué de cet orgueil hautain, de cette fierté courageuse qu'elle aimait, et de n'avoir pas été assez homme, — comme elle disait à bord

Là-dessus, il relut en lui sa dernière lettre. Elle même le décourageait ! Il pourrait se justifier en lu citant ses propres phrases....

Il retourna sur ses pas ; il entrait dans la rue du Chanvre, quand une nouvelle objection lui fit continuer sa route. Si, au lieu d'anémier son corps, comme son collègue, il s'appauvrissait l'intelligence ? s'il s'idiotisait ? s'il perdait l'orgueil de se sentir supérieur au vulgaire ? Si de dilettante, d'artiste, il devait devenir une de ces brutes dont était composée la majorité de l'humanité ? Penser par l'opium, c'est risquer de ne plus bientôt penser sans lui !...

Allons ! il recommençait ! Il ne penserait point *par* l'opium, mais *dans* l'opium, ce qui n'était pas la même chose... Sottise d'abord que de débattre s'il fumerait ou non. Tantôt, à l'heure des pipes de la veille, ce serait, comme sur l'*Éclair*, un besoin physique, une souffrance qui le pousseraient vers la *fumerie*. Donc, il ne lui restait qu'à attendre.

Et, sans plus vouloir penser à la tentation, il rôda par les rues désertes, dans l'ombre où les chiens indigènes hurlaient, flairant le blanc. Toutes les cinq minutes, il faisait sonner sa montre. La veille, à neuf heures et demie, il avait aspiré sa première pipe. A neuf heures et demie ce soir, à dix heures au plus tard, son estomac souffrirait, et il frapperait alors chez Herthol, et sa jouissance serait plus profonde, succédant à la torture des crampes furieuses.

Neuf heures et demie, dix heures passèrent. Aucune douleur ne lui venait, aucune, et sa chair demeurait calme, sans que la moindre de ses fibres vibrât. Alors, il haussa les épaules — et entra chez son ami.

XVII

Dans le tréfond de sa conscience, Deschamps, à peine assis chez Herthol, percevait, croyait-il, la vraie raison de son trouble et le pourquoi de ses hésitations. N'osant parler avant que son hôte eût fini sa pipe, il s'immobilisait dans un coin, après un salut du regard et, à cette minute, il s'avouait ses hontes intimes.

Ah! c'était bien sans discussion, dans une insouciance absolue du danger, dans une insouciance de tout, qu'il se fût livré à l'opium si l'opium avait su lui ouvrir la porte du Rêve! s'il lui avait permis d'évoquer Blanche et de la posséder longtemps, très longtemps, ainsi qu'il la revoyait parfois dans ses trop rares sommeils, s'il lui avait permis enfin d'accélérer par cette amoureuse illusion, son attente suppliciante, affreuse, du bonheur! Mais l'opium ne lui avait encore procuré aucune de ces joies, — aucune. Alors, quoi? D'où venait cette hantise de la fumée bleue, cette *envie de femme grosse*, ce besoin?... C'était donc un réveil de la brute dont l'impulsion le jetait à cette *fumerie!* Préservé de l'alcool par les haut-le-cœur de son éducation, il tombait à la seule ivrognerie compatible avec ses mœurs et son rang social, et il désirait l'opium comme d'autres désiraient l'eau-de-vie ! Le décor était changé, non la bassesse du penchant. Moins répugnante, l'ivresse de l pipe ? Distinction subtile, et tous les ivrognes du reste ne hoquetaient point. Il en savait d'aucuns qui s'enfermaient avec un flacon, se cloîtraient, puis le poison cuvé, réapparaissaient, décents. Une Anglaise, folle de brandy, agissait de même à bord du *Messidor*. Oui. mille fois, oui ! Il allait fumer comme on descend à l'Assommoir. Entré par curiosité chez Tchang pour savoir si l'opium colorait la vie et s sa fumée pouvait donner les bonheurs que l'absorption de laudanum donnait à de Quincey, il revenait quoique déçu, il revenait sans plus d'excuse et de prétexte — pour l'ivresse.

Justement, voilà que recommençait la tentation devant la fumée bleue qu'Herthol expirait ! L'enfant regardait ainsi l'armoire aux confitures ! et le caissier son coffre-fort ! et la femme les étalages des Grands-Bazars ! Aussi bien savourait-il, avec la tentation, la progressive noyade de sa volonté. Quelque chose le poussait, une force, et, s'il luttait encore, c'était parce que la lutte elle-même était exquise et parce que la certitude de la défaite, tout à l'heure, chatouillait sa perversité. Elle lui soufflait le souvenir de combats intimes, ainsi livrés, ainsi perdus, devant des lèvres souriantes, des gorges offertes et des yeux veloutés de lascives promesses. C'était bon de sentir s'éveiller la bête, de se retrouver bestial ayant trop fait l'ange, de céder aux sensualités dangereuses, et, pour mêler un ragoût de souffrance au premier spasme, de pressentir les nausées du réveil, la rancœur du plaisir banal !

Des secondes coulaient, longues comme des existences. Herthol tétait son bouquin d'ambre, la pupille contractée, la peau vibrante. Délicieusement, Deschamps se sentait défaillir, et, sa peau vibrait aussi, et il clignait des yeux, machinal, dodelinant de la tête. De courts réveils le rejetaient, tout pâle, dans son coin d'ombre, et son cœur battait. Mais ces palpitations c'était un rajeunissement ; il voulait y lire son émotion d'il y avait quatre mois, à Haï-phong. Il espérait alors et en l'opium et en la prompte venue de Blanche !... Blanche ! Encore Blanche !... Il chassait l'image triste, et, sa convoitise reparue, savourait à nouveau l'absurdité de son désir, avec une joie mauvaise, spontanée, d'aller au mal, volontairement.

XVIII

— Mais pourquoi voulez-vous savoir? A quoi bo
creuser? lui disait un jour Herthol, assis dans son bu
reau. Croyez-vous qu'un seul de nos plaisirs résiste
rait à l'analyse? Pas un seul!

— Pas un seul! ricana le docteur Chalon.

Lancé, l'administrateur continuait en se balançant
dans son fauteuil, et l'œil au plafond où montaient les
spirales de sa cigarette. Parfois, il s'arrêtait, arron-
dissait ses lèvres en o, et s'amusait à souffler sa fumée sous forme de couronnes qui s'élevaient en trépi-
dant, toujours prêtes à se rompre et s'élargissant
toujours, jusqu'à ce que les dévorât le nuage des pré-
cédentes volutes.

— Tenez, Deschamps, qui donc justifiera l'usage du
tabac dont nous usons et abusons tous trois?

— Permettez, fit le docteur...

— Oh! non! mon cher, pas de science! Les médecins avouent eux-mêmes que la médecine ne sait rien,
ou si peu de chose qu'autant vaut n'en point parler.
Et puis ne méprisez pas tant notre opium, car c'est
un des vôtres, Sydenham, qui l'a dit: « Entre tous les
remèdes dont le Dieu tout-puissant, qui est la source

de tous les biens, a fait présent aux hommes pour adoucir leurs maux, il n'en est point de plus universel ni de plus efficace que l'opium ! »

— *Opium, me Hercle, non sedat !* s'écria Chalon avec un éclat de rire.

— Je ne sais pas le latin...

— Ce n'est pas du latin, puisque c'est l'Anglais Brown qui parle ! L'opium ne se borne pas à calmer !

— C'est heureux ! Moi, je ne puis plus travailler sans lui... Tel que vous me voyez, j'ai bien brûlé ma douzaine de pipes, ce matin, avant de venir. Sans cela, je n'aurais pas même pu donner une signature. Oui, c'est un stimulant. Et après ?... Vous usez de la cigarette, vous dis-je, et vous ne savez pourquoi vous y prenez plaisir. La nicotine est cependant pire que la morphine ! Mais, laissons le tabac. Tous trois, nous buvons du café par goût, en amateurs, et non par habitude ; tous trois, nous l'accompagnons volontiers d'un verre de fine champagne ; tous trois, nous sommes d'autant plus réjouis que le cognac est plus vieux, c'est-à-dire d'un plus fort arome. Eh bien, où prenez-vous l'utilité, je vous prie, du tabac, du café, du cognac ? Où gît au juste le plaisir qu'ils nous causent, si ce n'est dans notre cerveau, dans notre système nerveux ? Nous sont-ils nécessaires ? Ne sont-ils pas plus nuisibles qu'utiles ?... Ne protestez pas, Deschamps ! Ne riez pas, docteur !... Ni l'un ni l'autre vous ne vous interrogez sur ce chapitre ; vous fumez et vous buvez parce que cela vous est agréable et parce qu'un instinct plus fort que vous vous pousse à rechercher les sensations agréables. On vous prouverait demain que vous vous empoisonnez, sans que vous renonciez à votre cigarette et à votre moka...

— Permettez tout de même, interrompit Marcel avec un sourire triste ; mon exemple ne veut rien dire. Pour mon propre compte, j'estime que la vie ne vaut point le sacrifice de la moindre de nos très rares jouissances. Je sais ce que je perdrais par ce sacrifice et j'ignore ce que je gagnerais ! Et si mon gain doit être une prolongation d'existence, je n'en veux pas ! Mais l'humanité dans son ensemble raisonne d'autre sorte...

Herthol se levait, sans l'entendre, et gesticulait avec ses grands bras maigres.

— L'opium résume ces trois plaisirs : le tabac, le café, l'alcool, — l'alcool, du moins très pur et pris à petites doses. C'est une synthèse, mais il vaut mieux que ses éléments, car le tabac paralyse, le café pince les nerfs, et l'alcool alourdit l'intelligence après une passagère excitation. L'opium au contraire réveille la sensibilité, exalte l'intellect, superactive tous les sens. Après quelques pipes, vous ne déraisonnez ni ne dormez comme après quelques petits verres, mais vous avez la mémoire fraîche, la compréhension facile. Votre corps est allégé, vous êtes tout cerveau, et vos organes que vous ne sentez plus acquièrent d'étranges finesses de perception. De plus, vous vous sentez meilleur. En Cochinchine, j'ai dû renoncer à siéger comme juge, car il me fallait ou ne point fumer avant l'audience, ou me résigner à acquitter tous les prévenus ! Bienveillance et activité cérébrale, voilà le résultat de nos orgies, lesquelles n'ont rien de l'extérieur répugnant des autres. Et je ne parle pas du *kief* voluptueux, du reposant non-penser, qui suivent les premières pipes. On ne songe à rien, on regarde monter la fumée bleuâtre, on vit sans le sentir, on est heureux... Tenez, on m'a décoré pour mon *Dictionnaire de la Langue annamite*, et il n'est pas une page qui n'ait été écrite sous l'empire de l'opium... Il y a mieux : c'est devant ma *fumerie*, entre deux intoxications, pour parler comme le docteur, que mon ami André se livrait à ces calculs astronomiques qui l'ont fait nommer capitaine de frégate et membre correspondant de l'Académie des Sciences... Eh bien, Chalon, vous ne dites plus mot?

— Moi, je vous admire! D'abord, vous vantez l'opium. Il n'a de tels effets qu'aux débuts du fumeur. Ça passe vite! Et puis je songe au lendemain... Oui, c'est une ivrognerie qui ne salit point, qui n'hallucine même pas, qui est jolie à pratiquer, et tout ce que vous voudrez, mais il y a l'injection sous-cutanée de chlorhydrate de morphine dont l'effet est plus sûr encore! A votre place, je vendrais mes encombrants ustensiles pour acheter une seringue de Pravaz bien moins volumineuse, ne nécessitant pas la longue préparation qu'exigent vos pipes, et si commode en voyage! Vous m'en diriez des nouvelles au bout de quelques mois... Taisez-vous donc! vous êtes toujours à chercher des prosélytes, à panégyriquer l'opium devant les nouveaux venus! Si vous avez trouvé le bonheur, gardez-le! Les vraies passions sont égoïstes!... Et puis quelle inconséquence! Si l'opium synthétise tous les stimulants tolérés, pourquoi diable fumez-vous des cigarettes? Pourquoi ce café, ce thé sur votre lit de camp? Pourquoi vous-même, — ne niez point : Loulou me l'a dit! — pourquoi buvez-vous du cognac à doses qui soûleraient un autre homme? Vous voyez bien que votre opium est insuffisant, ou d'effets passagers. Il faut que vous le renforciez pour lutter contre l'accoutumance...

Deschamps intervint, s'apercevant qu'Herthol blessé cassait les allumettes d'un mouvement rageur.

— Enfin, mon bon docteur, pourquoi fume-t-on l'opium avec tant de plaisir ?

— Tant de plaisir !...

Le médecin regardait Marcel, mais son ironie s'attendrissait d'une pitié affectueuse dont le ton remua confusément le jeune homme :

— Tant de plaisir — quand son apomorphine n'amène pas de vomissements !... Mon pauvre ami, je vais donner raison à notre sceptique ami. La médecine n'est pas encore exactement fixée sur les effets si complexes de l'opium fumé, — et ce, parce qu'on ne le fume pas en Europe. L'opium se compose de substances acides sans importance, et somnifères, de substances neutres auxquelles il doit le parfum que vous aimez tant, de sels minéraux, et surtout, surtout, en forte proportion, d'alcaloïdes, — plus d'une vingtaine, qui constituent son danger et son utilité. Je ne vous dirai pas leurs noms, des noms en *ine* qui vous ennuieraient ; du reste vous connaissez les principaux : morphine, codéine, narcéine, papavérine, thébaïne, etc., etc. Ils ont des propriétés multiples, sinon antagonistes, et on les connaît bien, n'en déplaise à Herthol. Seulement, quels sont ceux d'entre eux que la cuisson, telle que vous l'opérez sur une lampe, laisse subsister ou modifie ? Je l'ignore. Ah ! il y aurait une belle et curieuse étude à faire ; mais ce n'est pas moi qui la tenterai, d'abord parce que j'ai soixante blessés à panser chaque jour, ensuite parce qu'en ma qualité de médecin de marine, c'est-à-dire de forçat victime des stupides règlements et des économies féroces, j'ai perdu toute ambition... Tout ce que je puis vous répondre, c'est que les effets de l'opium fumé varient avec le tempérament et la race du fumeur ; qu'à douze pipes par jour ainsi qu'en fume Tchang par exemple, il n'empêche pas la longévité et peut avoir du bon dans les pays à rizières ; qu'à doses plus fortes, ses conséquences ressemblent assez, à la longue, à celles de la morphinomanie. Voilà. Maintenant, fumez et refumez, si cela vous enchante.

— Et vous, docteur, vous n'en usez point ?
— Non.
— Est-ce par peur des résultats que vous citez ?
— Mon cher enfant, comme vous, et plus justement peut-être puisque je suis plus vieux, je n'estime pas assez l'existence pour lui faire le sacrifice d'une jouissance qui momentanément m'en laisserait sortir ! Je fumerais donc si l'opium me procurait les joies qu'il apporte à Herthol, mais il me donne des nausées, — rien de plus. Vous le voyez : la sagesse humaine n'est faite que d'infirmités !

Il éclata de rire, puis, sortit. Son rire était singulier ; c'était un rire sans gaieté, le rire d'une souffrance qui ricane, et Marcel sentit qu'une sympathie lui venait pour cet étrange médecin.

XIX

Maintenant Deschamps, repris d'énergie, renonçait à la sieste, chez Rioux, au far niente de son bureau, à toutes les habitudes de torpeur qu'il avait contractées dans le découragement de sa lassitude. Résolu à se surmener malgré la chaleur, afin de reconquérir le sommeil, il s'ingéniait à accélérer la fuite des heures par un continuel exercice, et l'on ne voyait plus que lui dans Hanoï, qu'il battît à pied les ruelles, en quête de bibelots, ou qu'il essayât des chevaux, de la Citadelle à la Concession. Sa yole ne lui suffisant plus, ni le lac minuscule baignant sa maison, au centre de la ville, il eut deux autres embarcations, l'une sur le Grand Lac, hors des faubourgs, l'autre sur le Fleuve Rouge, et brûla cinq cents cartouches en deux semaines. Sacrifiant ses dernières économies, il reçut de Saïgon une voiture, la première qu'on vît au Tonkin depuis la calèche historique du commandant Rivière, et dressa, non sans peine, des poneys du pays. Puis, ce fut son jardin qu'il transforma patiemment et que chacun vint voir.

Au fond, dans les labeurs qu'il s'imposait, dans cette dépense de forces physiques, dans ces distractions actives, il caressait confusément l'espoir de puiser quelque résistance aux effets de l'opium, d'autant qu'à force de volonté, à force de ruses puériles, et se traitant comme on traite un enfant, il espaçait à présent ses visites à la *fumerie*.

Chez Herthol, on ne le revoyait que de loin en loin, et les jours surtout où l'administrateur recevait. Il ne pouvait de la sorte fumer plus d'une ou deux pipes, car chacun le poussait au piano, car un respect humain enfin, la crainte d'être mal jugé par de Pontailly et les autres officiers de l'Etat-major, l'emportaient sur la tentation. Les soirs où il aurait trouvé son ami seul, il acceptait souvent l'invite du premier lieutenant venu, dût-il s'abrutir à une table de whist jusqu'à ce qu'exténué des fatigues du jour, il sentit venir l'impérieux sommeil.

A la chancellerie, les moustiques étaient rares; deux *pankahs*, toujours en branle, rafraîchissaient l'air au-dessus de son bureau et de sa chaise-longue. Derechef, il y essaya des occupations intellectuelles à peu près impossibles chez lui. La hantise de Blanche dictant ses vers, conduisant son crayon, il ne pouvait longtemps écrire ou dessiner, souffrant d'ailleurs comme à Paris de cette impuissance artistique à laquelle son dilettantisme, embrassant trop, tombait de plus en plus; mais il lisait, épuisant les volumes que les officiers, au départ de France ou d'Algérie, avaient achetés pour tuer les heures à bord, et qui trainaient aujourd'hui de *popotte* en *popotte*. Et certes, il fallait qu'il rassemblât tout son vouloir, et que furieusement, il redoutât la rechute à l'angoisse de sa vaine attente, pour qu'il consentît à vaincre le temps à ce prix! C'était, en effet, ces livres, l'ordinaire série de romans-feuilletons avec lesquels une association d'inépuisables manufacturiers abêtit les cervelles françaises. A chaque ouvrage, ses étonnements de jadis lui revenaient devant les en-tête des couvertures et les catalogues des verso répétant à profusion le mot de « littérature »! La tolérance des vrais écrivains qui, moins jaloux encore que les peintres et les sculpteurs, n'établissent nulle démarcation tangible entre l'art et l'industrialisme devait, pensait-il, amener dans le public de singulières confusions. De fait, en empruntant des livres à un général d'un très rare talent, il découvrait les romans d'un Boisgobey mêlés aux œuvres de Loti sur les mêmes rayons. Pour lui, frais émoulu d'un cercle étroit de lettrés, d'artistes, pour lui candide, c'était une stupeur. S'il s'était douté de l'ignorante sottise des masses, il n'avait pu prévoir, du fond de sa tour, que des esprits élevés, que des hommes d'intelligence la partageaient, l'autorisant de leur exemple. Or, sauf de Pontailly et une douzaine d'autres, personne autour de lui, grâce à l'atrophiante et stupide éducation universitaire, n'aurait su spontanément admirer une œuvre de maître. Ces gens, pourtant, formaient une élite; tous ou presque tous, parmi les officiers supérieurs du moins, étaient instruits, bourrés de science! Et, naïvement, Marcel s'étonnait du nombre des gens qui ne pensent point.

Deux ou trois semaines se passèrent, employées de la sorte. Puis, avec un écœurement, il se trouva au bout de ses lectures, et, vu l'absence de tout libraire, réduit à attendre les expéditions qu'on lui faisait de Paris ; mais comme, les ouvrages historiques mis à part, il acceptait à peine, dans le torrent de la production contemporaine, une douzaine d'œuvres littéraires par an, il se retrouva seul, sous les griffes de l'ennui.

Alors, redevinrent suppliciantes les heures de bureau. Tristes et monotones, comme ces haltes auxquelles un train manqué contraint parfois le voyageur dans la gare déserte d'une bourgade perdue, morte, où rien ne lui parle, mais où les hommes et les maisons semblent le dévisager, elles revêtaient, en même temps, la lancinante cruauté, l'anxiété mortelle dont l'attente du jugement oppresse un accusé, tandis que délibèrent les juges, tandis que va et vient, avec indifférence, le balancier de la pendule du greffe, inexorablement. Et de nouveau, le misérable retombait à la contemplation du portrait de Blanche, à la re lecture de ses lettres, à la re-vie des jours heureux du *Messidor*. Une seconde fois, cette existence en dedans, ce repliement de son intelligence, le brisaient, ramenaient le désir, et quand sonnaient midi ou quatre heures, sa nonchalance se trouvait sans goût pour les promenades ou les exercices projetés.

Aussi bien, la saison s'en mêlait-elle à présent, la pluie chaude coulant en effroyables nappes, durant des heures, et la mollesse du ciel lourd. Le soleil était rare, étouffé de nuages bas, plombeux, que midi métallisait sans dissiper la brume. L'air surchargé de vapeur d'eau semblait sortir d'un lavoir ou d'une étuve, déprimait le corps en sueur, faisait haleter les poumons. Le lac, sous le poids du ciel, s'écrasait d'un sommeil jaune ; la même torpeur planait sur la ville, sur la campagne, partout. Et c'était encore le trop-vu de ce triangle de maisons, immense avec ses côtés de deux à trois kilomètres, entre lesquels sa tristesse ne trouvait rien à quoi se raccrocher. Où aller ? A qui parler ? Plus heureux, la plupart des officiers étaient en campagne, au loin ; des préoccupations guerrières, le souci de leur métier, voilaient pour eux la lamentable platitude des rizières, la laideur du sol riche. Leurs camarades restés à Hanoï employaient les journées à exercer les soldats indigènes, à administrer leurs troupes ; et les complications des comptabilités, la manie des paperasses chez les chefs servaient à combler le vide de leur existence. D'autres enfin, attachés à l'État-major général, — et, ceux-là, Marcel les enviait vraiment, — se penchaient dès l'aube, et jusque très avant dans la nuit, sur des besognes utiles, toujours intelligentes, qui coloraient de science la brutalité de la guerre.

Parfois, il entrait dans leurs bureaux, les admirait devant leurs tables dont le *pankah* soulevait le coin des feuilles et des cartes retenues par des éclats d'obus servant de presse-papiers. Des estafettes, des plantons, entraient et sortaient ; c'était une fièvre de ruche, une animation laborieuse qui, pour un instant, le secouaient, le rendaient à l'humanité combattante. L'un, le chef, dictait un rapport aux ministres sur la dernière affaire ; l'autre, le sous-chef, relisait un plan de concentration pour la prochaine expédition ; celui-ci, entre deux statistiques de morts et de blessés, rédigeait des propositions pour l'avancement, la croix ou la médaille militaire ; de Pontailly s'efforçait de réaliser un nouveau miracle pour former un bataillon avec une compagnie et demie, de réunir des cadres et de suppléer, à force d'ingéniosité, à l'insuffisance des mesures prises de Paris par des politiciens ; un autre traçait le plan d'une fortification ; Bocher fignolait un levé topographique.

Marcel allait de bureau en bureau. Toutes les pièces s'ouvraient sur une vérandah que des secrétaires affairés parcouraient sans cesse, la plume à l'oreille, et il s'arrêtait çà et là, le temps de brûler une cigarette que les officiers lui offraient afin de se reposer un moment.

— Heureux pékin ! criaient des voix joyeuses.

Il riait silencieusement, sachant éternelle cette erreur, et fatale cette manie de comparaison, puis s'amusait de la gaieté des tout jeunes, utilisant leur minute de répit pour des charges de rapin. Dominant tous les bruits, une presse à main imprimant des fractions de la carte d'état-major, grinçait dans un coin, achevait de donner une note pittoresque à cette réunion de travailleurs en uniformes.

Mais une fois sorti de cette *Concession* qui sur le bord du fleuve renfermait dans un vaste enclos, encore palissadé et rappelant les débuts de la conquête, tous les bâtiments officiels, Deschamps, remonté dans sa voiture ou sur son cheval, ne savait plus où aller. Deux heures de pluie transformant les sentiers en ravins, les environs lui étaient interdits la moitié de la semaine, et il s'arrêtait sur les berges ocreuses, effritées par lamelles, à regarder couler le Fleuve Rouge aux flots boueux.

De quel côté tourner ? Partant de la Concession, une rue longeait l'eau, parfois de très près, et finissait à la Douane, gros cube gris qui se carrait à l'horizon. De cette rue et d'une seconde route parallèle partaient des voies bordées de cases annamites et de très rares bâtisses européennes. Elles filaient dans la direction de la citadelle, les dernières, au loin, limitant le faubourg chinois et l'échiquier compliqué de la cité commerçante où demeurait Herthol. Et la pensée d'Herthol, la peur de passer devant sa maison, d'entrer, retenait Marcel de marcher droit devant lui, vers la vraie ville. Hésitant, il battait, devant la Concession l'immense terrain vague où campaient les coolies du Corps Expéditionnaire, puis il tournait le dos au fleuve et s'en retournait. La digue franchie, la rue des Incrusteurs attirait son cheval ; il laissait la bête le guider, ou jetait la bride à un enfant pour visiter les sordides échoppes trouant la façade des cases.

Accroupies sous l'auvent, sur les nattes recouvrant un parquet à peine plus élevé que la chaussée, les marchandes, en des poses simiesques, symboliques comme les pieuses images collées au mur derrière elles, tenaient un de leurs pieds dans leur main. Il s'approchait, il entrait, et, sans bouger, impassibles, elles attendaient qu'il parlât. Toujours elles avaient la figure ronde de lune pleine qu'il abhorrait comme au premier jour, les cheveux trop huilés, trop noirs, en bandeaux à la Vierge, le nez d'une tête de mort inachevée des vers, et le même œil tantôt profond comme l'abîme qui ne pense point, tantôt énigmatique comme la prunelle de jais d'une idole, tantôt souriant, humide et moutonnièrement doux, comme celui d'une bête domestique. Elles avalaient une chique de noix d'arec et de chaux enveloppée d'une feuille de bétel et, durant une seconde, leur face se creusait d'un trou sanglant, béant entre deux rangs de dents vernissées en noir.

Deschamps regardait les incrustations de nacre, mille objets sans art et sans goût, bâclés et contrefaits pour satisfaire les commandes des soldats, ambitieux, depuis les chefs jusqu'au dernier clairon, de rapporter à leur foyer un souvenir du Tonkin. Il allait d'échoppe en échoppe, s'enfonçant dans les cours sales, dénichant quelquefois une pièce curieuse au fond des paniers, s'arrêtant à voir opérer avec une adresse de singe les ouvriers et les ouvrières, accroupis dans une pose bizarre, en tas, dans une boîte.

Sorti de ces capharnaums, il marchait à petits pas, et souvent, à droite, prenait une rue parallèle à la senne, longeait le petit lac, et passait devant la pagode des Verdier. Mais ce détour amenait un redoublement de supplice, et dès qu'il découvrait la vérandah vide, un tel serrement de cœur qu'à ses heures mornes, il s'épargnait cette souffrance, dont, au contraire, ses crises de désespoir aimaient à se repaître, dans une volupté douloureuse. Traînant la jambe, il allongeait ensuite sa promenade, sachant par cœur les enseignes annamites ou françaises, meurtri de revoir toujours les mêmes choses trop revues. Et la monotonie de son existence et de son deuil s'exaspérait à la monotonie du spectacle, les boutiques pendant des kilomètres restant toujours pareilles, car chaque voie, par surcroît de misère, n'abritait que les mêmes spécialités de commerce ou de fabrication dont elle prenait le nom : rue de la Soie, rue des Brodeurs, rue du Chanvre, rue des Menuisiers... *Et cœtera !* s'exclamait-il, furieux à faire retourner les passants. La rue qu'il habitait était la rue des Tambours. Oh ! comme en sa détresse, il eût volontiers crevé, sous les auvents, les peaux tendues, les odieuses peaux jaunes, innombrables, au centre desquelles riait une chimère aux yeux glauques, si stupides !

Un jour, en rentrant d'une de ces fastidieuses promenades, et plus agacé encore, car, forcé d'endosser, pour une visite au général en chef, un veston blanc portant les boutons de son uniforme officiel, il avait dû, tout le long du chemin, rendre leur salut aux soldats qui musaient, Marcel laissait éclater sa révolte contre la fatalité des choses.

Pourquoi avait-il rencontré Blanche ? criait-il dans sa chambre en tapant les murailles. Pourquoi ?... puisqu'il ne devait plus la revoir ?... La vie pouvait et devait être bête : pourquoi devenait-elle féroce ? Pourquoi le traitait-elle en Tantale ?... Est-ce qu'il souffrirait de la sorte s'il n'avait pas eu le bonheur, comme il disait à bord et la veille même, de trouver l'amour après l'avoir cru chimérique ?... Ah ! certes, oui, mieux eût valu prendre la malle anglaise à Brindisi, ne pas connaître l'aimée, ne pas entrer dans la passion! Il serait heureux sans cette rencontre, il vivrait comme tout le monde, sans rien perdre de ses mépris et de ses indifférences, mais avec résignation. Sa passivité de nihiliste lui aurait laissé l'esprit calme, le cerveau actif, et il aurait travaillé à ses heures, soigné quelque œuvre de raffinement, sans que le travail lui fût comme à présent un remède ordonné, et sans qu'il s'aperçût de la rareté de partenaires intellectuels. Qu'était-il venu chercher au Tonkin? L'oubli de ses misères d'esprit et de cœur, et non ce supplice de condamné qui guette sa grâce aux barreaux de sa prison, en se rongeant les poings! Six mois d'expiation pour quelques heures d'extase platonique, c'était trop cher, si cette extase ne devait point avoir de lendemain!... Etait-ce vivre que d'être mort à tout ce qui peuple la vie? que d'être martyrisé jusqu'en sa chair? Libre! mais libre, rejeté au terre à terre des besoins satisfaits, il fumerait l'opium à son aise, si l'envie lui en venait malgré sa liberté! Et, à défaut de ces Annamites pouilleuses, il enfermerait sous sa moustiquaire, par ces nuits chaudes, quelque jolie Chinoise, ou quelque Japonaise, qu'un peu d'or lui procurerait à Hong-Kong!...

Il s'arrêta, honteux qu'à ses récriminations, celle-ci se fût mêlée. Cette halte de sa fureur lui soufflait l'idée d'un coup de tête, tandis qu'il fermait les yeux, pâle, les dents serrées. Il allait emprunter, vendre ses chevaux, sa voiture, tout ce qu'il possédait, prendre un congé et courir à Saïgon. Blanche! Il voulait voir Blanche à n'importe quel prix!...

Tout de suite, il se leva, courut chez ses chefs, mais on lui refusa son congé, et il rentra demi-fou.

Démissionner? Partir quand même? Mais comment vivre? Que ferait-il à Saïgon?...

Il caressa des chimères, il prit en cinq minutes vingt résolutions : n'était-il pas licencié en droit? ne parlait-il pas l'annamite? Partout, on l'accepterait... Oui, reprit-il, mais, en attendant les premiers gains, comment vivre? Qui connaissait-il, là-bas, sauf Verdier? Il ne pouvait, d'aucune façon, être son obligé. Alors?...

De nouveau, il se heurtait aux murailles, avec des imprécations. Oh! comme il les proféra sans sourire, les malédictions socialistes contre l'imbécile répartition de la richesse ici-bas! S'il était riche, il ne souffrirait pas une minute de plus! Il n'aurait jamais souffert! Il serait resté à Saïgon, près d'elle, à son passage! Il l'aurait enlevée le premier jour!...

La nuit tombait. L'ombre lui entra dans le cœur. Il se jeta sur son lit pour y sangloter sa misère.

Le lendemain, il décidait d'attendre un mois encore. Si, ce délai passé, Blanche n'arrivait point, il partirait coûte que coûte, dût-il faire la traversée sur le pont. Puis, comme une migraine le brisait, il alla chez Herthol, et, là, fuma des pipes jusqu'à ce qu'il ne sentît plus ni douleur à ses tempes, ni désespoir à son cœur. Ce fut long.

XX

Dès lors, il revint chez son collègue, tous les soirs. Et c'était la seule joie de son existence.

Quand il entrait, Loulou lui serrait la main et le saluait gracieusement, avec une timidité jolie et, parfois, des envies de rire, toujours étonnée de s'entendre appeler « madame » par Marcel, le seul des amis d'Herthol qui fût poli pour elle. Le chancelier ne s'étudiait pas, au surplus, correct, par habitude et par éducation, avec toutes les femmes, accoutumé déjà du reste à l'étrangeté de cette Annamite, préoccupé d'ailleurs, avant tout, de fumer.

Elle lui ouvrait la porte du réduit qu'Herthol nommait le « sanctuaire », et, tout de suite jetant son veston de toile, ne gardant sur son torse qu'un tricot de soie, il se couchait auprès de son ami.

— Vous m'excusez ?...
— Comment donc !

Tous deux fumaient alternativement, chacun d'eux rendant à son partenaire le service d'entretenir avec l'aiguille la cuisson régulière de la boulette d'opium pour que ce délicat travail et le souci de ménager le tirage ne pussent rien distraire du plaisir.

D'abord Deschamps aspirait goulûment, entassait pipes sur pipes, et son collègue devait le modérer. Ensuite, son palais ardant, sa prunelle embuée, il s'étendait sur le dos et regardait au plafond les nuages bleus dont les spirales battues par le *pankah* tardaient à disparaître. Il entrait alors dans une extase.

La baie ronde, en face du lit, découvrait la cour pleine de lune. Le jet d'eau dans la vasque semblait être un fouet d'argent dont la mèche s'effilochait en perles incessantes. Tout autour, les souples panaches des ficus et des palmiers ondulaient mollement à la brise, et leurs inclinaisons montraient des envers d'un jaune soufre, puis des surfaces presque bleues. Au bord de la corbeille, un bananier, plus proche, éventait l'eau susurrante. Ses larges feuilles luisaient, d'un côté, d'un vernis de satin trop vert, s'adoucissaient de l'autre en velours blanc. Entre elles, se pelotonnait une masse neigeuse, le corps d'un flamant apprivoisé qui dormait là, dans la caresse des verdures et la musique de la cascade, la tête sous son aile, debout sur une patte, hiératiquement. Des parfums forts et lourds, des parfums d'Asie, parfums de temple et parfums d'alcôve, s'élevaient, mystiques, sentant la chair, des fleurs pressées au pied des palmes. Lorsque les vapeurs d'opium mouraient sur les hautes solives, ils entraient dans la salle. Alors, les lèvres gonflées, Marcel regardait la cour, et dans le puits des murs blanchis à neuf, pareils à des linges empesés, entre les parois nues que la lune baignait de ses phosphorescences, ses désirs montaient, très subtils.

Pourtant, il ne rêvait point, béat seulement, et souriait à la vie plus légère. Très nette, aiguisée même, son intelligence fonctionnait, silencieuse. Une ouate entourait son cerveau. C'était comme un fluide en lui, sur lui, parmi les choses. Il ne sentait plus son corps, son être s'éthérait, et cependant ses sensations subsistaient, plus raffinées au contraire, décuplées parfois, et nouvelles. Ses organes, cessant de lui peser, agissaient encore, et si lucide demeurait son esprit qu'il tentait de s'expliquer pourquoi tous ses sens s'affinaient. N'y parvenant point, il restait sans colère, retombait à sa consciente hébétude et il ne pensait à rien, heureux.

Herthol aussi se taisait. Son sourire fixe d'hypnotique regardait tomber l'eau dans le bassin. Et cette eau mettait seule quelque bruit dans la pièce.

Bientôt, entrait Loulou, portant sur un plateau des boissons glacées, ou bien du thé brûlant qu'elle servait dans de minuscules tasses chinoises. Leur laiteuse transparence laissait voir ses doigts aux plates spatules, et ses ongles immenses qui souvent se choquaient d'un bruit sec. Herthol abaissait les yeux vers elle, tendrement. Deschamps souriait, lui aussi, sans rien dire, plein d'une bienveillante gratitude, et tous deux buvaient, retrouvant des paroles. Seulement, en rentrant dans le réel, ils gardaient sur la face un reflet étrange, et ils ressemblaient à ces spectateurs ouvrant leur loge à l'entr'acte, les traits imprégnés des impressions acquises, l'écho des dernières répliques, des notes suprêmes bruissant encore à leurs oreilles.

La métis s'asseyait au pied du lit de camp, sur les nattes. Ses sandales de bois tombaient ; ses talons tapotaient la laque sourde du meuble. Puis, câline et nonchalante, elle se couchait, pelotonnée bientôt aux pieds de son amant, roulant de poses félines à de paresseuses ondulations de couleuvre. Dans ses rires frais de gamine, ses dents blanches étoilaient ses lèvres en sang, et des plis couraient sur la chair grassouillette de son cou. En s'étirant, son corps se dessinait sous les soies de ses blouses, qui bombaient sur les rondeurs des cuisses et des flancs, bâillaient plus tendues à l'ouverture latérale. Coupant la soie en zigzaguant depuis le col, la fente de l'étoffe obliquait à la hanche, puis descendait d'un trait, tout droit. Des boutons la fermaient de loin en loin, de petits boutons d'ambre. Mais la femme serpentait encore, cherchant la bouche d'Herthol, et le bord de son vêtement relevé découvrait, dans une cassure de plis, sa doublure bleue, une seconde blouse violette doublée de vert, une autre encore écarlate doublée de lilas, tout une gamme multicolore de satins qui luisaient crûment, assombrissant davantage la noirceur du vêtement supérieur. Encore un peu, elle s'allongeait, prenant bien garde de heurter la *fumerie*, la lampe, les tasses. Rieuse, elle atteignait la bouche de l'homme, la baisait, tandis que remontaient encore les robes, dévoilant le pantalon large et court, une blancheur de calicot sous lequel passait sa jambe. Deschamps, une seconde, regardait le bas, le bas inattendu sous ces costumes, puis, la gorge étreinte, remontait au-dessus du genou, et fermait les yeux ensuite, violemment. A présent, ce coin de chair entrevu flottait devant lui, le hantait, et il le donnait à Blanche, et il appelait l'aimée dans le noir de son rêve avec une frénésie forcenée d'amour.

Blanche se refusait; seuls, répondaient à l'évocation sa tête pâle et grave, ses yeux gris. Des étoffes familières, que Marcel se rappellerait toujours, couvraient ses épaules, comme à bord, bouffaient autour d'elle, dessinaient à peine son buste, se collaient à son image, lourdes chapes qu'il n'avait point la force de lever... Il haletait alors, et l'impudeur de son désir se consolait de son impuissance, comme un artiste se console de ne savoir traduire son idéal. Pour les premiers balbutiements de sa passion, Blanche était trop haute : maintenant, elle était trop belle. Cela durait peu. Il rouvrait les paupières, puis, les refermait aussitôt, s'obstinant à s'imaginer les splendeurs qu'appelait son étreinte. Mais les nudités accourues ne l'apaisaient point, conventionnelles, inférieures, ou lui rappelaient d'autres femmes, si méprisées, si mortes aujourd'hui ! Et sa crise finissait en une honteuse désespérance d'avoir ainsi profané son désir.

Pourquoi s'acharner ? Pourquoi lutter ?... Elle viendrait, n'est-ce pas ? Elle viendrait ! Les derniers courriers le lui laissaient espérer. D'ailleurs, si elle ne venait point, il irait à Saïgon, ou il mourrait... Donc, il fallait attendre, et pour attendre sans plus souffrir, l'opium était là, le juste, subtil, et puissant opium !

Il reprenait sa pipe, et sa chair n'avait plus un frisson devant l'attitude lascive de la femme aux bras d'Herthol, et il ne voyait plus ni la jambe ronde, ni après la jarretière, l'éclair de peau blondissante. Il trempait son aiguille dans le flacon de corne, et son exaltation s'endormait sous le bercement chanteur de la prose de Baudelaire :

« O toi qui pour les angoisses induisant l'esprit en rébellion, apportes un baume adoucissant, éloquent Opium ! . . . . »

La petite flamme montait, les doigts tournaient, la boulette d'or se boursouflait, odorante ; et, d'une voix plus haute, se berçant lui-même comme on berce un enfant, il psalmodiait sur la musique du jet d'eau, la finale exultante et glorieuse de de Quincey : « *Thou only givest these gifts to man, and thou hast the keys of Paradise, oh, just, subtle, and migthy opium!* »

— Oui, disait Herthol, rentrons dans le Paradis !

Doucement, il repoussait sa maîtresse et se penchait sur la *fumerie*. La femme, soudain sérieuse, les regardait, accroupie, immobile, et son œil semblait mort. Ou bien, elle disparaissait, discrète, respectueuse, comme une ombre; et plus rien ne s'entendait que la molle chanson du jet d'eau. Avides, les deux hommes fumaient, sans une parole, sans un geste. Marcel, la pupille contractée, le front tendu, semblait plus encore fermé que son ami. Maintenant, il savait pourquoi tous les fumeurs se taisent, ou forcés de parler marmonnent des mots brefs, et pourquoi, planent sur eux cet effrayant silence, cet accablement morne, et cette stupeur, apanage des temples où le prêtre est bourreau.

TROISIÈME PARTIE

« L'homme a voulu rêver, le rêve gouvernera l'homme; mais ce rêve sera bien le fils de son père...

«..La femme est l'être qui projette la plus grande ombre ou la plus grande lumière dans nos rêves... » (BAUDELAIRE.)

1

Il tirait à ses derniers jours, le délai d'un mois au bout duquel Deschamps avait résolu de clore par un coup de tête le supplice de son attente ; mais, entre deux pipes d'opium, le projet de cette énergique révolte ne se représentait plus à son esprit que fort confusément, flottant, noyé, parmi des choses très anciennes. Son souvenir demeurait imprécis comme les rappels de ces songes dont la paresse du réveil cherche parfois à reconstituer la trame fugitive : Peut-être avait-il pensé ce projet avec tant d'autres ?... « *Tous ses plans conservaient la couleur de ses rêves.* » D'ailleurs, il en avait nettement conscience, et, à propos de son cas, citait de l'Edgar Poë à Herthol qui souriait, ne comprenant point.

Cette mort de sa volonté, Marcel accoudé sur sa

fumerie, la savourait moralement et physiquement. Vivre couché, et vivre d'une vie uniquement intellectuelle, n'était-ce pas se rapprocher du bonheur ? Certes, il aurait toujours donné la moitié du sang de ses veines pour que Blanche arrivât ; seulement, puisqu'il possédait le moyen de l'*espérer* sans plus se torturer d'impatience, il tombait à la résignation, et l'opium, dans sa nouvelle habitude de tout figurer, l'opium au bleu sourire, lui semblait être un de ces amphitryons trop gracieux qui ne veulent pas laisser aller leur hôte là où tend son désir, l'arrêtent sur leur seuil, le retiennent sur sa route, puis, le ramènent, victime sans colère, tant leur violence reste douce, tant ils ont d'agréables surprises et de distrayantes caresses pour le consoler d'un « simple retard ».

Par malheur, on ne peut toujours fumer. L'implacable existence, il le savait trop, rejette le grappin, bien vite sur quiconque tente de s'évader par le Rêve, par la Musique, par l'Idée, par le Vin, par l'Amour, et ce grappin, l'enfonce, plus cruellement afin de punir ses captifs de leur rébellion passagère. Donc, il connut les mornes lendemains de bonheur, et son crâne s'endolorit sous le sinistre *mal aux cheveux* dont la céphalalgie rachète toute orgie, qu'elle soit cérébrale ou matériellement grossière. Las à mourir, effaré, les nerfs détendus, il rentrait dans le réel, à quatre pattes. Chaque jour, sa matinale migraine s'exacerbait d'une réaction de dégoût de vivre, d'une reprise de spleen.

Lorsqu'à neuf heures, il sortait de chez lui, ses paupières clignotaient comme celles d'un oiseau de nuit aveuglé par le grand jour, et tout en marchant, il ruminait le dépit du dormeur qu'une fatalité tire de son sommeil au moment où sa main effleure les félicités. Celles-ci ont été si proches, si tangibles, que, tout d'abord, il hésite à les croire mensongères, et nourrit une furieuse rancune contre les gens ou les choses dont l'intervention l'a retenu sur le bord de l'enchantement. Et quand la lumière se fait en son esprit, quand il s'est convaincu de l'inanité de sa chimère, il se remet à vivre avec douleur.

Oh ! comme il la comprenait à présent, la plainte de l'ivrogne arraché du ruisseau par lequel se vautre son repos béat !... Depuis longtemps, déjà, l'opium et les lourds sommeils suivant l'intoxication du soir ne lui apparaissaient plus comme une déchéance. A peine était-ce un lent suicide ; or, sa philosophie aux mépris désabusés envisageait le suicide comme la glorieuse revanche de la faiblesse de l'homme sur les brutalités de la vie. Volontiers eût-il divisé son existence en deux parts, l'une pour fumer, l'autre pour cuver.

Lentement, il gagnait la Chancellerie. Rien ne souffrait en lui, hormis ses tempes et ses arcades sourcilières que piquait sourdement une aiguille, mais tout son être était las, comme après un massage, et d'une sensibilité maladive, qui le laissait sans résistance contre le soleil et la chaleur, si vaillamment supportés encore, le mois d'avant. Souvent, pour accomplir les huit cents mètres du trajet, il montait à cheval, ou faisait atteler sa voiture, et toujours s'abritait d'un parasol, la réverbération des façades titillant sa rétine. Aussitôt arrivé, il ordonnait qu'on fermât les contrevents, qu'on abaissât les stores, puis entrait dans des colères enfantines, lorsqu'un de ses interprètes ou de ses lettrés, roulant, embarrassé, son pinceau entre les doigts, venait se plaindre de n'y plus assez voir pour écrire.

Cette dépression morbide durait peu ; moins d'une demi-heure le rendait à son état normal. Quelques tasses de café fort, sans sucre, dans lequel il exprimait le jus d'un citron, achevaient la cure en dissipant le mal de tête ; aussitôt reparaissait, et d'autant plus violente qu'elle avait sommeillé davantage, l'anxiété familière. Alors, il débattait à nouveau son projet de fuite, prenait le calendrier, s'étonnant, chaque fois, que le temps si long courût si vite. Quoi ! moins d'une semaine le séparait de la date convenue ? Mais il lui fallait commencer ses préparatifs, vendre ses collections, ses armes, ses chevaux, réunir de l'argent sans retard !... Il n'achevait point : des objections peu à peu le pénétraient, avec des craintes. Que dirait Blanche ?... Et si aucun bureau ne voulait l'occuper à Saïgon ? Démissionnaire du Tonkin, on se méfierait de lui. Tout d'abord, on le prierait d'attendre, afin de recevoir des informations, mais, reconnue son honorabilité, ne l'accuserait-on pas d'avoir voulu éviter quelque poste dangereux ? Et puis, l'Administration de Cochinchine n'aimait pas celle du Tonkin : on le repousserait. En tous cas, il devrait rester longtemps oisif, s'endetter — si on lui permettait la dette, — ou tomber à devenir l'obligé de M. Verdier ! Quel emploi d'ailleurs lui confierait-on, si, grâce au titre de son parrain, on consentait à lui en accorder un ? Dans quelles conditions sociales serait-il placé vis-à-vis de son amie ? Enfin — et ceci primait tout — à quoi se résoudrait-il le jour où le commissaire recevrait l'ordre de se rendre à Hanoï ? A quel titre et comment le suivre ? Est-ce que Blanche pourrait obtenir de son mari qu'il refusât un poste, sollicité par eux ? Et lui-même pourrait-il à Saïgon, dans une maison de verre, demander le bonheur à l'aimée ?...

Pressées et confuses, ces réflexions et vingt autres l'assiégeaient à la fois, ne lui laissant ni volonté, ni courage. La dernière lui montrait qu'avec sa malechance, peut-être croiserait-il les Verdier en route. Celle-là achevait l'à-vau-l'eau de sa résolution — l'achevait pour un jour, le lendemain devant ramener les mêmes combats. A cette indécision succédait une crise de colère, et son impatience éperdue, sa passion surexcitée lui faisaient se tordre les mains. Il sortait pour courir s'enfermer dans une pièce déserte et y exhaler sa misère, parfois comme une femme, avec des sanglots.

Bientôt, il regardait la pendule. Car, après son repas, souvent pris chez Herthol maintenant, il fumait, incapable d'attendre la nuit. Et n'était-ce pas le seul moyen de ne plus souffrir ?

Il aurait même installé une *fumerie* dans sa chambre, si ne l'en avait détourné la peur de ne plus sortir de l'opium Que rien désormais ne s'interposât entre son désir et la pipe, et il ne tarderait point à réaliser son vœu du réveil : il fumerait et il cuverait, sans relâche. Chez Herthol, du moins, une barrière devrait limiter sa folie. Il ne pourrait s'installer à demeure sur ce lit de camp étranger, et déjà, calculant que le prix élevé de l'opium doublait l'inconvenance de son indiscrétion, il accablait Loulou de cadeaux qu'elle acceptait naturellement, sans que son amant s'y opposât. Ce détail avait même frappé Deschamps, et il se demandait avec un frisson, si c'était bien l'absence orientale de préjugés, fruit d'une vie d'aventures, ou l'abus de l'opium qui obnubilait ainsi le caractère de son hôte. Il chassait cette sensation gênante, tout à la *fumerie* dès qu'il arrivait rue du Chanvre, et, pour accommoder les choses, se condamnant à témoigner à l'Annamite une froideur croissante.

Enfin, il était installé. Jusqu'à quatre ou cinq heures, il resterait sous le *pankah*, dans la fraîcheur qu'embuaient les bleuâtres nuages. A travers un store, il découvrait la cour, si étroite, que le soleil, ne pouvant l'emplir en entier, tournait autour de la vasque, chassant devant lui le flamant dont la blancheur tachait les feuilles. Et c'était un silence profond de midi, une torpeur de sieste que le jet d'eau, arrêté le jour, ne rompait point. Les murmures de la ville n'arrivaient qu'atténués, berceurs, souvent couverts par un chant lointain de cigale, ou par le grincement assourdi d'une guitare pleurant une rauque mélopée sous les doigts de la métis, de l'autre côté du mur.

Il fumait. Voluptueusement.

Au début, c'était comme un apaisement, comme une détente bienheureuse, la joie d'un bain glacé délassant son corps en nage, le régal d'une limpidité froide dans laquelle il buvait. Puis, il s'étendait sur le dos pour le *kief* et il sentait couler en lui, non plus une eau de source, une nappe transparente, mais un optimisme satisfait auquel ses sens eux-mêmes prenaient part. Ceux-ci qui semblaient somnoler s'exaltaient alors. Son oreille percevait l'imperceptible bruit des pattes du flamant sur les briques; ses yeux découvraient, entre les poutres, les yeux d'une araignée rencoignée dans sa toile; ses narines aspiraient à travers le store le vague parfum des corolles fermées par la chaleur; et, sur le plateau, ses mains distinguaient au seul toucher les aiguilles neuves d'avec les anciennes que Loulou cependant défendait de la rouille en les polissant chaque soir.

A ce moment, il se serait endormi, s'il n'avait pas préféré ménager le repos de la nuit à venir et savourer l'aberration de ses facultés. Une ou deux pipes chassaient la somnolence, puis ses paupières se rouvraient toutes grandes, pour lui laisser découvrir un univers dans les choses extérieures. Toutes elles l'intéressaient, lui devenaient très chères.

Le store surtout l'attirait, portant sur ses vertes lamelles un guerrier chinois, peint en rouge et rébarbatif, qui l'occupait un très long temps. Avec une intensité d'attention extraordinaire, il en suivait la conventionnelle silhouette, dont les lignes lui parlaient. Le geste lourd, l'attitude saisissante, l'œil tubulaire, l'accent circonflexe des sourcils, le gonflement des joues, l'envolée du geste tirant le sabre d'entre les plis exagérés du vêtement sortant comme un jupon de la cotte de maille, tous les détails enfin symbolisant le courage chinois, lui soufflaient un monde d'inspirations vagues et majestueuses, profondes et fugitives, qui bientôt défilaient en théories bigarrées, sur un rythme barbare d'une musique puissante et douce. Quelquefois, il cherchait d'étranges rimes, des pompes de mots, des éclats de paroles pour y appuyer la mesure de cette musique, scandée par les battements de son cœur, toujours calme.

Et ce n'était pas un rêve, car il raisonnait, dans ses analyses survivantes. Ce n'était pas un rêve, mais l'effet maladif d'une suggestion. Ses pensées restaient logiques, il le savait bien. Seulement, de par l'abolition de sa volonté, elles se suivaient décousues, ainsi que des perles s'éparpillent, et, au commencement, il les regardait couler, comme il eût regardé couler une eau.

Peu à peu, se fondaient les témoignages de ses sens: dans le rouge de l'image guerrière foncée par sa rétine, ses narines retrouvaient l'odeur fade du sang qui plane sur les champs de bataille, et qu'il avait connue à l'amphithéâtre, à l'hôpital. A ces deux perceptions connexes, son ouïe mêlait, en la défigurant à son tour, celle du lointain murmure de la ville, pareil à la rumeur d'une foule qui piétine, celle du son de la guitare, pleurant une rudimentaire mélopée, plaintive et rauque, celle enfin de son pouls battant avec lenteur. Cependant, comme l'impression cérébrale ne pouvait pas être moins défigurée que la sensation, ce guerrier, ce

21.

sang, ce souffle de mort, cette musique de défilé, totalisaient une vague image de troupes asiatiques déroulant leur cortège, après un de ces combats dont chaque jour chez Rioux il entendait raconter les horreurs. Or, ces troupes il ne les avait jamais vues et devait se les figurer, d'où le rappel de lectures anciennes, la recherche d'une phrase de Flaubert, d'une strophe de Hérédia évoquant des Barbares, faisant avec les mots brillants et sonores vibrer le métal de leurs armes, scintiller l'éclair des boucliers, imitant enfin, par la cadence des périodes ou le rythme du vers, l'écho formidable de leur marche. La mémoire se refusait à ce rappel, la volonté demeurant toujours coite, et comme la sensation se poursuivait, il cherchait lui-même des rimes étranges, les plaquait sur des mots imprécis, sur des associations de syllabes, dont le vague répondait d'ailleurs au hiératisme du guerrier, à la confusion lointaine du cortège, à l'exotisme de son apparition.

Marcel vivait ainsi dans une atmosphère exceptionnelle, jouait avec des idées ainsi qu'un enfant joue avec des pièces d'argent ou d'or, pour lui sans valeur ou qu'il ne saurait employer. Sa raison surnageant tout entière, il découvrait les infidélités de ses sens trop actifs, à la minute où elles se produisaient, sans que cet état anormal lui procurât autre chose qu'une jouissance dont il remerciait le subtil opium. Il lui semblait vivre devant ces panneaux de miroirs alternativement concaves et convexes auxquels s'amusent les passants devant les boutiques d'opticiens. Son regard y voyait des objets réels mais déformés, et cette déformation l'intéressait pendant des heures.

Aussi bien, les premières pipes seules lui laissaient-elles le goût de l'analyse. Lorsqu'avec un sourire, il avait reconnu par quels phénomènes, par exemple, sa contemplation d'un store enluminé l'avait pu conduire à proférer, sur une chantante cadence, des mots vides d'expression, tandis que défilaient en sa tête des hordes asiatiques grandioses et barbares, monstrueuses et menaçantes, vieilles comme l'Asie elle-même et mystérieuses, mi-hommes, mi-idées et symboliques, Deschamps reprenait sa pipe, puis fumait, sans plus s'occuper du mode d'association des pensées suivantes, nées aussi d'un souffle, d'un hasard, d'un rien.

Ou bien encore, s'il s'étudiait un court moment, c'était pour se comparer au voyageur harassé qui, parvenant à l'auberge, demande un bain, se couche et se délasse sur le dos, dans la béatitude des draps frais, dans la paix de son corps. Sa fatigue et la réaction du bain, du brusque repos, l'ont enfiévré, chassant le sommeil; ses yeux restent ouverts. Pourtant il ne souffre plus et savoure bienheureusement son immobilité, tandis que son esprit vagabonde, sans suite, avec des pensées inachevées, des souvenirs que la nouveauté des meubles accroche, colore, fait naître ou dévier.

Aux pipes suivantes, soit qu'agît une accoutumance, soit que son parti pris de ne plus s'analyser lui enlevât sa conscience, il se laissait aller et ne notait plus guère que l'étrange puissance de sa mémoire. Celle-ci, superactivée comme toutes ses facultés intellectuelles, s'éveillait tout d'un coup, sur le heurt inattendu d'une réflexion suggérée par une banale sensation et lui ouvrait des horizons sans bornes, des abîmes d'impressions emmagasinées jadis, mais oubliées depuis, et mortes. Par exemple encore, le cuivre d'une trompette chinoise éclairant une panoplie le transportait aux concerts Colonne ou Pasdeloup, à Paris, lui remplissait la tête de musique. Seulement, à mesure que se suivaient les pipes, il se rendait de moins en moins compte de la transition de l'image présente, à l'ancien souvenir, et même il arrivait peu à peu à ne plus reconnaître une résurrection dans le monde ainsi rouvert par un fortuit rappel.

Un décor se mouvait, découvrait une salle de spectacle éclairée des clartés d'église dont se revêtent les théâtres où l'on joue dans le jour. L'orchestre apparaissait sur la scène, avec ses choristes dans le fond, et, sur le premier plan, un monsieur qu'embarrassaient ses mains gantées de blanc. Derrière ce soliste, un piano à queue reflétait en son vernis les têtes souffreteuses des vieilles filles harpistes et les violons proches. Puis, c'était une dame décolletée, grosse et laide, évidemment préoccupée de la traîne fleurie de sa robe. Dominant ces chanteurs, le chef se levait, grand et noir, tonsuré d'une tache luisante. Son bras gauche magnétisait les instruments à vent, sa main droite armée d'un archet soutirait l'attention des violoncelles et des contre-basses, partait brusquement, et des sons s'élevaient en tempête, naissaient en murmure doux, remplissaient le vaisseau sonore. Des chants les traversaient parfois, comme des cris isolés trouant la rumeur d'une foule. Le ténor roulait les yeux, ouvrait une énorme bouche, et sur le cou renversé de la prima donna des muscles saillaient, tordus.

Cependant Deschamps, après un regard aux vagues spectateurs dont les yeux se montraient seuls, s'abîmait dans l'harmonie du morceau, ne distinguait plus rien. Et ce morceau, il en retrouvait les phrases suivies, les ouvertures, le développement, les finales, et du menton il en battait la mesure, avec un marmonnement des lèvres. Pourtant, ce n'était pas toujours du Beethoven, du Mendelsohnn, du

Berlioz, du Wagner, du Bizet, qu'il possédait, et qu'il aurait, sur un effort, ressaisis hors de l'opium, mais souvent des pages plus rares ou bien inédites, des extraits d'œuvres étrangères ou très vieilles, exécutées à Paris une seule fois. Trois jours, il poursuivit vainement dans la rue, dans sa chambre, à son bureau, un adorable hymne russe entendu cinq ou six ans avant, et qu'il avait resavouré de la sorte sur sa *fumerie*. Ce chant se refusait à son souvenir lucide ; il le redemanda à l'opium sans qu'il reparût.

A la longue, elle formait même le point noir de son plaisir, cette impossibilité de piquer sur un chapitre spécial les surprenants réveils de sa mémoire. Il devait jouir au hasard, ne pas choisir les réapparitions des scènes par lui vécues, entendues, ou lues autrefois. Blanche l'avait fui plusieurs jours, justement parcequ'entre deux pipes, il s'efforçait de vouloir penser à elle, de revivre tel épisode de leur commune vie sur le *Messidor*. Elle ne revenait que plusieurs jours après, alors qu'il n'y songeait plus, alors qu'il ne songeait à rien ; elle revenait, évoquée instantanément par l'entrée d'un rayon de soleil perçant le store et jouant sur la main du fumeur, comme il jouait à bord sur les mains de l'amie, lorsqu'elle les étendait sur les pochettes de la chaise-longue ; elle revenait évoquée encore par un ruban de Loulou traînant parmi les pipes, évoquée par une ombre, évoquée par un parfum. Marcel pensait qu'il eût atteint l'au-delà du bonheur si elle avait consenti à ne point sortir de son rêve.

Le soir, après le dîner, lorsqu'il retournait chez Herthol, ses hantises demeuraient pareilles à celles de la sieste, comme précision, comme imprévu, mais il en était une plus triste, la seule qui se répétât, dont il ne se réjouissait point : celle de son cauchemar, la nuit de son initiation à l'opium. Brusquement, sans que l'appelât rien de sensible, cette hallucination surgissait, re-déroulant ses multiples scènes. Ainsi revues dans l'état de veille, elles ne lui apportaient point, à tout dire, d'oppression douloureuse, agaçaient sa curiosité seulement. Ai-je rêvé par l'alcool ou par l'opium? cherchait-il encore. Ensuite il se complaisait aux tristesses des images qu'à bord de l'*Éclair*, il n'avait pu reconstituer, tandis qu'à présent, il les découvrait si nettes, si réelles, qu'il eût compté, croyait-il, les croix du cimetière et retracé la marche de la partie jouée sur le cercueil.

A la longue, ce souvenir tournait à l'odieux; ce Tchang qu'il n'avait pas revu, qu'il n'avait aucun motif de haïr, devenait son cruel ennemi. Serait-ce, se demanda-t-il — quand il sentit poindre la haine, — en vertu de cette faiblesse accrochant une série de souffrances et d'espoirs perdus à des hommes, à des choses, innocents ou inconscients de nos maux, et les personnifiant dans ces hommes et dans ces choses? Non! Tchang était étranger à son supplice; ce n'était pas lui qui retenait Blanche, et rien sans doute ne se fût autrement passé, ne se passerait autrement, à cette heure, si lui-même, en débarquant, il n'était pas allé chez ce Chinois, s'il n'y avait point rêvé! Cependant, il le haïssait chaque jour davantage. Son souvenir n'assiégeait plus ses seules rêvasseries entre deux pipes, mais dans sa chambre encore, obsédait son sommeil. Presque toutes les nuits, après les soirs où l'avait traversé, en fumant, le souvenir de son début dans l'opium, il le voyait passer dans le même funèbre rêve et de ce rêve ancien il souffrait à nouveau comme d'un supplice inédit.

D'abord, c'était l'eau jaune stagnant en surface autour de lui, sous le poids d'un grand silence, et coulant pourtant d'une fuite éternelle, mystérieuse, dont la continuité poignait. Il s'y débattait durant des heures, durant des siècles. Survenait enfin le *sampan* et Thisa, puis Tchang, sa taie blanche sur l'œil, qui le saluait d'un rire comiquement cruel. Des personnages suivaient, tels que Rioux, Herthol, Chalon et Saylor, des figures qu'il n'avait pas vues à Haï-phong, et c'était Tchang qui courait sur ses talons, non pas la vieille, mais l'horreur ne perdait rien à ces changements, s'aiguisait au contraire, jusqu'à ce qu'il retrouvât le cimetière, et les noms de ses amis sur les croix déracinées. Ensuite la scène se jouait sans modification, ne s'arrêtait que lorsqu'il tombait au bord de la fosse.

A ce moment, il s'éveillait d'un effort géant, se dressait dans l'obscurité de son moustiquaire, les bras en avant, éperdu. Il claquait des dents ; des souffles glissaient sur son visage ; son poil se hérissait ; ses mains tâtonnaient à la recherche de la bougie et des allumettes. La lumière parue, il restait hagard, à contempler la mousseline enfermant son lit de toutes parts. Sur la tablette fixée à portée de sa main, à l'intérieur de cette alcôve pour qu'il ne risquât point en se levant d'ouvrir aux moustiques, son œil agrandi fixait les choses sans les voir, s'hypnotisait sur le métal allumé du revolver et du flambeau, encadrait la flamme d'une auréole tressautante. Quelles longues minutes mettaient à se calmer la galopade de son sang et l'affre de son angoisse !... Il essuyait la moiteur glacée de son front, mais elle le hantait, jusqu'à l'aube, la vision de la fosse fraîche, creusée pour lui, profonde, solitaire, avec, au fond, l'attirance du cercueil neuf, et sur ses parois des vers rouges, des racines, et ces luisants de métal dont le fer de la bêche enduit la terre grasse. Il avait peur.

II

Pourquoi cette peur?...

Dans sa chambre pleine d'un joyeux jour, il se le demandait au réveil, avec un ricanement mauvais, avec ce mépris pour les vaincus que volontiers affichent les non combattants dont la digestion se berce, au fond du h*)me*, avec le bruit lointain des canonnades. Peur de la mort?... Non, cela n'était pas possible, ou, du moins, sa terreur restait physique, nerveuse, empruntant à l'opium sa morbide acuité, à l'ombre, à l'exotisme du décor, son grossissement de vision mouvante, élastique, infinie, sa nocturne vanité de pensée-fantôme. D'abord, cette crainte de la mort, cette prévision fatale et harcelante du néant qui paralysait, dans leur littérature, sinon dans leur vie vécue, certains jeunes hommes, ses amis, il l'ignorait, grâce à son éducation dont la sévérité l'avait sevré du doute, obligatoire escorte des premières désillusions de la foi, et père trop fécond des mortelles angoisses. Jamais il n'avait cru, — jamais!

Non! pas même en son enfance, au temps où l'approche des premières communions éveille de passionnées ferveurs de catéchiste et des fanatismes passagers dans l'âme des heureux petits êtres sauvés de l'internat et réduits, par suite, à leurs propres forces mentales, il n'avait point balbutié de confiance les dogmes surnaturels ! Toujours le foyer, en ce temps, corrigeait la leçon de l'école. Son père, son grand-père, leurs amis, avaient, aussi loin que remontaient ses souvenirs, battu en brèche le sermon du prêtre, comme ils avaient annihilé plus tard les plaidoyers spiritualistes du professeur de philosophie. Cette œuvre de démolition, ce travail de Pénélope, ces matérialistes l'exécutaient du reste inconsciemment, l'enfant devant « pratiquer » comme ses camarades, pour ne pas entraver l'avancement paternel. Or, de ces deux enseignements parallèles, des bibliothèques tôt ouvertes à sa jeune intelligence, il avait retiré non seulement une banale incrédulité, si précoce qu'elle semblait infiltrée dans son sang, mais encore un immense mépris, d'une plus incroyable primeur, pour les hommes et pour le monde. Les courtes ardeurs dévotes des gamins habituels se changeaient chez lui en révoltes ardentes, plus durables, contre les hypocrisies auxquelles on le condamnait. Lorsque, plus tard, il entendait des camarades évoquer, après les clichés obligés, leurs souvenirs d'enfance, le jour marquant de leur premier voyage à l'autel, il se rappelait amèrement qu'à la veille de ce « beau jour », sur son refus de se rendre au confessionnal, son père exaspéré l'avait si brutalement souffleté que son nez en saignait encore à l'église !...

La mort ? Comment donc en aurait-il eu la commune terreur, après une pareille éducation ? On lui avait appris à l'envisager de façon spéciale, en fataliste et en bouddhiste, comme la fin inéluctable, but unique et désirable de la vie. La certitude que la mort terminait tout sans lendemain possible, s'était même de si bonne heure ancrée dans son cerveau qu'il l'avait presqu[e] perdue de vue, comme on oublie les choses de posses[s]ion certaine qu'on dédaigne de revoir, les sachant e[n] sûreté dans un coffre. Il n'y percevait enfin aucune énigme; si, parfois, aux heures tristes, il souhaitait d'en finir, il souhaitait l'agonie facile, sans les souffrances matérielles seules redoutées.

Ses amis, pendant ce temps, toute croyance envolée, découvraient enfin l'inutilité de l'effort humain et tremblaient, ou feignaient de trembler, à la prévision de la blême camarde, faucheuse de rêves et de vies. D'aucuns même disaient, en pages superbement éloquentes, leurs angoisses maladives, renouvelées de gens plus anciens que les Grecs; et cela l'amusait comme la plainte d'un fou réclamant vainement la lune, cette désespérance de gens sains pleurant le Paradis perdu! Que regrettaient-ils donc? Mais ils étaient enviables, puisqu'à ce Paradis, leur défunt idéalisme avait pu croire! Enfin, ce leur était une occupation de mettre en prose, voire en vers, leurs jérémiades, et de polémiquer dans les revues payantes sur l'à vau-l'eau de leurs espoirs, baptisé d'épithètes en *isme*, avec citations de Schopenhauer. Se pancarter comme eux *pessimiste*, c'était involontairement impliquer la possibilité d'un mieux, c'était renouveler l'allégorique Héraclite, et simplement retourner les croyances d'antan, pour revenir à la plus vieille des religions! Pour lui, s'il se trouvait contraint à l'étiquette, il s'intitulait *nihiliste*, et se croyait logique. Ni pis, ni mieux : rien. La vie était un théâtre, mais qu'on jouât ou qu'on figurât dans la pièce, à quoi bon juger une comédie qu'on ne reverrait pas, et dont on ne se souviendrait même plus. Pourquoi des mots, pourquoi des phrases, puisqu'il n'y avait rien derrière, — RIEN? Au spectacle ordinaire n'est-on pas résigné d'avance à l'inanité des fictions et à l'inexorable chute du rideau entre minuit et une heure? Se résigner à finir soi-même n'était point plus difficile, non plus que juger l'existence aussi parfaitement vaine que le drame ou la féerie brusquement éteints par ce rideau!...

Deschamps, las de se remémorer ses anciennes réflexions, sautait hors de son lit et bâillait. Oublieux par tempérament, puisqu'il était sensitif à l'extrême, il arrivait assez vite à ne plus penser à l'épreuve de sa nuit. Mais de même que son nihilisme raisonné ne l'empêchait ni de trouver les hommes féroces et la nature injuste, ni de traduire son indifférence de commande en malédictions, sa résignation à la mort, en dépit de sa sincérité, n'empêchait point son angoisse de reparaître, dès la nuit suivante, dans l'ombre de son cauchemar.

Il n'en fuma que davantage; si la vision le hanta encore, l'horreur à la longue ne fut plus toujours assez forte pour le tirer de ses sommeils de plomb. A peine les matins se souvint-il d'en avoir subi la visite. Accumulant du reste les précautions, il se contraignait, avant de s'endormir, à en revivre tous les funèbres épisodes, avec autant de soin qu'il en prenait, l'après-midi, pour les éviter. Il avait cru remarquer que ses songes déambulaient surtout parmi les impressions les plus lointainement emmagasinées, n'éveillaient point les idées toutes récentes. Ces enfantillages, pensait-il, le jour, pour s'en excuser, peuplaient le vide des heures que l'opium ne remplissait point.

Cependant, sa haine inavouée contre Tchang n'était pas abolie; il se la reprochait parfois, furieux de son impuissance, ou craignant de voir dans cette involontaire bizarrerie pointer une rancune contre son *initiateur*. Il ne se connaissait plus. Il doutait devant lui-même, avec des hésitations d'analyse, des maladresses. Certains jours, il s'interrogeait. Regretterait-il de s'être adonné à l'opium? Certes non. D'abord, il ne souffrait pas de son fait. A peine un peu de lassitude le matin. Et si tôt dissipée! Évidemment, il se portait à merveille... à merveille... Brusquement, il fermait les yeux, distrayait d'occupations banales la pensée vague, sentie prête à surgir : dans son corps encore intact, son intelligence n'était-elle point atteinte?

Des pipes, et toujours des pipes, chassaient ce frisson peureux. Pourtant, de ces préoccupations quelque chose restait à sa mentale flânerie, la suggestion sur un mot, sur un hasard, de spéculations philosophiques, si lucides d'ailleurs qu'il les accueillait avec joie, voulant voir en son intérêt passionné pour elles une preuve de la bonne santé de son cerveau. A présent, sur sa *fumerie*, il se livrait pendant des heures à une psychologie expérimentale dont l'état supernormal de son entendement était à la fois l'objet et la cause, et partant de ses rêves, il mesurait les altérations de sa personnalité.

III

Un jour, il porta chez Herthol une collection de photographies achetées pendant son voyage, à chacune des escales. Entre deux fumées, ils la feuilletèrent.

Après les vues de Naples, de Port-Saïd, du Canal, d'Ismaïlia, de Suez, d'Aden, de Colombo, de Singapoore, du Cap Saint-Jacques et de la rivière de Saïgon, vues de paysage et portraits de types, Deschamps, le cœur gonflé, retrouvait des épreuves prises par un officier « amateur » à bord même du *Messidor*. Le pont du navire, l'arrière couvert de fauteuils de bambou, le pavillon de M. Villaret, la descente des *premières* où l'on affichait le *point*, le fumoir, le coin où ils jouaient au palet : toutes ces choses familières défilaient, fécondes en doux souvenirs, si tristes, si lointains...

Sur la passerelle, un groupe se découpait, Blanche assise au centre, entre le commandant et certaine tache blême figurant Marcel : il avait remué pendant la pose! Au moment où s'ouvrait l'objectif, il frémissait pour s'être trop penché sur l'aimée afin de mieux voir le dessous crémeux de son oreille ou d'aspirer l'arome de sa nuque... L'opérateur n'était pas non plus très habile, ses *plaques* instantanées se piquaient enfin au souffle de la mer ; aussi les images souvent restaient-elles confuses, avec du flou dans les mouvements, des blancheurs sur quelques visages. C'était, il est vrai, ce défaut, un charme de plus : ces photographies avec leurs indécisions, leurs estompements, leurs fonds vagues ressemblaient à des photographies de rêves. Blanche — cela suffisait, — reparaissait partout, très reconnaissable, au milieu des réunions, ou bien assise seule devant un rang de gens en bois à l'air gauche, curieux ou bête. Pour plaire à son ami, elle s'immobilisait, sérieuse, ses grands yeux fixés sur la mer dont le frisson entrant dans ses prunelles, les rendait vivantes. A d'autres pages, elle tenait une fillette sur ses genoux, s'encadrait de babies, de robes claires qui accentuaient son buste. Son geste de bonté grave serrant contre elle les enfants l'imprégnait de sereine tendresse...

La curiosité d'Herthol et de Loulou satisfaite, Marcel étendit l'album ouvert devant lui, contre la *fumerie*, prit sa pipe. Toutes les dix minutes, il tournait un feuillet et laissait s'ébattre sa mémoire. Affinée par l'opium, elle exhumait des images la réalité morte et, comme un verre de lorgnette, approchait cette réalité tout près, tout près du fumeur, dans une exquise évocation, décevante. Cependant, instruit par l'expérience, il s'interdisait d'intervenir, laissait d'eux-mêmes se produire les rappels et demeurait indifférent à leur illogisme, à leurs *trous*, à leur confusion de temps ou de lieux. Il lui semblait que sa tête renfermait un nid, dont les œufs sans nombre se brisaient les uns après les autres. Jamais il ne devinait, dans la masse, quelle coquille allait éclater. A chacune, c'était une surprise. Ou bien, sa pensée sommeillante effleurait de plus bizarres analogies, et il s'imaginait guetter d'infinies rangées de ces boîtes de tir aux pigeons dont le tireur ne sait laquelle va tout d'un coup s'ouvrir pour lâcher en fusée un vol prompt d'ailes blanches. Surgie cette fugitive blancheur, il ne la perdait point; une tension de son être épaulait et il l'accompagnait avec la même extase, loin, bien loin, jusqu'aux limbes où elle s'évanouissait. Puis, il revenait, sans regret, appelé par une envolée nouvelle. Et l'étrangeté de ces comparaisons ne lui échappait point au milieu du bonheur de revoir des choses chères. Même, il s'en amusait, se réjouissant d'enfin sentir comment naît la folie, et quel mince cheveu sépare la raison de l'abîme. Au fond de lui-même palpitaient la perverse joie du danger bravé, la caresse précédant le vertige.

Comme pour excuser sa singularité, ses ressouvenirs devant les témoignages matériels du passé affectaient des marches singulières. Chaque épreuve de l'album éveillait bien un écho; mais cet écho ne répondant jamais aux choses même dont la représentation frappait sa rétine, lui soufflait des réminiscences *à côté*, des impressions connexes.

Ainsi revoyait-il des tableaux absents de sa collection, et descendait-il à l'intérieur du *Messidor* par cet escalier dont l'image l'aurait dû retenir. Il se promenait à travers le salon, reconstituait d'une merveilleuse exactitude les tapis, les tables minces, et leur toile cirée d'un ton presque pareil au palissandre des cloisons. Surtout, elles l'obsédaient, les étroites planchettes imbriquées qui formaient ces cloisons, et, perpendiculairement au sol, les coupaient de régulières hachures, avec d'imperceptibles jours, insuffisants pour le regard curieux, mais laissant transparaître des ombres quand, de l'intérieur des cabines, les éclairaient les hublots grands ouverts. Que de fois, s'attardant au thé matinal, y avait-il suivi la silhouette de Blanche! que de fois, à l'allée et venue de ses bras, deviné qu'elle se coiffait devant sa glace !...

Toute une après-midi, sa pensée vécut là, glissant des dressoirs flanquant les marches dernières de l'escalier, jusqu'à l'arrière troué en rotonde de six petites fenêtres. Les vitres de ces croisées s'ouvraient de bas en haut, s'accrochaient presque horizontalement au plafond d'où les retenaient des chaînettes. Du tressaut de l'hélice elles grelottaient. Au-dessous, lorsqu'à cause du temps, on descendait le piano du pont, Marcel demeurait des heures près de Blanche, l'esprit noyé dans la musique, à regarder le reflet de l'eau dans ces verts miroirs. Et Blanche aussi les aimait, ces vivantes vitres où furieusement courait la mer bouillonnante, — l'immense mer qu'on entendait aboyer sans la voir. La nuit, ce n'était plus dans les six carreaux un ruissellement neigeux d'écume, mais une cascade de mercure, où passaient des phosphorescences, des perles de feu, des filets de lait chargé de soufre. Leur effrayante vitesse par un jeu de réfraction faisait angle avec la marche inverse du navire, brisait les rêves.

... Quelques spirales bleues montaient, voilaient le piano, les fenêtres et Blanche, mais, la pipe morte, la vision reparaissait, et Deschamps à nouveau retrouvait la pièce interminable, foyer natal de son amour. Plus il fumait et mieux les choses se dessinaient, distinctes et vraies, depuis la colonne du mât dissimulé sous des lames de palissandre, jusqu'aux tables sans fin, aux fauteuils, à tous les meubles dont, par les jours couverts, l'obscure tonalité assombrissait davantage le *hall*. La flamme des soleils couchants, d'autres jours, au début des dîners, descendait par les claires-voies du plafond, ensanglantait le bois, coulait en laque dans les cannelures. Que Blanche était belle, de profil, sur la chaleur de ce fond fauve ! Les grands *pankahs* sur sa tête promenaient des éblouissements, masquaient et démasquaient la lumière jouant sur sa joue, gonflaient ses bandeaux sur les tempes. Brève cette unique minute. Le soir tombait. Dans les verrines de cristal, s'allumaient les bougies. Leur lueur s'étalait en rondes taches d'un rouge opaque sur les derniers pans de lumière, sur les cloisons luisantes, puis, le jour mort enfin, s'irradiaient, blanches et jaunes, tristes. Les cheveux, les yeux de Blanche, changeaient encore.

Plus rares maintenant les flambeaux. Tous les passagers sont sur le pont; la nappe et le couvert enlevés, la toile cirée miroite, rougeoyante, dans la salle vide. Un garçon sommeille. Le *pankah* dort. Sous l'escalier, à l'office, l'argenterie nettoyée tinte et retinte, avec des heurts qui vibrent longuement. Et Marcel est déjà là, pressé d'entendre sonner le thé pour que Blanche sorte de chez elle, revienne. Il s'asseoit seul devant la table, où des citrons sur une coupe, des carafes, des flacons de cognac, des petites cuillers hérissant le dernier verre d'une pyramide, se perdent solitairement. Pour passer les minutes, pour entendre le frôlement de sa robe, il se confectionne un grog. Elle ne vient pas, et il regarde la pièce abandonnée, les murs tombés à l'ombre. Tous les deux mètres, une ouverture ovale, un carreau dépoli, les troue. Derrière, éclairant les cabines, brûle dans une niche une bougie-de-bord, grosse comme un cierge, et rien n'est mélancolique comme ces petites lueurs incolores, qui ne palpitent point. On attend un cliquetis de rosaire, l'inévitable apparition d'une cornette de religieuse, car on dirait, ces lueurs, des veilleuses et, mortellement recueilli, le salon fait songer aux salles d'hôpital.

Le thé ne sonnera donc point?... Deschamps se lève, impatient, fait les cent pas, et le tapis assourdit sa marche. L'hélice ronronne, semble parfois s'affoler hors de l'eau ; le navire se soulève, puis tout retombe, avec un bruit mouillé, et le ronron recommence, plus grave. Entre la table et la cloison, le chancelier battant son quart, arpente le tapis depuis l'escalier jusqu'au piano, dans le fond, où des plantes se métallisent aux clartés des appliques. Il tourne un feuillet de musique, déchiffre une phrase, presse une touche dont la note s'éternise, formidable, dans le silence du faux-pont. Puis, en se retournant, il écoute la mer, le sanglot si proche. Le parquet tremble ; un battement régulier dit les allées et venues des pistons de la machine lointaine dont on sent tressauter le pouls, rythmé comme un battement de pendule. Au dehors, des choses roulent ; des gifles claquent contre les murailles du bâtiment ; d'autres coups de la mer furieuse, sourdement s'écrasent avec de monstrueux glouglous ; des batailles géantes se devinent dans l'horreur de la nuit et des lames ; mais dans le *hall*, tout est paisible, comme dans une maison solide pendant un orage. Quelquefois pourtant, des membrures craquent ; il passe des rumeurs, des plaintes, qu'étouffent vite la vibration de l'arbre de couche, le souffle époumoné, long et fort des chaudières. Et cela rappelle encore l'hôpital où des agonies râlent entre des ronflements.

Huit heures cinquante-sept... Elle va venir !... Le maître d'hôtel se montre ; on apporte les tasses, les biscuits. Tantôt la théière apparaîtra dès le premier coup de la sonnette. Encore quelques pas... Maintenant, Deschamps, dans sa faction, sort du salon. Toujours tout droit, il va devant lui, s'arrête dans la batterie suivante, dite des enfants. Ici, les cloisons sont peintes en jaune, sans luxe, mais pareilles encore, avec leurs petites lucarnes en médaillon, au verre dépoli de veilleuse, des yeux blancs sans regard. Au delà, le corridor se continue, infini, passe dans la salle des *secondes*, gagne celle des *troisièmes*, finit on ne sait où. Marcel rebrousse chemin, regagne la rotonde du piano, s'y retourne et s'oublie devant l'enfilée de ces cent mètres de corridors et de salons. Entre ceux-ci, le couloir à tribord et à bâbord porte des lanternes haut accrochées, pareilles à des réverbères; l'on dirait, en n'en regardant qu'un côté, une rue de province, le soir, quand tout s'endort.

. . . .

. . . .

— Allons! encore une pipe!

C'est Herthol qui le tire du rêve, au moment où sonne le *drelin drelin* retrouvé, au moment où Blanche va s'asseoir pour le thé, — s'asseoir près de lui. Cependant, il ne se fâche point. Il tourne encore un feuillet de l'album, et reprend sa pipe, sachant bien qu'aux premières volutes, l'évocation resurgira. Qu'importe le choix du tableau futur, pourvu qu'il appartienne aux jours heureux du *Messidor*?

Justement, voici, pour un coin d'eau blanchissant la photographie dernière, que le fumeur retrouve en lui-même des vues de côtes où sa pensée se pose, s'oriente, tout de suite chez elle, et ravie.

N'est-ce pas Poulo Djarra, cette île isolée, verdoyante? La mer tout autour semble un lac... C'est Poulo Djarra, dont l'opium lui chuchote le nom oublié la veille et qu'il ne saura plus demain, Poulo Djarra dont l'opium lui découvre les anses ombreuses, distinctes, là, tout près, par tribord, presque plein Est, telles qu'ils les découvraient, Blanche et lui, l'autre soir, — hier... Oh! quelle douceur ils avaient goûtée ensuite, en se retournant! Par bâbord arrière, le soleil s'en allait sans rien leur dire, et ils oublièrent pour lui la côte entrevue. Toutes les côtes sont pareilles, d'abord ! Mais chaque jour, chaque heure, sur la mer, possède son soleil.

Au ras de l'horizon, une confusion gris-perle moutonnait, pareille à ces fumées qu'on voit dans les champs, en automne, au-dessus des foyers des bergers et qui, rabattues par le vent, se révoltent le long du sol. On eût dit une escalade de l'eau, aspergeant, vaincue, la lumière pour tenter de la noyer. Cependant, la mer dormait là encore, unie comme une glace. Immédiatement au-dessus, le ciel s'orangeait, et dans les vapeurs de sa base, derniers coups de feu d'un combat arrêté par la nuit, des éclaircies zigzaguaient en lignes de carmin dont les éclipses tour à tour ravivaient ou éteignaient cette teinte orange. Plus haut, s'étageait une gamme de tons attendris. La note dernière y mourait dans un jaune pâle de rose-thé; mais le bleu ne commençait pas aussitôt. Le ciel d'abord verdissait d'un vert hésitant de bourgeon qui s'entr'ouvre, et la transition suivante, imperceptible, avait la langueur d'un son filé dont la vibration incessamment faiblissante ne veut pas mourir.

Comme les rayons d'une queue de paon, des bandes lumineuses surgissaient de l'horizon, s'élançaient, minces, au-dessus du flot qui les reflétait tremblotantes, puis expiraient, enflées en cône, dans le décroissant azur. Empruntant leur couleur aux tons traversés, elles gardaient cependant une lueur propre, comme une poudre d'or jetée sur leur palette humide. Des vapeurs montèrent; le verdissement s'assombrit, et le ciel n'eut plus qu'un bleu passé, çà et là troué d'étoiles.

Sur la lisse Marcel et Blanche se penchaient, envahis de cette torpeur molle et de cette caressante mélancolie que la lumière, avant de s'abîmer, épanche autour d'elle, comme un adieu, et qui subsiste encore, pénétrante, lorsque l'ombre étend enfin sa victoire. La brise était tombée ; le seul courant d'air que déplaçait le paquebot soufflait sur leurs tempes, frais à peine, irrégulier, comme chassé par un nonchalant éventail. Ils ne se parlaient pas, jouissant du silence et de leur pensée absente, confondus avec les choses. L'œil égaré, la tête appuyée sur leurs mains, accoudés sur la rampe du palier de la coupée, dans un étroit balcon, hors du navire, ils semblaient perdus, seuls et sans rien derrière ou devant eux que le paisible ciel et la mer amoureuse.

À cette heure, l'océan n'avait plus même une ride. Seulement, l'étrave en le fendant ouvrait deux lignes obliques dont l'angle avec les flancs du steamer mourait en s'élargissant. C'était, à chaque bord, comme un pli oublié dans la moire de l'uniforme tapis. Une légère écume le bordait d'une passementerie perlée ; mais pas un bruit n'accompagnait ce déploiement d'étoffe lourde, et la lune qui montait accentua ce silence dans le mouvement. Pour percevoir un son par ce calme colossal et doux, il leur fallait se pencher, regarder, rapide à faire peur, filer un étroit ruban d'eau le long des flancs du *Messidor*. Là, se battaient des glacis de lune et des phosphorescences courant en sens inverse du bâtiment, luttant de vitesse, tantôt ramassés, tantôt éparpillés, et aux à-coups de la barre, se séparant des étoiles dont les reflets bondissaient sur ces fugitives lueurs, avec des sauts de poisson. Et là, s'entendait la plainte infatigable de l'eau battue. On eût dit d'une chanson de jet d'eau susurrant dans une vasque.

IV

Au bout d'une semaine, Deschamps se trouvait à court d'évocations. L'album qu'il feuilletait pourtant encore afin de se repaître des bonheurs défunts en les assaisonnant de ses amères rancœurs, réveillait ses seuls regrets, raffinait le supplice de son attente... En vain s'entêta-t-il à vouloir revivre après les heures regrettées du *Messidor*, les tristesses du début, ses jalousies, ses doutes : sa volonté se cabrait, puis pour ne pas céder, semblait se coucher, inerte, comme un cheval vicieux.

D'abord, il pensa que son accoutumance à l'opium était cause de cette impuissance, et il augmenta le nombre des pipes. Ce fut en vain.

Dès les premières aspirations, sa pensée s'évadait du cadre imposé, nageait dans des infinis vagues, effleurait Blanche incidemment, et retombait à des choses du passé, banales, vieilles, inutiles, ou se raccrochait au hasard d'objets présents, de lectures et de conversations quelconques brusquement retrouvées dans un coin de mémoire. Aussi bien, ce vagabondage n'allant point sans douceur, il ne regrettait pas longtemps les tendres souvenirs de son voyage. Le bienveillant optimisme qu'exhale la *fumerie* le consolant des défaillances de son vouloir, — le consolant de tout, il attribuait à la chaleur la diminution croissante de son appétit, à l'habitude le calme actuel de sa chair.

A présent, l'augmentation de ses doses d'opium le gênant vis-à-vis d'Herthol, il fumait fréquemment chez le capitaine Lehrer, chez Rémy le vieil interprète, et même dans sa veulerie, chez Bernardet, le jeune élève administrateur, son secrétaire. Il ne trouvait pas d'autres fumeurs européens ; mais pour pallier les récidives de son indiscrétion, il arrivait chez eux avec un flacon d'opium en poche. Ses amis, du reste, refusaient ses excuses. Plus accueillants chaque jour, ils célébraient l'opium avec, dans la voix, dans les yeux, des enthousiasmes pareils, et de pareilles hésitations dans l'ambiguë description de leurs plaisirs. Tous montraient les mêmes ardeurs de prosélytisme. Peu à peu, Marcel, perdant ses fiertés, glissait à imiter leur propagande. Sans se rendre compte du mobile auquel il obéissait, ou bien attribuant à l'influence même de la pipe sa recherche d'un compagnon, il tenta de décider les frères Lochery.

— Mon cher, lui répondit le cadet, vous êtes comme les enfants vicieux qui ne veulent pas être seuls à jouer aux jeux défendus ! J'ai des troupiers aussi dans mon bataillon qui appellent leurs camarades et partagent les risques avec le plaisir, lorsqu'ils ne sont pas sûrs de la santé des femmes !...

Marcel se fâcha, mais sa bouderie ne dura pas une heure. L'opium endormait ses rancunes, et comme le fumeur étendait à lui-même les bienveillances de sa fumée, il ne s'apercevait point, retrouvant seulement sa volonté pour s'aveugler ou pour discuter les faits positifs, que le moindre effort l'oppressait aujourd'hui.

Il avait le souffle court, le pour capricant, et, s'il montait à cheval, n'allait plus qu'au pas, fatigué tout de suite.

Le matin, au réveil, l'influence de son cher poison annihilée, ses illusions tombaient, douloureusement, devant la constatation de son alanguissement physique, de la déchéance de ses forces. Il s'en consolait en notant que son intelligence demeurait lucide, augmentée plutôt, ou bien poussait un : *Et puis après?* d'un découragement morne.

Puisque Blanche ne venait toujours pas!

V

Il décacheta le télégramme d'une main indifférente. Sans doute, quelque ordre de service... Quelle misère de ne pouvoir fumer tranquille !

Et levant la tête, il invectiva le facteur annamite qui, successivement, avait couru à la chancellerie, au domicile particulier du chancelier, puis chez Rioux, chez Saylor, et qui, découvrant Deschamps chez Herthol, attendait, avec un niais sourire, qu'un pourboire le payât de son zèle.

Marcel s'accoudait, l'homme parti, lisait enfin. Mais tout à coup, sa tête battit et il glissa sur le lit de camp. Loulou se précipita le croyant mort ; Herthol jura.

— Ce n'est rien ! s'écria l'Annamite.

Elle avait déjà pris la gargoulette pour rafraîchir les tempes de son hôte dont les paupières frémissaient ; et sans émoi, toujours enfant, elle riait de se voir à demi couchée sur le jeune homme. Comme Herthol rassuré retombait à son flegme et reprenait sa pipe, elle baisa timidement le front qu'elle aspergeait d'eau. Aussitôt Marcel revint à lui, la repoussa, l'œil hagard, puis se leva, balbutiant des mots d'excuse qu'ils ne comprirent point, et quitta ses amis comme un fou.

A la porte de la rue, il s'arrêtait pour relire la dépêche :

« *Marcel Deschamps*

» *Hanoï.*

» *Embarquons sur* Lynx. *Amitiés.*

» Verdier. »

Et seulement alors il eut conscience de son bonheur, et revint de son assommade.

VI

Ainsi elle était en route ! C'était vrai ! Il allait l'avoir là, à lui, bien à lui, — tout entière !... Les mots lui manquaient. Des gestes seuls lui venaient, des gestes brusques, des besoins d'étreinte qui lui faisaient se serrer les mains au-dessus de sa tête, et piétiner sur place, avec des yeux perdus.

Il ne mangeait plus, dormait à peine. On ne le voyait ni au bureau, ni chez Rioux, ni chez lui. Depuis l'arrivée du télégramme, il vivait dans la pagode, — y couchait. Après une honte de son découragement et de son abandon des derniers mois, ç'avait été un besoin de tout arranger, de tout rafraîchir. Son cerveau surexcité découvrait de nouveaux embellissements possibles, des perfectionnements, et il se reprochait de n'y avoir point pensé plus tôt, ruminant à présent la terreur de ne les pouvoir exécuter à temps, de recevoir Blanche dans un nid inachevé. Les ouvriers reparurent qu'il harcela, travaillant lui-même, se clouant les doigts, se callant les paumes sur la bêche. Et tout fut prêt la veille de l'arrivée de ses amis. Alors, il ne quitta plus le quai de la *Concession*, guettant à l'avance l'arrivée de la chaloupe à vapeur faisant le service entre Haï-phong et Hanoï. Le Résident malade, il n'avait pu prendre de congé, descendre à la rencontre des Verdier; mais il s'en consolait, depuis que l'arrivée du *Lynx* avait été signalée par la ligne optique ou électrique, en leur télégraphiant sur un prétexte, toutes les deux heures, en songeant enfin que, de la sorte, il veillerait jusqu'à la dernière minute aux préparatifs de leur réception.

Il n'était pas retourné rue du Chanvre. Un écœurement l'aurait pris à revoir Loulou, à la revoir seule, son amant venant d'être envoyé pour un mois à Bacninh. Ne l'avait-elle pas embrassé, l'autre jour, pendant son court évanouissement, tandis qu'Herthol se penchait sur la *fumerie*? Pouah!... Et il n'avait pas refumé non plus chez ses autres camarades, s'arrachant brusquement à l'opium.

Mais comme elle avait été singulièrement douloureuse, cette brusque désertion du plaisir!

Dès le premier jour, il constatait que quelque chose se cassait en lui, que ce renoncement sans transition amenait une perturbation générale dans toute l'économie de son être, en soustrayant d'un coup son système nerveux à l'action calmante de la chère fumée. Un défaut d'équilibre, un emportement de l'incitation nerveuse, des colères sans motif alternaient avec une angoisse précordiale, des frissons en plein soleil, des faiblesses, des sueurs froides, des somnolences, des crampes d'estomac.

Vingt fois, il fut sur le point de courir fumer pour ne plus souffrir : la pensée de Blanche le retint, et l'imagination des futures caresses mit une volupté dans sa torture physique. Chalon d'ailleurs, devenu son grand ami, le soignait, le relevant avec de vieux vins, du café fort, lui apportant, les premiers soirs, les potions bromurées au fond desquelles il retrouva le bon sommeil. En sortant enfin de la pagode, où pendant des heures il s'était fatigué, il remontait à cheval, sautait sur les avirons, se contraignait à de violents exercices. L'appétit revenait, les orbites creusaient moins la face, mais plus significatives encore, des ardeurs traduisaient le mieux. La précision de ses désirs dégagés du rêve lui redonnait les triomphants réveils de la jeunesse, les poussait à l'étreinte.

VII

Au détour du fleuve, dans une boucle fermée par le paysage bas, plus proche, qui semblait dans ce coin encercler un lac, quelque chose de noir et de jaune pointa. Bientôt ce fut un nuage de fumée. Sur le quai de la *Concession*, des officiers, des soldats se le montrèrent. Marcel se sentit défaillir, le cœur dans un étau, puis une réaction le souleva et il descendit la berge en courant, se jeta dans un *sampan*, fit pousser l'embarcation au large. Là, il attendit, l'œil à sa jumelle qu'il posait sur le toit de la barque, et il tremblait si fort que la ligne de l'eau, le verdissement des plates rizières et la teinte enfumée du ciel se mêlaient dans les verres de la lorgnette, promenaient dans une sarabande les progrès continus du vapeur. Enfin, celui-ci s'avança. Enfin, on distingua sa cheminée, son avant bondé de tonneaux et de caisses, son arrière non moins encombré sous un toit de paillotte. Des taches blanches et noires piquèrent ces choses. Deschamps grimpa sur le dôme du *sampan*, agita son mouchoir. Des minutes passèrent et quelque chose lui répondit. C'était Elle.

Il arrivait, le *Francis-Garnier*, à peine plus grand

que les *sampans* voisins, lamentable et sale. Il arrivait et ce fut pour Marcel un palais, une ville, un monde. On n'avait point stoppé qu'il sautait à bord.

— Ce brave Deschamps!...

Il laissait prendre ses deux mains, sans plus rien voir que Blanche, et soudain ses yeux se voilèrent. A son tour, elle lui donnait la main, une main moite dont la chaleur reflua en lui. Peut-être parla-t-il. Il la regardait avec un frisson dans sa joie, avec folie.

La chaloupe mouillait : un petit bruit de chaîne de montre, grinçant dans un écubier pareil à l'œillet d'une ceinture; mais ce petit bruit lui creva le tympan comme un formidable éclat de tonnerre.

— Vous me trouvez changée, n'est-ce pas?

— Moi!... bégaya-t-il. Vous changée?... Non... non... un peu pâlie peut-être... Non... non... Pas changée...

Il répétait ses mots, comme un ivrogne, et son oppression lui en donnait presque les hoquets. Et il se contraignit à ne plus la regarder afin que son regard se tût.

— Nous y sommes...

Il l'aidait à enjamber le bordage du chétif vapeur. Passant devant elle d'un bond, il lui tendait les deux mains pour qu'elle sautât près de lui dans son *sampan*. Il ne sentait plus rien, ne pensait plus, et dans la détresse de ses idées, il se demandait seulement quand donc il lui avait vu cette robe de toile bleue à pois blancs. Tout à coup il se le rappela : c'était à Port-Saïd. Le créole resté sur le bateau ramassait les petits bagages et bavardait toujours, intarissable. Marcel répondait sans savoir. Enfin, elle se décida à s'élancer. Une seconde, il la sentit tout entière au bout de ses poignets et frémit de son élan. Ses jupes claquèrent, découvrirent ses chevilles sortant de souliers en coutil, — les souliers à semelle de caoutchouc qu'elle avait à bord, le matin, quand le pont ruisselait d'eau et qu'elle remettait, des fois, le jour, pour jouer au palet... Il les reconnaissait, ses souliers de lawn-tennis, il les reconnaissait, — mieux qu'elle!... Et elle fut devant lui, vibrante du saut, les mains encore dans les siennes, la gorge soulevée. Et elle le regarda de ses grands yeux gris, profonds, sans rien dire. Il la regardait aussi, silencieusement. Une amère douleur le ravageait, mais si attendrie, mais si confuse, qu'il eût voulu rester là éternellement, sans un mot, à pleurer, et qu'il n'aurait pas su la raison de ses pleurs.

— Je suis bien changée? répéta-t-elle, lentement.

Sa voix était infiniment triste et douce. Il se souvint que sa mère avait ce son de voix, après sa première crise.

— Non, répondit-il avec exaltation, — et les larmes qu'elle refoulait il les sentait venir avec les siennes. Non! Vous ne pouvez pas être changée pour moi!

— Mon Marcel!...

Elle avait murmuré ces mots comme une plainte et comme une caresse. Ses doigts avant de se désunir des siens les pressaient. Ces paroles et ce contact lui noyèrent l'âme; il eut dans un frisson cet appel à la mort qu'une prescience souffle quand nous touchons à l'au-delà du bonheur, comme si nos nerfs eux-mêmes sentaient que rien n'est plus après cette seconde unique, et qu'il vaut mieux mourir en la savourant que vivre pour la regretter, toujours.

Le commissaire descendait, transbordait ses bagages. Cela n'en finissait plus. Il fallut héler cinq autres *sampans* pour prendre, avec les malles, les caisses renfermant le piano, les lits et quelques meubles apportés de Paris. On accosta la rive, la falaise minuscule, aux tranches ocreuses çà et là effritées, que l'incurie française laissait sans quai, sans appontement, boueuse. Dans ce beurre frais, les pieds glissaient. Marcel prit Blanche par la main, la hissa au sommet et la mena vers sa voiture. Les coussins étaient couverts de fleurs. Des corolles blanches, des corolles sanglantes, des perles jaunes et vertes, faisaient un tapis embaumé : fleurs d'ibiscus, de bougainvillas, de mimosas, de flamboyants, liserons, roses, jasmins et lys, Deschamps avait dévasté son jardin. Madame Verdier l'enveloppa, d'un sourire dont la joie la transfigurait, et elle mit à son corsage après l'avoir touchée de ses lèvres la grappe qu'il lui tendait.

— Mon *boy* est là avec un régiment de *coolies*... Tu vois, Bâ : il y a trente-deux caisses et dix-sept malles. *Maô !*... Nous pouvons partir à présent.

Mais le commissaire s'attardait à recevoir les souhaits de bienvenue de ses subordonnés venus en corps, puis à faire compter les bagages devant lui par le domestique, et Marcel eut le temps d'installer Blanche sur le siège. Elle monta vite ; il revit pourtant sa cheville. Sa jupe le fouetta : il pâlit. Des choses la hantaient qu'il voulait lui dire, tout de suite, avant tout, pendant que le mari ne les entendait pas : les mots ne purent sortir, et, comme un écolier, il lui parla de sa robe, de ses souliers qu'il reconnaissait bien. En détachant les rênes, il lui serra la main encore.

Le créole se hissait enfin sur le marchepied sans écouter les excuses que Deschamps, le sachant incapable de conduire, lui adressait pour la forme en lui donnant la place d'arrière, au milieu des valises. On partit, et il ne cessa plus de causer, se penchant sur les épaules du chancelier pour l'interroger sur la ville, ou commençant de vaines histoires qu'il n'achevait point, les coupant de questions incessantes à propos des ruelles, des maisons et des groupes défilant au galop le long des roues.

Marcel laissait aller les chevaux sans rien voir, et balbutiait, inconscient. Elle était là ! elle était près de lui ! Ce n'était pas un rêve, mais de la réalité. Il sentait son coude, sa taille, et quand il s'approchait sous prétexte d'allonger un coup de fouet, son genou rencontrait son genou.

— Que je vous aime !... murmura-t-il.

Elle ne répondit pas, soudain troublée, mais ses lèvres s'entr'ouvrirent, remuèrent. Il se tourna comme pour parler à Verdier, et en passant il effleura de ses lèvres l'épaule de son amie. Alors, le créole le retenant, elle eut peur d'un écart des bêtes, et avança la main pour agir sur la bride. Marcel perçut son mouvement ; sans se déranger, tout au commissaire en apparence, il emprisonna dans les siens ces doigts minces. Du feu courait dans son bras.

Quand il se redressa, ils entraient dans la rue des Menuisiers.

Devant les cases, au seuil des ateliers, des cercueils fraîchement finis se dressaient comme des guérites, debout, et dorés par un oblique rayon du couchant. Des gamins se cachaient dans ces niches ; l'idée de la mort revêtait là sa résignation asiatique, souriait familièrement sous des jeux d'enfant, sous du soleil.

— C'est ici que vous nous avez logés ? ricana M. Verdier qu'apeuraient toujours les images funèbres.

— Non, bien plus haut... J'ai pris le chemin le plus court... Vous ai-je dit, ajouta-t-il en se penchant vers Blanche, qu'on m'a offert la Résidence de Son-Tay...

un avancement inespéré? Vous pensez si j'ai refusé!
Quittter Hanoï!... sans vous!...

— Pauvre cher! dit-elle.

Il la regarda, s'étonnant de l'inflexion triste de sa
voix, puis de sa croissante pâleur. Il voyait son profil
seulement, une ligne sévèrement pure qui s'adoucissait mollement au menton, coulait fuyante et grasse
jusqu'au col de la robe d'où le cou jaillissait comme
un fruit de sa gaine avec un plus frais veloutis dans
l'ombre des dentelles. Elle était toujours belle, mais
d'une beauté neuve, et il cherchait ce qu'il y avait de
retouché, de non vu, dans ses traits. Çà et là, il rencontrait des détails, des coins bien-aimés. Le lobe
de son oreille, la blancheur crémeuse de la chair, au-
dessous, lui furent comme des amis longtemps perdus
qu'on retrouve.

— Dites donc, demanda-t-elle, enterre-t-on les
Européens aussi dans ces grosses auges aux parois
bombées? On doit être bien lourd là-dedans!

Il se mit à rire. Ces choses ne l'inquiétaient pas. On
arrivait du reste au bord du petit lac et après un détour sournois, il retenait ses chevaux pour que Blanche
découvrît d'un coup tout le paysage, et dans l'île, au
milieu, une pagode rose noyée dans les verdures
qu'une frêle passerelle, semblable à un joujou, reliait
à la rive.

— Oh! que c'est joli! cria-t-elle en battant des
mains comme une enfant. Logeons-nous près d'ici?

Il lui montrait la maison, tout près de cette passerelle, et triomphalement, il jouit de sa surprise heureuse.

— Une villa! une vraie villa! un cottage! excla-
mait le créole descendu le premier.

Marcel se précipitant en bas du siège, donnait les
mains à son amie pour sauter à terre, et il l'appro-

chait de lui à la frôler, mais elle courut à la vérandah sans défriper sa robe, et ce fut aussitôt par la maison une promenade délicieuse, avec des cris de joie, des enthousiasmes, des remerciements qui n'en finissaient point.

— Que c'est bien de vous ! disait-elle, une flamme de bonheur dans les yeux, et remuée dans toute son âme de femme par des délicatesses prévenantes que son mari ne remarquait point. Il s'était rappelé toutes ses préférences. Il y avait des fleurs partout, dans les potiches, sur les meubles et les étoffes étaient celles qu'elle eût choisies. A leur arrivée dans la cuisine, les serviteurs arrêtés par le chancelier les saluèrent, alignés sur un rang, uniformément vêtus, et propres, au milieu de la batterie reluisante.

— Ils sont triés, fit Deschamps ; vous pouvez avoir en eux une confiance relative... Vous voyez : le dîner cuit ; vous serez fixée dès ce soir sur le *chef!*

Ensuite, ce fut l'écurie, où deux chevaux achetés la veille dévoraient leur riz, puis le jardin et la salle de bain.

— Comme j'ai rêvé à vous ! lui chuchota-t-il en lui pressant un peu le bras.

Elle rougit. Elle semblait si heureuse, elle avait un si beau regard reconnaissant qu'il se trouva payé de tous ses supplices.

Lorsque tout eut été visité et admiré, des tentures aux meubles, du jardin à la pelouse où la chèvre tirait sur son piquet, il fit un effort, s'arracha à leur gratitude et remonta en voiture.

— Je vous laisse seuls, le temps de votre toilette. Vos valises sont chez vous. Je vais ramener ma voiture, et je reviendrai dans ma yole pour installer vos meubles avant dîner... Au revoir !...

En s'en retournant, il manquait d'accrocher les maisons, il écrasait des Annamites, tant il était préoccupé. Il avait l'air d'un fou, lui cria Rioux. Et fou, certes il l'était, pensa-t-il, fou de joie, mais d'une joie où pointaient de vagues inquiétudes. Il lui semblait que Blanche n'avait pas été telle qu'il l'espérait. Comme toujours, les choses ne s'étaient point passées ainsi qu'il les avait arrangées dans sa tête. Par moments enfin, elle lui avait paru singulière. Bah ! songea-t-il, son mari était derrière nous, pouvait nous surprendre ! Rassuré, il revoyait son geste, et sa grappe de fleurs qu'elle portait à ses lèvres. Changée ! Oui, elle était changée... La Cochinchine ne lui avait pas été clémente, mais, décidément, il l'aimait mieux ainsi ! Sur sa maigreur pâle, ses yeux semblaient encore plus profonds... Il s'arrêta de penser, le cœur serré, la retrouvant en lui, réelle, et plus que pâlie ou amaigrie : l'air malade. Vite, il chassa l'image. Au Tonkin, le climat était sain, du reste ; à force d'amour, il guérirait cette anémie...

Et il jeta les rênes à un *boy*, courut au jardin, s'élança dans sa yole. Il nageait furieusement, avec cette force que donne la fièvre. Un vent d'espérance le poussait.

De loin il vit Blanche, sous la vérandah. Elle avait déjà terminé sa toilette, passé un peignoir et, de son côté, l'ayant aperçu, elle agitait son éventail. Il souqua plus vigoureusement. Son cœur sautait, et la yole avançait avec des bonds d'oiseau.

— Bravo ! lui cria-t-elle lorsqu'il débarqua.

Il ne pouvait parler dans son essoufflement. Enfin, il se réalisait donc son rêve d'être pareillement attendu après ses traversées !... La voyant seule, il lui prit la main, l'entraîna dans la maison, hors des regards curieux des indigènes inhabitués encore à l'Européenne et que stupéfiait la nouvelle venue. Une fois dans le salon, elle lui essuyait le front tendrement.

— Enfant ! Pourquoi vous mettre en nage ?...

Sans répondre, il lui entourait la taille, l'attirait contre lui. Elle sentait le bain, si fraîchement embaumante qu'il oubliait le créole, une surprise possible. Défaillante, elle détournait la tête mollement ; il retrouva ses lèvres, but son souffle dans un baiser.

Un bruit les fit se retourner, mais ce n'était pas le commissaire qui ne pouvait se décider à quitter sa baignoire. Bâ venait annoncer que les bagages étaient devant la porte. Les *coolies* s'épongeaient le front d'un pan de leur *kékouin*, retiraient d'autour des malles les anneaux de corde dans lesquels passait leur bambou, puis s'accroupissaient un peu plus loin, ce bambou planté droit sur le sol devant eux comme une lance, et patiemment attendaient leur salaire. Le créole, au bruit, apparaissait enfin, mi-vêtu, comptait les caisses.

— Laissez-moi faire, lui cria Marcel. Dans un quart d'heure tout sera en place !

Aussitôt il se multiplia. A peine reposés, les porteurs l'entendant parler leur langue se décidaient à la besogne, stimulés par la promesse d'une forte distribution de sapèques, et les domestiques indigènes leur donnaient l'exemple. Blanche, souriante, regardait cette prompte ouverture des caisses, ces furieux travaux d'aménagement. Deschamps mettait lui-même la main partout, aidait les Annamites immusclés, sentant que sous le regard de cette femme il aurait remué des montagnes, — ou tué, avec la même ardeur. La saveur de leur long baiser lui brûlait encore la bouche.

Les quinze minutes n'étaient pas écoulées que les nouveaux meubles, déballés et essuyés, étaient en place, les lits montés, le piano dans son coin, garni de bougies et de ses bobèches, drapé d'une vieille robe mandarine d'une soie couleur de soleil, surmonté de corbeilles de fleurs, avec, au milieu, un Bouddah laqué et or dont le béat sourire invitait aux musiques savamment simples, suggestives de rêves. Les *boys*, pendant ce temps, balayaient, époussetaient, et le salon, les chambres semblaient garnis depuis des jours.

— Maintenant, laissons les malles dans ce cabinet, l'ancienne sacristie de votre temple, et vidons ce qu'il faut tout de suite, l'argenterie, le linge, la vaisselle... Bâ, tu mettras le couvert à mesure et tu disposeras le buffet...

Sur les nattes, tous deux s'agenouillaient pour puiser dans les coffres. Verdier allait à sa toilette, et seuls, sentant leurs bustes se heurter, ils guettaient l'instant où les *boys* qui faisaient la chaîne détournaient les yeux pour se serrer les doigts furtivement. Il voulut ensuite aider Blanche à remplir ses armoires. Il baisait son bras sortant nu de la manche. Le travail fut long et court.

— A présent, dit-elle, partez, je vais faire mon lit, car ma femme de chambre chinoise n'arrivera que demain, et les *boys* ne savent point...

Docile, il s'éloignait, mais lorsqu'en se retournant, il la vit draper le matelas avec la neigeuse batiste, habiller de leur taie brodée, dont elle défrisait les dentelles, les oreillers qui supporteraient sa tête, quand il la vit manier toutes ces choses délicates, fines et sentant bon au milieu desquelles tantôt baignerait sa chair, il ne se contint plus, et courut à elle, lui prit les mains, la dévora de baisers. Et tous deux roulèrent dans la blancheur des draps, sur cette couche vierge fleurant l'iris. Le moustiquaire mal relevé tomba sur eux, les enveloppa d'une alcôve...

Tout à coup, Blanche eut un cri mal étouffé, un cri de souffrance, un cri que la pudeur n'imite point, un cri si poignant, si douloureux, que Marcel, dégrisé, se

rejeta hors des rideaux. Rien ne remuait plus. So
cœur seul mettait un grand bruit dans la pièce. Il s
rapprocha du lit, souleva la mousseline, et il aperçu
son amie qui pleurait la tête dans les coussins, l
corps soulevé de sanglots.

— Blanche ! pardon... pardon...

Éperdu, il s'agenouillait, la croyant blessée de s
violence, s'imaginant une brutalité involontaire, et dé
sespéré. Mais elle se retourna, et à travers ses pleurs
il vit que ses regards n'avaient point de colère. Elle lu
entourait la tête de son bras, l'embrassait au front, et
elle pleurait toujours, sans bruit, avec des larmes précipitées et chaudes, navrantes.

— Blanche... ma chérie, qu'as-tu ?...

Elle ne répondit pas d'abord ; puis, elle s'essuya les
yeux d'un geste brusque, et d'une voix triste, entre-
coupée, d'une voix d'enfant, elle murmura :

— Ce n'est rien... Les nerfs... Je suis toute secouée...
malade... Il vous faudra être bon, mon Marcel...
m'aimer quelque temps comme à bord...

Et comme une réaction écrasait Deschamps en
même temps que le chagrin, elle le vit prêt à pleurer
aussi, et elle lui reprit la tête, l'embrassa passionnément sur la bouche, sur les yeux, sur les cheveux,
comme une amante et comme une mère.

— Ne pleure pas, toi... Je ne veux pas !

Elle retombait sur l'oreiller et elle sanglotait de
nouveau.

Des pas s'approchèrent.

— On vient !... Partez, je vous en supplie...

Marcel se releva, sortit en titubant.

Le dîner fut triste. Sans remarquer les yeux rouges
de sa femme ni le trouble de son hôte, le créole ba-
varda selon sa coutume, raconta longuement son
séjour à Saïgon. Une seule fois, il fit allusion à la

mauvaise santé de Blanche, et comme devant son
« jeune ami » il se plaisait à se montrer lettré, il cita
un mot de Michelet sur la faiblesse sacrée de la femme.
Elle le regarda d'un air farouche que Marcel ne lui
avait jamais vu, et le commissaire rougit, parla d'autre chose, se fit raconter l'histoire de sa pagode, de
son installation. Peu à peu, le chancelier renfiévré
sentait son émotion déborder, la laissait passer dans
sa parole. Avec des mots voilés à peine, il disait son
supplice de ces derniers mois si longs, et il fixait
Blanche quand il parlait de son spleen, de sa nostalgie,
soulignant ces termes vagues qui signifiaient son
amour. Il eut des éloquences qui la remuèrent. Elle
baissait les yeux, mais sa paupière battait, et du sang
colorait sa joue, tandis que frémissait son corsage.
Son mari pendant ce temps épluchait des bananes,
gravement.

Tous trois prirent le café sur la vérandah. Les
portes vitrées du salon roulaient dans des rainures du
parquet et rentraient en partie dans la muraille, prolongeant la pièce de toute la perspective du lac, au-delà du perron. Il faisait une nuit tiède, pleine d'étoiles
et de lucioles; la lune encore cachée par la maison
jetait une pâleur bleue sur les verdures de l'île dont la
pagode noyée dans les feuillages montrait son faîte
seul, une bande nacrée sur laquelle serpentait une
chimère écaillée d'argent. Des brises passaient parfois, nonchalamment, éveillaient dans le jardin des
bruissements graves de palmes. Des chauves-souris
attirées par les lumières entraient dans la maison,
ressortaient comme des éclairs d'encre. Des bords
du lac montaient une chanson de rainettes, des coassements de crapauds, mille clameurs stridentes et mêlées
dont le chœur monotone entrait en vrille dans l'oreille,
mais le tympan s'y faisait vite, comme si cette

musique eût été la voix même du paysage, la réponse du sol aux caresses du ciel.

Un silence tombait. Les nouveaux venus regardaient ces choses nouvelles, et la tendresse de la nui leur soufflait des pensées différentes. Blanche soupira ; son mari réclama de la musique et se leva pou allumer les bougies du piano.

— Ce n'est pas la peine, s'écria Marcel, nous jouerons, de souvenir...

Et il éteignit même les flambeaux restés sur la table.

Appelée par ce : *nous*, madame Verdier le suivait sans un mot ; ils s'assirent comme à bord, l'un à côté de l'autre. L'instrument était dans un coin, près du seuil, le tabouret et la chaise contre le mur ; un pan de la porte vitrée les cachait de la vérandah. Leurs doigts, sans se rencontrer, essayèrent les touches. Le créole s'était rassis dehors et fumait, à demi couché dans son fauteuil-bascule.

— Allons ! dit Deschamps à voix haute, votre Erard n'a pas souffert du voyage !...

— Il est accordé de la veille de notre départ de Saïgon ! cria Verdier.

La main seule de Marcel, à présent, montait et descendait des gammes, sa main droite, tandis qu'il enlaçait la taille de Blanche, et tout bas :

— Je vous aime... je vous aime à me tuer pour vous voir sourire !... Je ne vous... parlerai plus comme tantôt : j'attendrai ! J'ai bien attendu à bord ! J'ai bien attendu jusqu'ici !... Mais soyez bonne... aimez-moi pour que j'aie du courage !...

Il se tut. Les gammes montaient et descendaient toujours. Et soudain il sentit qu'elle l'enlaçait et que ses lèvres s'appuyaient sur son cou. Il frémit jusqu'aux moelles... Une larme chaude, une larme de reconnaissance, lui disait le pacte consenti, descendait dans son col, sur sa chair. Alors, ils jouèrent, et des frissons tremblaient dans leur musique où se vidait leur cœur. Dans l'ombre, ils ne voyaient que leurs yeux. De molles blancheurs entrèrent, mirent un peu de lune sur leurs visages, sur leurs mains, sur les touches. Entre les appliques, un pan de la robe mandarine effilochée laissait pendre des fils de sa broderie, de longs cheveux d'argent qui luisaient sur le palissandre. Plus haut, un vague miroitement était la face du Bouddah.

Quand ils se levèrent, Verdier dormait, mais ils ne se reprirent point, avec une gêne de cet homme. Seulement Deschamps ne voulut pas qu'elle l'éveillât. Une autre voix que celle de Blanche aurait cassé le charme ; intact il voulait emporter le mélancolique souvenir de cette communion d'amour dans la musique ; il s'embarqua.

Jusqu'au bord du lac, elle le suivit ; elle-même détacha la yole. Leurs lèvres dans leurs cheveux, ils eurent une brève étreinte, dont ils frissonnèrent, soudain brisés, puis il s'assit, chassa sur les avirons, et les laissant aller la regarda, les bras tendus. Le canot courant sur son erre filait sans bruit ; l'image de l'aimée se fondait. Il se dressa, lui envoya un dernier baiser que l'ombre de Blanche lui rendit, et il reprit les avirons, battit l'eau dormante. Bientôt, il fut loin ; l'aimée avait disparu dans le noir, et seule le regardait au fond du lac la face tristement pâle de la lune, pareille à une tête de noyé.

Il souqua plus fort. Une impatience le tenait d'être chez lui pour voir en lui-même, pour revivre ces cinq dernières heures.

VIII

A son réveil, Marcel se trouvait stupide, découvert qui suit assez ordinairement les grands transports d'amour, lorsque l'assouvissement des sens ne mêle point sa tristesse physique à la digestion du bonheur.

Il se leva, poussa les stores et regarda la pagode, à présent habitée, où sa vie restait prise. Tout était clos encore, tout dormait. Sur le chemin privé, entre la vérandah et le lac, des soldats annamites passaient seuls, gagnant, par le plus court, la caserne voisine. Et il songea dans une courte révolte d'orgueil.

Il l'aimait certes! Il l'aimait! Encore qu'elles n'eussent point, la veille, suivi fidèlement le canevas de sa comédie sentimentale, les choses le lui prouvaient clairement : il l'aimait autant et plus qu'au premier jour. De ce côté, nulle désillusion. Pourquoi donc était-il ainsi confusément triste? Serait-il affecté de n'être point déçu, pour une fois?... Il hocha la tête. Sa pensée s'élargissait, dans Blanche voyait la femme, le monstrueux inconnu pourtant fait de notre chair et de notre sang, pareil à nous, mais bizarrement affiné, qui demeure le Dieu ou le diable de ceux qui ne croient point, le but de ceux qui n'ont plus de but, la préoccupation de ceux que plus rien ne préoccupe. Alors c'était là la dernière croyance ? Et si elle craquait aussi, celle-là ?... Il était bien forcé de croire à l'amour, mais si l'amour mentait comme le reste, le fuyait demain ?...

Pourquoi donc était-il triste, puisqu'elle était là ?... Au fond, il la percevait bien, la vraie cause de sa mélancolie; seulement, comme il avait plané la veille dans le bleu romanesque où, trop tendue, la passion peut sur l'aile de l'art se spiritualiser une minute avant de choir, gauche et surexcitée, il ne pouvait consentir à se trouver une seconde fois stupide, pour avoir accepté d'attendre encore.

A la fin, il se secoua. Comme disait son ami Villaret, l'amour n'était qu'une sympathie sexuelle. Or, l'instinct en lui, de quelque nom qu'il le déguisât, mettait un désenchantement dans l'allégresse de son cœur. Il l'aimait, elle l'aimait, et il souffrait !

Tout en vaquant à sa toilette, il récapitula les scènes et les sensations de cette soirée tant attendue — et déjà si loin. Surtout, il évoquait Blanche, telle qu'elle était, la voulant revoir dégagée d'auréole.

Elle avait mal supporté le séjour de Saïgon. Pâlie, maigrie, elle était atteinte dans la coquetterie de son amour, d'où son nervosisme. Évidemment, elle se désolait, la pauvre chère, de ne lui point apporter la Blanche du *Messidor!* Il la savait d'une sensibilité maladive — maladive comme la sienne !... Et endolorie si vite ! si profondément affectée des moindres cruautés de l'existence ! Sans doute c'était cela... Sûrement même ! Elle pleurait un rêve qu'elle s'était créé, romanesque malgré ses épreuves, et ce rêve, elle l'avait si fort caressé, si tendrement entretenu durant leur séparation, qu'elle pleurait son évanouissement comme celui d'une chose réellement possédée... Oui, c'était cela. Son premier mot d'abord le montrait : « Je suis bien changée, n'est-ce pas ? »

Il répétait la phrase, tout haut, cherchait à lui donner son inflexion tristement inquiète.

Alors, quand il l'avait prise, quand elle avait cédé, vaincue dès le mariage de leurs bouches, elle avait, dans une soudaine détente nerveuse, gémi sur la fatalité qui renversait son château en Espagne et de leur première étreinte faisait un abandon de rencontre, sur un lit défait, au milieu d'un pêle-mêle d'emménagement, avec la peur d'une porte qui s'ouvrirait derrière eux...

Il s'arrêta, l'œil dans le vide ; son cœur battit plus fort. Si c'était cela, pourquoi donc ce cri d'une virginité que l'on viole ? Pourquoi cette plainte d'angoisse qui lui avait fait peur en un moment où l'on n'a plus peur?... C'est après seulement qu'elle aurait pleuré sur son rêve inexaucé, sur la furtive banalité de leurs premières caresses!...

Et il voulut s'imaginer les choses, avec un trouble honteux à remuer chez l'aimée ces misères humaines. Son mari n'avait-il pas parlé de la « faiblesse sacrée » de la femme ? Ne lui avait-elle pas demandé « d'attendre quelque temps » ? Pauvre, pauvre chérie ! C'était là le mystère de son anémie, de sa faiblesse. Le sang qui manquait à ses lèvres la fuyait dans les profondeurs de son être, et dans cette prolongation de ses misères de femme, ses forces l'abandonnaient... Allons, ce n'était rien ! Le climat de Cochinchine ne serait plus là pour développer une indisposition passagère. Dans quelques jours, il la reverrait allègre, les nerfs calmés, une fleur de santé aux joues. Sans paraître savoir, il lui recommanderait son ami le docteur Chalon, et ce diable d'homme la guérirait d'une seule ordonnance...

Longtemps il rêvassa ainsi, se caressant d'espérances, et renaissant aux enthousiasmes de l'après-midi précédente, quand il attendait le bateau. Même, il éclata de rire en s'apercevant assis à la turque dans son *tub* où il s'oubliait depuis des minutes devant son *boy* qui le regardait impassible, un peignoir sur le bras.

— Bâ, mon garçon, fais vite atteler !

Il s'habilla en un tour de main, sauta sur le siège, et d'un temps de galop fut à la pagode Verdier. Blanche était dans le jardin, sa robe retroussée à cause de l'humidité, les bras nus, les cheveux emmêlés, adorable. Le créole en grand uniforme allait et venait impatiemment, devant la porte. Marcel se sentit une haine pour cet homuncule incapable de conduire un poney, et qu'il lui fallait mener à ses visites officielles lorsqu'il il eût été si bon de rester là !

— A ce soir ! lui cria madame Verdier.

Et il emporta, consolé, la caresse de son sourire, de son clair regard.

IX

Les jours suivants furent pareils. Deschamps déjeunait ou dînait chez ses amis, les voyait à tout propos, mais rarement rencontrait Blanche seule. Sans volonté d'ailleurs devant la tristesse de ses yeux, devant sa pâleur persistante, il n'osait la presser de lui accorder rendez-vous. Tenant parole, il attendait. Mais l'opium ne l'hypnotisant plus, son anxiété redevint suppliciante, et la passionnelle torture qui l'avait envahi sur le *Messidor*, après Ismaïlia, reparut, s'exaspérant de ses longs mois de solitude.

A la pagode, le salon ne désemplissait point. Fonctionnaires de tous rangs, officiers généraux et supérieurs, rendaient au commissaire sa visite officielle, puis récidivaient, ravis de trouver un coin de Paris en plein désert et d'y réintégrer la civilisation. Les trois seules Françaises arrivées avant madame Verdier recevaient peu, souffrantes, ou victimes des politiques maritales, des coteries, de leurs exclusions, et du reste insignifiantes. La pagode, terrain neutre, où l'on ne boudait ni le pouvoir civil, ni l'armée, ni la Marine, attira d'autant plus la foule que la maîtresse de maison s'y montrait gracieuse pour chacun. Sa beauté semblait être un rayon de la France : chacun voulut s'y réchauffer le cœur. Du premier jour, on l'avait devinée inattaquable, trop surveillée enfin, pour pouvoir faillir : un respect l'entourait, mêlé de gratitude.

Impatienté, Marcel souhaitait qu'elle prît des jours de réception. Le créole l'en détourna.

— Il faut que vous vous distrayiez, ma chère !

Et il lui présenta tout un bataillon d'officiers subalternes. Sa théorie sur les distances hiérarchiques ne s'appliquait en effet qu'à ses subordonnés non combattants. Devant un aide-commissaire il portait ses cinq galons sur sa figure, mais, fût-on simple lieutenant ou enseigne, on conquérait son amitié dès qu'on traînait un sabre. Il affichait, ce petit homme voué au rond-de-cuir depuis l'Ecole de Droit, un puéril amour pour l'uniforme et les parades.

Dès lors, ce fut fini de l'intimité que Deschamps avait rêvée ingénument. De quatre à sept heures, chaque jour, le thé et le madère, servis sur la vérandah ou dans le jardin, à l'ombre, ralliaient une armée d'officiers de tous grades, de tous corps, enchantés d'échapper à la banalité de l'unique café, de se retrouver *gentlemen*, en endossant, une fois la grosse chaleur tombée, le dolman « n° 1 » relégué dans le portemanteau depuis l'entrée en campagne. On faisait de la musique ; on bavardait, on jouait au *lawn-tennis*. Entre deux expéditions, le général de Négrier donnait l'exemple et manœuvrait sa raquette avec l'habileté d'une Anglaise. Le docteur Chalon, que Marcel avait présenté, après l'avoir prôné, recommandant l'exercice à Blanche dont il était devenu également l'ami, le chancelier devait se ronger les poings ou se résigner à jouer, ce qui l'aurait ravi n'eût été le nombre des visiteurs se disputant une partie, ainsi qu'au bal, ils se fussent disputé une valse.

— Comment allez-vous? demandait-il à son amie, en arrivant.

Elle lui pressait la main d'une certaine façon, souriait mélancoliquement et ne répondait pas.

La voir seule!... Comment la voir? Le matin, il ne pouvait entrer, les prétextes devenant rares à mesure qu'installée, elle avait moins besoin de ses services comme interprète ou comme intendant. Après avoir fait faire un détour injustifié à sa voiture ou à son cheval, il devait se borner à la saluer au passage. Le créole allait ensuite à son bureau, mais à la même heure, la chancellerie, encore qu'il n'y eût pas grand travail, réclamait la présence de son chef, que madame Verdier, du reste, n'encourageait pas à paraître à cette heure indue, prise par sa toilette et son bain. A midi, s'il avait la bonne fortune d'être invité, c'était toujours avec un ou deux autres convives; ensuite commençait la sieste : la maison tombait au sommeil, close hermétiquement. A quatre heures, Blanche s'habillait, et du monde l'entourait jusqu'à la tombée de la nuit. Nouvelle toilette alors, puis dîner, auquel étaient invitées de nouvelles personnes. Une fois pour toutes, prié de venir passer toutes ses soirées à la pagode, Marcel, s'il n'y dînait point, trouvait, en arrivant à neuf heures, le logis rempli. On faisait encore de la musique, des amateurs apportaient, qui des instruments, qui des partitions. Des chœurs succédaient aux solis des sous-lieutenants doués de voix de ténor, ou bien des troupiers envoyés par leur colonel représentaient, sur un théâtre improvisé dans le jardin, quelque grosse bouffonnerie.

— Avoir tant attendu pour en être là! pensait Deschamps.

L'instant d'après il se consolait en se disant que son amie souffrait et qu'à sa guérison, les choses marcheraient d'autre sorte. Ils s'aimeraient malgré tout. Mais ce répit était bref. Et comment s'y prendraient-ils?... Verdier n'était certes point jaloux, mais il redoutait le ridicule, et c'est cela sans doute qui le décidait à ouvrir largement sa maison : sa femme ne passerait point pour trop aimable envers quelqu'un, l'étant également envers tous.

Ah! se disait encore Marcel, comment n'ai-je pas prévu ces misères dans l'aveuglement de mon amour! Pourquoi les ai-je logés là, loin de moi, au lieu de les installer dans une maison contiguë à la mienne, ou dans la mienne, que j'aurais réparée?... Toute une vision d'obstacles bêtes, d'angoisses futures se levait devant lui. Il lui faudrait guetter les absences du mari, ses courts voyages. Et quelles précautions encore à prendre pour que l'armée des *boys* ou les officiers voisins, ne le vissent pas entrer et sortir la nuit!... Ce mari!... Dans sa folie, il avait oublié l'horrible bonhomme. Il comptait si peu! il tenait si peu de place à bord! Ah! que n'avait-il encore le mal de mer!...

L'impatience, l'inquiétude, peuplaient sa vie comme l'avait peuplée jusque-là son désespoir de ne pas voir arriver Blanche. Il rumina des plans machiavéliques et enfantins. Son imagination travaillait sans relâche, et méridionale dans ses combinaisons perdait de vue des empêchements dont la brusque découverte lui crevait le cœur ensuite. Il comprit la légende de Tantale.

X

Sur les bords du lac U, au sud de la ville, sur ceux du Grand Lac, au nord, il cherchait deux cases abandonnées, les louait, et les transformait en pied-à-terre, sans rien dire à personne, tout seul, grâce à sa connaissance de la langue annamite. Sous prétexte de chasses ou de promenades, il y conduirait Blanche. Elles devinrent dès lors, ces promenades et ces chasses, sa constante préoccupation. Le premier jour où, madame Verdier moins pâle sembla mieux portante, il les proposa, mais, tout de suite, il se heurtait à une désillusion cruelle. Le créole prenait place dans la voiture, ou bien, sans paraître le vouloir, leur imposait la société d'une des trois femmes de fonctionnaires, dont, de parti pris, il cultivait l'intimité, pour que Blanche eût quelques jupes autour d'elle. La chasse ne servait point Marcel davantage. Il parvint à se trouver seul dans un *sampan* avec son amie, à la soutenir quand elle épaulait son fusil, à lui presser la main furtivement sous couleur de compter les flamants et les aigrettes dans le fond de la barque, mais le commissaire et d'autres chasseurs les suivaient dans une seconde embarcation, — les suivaient à portée de voix.

Un jour cependant, il s'écartait, annonçant un héron à surprendre, qu'il manqua d'ailleurs à quarante mètres, tant il tremblait de dépit et de chagrin. Et dépeignant son supplice à sa compagne, il lui reprocha de ne pas l'aider à trouver le moyen d'être seuls. Vibrante à la frénésie de cet amour qu'elle avait allumé et qu'elle ne pouvait à présent ni partager, ni éteindre, toute remuée de cette douleur d'homme, elle le consolait, avec des mots, des regards et la caresse de sa main posée sur la sienne, pour calmer ensemble geste et révolte : puisqu'elle l'aimait, pourquoi n'était-il pas plus fort ? C'était une épreuve, courte. Pour elle, courageusement elle gardait sa devise : espoir quand même

En l'écoutant, il se souvint qu'elle la lui avait jadis exposée, cette mystique et généreuse théorie dont l'aide lui permettait de pallier ses propres misères en déversant sa tendresse sur l'universelle souffrance. Il le voyait bien : tout autant que lui, elle était malheureuse, plus malheureuse même, puisqu'elle pâtissait aussi dans sa beauté, cette seconde âme de la femme; pourtant, elle ne s'abattait point et répondait par une bonté plus tendre aux férocités injustes du sort. L'étrange créature !... Une seconde, il se demandait ce qu'avait dû être son père, le vieux collectionneur, pour l'avoir ainsi pétrie toute cœur et intelligence, en la laissant cependant si bien femme. A cette heure encore, tandis qu'elle l'enlevait hors du réel, comme elle était Parisienne et fine, avec sa robe courte en fourreau, son petit col, sa cravate d'homme, son paletot marin ouvert sur un gilet blanc, ses guêtres cambrées de chasseresse élégante !... Et c'était cette mondaine toujours mise adorablement qui courait les hôpitaux et les ambulances, gâtait les blessés avec des câlineries de mère et de sœur, s'arrêtait surtout aux lits des gangreneux, étonnait les religieuses elles-mêmes ! Chalon avait dû, la veille, l'emmener de la chambre où successivement venaient mourir ceux de ses blessés, presque toujours des turcos arabes, que frappait le tétanos ! L'autre jour, elle avait prié qu'on la conduisît à la léproserie annamite, hors de la ville, et elle avait distribué du bétel, des noix d'arec, des bonbons et des sapèques aux lépreux stupéfiés. Elle avait même caressé les enfants, seuls restés humains au milieu de ce charnier vivant, et jolis comme de petits singes avec sur leur crâne rasé une unique mèche de cheveux à la place de la tonsure, ou bien deux houppettes comiques, flottant au-dessus des oreilles. Les deux hommes la retenaient.

— Pourquoi donc ? avait-elle répondu. D'ailleurs, le mal n'atteint que les Asiatiques...

— Ce sont des brutes qui ne vous auront aucune reconnaissance.

— Qu'importe ?

Et, en souriant, elle avait défendu l'Annamite, bâtard dégénéré à qui plusieurs races léguaient leurs seules infériorités et les vices d'un sang trop vieux. Par son hérédité, cette « brute » restait pour elle irresponsable. D'abord, les pauvres gens croyaient à des légendes d'une douceur que la pitié chrétienne n'avait point trouvée. Ces lépreux que l'autorité européenne exilait et enfermait pour empêcher la propagation du fléau, les indigènes les aimaient, et violant la consigne, leurs proches, leurs amis venaient les voir. Des jeunes femmes se paraient, et conduites par leur famille, saintes Thérèses sans hystérie, se livraient aux caresses de ces parias, dont l'épouvantable étreinte, di-saient-elles, portait bonheur à leur légitime foyer...

— Si cette histoire est vraie, grognait Chalon, c'est absurde. Enrayez donc une épidémie avec de pareils sauvages !...

— Mon cher docteur, ce qui est beau est souvent absurde ; ce qui est bon l'est toujours. Est-ce que vous n'étiez pas absurde, l'autre jour, de vous prêter à une transfusion du sang, de donner un peu de votre vie à ce petit n° 18, ce blessé de vingt ans qui parle bas-breton et que vous ne connaissez ni d'Ève ni d'Adam ?

— Ce n'est pas la même chose. Et puis c'était une expérience...

— Alors vous ne croyez pas à la pitié ?

— La pitié, lui avait répondu Deschamps, n'est qu'une forme aimable de notre égoïsme. Devant certains souffrants, nous souffrons. Affaire de nerfs !

— Peut-on blasphémer ainsi !

Et il ne l'avait pas convaincue de l'inutilité de son imprudence, mais elle ne l'avait pas persuadé non plus de l'utilité possible de l'effort humain ; seulement il avait aimé ce jour-là son amie davantage. Et comment se seraient-ils entendus, fatalement illogiques, elle étant femme, lui artiste ?

Marcel se rappelait cette visite tandis qu'ils rejoignaient paresseusement les chasseurs. Sa révolte tombée lui laissait une amertume :

— Pourquoi donc alors, s'écria-t-il, m'écriviez-vous de Saïgon des lettres parfois si désolées ? Vous n'espériez donc plus, là-bas ? ou bien n'aviez pas trouvé, pour tuer la tristesse des heures, le placement de votre dévouement ?

Elle posa sur lui ses grands yeux clairs :

— Non, je n'espérais plus. L'amiral m'avait dit de ne pas compter sur la nomination de M. Verdier au Tonkin... Je vous aimais trop, Marcel, pour me consoler de ce deuil-là comme jusque-là je m'étais consolée des autres. Je souhaitais vous préparer à ne plus me revoir... Si j'ai paru manquer à ma théorie, vous ne pouvez pas me le reprocher, vous !... En arrivant, j'étais triste à mourir : je vous aime, vous dis-je, et je souffrais de ne pouvoir réaliser votre rêve, de vous apporter une autre Blanche que celle du *Messidor*... Maintenant, je parais résignée, parce que... parce que vous êtes près de moi !... La force que je ne vous donne point, moi je la puise dans vos yeux. Il me semble être guérie quand vous me regardez... comme à présent !...

Le *sampan* du créole était proche. On pouvait les entendre ; elle se tut. Marcel laissa ostensiblement tomber son fusil dans le fond de la barque, pour pouvoir se courber sans attirer l'attention, et il lui baisa la main, si tendrement, si longuement, qu'elle défaillit, tout son sang refluant à son cœur.

Le soir, à table, il pensa qu'à défaut de possession ce serait le bonheur d'être loin avec elle et de l'écouter longtemps lui parler comme le matin, de quelque supplice qu'ensuite, une fois seul, il dût racheter son extase. Après le café, il lui proposait un nouveau morceau à quatre mains, afin de l'avoir près de lui, un instant, puis tandis que, toujours curieuse de musique, elle déchiffrait les premières mesures :

— Ecoutez, lui souffla-t-il tout bas, je vous demande bien peu !... de m'aider seulement à retrouver une heure... une pauvre heure... comme tantôt.

— De quelle façon ? murmura-t-elle.

— M. Verdier ne monte pas à cheval... laissez-moi organiser une partie dont il ne puisse être. Pour qu'il ne vous adjoigne aucune amie, ou pour qu'on ne nous suive pas de près, je vous prêterai un grand cheval arabe, à côté duquel aucune des petites bêtes du pays ne peut aller...

Un frisson la traversa dont quelque chose restait entre ses sourcils ; il devina son refus.

— Blanche !... Blanche !... Je vous en prie !

Elle le regarda, sonda dans ses yeux éperdus la profondeur de sa passion, la folie de son désir, et la pensée de dire non, de meurtrir encore ce grand amour, d'aviver cette plaie, lui fit mal.

— Vous le voulez ?

— Oh ! je t'en supplie...

Sous la douceur du tutoiement, son cœur fondait.

— Eh bien, oui !...

On s'approchait. Il la remercia du doigt dont il l'effleurait sur le clavier, et avec sa musique aussi qui s'affola d'exaltation. Et il ne vit ni sa lèvre attristée, ni sa résignation douloureuse de martyre.

Avant de s'en aller, — le dernier, — il lança le projet de cette partie. Le commissaire chercha les yeux de sa femme.

— Mais, mon amie, est-ce que le cheval ne vous fatiguera pas ?

— Non, dit-elle lentement, j'ai demandé...

Elle fixait Marcel avec un beau regard mélancolique et fier. « Vous le voyez, disait ce regard, je mens pour vous, et je vous sacrifie jusqu'à ma santé. » L'homme est égoïste : Deschamps ne comprit point ou n'eut pas de remords.

Radieux, il arrivait le lendemain, suivi d'un *boy* qui conduisait *Kébir*, un des chevaux de Rioux. Par bonheur, Verdier avait apporté de Paris une selle de femme. Un collègue du commissaire et l'amie trop prévue étaient prêts déjà, montés sur des petits chevaux du pays qui, auprès des deux arabes, ressemblaient à des ânes. Debout sur le seuil, Blanche tenant sous le bras sa cravache avec le pan de son amazone de toile bleue, se gantait lentement. Ainsi placée dans l'encadrement de la porte, elle se profilait en clair sur les soyeuses tentures de la pièce qu'à cette heure allumait le soleil par le vitrail du fond. Jamais il ne l'avait vue aussi belle. Son casque retenu sous le chignon penchait légèrement en arrière, laissait pendre sur le front une mèche folle que l'ombre de la visière noircissait, et le bout de son voile retombait sur son épaule, la cravatant dans le courant d'air d'un demi-collier bleu tendre. Son menton dans cette gaze semblait être un bijou d'ivoire.

Tout en sellant lui-même *Kébir*, il la contemplait avec une joie indicible. Le créole, inquiet, prétendit vérifier la sangle et manqua recevoir un coup de sabot.

— Allez-vous-en !... Vous n'y connaissez rien ! lui dit Deschamps.

Il était presque impoli. Ce bonheur dans lequel il entrait, il le voulait entier, et l'ombre de ce morceau d'homme en s'y projetant lui devenait odieuse, lui prenait de sa lumière, de sa vie.

— Passez devant, je vous prie, cria-t-il à leurs deux compagnons.

Et pendant que ceux-ci s'en allaient, il calma, non sans une joie mauvaise devant l'effroi du mari, les deux arabes que le *boy* contenait mal.

— De la prudence, au moins ! Avec ces grandes sauterelles, je ne serai pas tranquille...

Sans répondre, Marcel appela madame Verdier, mit un genou en terre, lui tendit le creux de ses mains entrelacées.

D'un bond, elle fut en selle ; mais en l'y installant, il revoyait en lui la petite botte dont il avait à peine senti peser la semelle.

— Au revoir !...

A son tour il montait ; tous deux partaient. Au bout de la ruelle, attendaient leurs amis. Le chemin se rétrécissant, Deschamps se recula, suivant Blanche. Alors il crut découvrir chez l'aimée une femme nouvelle, et la bouche sèche, le pouls battant la chamade, il s'oublia à suivre la ligne de son corps sous la robe collante qui la déshabillait. Il lui semblait la posséder enfin. Leurs chevaux cependant hennissaient, sentant les poneys arrêtés devant eux à quelques mètres.

— Vous êtes bonne écuyère, mon amie. Maintenez *Kébir*, et n'ayez pas peur. Vous verrez qu'on nous laissera seuls !...

Déjà la seconde amazone gémissait. Marcel, sournoisement, feignait de ne pouvoir réprimer la fougue de sa bête, la forçait à danser tout près de ses voisins. Les poneys, de leur côté, se montraient rodomonts, batailleurs comme d'habitude et cherchant à mordre leurs grands frères. Blanche ne put s'empêcher de sourire. Sa tristesse s'envolait et le plaisir de la promenade, la joie qu'elle lisait dans les yeux du jeune homme l'éclairaient d'un coup de soleil. A la fin, ses deux gardes du corps, fatigués de martyriser vainement la bouche de leurs montures, marquèrent bruyamment leurs craintes et leur dépit. Les arabes, pour les achever, se cabrèrent.

— Voilà qui ne sera pas gai ! soupira la dame, prise de terreur. Nous ne pouvons marcher en peloton... Ma foi, vous devriez nous précéder... de loin !

Madame Verdier se fit prier pour la forme, et Marcel l'emmena.

Ils ne se parlèrent point tout de suite, trop heureux, avec des regards seulement, et préoccupés de n'écraser personne dans la foule grouillante du faubourg. Hors de la ville, les étalons, compagnons habituels d'écurie, se rapprochèrent, — d'eux-mêmes, Deschamps l'affirma du moins. Blanche souriait encore.

Puis elle demanda où ils étaient, où ils allaient, et ils échangèrent des mots quelconques, envahis de cet émoi que donne la première atteinte d'un bonheur convoité trop longtemps.

A présent, ils avaient à leur gauche les fossés de la citadelle, larges comme des rivières, et par places couverts de lotus. Sur des îlots affleurant leur surface dormante, d'éblouissantes aigrettes perchées sur une patte picoraient d'un long bec paresseux la vase ou les touffes de joncs. Le rempart projetait une grande ombre géométrique sous laquelle des coins d'eau se laquaient avec une froideur tranquille de métal, et tout au bord, parfois, un point remuait, la silhouette reflétée d'un factionnaire découpé sur le ciel. A ses pieds, envahis par les herbes, de vieux canons sans roues dormaient au soleil comme des bêtes repues. L'école des clairons dans le lointain égrenait des sonneries que l'espace affaiblissait, que la haute muraille ouatait encore. Lorsque passait une brise, tout mourait, et seuls s'entendaient alors le bruit des sabots des bêtes martelant la terre, le chuchotement des feuilles. Par moments, la route se rétrécissant, la robe de Blanche arrachait des brindilles aux clôtures de bambou. Ou bien c'était une réunion de cases misérables, avec des enfants nus sur le seuil, semblables à des statuettes de cire, le ventre énorme. Ils faisaient *tchin-tchin* en criant: « Bonjoul, capitaine ». La vieille chargée de les surveiller regardait la Française avec des yeux ronds, puis appelait les siens occupés dans le jardin, derrière. Ils se précipitaient à la porte, si nombreux qu'on se demandait comment leur bande pouvait loger en ce réduit, et leur arrivée chassait jusqu'entre les pieds des chevaux des troupes effarées de petits cochons et de poules réfugiées à l'ombre intérieure sous les lits de camp. Blanche retenait *Kébir* pour ne pas écraser les poussins, ou demandait à Marcel des sous à jeter aux enfants. Ensuite, elle se faisait traduire les jacassements des curieux.

— Ils disent que nous sommes mari et femme !

— Je vous crois un interprète fantaisiste ! répondit-elle en le menaçant de sa cravache.

— Du tout !... j'adoucis simplement pour vos oreilles certains propos de ces vilains singes. Et du reste, à quoi ressemblons-nous ?

La transition trouvée, il s'approchait à la toucher, lui parlait d'amour, lui disait encore l'angoisse de sa longue attente, et comment il avait passé ces huit mois. Tout ce qu'il n'avait pu mettre dans ses lettres, ou dans ses causeries à table, devant le créole, il le dévoilait, mais lorsqu'il vint à parler de l'opium, elle se récria. L'opium pour elle, encore qu'elle eût voyagé, restait le poison terrible et mystérieux, le grand tueur d'hommes. A Singapoore, elle avait vu traîner dans des *djinrickchas* des Chinois que la fumerie rejetait à la rue pareils à des cadavres, et elle avait entendu parler des Malais qui mettent le kriss à la main, fous de sang, pour avoir brûlé quelques pipes. Souriant, il la rassurait : l'opium agissait suivant les races et les tempéraments ; et même il arrivait à soutenir son innocuité sur l'Européen. Et peut-être restait-il de bonne foi ? C'était si loin dans le passé, le temps de ses orgies bleues chez Herthol ! Blanche était là maintenant !... Certes, oui, reprenait-il, durant ces derniers mois, il fumait ! Fallait-il pas qu'il la retrouvât par le rêve, après avoir cherché, la veille, à l'oublier, tant à certaines heures sa hantise était douloureuse ?...

En l'écoutant, elle souffrait rétrospectivement avec lui. Mais, à présent, il peignait la douceur des ressouvenances si palpables, caressées en feuilletant l'album de leur commun voyage, et elle fut prise à sa description de poète, se représenta son Marcel s'entretenant avec l'absente, dans une maladive vision. Sans doute, l'envia-t-elle d'avoir possédé cette consolation, comme il lui enviait, lui, sa distrayante charité, son affection pour les déshérités de l'existence. Et n'est-ce pas la loi fatale, pensait-il, que nos envies comme le reste tendent à d'imaginaires bonheurs? Tout est fiction. Tout est mensonge. Le malheur d'autrui ne réjouit que certains êtres et les réjouit à fleur de peau seulement. Savoir son prochain aussi malheureux que soi-même, cela dépeuplerait la terre; envier soutient; et si elle devient de la haine, l'envie nous fait mieux vivre que l'amour.

Une brise soufflant, ils entendirent les chevaux de leurs compagnons.

— Ils vont nous rattraper, dit Marcel. Trottons aussi !

— C'est que votre *Kébir* a le trot dur...

— Galopons, alors !

Dans l'égoïsme de sa passion et voulant la garder à lui seul, il ne pensait pas à sa fatigue. Elle le fixa, elle vit la supplique de ses yeux. Le sourire qu'elle avait la veille au piano repassa sur ses lèvres mélancoliques, elle rassembla sa monture, et ils s'élancèrent. Des branches sifflaient dans les haies derrière elle. Sa jupe claquait comme un drapeau et dans les détours étroits du chemin, Marcel se laissait devancer pour voir le corps moulé de l'amazone suivre les réactions du cheval. Le vent de leur course vaporisait dans une caresse continue, voluptueuse, la sueur de leurs tempes, mais dans les veines de l'homme insufflait une folie de désirs.

Ils s'arrêtèrent au bord du Grand Lac, à l'angle de la citadelle, sous des manguiers. Là, l'ombre prenait des fraîcheurs de cave et des recueillements de chapelle. Les branches nouées se croisaient comme des serpents, faisaient un dôme impénétrable sur une sorte de carrefour, au coin du chemin et de la digue, près des murs d'un temple vague.

Blanche battit des mains. Devant elle, une percée du feuillage laissait voir le lac, non plus l'étang boueux d'Hanoï, que la nuit seule revêtait de grâce, mais une vaste étendue criblée de soleil, encadrée de bambous et de villages, jusqu'à l'horizon baigné de lumière où les verdures se métallisaient en mourant. L'eau, par endroits, disparaissait sous des iris lancéolés, sous des roseaux d'un luisant de baïonnettes, sous des nénuphars aux fleurs de neige. Des martins-pêcheurs promenaient au-dessus d'elle des vols chatoyants, pierreries que lançait une fronde invisible. Puis, des flaques s'étalaient sans une herbe, radieuses. Plus près du bord, à l'abri de bambous éplorés vert-de-grisés par le grand jour, l'eau dormait, au contraire, glauque et noire ou transparente et verte, suivant les angles. Et le Tonkin tout entier s'offrait là, au fond dans la monotonie des plans fuyants, dans la ligne émeraude des plates rizières ; à gauche dans la beauté des bouquets d'aréquiers, pressés sur ce bout de rive et jouant de loin, grâce à leurs palmes, la forêt tropicale ; à droite, dans la fortune rare d'un accident du sol, d'une berge élevée endiguant le Fleuve Rouge avec son mur feuillu que trouaient des toits parmi les branches ; dans l'île enfin, dans la pagode dont le faîte dentelé de chimères de faïence, relevé aux extrémités de gueules apocalyptiques, surgissait, blanc d'oiseaux, d'entre les dentelures en éventail d'un bosquet de banians.

Marcel le connaissait trop, ce paysage, et par tyrannique impatience de réoccuper la pensée de son amie, inconsciemment méchant, le gâtait de cette sèche analyse à laquelle résistent si mal les beautés sensationnelles où sur un dessin pauvre la seule couleur émeut le regard.

— Vous êtes injuste, dit-elle. Des choses sans grandeur peuvent être charmantes, et celles-ci, jolies sous le soleil, doivent être belles dans le grossissement effrayant de la nuit.

Il poussa plus près de Blanche, profitant de la solitude, et tandis que leurs chevaux grattaient le sol ou fouillaient amicalement leur crinière, il la prit à la taille, la pencha sur lui, ployée.

— Quand vous êtes là, je ne vois plus rien... Je t'aime trop : je suis jaloux des choses...

Ses lèvres la parcouraient, lui fermaient les yeux sous des caresses, brûlaient les joues, faisaient taire la palpitation des ailes du nez, remontaient aux tempes, lissaient les sourcils, descendaient à l'oreille et, retrouvant la bouche entr'ouverte, s'y nichaient amoureusement, semblaient y mourir. Le casque de la jeune femme tombait en arrière, découvrait ses cheveux, l'éclair d'une écaille piquée dans les fauves torsades. Et pâmée, elle s'abandonnait sous cette grêle de baisers dont la chanson couvrait à peine l'halètement de leurs poitrines. Et il l'enserrait plus fort, ivre de la sentir contre lui et de percevoir la tiédeur de son flanc, la douceur de sa chair sous l'étoffe collante.

Un bruit de pas les réveilla.

— Viens !...

Ils repartirent, comme en rêve. Marcel coupait au plus court, et leurs bêtes au triple galop sautaient haies et fossés, dans un grand bruit de feuilles. Des buffles les chargèrent, trop tard, distancés bientôt, et qu'ils ne virent même point. Ils filaient comme une grêle. Lorsque *Kébir* s'enlevait, Blanche se couchait en arrière, sa gorge pointait, et, l'obstacle franchi, elle poussait un soupir.

Devant une case isolée, dans un enclos de bananiers et de bambous, ils s'arrêtèrent brusquement.

— Où sommes-nous? dit-elle, tout essoufflée.
— Chut! répond-il, qu'on ne nous entende pas...

Et sautant à terre, il l'enleva de sa selle avant qu'elle eût compris, la porta dans la maison, revint attacher les chevaux, puis se retrouva près d'elle, dans le demi-jour d'un rez-de-chaussée endormi de fraîcheur.

— Marcel! que fais-tu?... Marcel!...

Il ne l'écoutait pas, la reprenant comme l'instant d'avant au bord du lac, mais pour l'asseoir sur ses genoux ainsi qu'un petit enfant et la bercer sur sa poitrine, avec des baisers longs.

— Méchant! m'avoir tant fait courir...

Rassurée, elle lui entourait le cou de ses deux bras et bienheureuse se laissait aller, lui rendant ses caresses avec une tendresse gauche, encore ignorante.

— Tes lèvres... comme cela... murmura-t-il.

Et il eut un frisson immense, et il ferma les yeux, tomba en arrière lorsqu'il sentit la froideur de ses dents.

D'un bond, elle s'était échappée de son étreinte, tremblante maintenant, bouleversée. Il se rassit près d'elle. Un silence les écrasa dans lequel leur souffle faisait tapage. La frôlant à peine, il lui tenait les mains, la laissant se calmer, et il sentait fuir sa propre raison dans une soudaine terreur de l'obstacle suprême.

La prendre... il fallait qu'il la prît!... Dans ce costume... Son énergie dépensée depuis une demi-heure s'envolait à la pensée d'un dernier combat, — d'une violence. Elle crierait peut-être, comme à la pagode... Et dans sa lâcheté, dans son émotion devant le mystère, passait une sorte de pudeur.

Peu à peu, il lui bégayait son désir avec des plaintes douces, des supplications de malade, puis les mots se précipitèrent, le bruit de sa propre voix le réveillant, lui rendant du courage. Ne l'aimait-elle donc pas? Il avait arrangé ce nid pour elle, dans l'espoir qu'elle s'y donnerait loin des surprises, loin de tout, dans la solitude de leur amour. Est-ce qu'elle le laisserait souffrir encore? Est-ce qu'elle serait aussi dure, aussi méchante que la fatalité qui les avait séparés si longtemps?... Ensuite, comme elle se taisait, énigmatique, il s'emporta, jetant peu à peu dans sa révolte, dans ses injustices voulues, la colère qu'il avait contre lui-même, pour sa timidité, et il ne s'arrêta qu'en tombant de la cruauté aux remords, lorsqu'il vit les yeux de son amie se mouiller.

— Pardon... balbutia-t-il.

Elle s'était levée, et, debout, lui mettait les deux mains sur les épaules. A son tour, elle se dégonflait le cœur : ne souffrait-elle pas aussi? Il ne voyait pas qu'elle l'aimait, et qu'elle l'aimait comme lui-même l'aimait? Il la trouvait monstrueuse, quand elle était vaincue au premier contact de ses lèvres! Donc, de victime elle devenait bourreau?... Mais alors, pourquoi évitait-elle le tête-à-tête et la torture dont sa folie à lui et sa faiblesse à elle le terminaient? Qui donc avait voulu cette partie? Qui donc avait aménagé ce lieu de rendez-vous!... Non! il le savait bien, elle n'était ni une rêveuse, ni une poupée. Si d'autres pouvaient jouir de ce martyre d'un homme, c'est qu'elles n'aimaient point ou n'étaient point femmes! Il voulait donc qu'elle le lui avouât comme si elle ne le lui avait pas assez prouvé? Eh bien! elle était de chair et de sang comme lui, et elle le désirait... comme il la désirait!

— Es-tu content, mon Marcel? ajouta-t-elle en se penchant pour qu'il ne la vît pas rougir. Elle pleurait dans les cheveux de son ami, lui baisait le front entre deux paroles. « Va! je t'aime assez pour te dire ces choses, et la pudeur de mes aveux est la seule que je puisse t'abandonner. Je te la donne!... Je t'aime, va, je t'aime à en mourir! Tu me racontais ton supplice, tantôt, sur la route. Et moi, crois-tu donc que mes nuits furent meilleures à Saïgon? Je t'avais dans le sang, pauvre cher!... Oh! pourquoi me fais-tu te dire cela? Ça ne se voit donc pas, que je t'aime? Mes lèvres ne te disent donc rien? » Et elle les lui offrait, vaillamment, avec une tristesse passionnée. Dans son baiser, il but des larmes.

— Mais qu'as-tu?... Qu'est-ce que c'est donc que cette maladie?... lui chuchotait-il à l'oreille.

Elle cacha sa tête dans la poitrine de Marcel, balbutia, et cette fois, c'était un instinct qui la paralysait de pudeur. Ses confidences se coupaient de sanglots, restaient inachevées, et elle tremblait comme ces malheureuses qui chez leur médecin ne peuvent se résoudre à se dévêtir.

Éperdu, navré, incapable de réunir deux idées, plus troublé qu'elle, il ne parvenait point à l'aider, comprenait mal, saisissait çà et là des allusions vagues à l'inutile maternité qui avait suivi son mariage, la laissant prédisposée au mal... A Saïgon, l'épreuve la trouvait anémiée... Elle ne s'était pas soignée au début, hésitant moins à dire ces choses au docteur qu'à les laisser deviner à son mari...

Atterré, il respectait ses pauses de silence, éprouvant une honte pareille à la sienne de remuer ces intimes misères. Une ignorance scientifique d'ailleurs achevait de le perdre. Physiologiquement, la femme lui était inconnue. Amante ou mère, elle restait pour lui d'un mystérieux mécanisme, d'une anatomie compliquée que, plus jeune et poète, jamais il n'avait cherché à percer, pressentant des découvertes d'une animalité répugnante et craignant de gâter son plaisir sensuel comme il avait gâté, perdu, son espoir en l'amour. Plus tard, sa curiosité n'avait pu se réveiller, éteinte par la société continue de femmes trop pudiques, trop coquettes, trop bien portantes, pour l'avoir amené à cette connaissance banale qu'ont des maladies féminines tous les hommes de son âge. Aussi bien, qu'importait le vrai nom de son malheur? Ce qu'il brûlait d'apprendre, c'était sa durée.

— M. Chalon ne sait pas... murmura Blanche dans un sanglot plus fort... Depuis le soir de mon arrivée... tu sais, quand j'ai souffert, quand j'ai crié?... cela va plus mal. Il faudra peut-être des mois pour guérir... Oh! que je suis malheureuse! Et pourquoi suis-je venue!...

Elle eut une crise de désespoir. Lui demeurait écrasé de détresse. Tout en la serrant à l'étouffer, il leva le poing vers l'invisible avec une imprécation, mais Blanche ne protesta point; sa bonté n'avait plus de courage. Ensuite, sentant le besoin de la consoler, il l'embrassa sur le front.

— Je t'aimerai toujours, — toujours! J'attendrai sans me plaindre, si tu continues à m'aimer.

Elle lui rendait son baiser, et sur le front aussi, sans rien dire. Tous deux sentaient qu'entre eux quelque chose se brisait, et la chasteté de leur étreinte, d'elle-même devenue fraternellement froide, leur glaçait le cœur.

— Partons, dit enfin Blanche. Les chevaux hennirraient en sentant passer les autres. Il ne faut pas nous trahir...

Et, pleine d'amertume.

— Nous n'avons rien à expier!

— Sois courageuse, s'écria-t-il en la resaisissant,

ou je serai trop malheureux. C'est moi, ce sont mes caresses qui ont aggravé ton mal !... C'est moi !...

Elle lui prit la main, et redevenant forte, elle se domina puisqu'elle avait la douleur d'un regret à panser. Même, elle parvint à sourire :

— Ne te reproche rien, pauvre ami. Moins ardent, je t'aurais cru moins aimant... Non, ne te reproche rien et ne me reproche rien à moi-même, car je t'aurais aussi moins aimé si j'avais su te résister... Vois-tu, Marcel, nous devions payer notre bonheur ! Tu te souviens, sur le bateau ?... Quelles heures adorables nous avons eues !... Et le lac, dis ? Te rappelles-tu le lac Timsah, et comme la nuit tomba presque sans crépuscule sur les gloires du soleil !... Ah ! je le savais bien que tu allais me serrer sur ta poitrine !... A chaque lueur qui mourait, je mesurais le temps... je sentais venir ton baiser, comme venait la nuit, et ma chair était la tienne avant qu'il fît noir... Aime-moi toujours, mon Marcel, aime-moi bien, comme ce soir-là...

Sa tête retombait sur l'épaule de Deschamps qui revivait les jours évoqués. Et tous deux se sentirent si bien l'un à l'autre, qu'une âpre jouissance se levait de leur deuil.

— J'ai les yeux rouges, reprit-elle, je voudrais qu'on ne s'en aperçût pas...

Il la détachait de son cou. Pendant que prostrée sur le lit de camp, elle considérait les choses autour d'elle avec un regard trouble sur les inutiles préparatifs qu'avait faits le jeune homme, il tirait une serviette d'un bahut incrusté, surmonté d'une glace. Et leurs yeux, se rencontrant, il rougit de lui rappeler son espoir de possession, en ouvrant ce meuble, où, vierges encore, brillaient un nécessaire de toilette, des brosses, des flacons, tout un attirail étrange dans ces murs. Des épingles à cheveux restaient accrochées aux franges de l'essuie-main... Blanche, émue jusqu'à l'âme de la délicatesse que montrait cette rougeur, se roidit, et se forçant à fixer le bahut et, derrière elle, le matelas cambodgien caché sous une moustiquaire, et les nattes recouvrant le lit de camp, elle alla au miroir, bassina ses yeux, puis, les traits calmés, victorieuse d'elle-même, grandie de dévouement, belle d'amour :

— Nous reviendrons ici, dit-elle, nous nous habituerons au nid, et nous préparerons notre bonheur futur, comme on travaille à ses noces !

Marcel sentit qu'aucun mot, qu'aucun geste ne traduiraient ce qu'il aurait voulu lui dire. Silencieux, il la mit en selle, mais d'une dévotion fervente, avant de la recouvrir du pan de l'amazone, il baisa la pointe de sa botte, longuement.

XI

Chalon, le lendemain matin, entrait en coup de vent dans la chancellerie où, prostré sur son fauteuil, Deschamps activant du regard les aiguilles de la pendule, poursuivait le souvenir des cauchemars auxquels à pointe d'aube avait abouti son insomnie douloureuse.

D'une humeur de dogue, le docteur en arrivant assaillait son ami de reproches : il fallait être fou pour contraindre madame Verdier à cette promenade à cheval! Est-ce qu'il ne savait pas...

Mais Marcel se levait, tremblant à la fois de crainte et de colère :

— Quoi? Qu'est-ce qu'il y a?... Que vous prend-il?... Pourquoi me parlez-vous de madame Verdier?... Qu'est-ce que je dois savoir? Allons dites! dites vite!...

Blessé du ton du jeune homme, honteux aussi de l'indiscrétion à laquelle l'avait jeté sa propre colère, le marin bégayait et, avec sa rudesse habituelle, traduisait son embarras par de croissantes sottises. Il sortait de la pagode où le commissaire l'avait joliment reçu... Sa femme était couchée, malade, très malade...

Chalon n'achevait point. Son hôte, blanc comme un linge, sautait sur son casque, ouvrait la porte, puis s'arrêtait, paralysé d'angoisse, indécis entre son besoin de courir immédiatement chez l'aimée, et sa peur de confirmer ainsi les soupçons qu'il devinait dans l'algarade du médecin.

— Ne vous effrayez point ! Que diable ! reprenait le docteur, elle n'est pas en danger...

Et lui prenant le bras, il le forçait à sortir. Par malheur, une fois dehors, sa cordialité maladroite achevait Deschamps qui ne se contenait plus, et le sommait de s'expliquer.

— Eh bien, oui... là !... répondit-il, puisque j'ai commis une *gaffe*, autant en finir ! Je préfère être brutal jusqu'au bout que de me brouiller avec un ami. D'abord, si vous n'étiez pas mon ami, et si je ne l'adorais pas, elle, à faire trouer ma vieille peau pour lui être agréable, est-ce que je me serais fâché comme cela, tantôt, pour une ordonnance non suivie ? Est-ce que les malades n'ont pas le droit de se suicider ? Je ne vous en aurais même point parlé... J'ai été bête, mais c'était plus fort que moi... Eh bien oui ! cette promenade qui l'a mise sur le flanc, je n'ai pu tolérer que ce fût vous qui l'ayez proposée. Et maintenant, soulagez-vous avec des calottes, si vous le désirez, et demain allons nous donner un coup de lancette à la citadelle, mais vous n'empêcherez pas un médecin d'adresser ses reproches à l'amant, lorsque le mari...

— A l'amant ! Comment dites-vous ?...

Marcel secouait son compagnon, se retenant à grand'peine de le frapper. Son désespoir, ses inquiétudes s'écoulaient dans un emportement qu'il ne tentait point de refréner le sentant, dans un reste de raison, nécessaire à la défense de Blanche.

Chalon se dégageait, puis, d'un ton triste :

— Mon cher enfant, vous pouvez douter de mon amitié, mais vous devriez vous rappeler que je suis médecin et que je suis presque votre père. Savez-vous ce que c'est qu'un médecin? J'ai l'air d'un Prudhomme, pas vrai? Mais je n'ai pas d'autre mot : c'est un confesseur. Eh bien, l'homme qui, l'autre mois, quand vous manquiez votre service, au lieu de mettre sur votre bulletin de visite : *morphinisme*, inscrivait : *fièvre paludéenne*, et cela quoique assermenté près de l'autorité civile, est capable de garder vos autres secrets, surtout quand depuis trois semaines, sans en avoir l'air, il protège vos amours à votre insu et cache votre petit manège à tous deux!... Mais, enfant que vous êtes, nous ne sommes pas dans un salon! Je ne vous ai pas demandé : « Êtes-vous son amant? » parce que de toutes façons vous m'auriez, par honneur, répondu non, et parce que ces questions-là ne se posent point, surtout entre amis. Est-ce donc ma faute si vous vous trahissez? Allez, il y a longtemps que je sais à quoi m'en tenir!... Avant-hier, si je n'avais pas détourné l'attention du commissaire, il vous surprenait enlaçant sa femme derrière le piano!... Et puis, je vous le répète, je suis médecin, — le sien et le vôtre. Pourquoi renoncer à l'opium quand vous avez appris sa venue? Et pourquoi me parliez-vous d'elle avec ces yeux brillants?... Je vous devine : du *flirt* seulement! Soit! mais vous m'avez présenté, vous m'avez accrédité près d'elle comme ami et comme docteur; grâce à vous, je suis son commensal et je la soigne... je la soigne, m'entendez-vous? Quels points faut-il vous mettre sur les *i*?... Ma malade ayant eu, le lendemain de son arrivée un accident grave, je devais, pour éviter son renouvellement possible, et par conscience professionnelle, avertir... le coupable. Je ne vous ai rien dit alors, par délicatesse, et pensant bien que la principale intéressée se défendrait elle-même... Mais tantôt, dame! je me suis emporté, parce qu'amant ou mari, un homme est responsable... Allons, excusez-moi, et traitez-moi comme votre amie l'a fait. Une bonne poignée de main!... Vous ne voulez pas? Tant pis! Je vous laisse, vous voici chez elle! Vous me pardonnerez après l'avoir vue...

Il tourna les talons. Deschamps, atterré, demeura immobile, impuissant à lire en lui-même. Certes, il était sûr de l'amitié du docteur qui, depuis l'opium, lui témoignait une affection réelle et pour qui sa reconnaissance revêtait chaque jour une plus chaude sympathie... Alors, Blanche était alitée... Une rechute! Un nouveau délai! De nouvelles souffrances!... Mais qu'avait-il donc fait au sort?...

Le commissaire sortait à ce moment; Marcel, se roidissant, marcha à sa rencontre, essuya de nouveaux reproches. Sapristi! ne connaissait-il pas les femmes, ces « grands enfants? » Est-ce qu'on leur cédait?... Pourquoi avait-il laissé Blanche se fatiguer à galoper?... C'était elle, n'est-ce pas, qui l'avait prié de proposer cette partie?

— Vous pouvez allez la voir, mon cher, madame Lemoine est auprès d'elle, mais grondez-la fort...

Sans plus rien entendre, le chancelier franchit la vérandah. Durant les deux minutes que prit le *caporal-boy* pour l'annoncer et l'introduire, il se crut fou. Sa pauvre chérie! Qu'en avait-il fait?...

Plus pâle que ses oreillers, Blanche se noyait devant lui, dans un nimbe de dentelles; elle lui souriait, mais d'un sourire dont le regard trahissait le mensonge. Assise auprès du lit, madame Lemoine jouait avec ses rubans, peu disposée, semblait-il, à partir.

Après un salut mécanique, Marcel balbutiait, effleurait la main de la malade :

— M. Verdier, en me forçant d'entrer, m'a appris que vous étiez souffrante, chère madame.

— Oh ! moins que rien... rien... rien du tout ! répétait-elle.

Son sourire faisait mal à voir. Tout de suite, d'ailleurs, elle détournait la conversation, avec une volubilité de mondaine, recevant dans sa chambre comme elle eût reçu dans son salon. Par moments, elle avait de furtifs coups d'œil vers le cartel, les laissait retomber, anxieux, sur sa voisine, puis elle pétrissait son mouchoir. Le souffle du *pankah*, pendant au-dessus du lit, soulevait les dentelles haut fermées de sa chemise, agitait les volants des coussins, bombait la mousseline de la moustiquaire drapée en plis relevés comme des rideaux, mettait des frissons dans ses cheveux épars. Et Deschamps, le cœur étreint, laissait tomber des réponses banales, en reconnaissant ce lit, ces oreillers, cette moustiquaire, toutes ces choses, alors en désordre, où s'était nouée leur première étreinte. Sous les batistes, passaient le manche d'ivoire sculpté de la glace-à-main qu'il lui avait offerte à Singapoore, et le coin jaune de l'exemplaire des *Chimères*, qu'il lui avait donné à bord. Ah ! sans ouvrir ce volume, il savait bien quel portrait en gonflait les premières pages !... Donc, c'était ainsi qu'il devait revoir ce lit, ces coussins, ces rideaux par lesquels depuis un mois palpitait son rêve d'amour ?... Leur première étreinte !... Oh ! combien vaine, combien triste ! Pourtant, leur malheur en datait. Mais c'était horrible cela ! Ses baisers portaient donc malheur ? Il osait enfin la serrer contre lui, il osait aventurer ses caresses jusqu'alors contenues, il osait dévoiler cette chair dont la pensée l'affolait depuis tant de mois, et ces caresses interrompues, ce baiser mort-né suffisaient à lui fermer le paradis entr'ouvert ! Non ! cette atrocité n'était point possible ! Et quand il espérait, quand il attendait, lorsqu'il n'exigeait même plus le ravissement de l'entier bonheur, au moment où il limitait au tête-à-tête sans possession l'ambition de son désir, le jour enfin où il se promenait simplement avec elle, cette promenade, ce tête-à-tête à cheval, ce demi-bonheur s'expiaient d'une maladie ! Ah ! c'était trop souffrir... trop ! Et ne pouvoir lui parler ! lui demander pardon, la consoler, se mettre à genoux auprès d'elle, lui prendre son mal et sa peine à force de tendresse !... Mon Dieu ! cette femme ne s'en irait pas ! Elle se croyait nécessaire à ce chevet, et gardienne des convenances ! Mais va-t'en donc, misérable !... Va-t'en !...

Les yeux de Marcel se jetant sur la visiteuse, disaient une telle furie de désespoir, un tel besoin maladif de commettre quelque irréparable folie, que dans sa crainte madame Verdier puisa l'imagination d'un expédient.

— C'est bien charmant à vous d'avoir écouté mon mari. Quelle idée ! vous croire indiscret ! Ne sommes-nous donc pas assez vieux amis ? Ne sommes-nous pas au Tonkin ?... C'est qu'au contraire, je compte abuser de votre dévouement et profiter de vos visites !... Qui donc me ferait de la musique, si vous m'abandonniez ?

Deschamps avait compris. Il courut au salon et s'assit au piano, laissant grande ouverte la porte de la chambre contre laquelle s'accotait l'instrument.

— Notre grande ouverture de l'autre soir, voulez-vous ?

Cependant, il commença le premier morceau qui lui vint en tête, car il ne pouvait lire de musique sans cesser de voir Blanche. La tête tournée vers elle, il jouait assis de côté, et dans son regard, il mettait tout ce qu'il aurait voulu dire, tout ce qu'il aurait voulu crier.

Aux morceaux succédaient les morceaux, la collection de ce qu'il savait par cœur. Mélomanes, Blanche et lui, ils ne s'apercevaient d'abord ni l'un ni l'autre de l'étrangeté de ce concert. Du Chopin, du Berlioz, du Bizet, du Mendelsohn, du Gounod, du Mozart, du Wagner, se suivaient, dans une confusion d'époques, de genres et d'écoles. A court de mémoire et sans y réfléchir, il tombait ensuite dans les rengaines, égrenait les faciles mélodies qu'on retient involontairement pour les entendre mouliner une fois par les orgues de Barbarie. Tous les airs dont le succès populaire banalise encore la grâce commune, sortaient du clavier, tous les refrains d'opéra-comique chers aux orchestres de régiment, aux orphéons et aux fanfares démocratiques, toutes les vieilleries sentimentales dont meurent les marronniers des squares, les platanes des « cours » de province. Et la visiteuse ne partait toujours pas.

A bout de Boïeldieu et d'Auber, malade d'impatience, Marcel se ruait dans l'opérette. Les œuvres d'Offenbach défilaient: *La Belle Hélène* et *La Boulangère*, *Orphée* et *La Vie Parisienne*, cinquante autres. La dame se rencoignait toujours dans son fauteuil. Alors, ce fut de l'Hervé et du Lecocq mêlés, du Serpette et de l'Audran, le répertoire contemporain des théâtres à flonflons. Madame Lemoine s'éventait, immobile. Et, le front trempé de sueur, défaillant, Deschamps entamait des choses plus navrantes, les romances et chansons à la mode, dans les cafés-concerts. Bienheureuse, la surveillante battait à présent la mesure avec son éventail. Blanche et lui, cependant, cloués à leur place, pensaient à la même minute n'avoir rien encore entendu d'aussi lugubrement féroce que cet accompagnement à leur désespoir, que ces chants d'ivrogne autour de leur douleur. Rageusement, il précipitait la mesure, abusait des pédales et la garde-malade se risquait à fredonner les refrains en sourdine ! Marcel pensa que, s'il continuait, elle ne partirait jamais plus. Tirant aussitôt du casier l'album le plus proche, il l'ouvrit, et renonçant à échanger des regards de détresse avec madame Verdier, commença la partition nouvelle. C'était l'*Alceste* de Gluck. La dame, maintenant, s'affaissait d'ennui, fermait et refermait ses bracelets. Sans aller jusqu'à la finale du deuxième acte, Marcel jetait le livre, saisissait un second cahier, commençait la *Neuvième symphonie* de Beethoven ; tout à coup, dans le miroir du palissandre, il découvrait que son ennemie se levait enfin. Et de sauter aussitôt des pages et de jouer d'incohérentes mesures, jusqu'à ce qu'elle eût passé devant lui, franchi la porte, disparu.

— Blanche ! ma pauvre Blanche !...

Elles se dérobaient à cette heure, les choses qui le hantaient si fort tout à l'heure, et qu'un peu plus il eût criées. Elles fuyaient ses lèvres et sa gorge sèche. Incapable de parler ou de pleurer, il baisait éperdument la main et le bras que son amie lui abandonnait. A bout de forces elle aussi, elle cherchait dans les larmes, l'ordinaire refuge de la femme. Sa main pâle tranchait à peine sur le drap ; son bras semblait de cire sous la transparence de la batiste à pois de son peignoir. Marcel, hébété, regardait ces pois rouges qui, vers la saignée, l'étoffe s'y tendant, semblaient imprimées dans la peau ; et il ne pensait même plus, hébété de chagrin, abruti de souffrance. Ou bien, s'il réunissait deux idées, c'était pour se consumer dans une dernière révolte contre l'hypocrisie à laquelle on condamnait son deuil. A celui-ci, la pensée de la musique de tantôt ajoutait une exacerbation si cuisante qu'elle englobait presque toutes ses sensasions en l'empêchant de les démêler.

Voilà donc, ruminait-il un instant après, quel était le couronnement de la passion ! Il fallait, ou vivre en brute, comme avant le *Messidor*, et ne pas croire à la possibilité d'un rayon d'amour sur l'inéluctable mal, ou aimer avec son cœur, avec ses nerfs, avec tout son être, quelque créature incapable d'échange, ou bien enfin, si par hasard la femme choisie existait, se donnait, et quand le bonheur était proche, se heurter à l'infirmité monstrueuse d'une chair dont on n'était pas maître, et qui disait non lorsque tout disait oui ! Exception ?... Allons donc ! il le pressentait trop. Si ce n'avait été cette infamie, c'en eût été une autre, et il ne pouvait même plus regretter d'être pauvre, de ne pas avoir enlevé Blanche dès qu'il l'avait aimée ! Non ! le bonheur n'existait point, et il n'avait pas le droit de se plaindre : il savait d'avance ces choses. Ses vers avaient proclamé la vanité de la passion, l'inanité des espoirs ! Pourquoi donc eût-il été plus heureux que les millions de millions d'hommes dont l'agonie insultait au ciel, depuis le jour maudit où la terre était née ? Jadis, il avait ri de certains vieillards, les voyant oublier la mort qui les oubliait, capricieuse. Fossoyeurs de deux ou trois générations, ils se persuadaient sans le dire que la fatalité leur accordait une exception ! Eh bien ! ces vieillards n'étaient pas plus stupides qu'il l'avait été lui-même. Leur exception, c'était la sienne ! En art comme en amour, on ne s'évadait pas plus hors de l'animalité qu'on ne s'évade de la mort...

— A quoi penses-tu ? fit Blanche en s'essuyant les yeux.

Il la regarda, comme sortant d'un rêve.

— Je pense qu'il doit être bon de mourir...

Elle pâlit davantage dans un long frisson, mais un instinct seul apeurait son faible corps de femme. Elle ne savait quel ressouvenir romanesque, la musique de tout à l'heure peut-être, se glissait dans sa désespérance pour lui souffler un : oui, qui serait la fin de leur tourment, la fin de tout... Oh ! s'en aller ensemble, s'accoler d'un baiser qu'ils sauraient être le dernier, le meilleur, puisqu'aucun regret, aucune désillusion n'en pourriraient la volupté mystérieuse!... Comme elle réfléchissait, écoutant, dans une reprise de son sexe, battre son jeune sang plus fort, comme elle revoyait dans le noir de ses paupières la rangée de cercueils qui, derrière sa pagode, sur le seuil des cases, souriaient au soleil, sous des jeux d'enfants, Marcel traversait des lâchetés pareilles, de semblables révoltes physiques, tombait aux récriminations au fond desquelles germe l'espoir. Et, misérable, il avait soif encore de cet espoir, ainsi qu'il avait eu soif de l'opium, ainsi qu'il aurait soif de tout ce qui le ferait souffrir, soif toujours, jusqu'à la mort enfin désaltérante.

— Ah! pourquoi, lui dit-il, ne m'avez-vous rien dit? Vous saviez cependant...

Il s'interrompit, se rappelant que cette dernière phrase, Chalon la lui disait aussi, tout à l'heure. Mais Blanche se soulevait et l'attirait à lui d'un geste tendre dont remontait sa manche, découvrant ses bras. Maintenant, un frais collier emprisonnait le cou du mâle.

— Pourquoi ne t'ai-je rien dit?... murmura-t-elle. Cela te faisait plaisir !

Il la regarda. Dans ses chers grands yeux se lisaient un tel sacrifice exalté, une telle héroïque tendresse, un tel au-delà d'amour, qu'il se trouva payé, qu'il se jugea indigne d'elle.

Ensuite, sans savoir pourquoi, dans un machinal besoin de parler, où se soulageait la réaction de ses nerfs, il lui conta sa scène avec le docteur. Elle le rassurait. Pour qu'elle ne haït pas l'homme dont elle recevait de tels soins, il fallait qu'il fût bon entre les meilleurs. Certes, il ne lui avait rien dit, mais son tact de femme l'avait elle-même avertie que le médecin savait tout, et son propre regard quand, après la première consultation, il avait parlé d'avertir le créole, l'avait assez trahie...

Pour effleurer ces choses, elle fermait les yeux, ou collait sa bouche à l'oreille de Marcel. Elle ne rougissait point, mais elle semblait mourir, et sa honte, au lieu de sang, mettait à ses joues des lividités de marbre.

— A présent, mon Marcel, sauve-toi. Je ferai des miracles pour t'avoir seul... Je t'écrirai les heures... Sauve-toi pour que je puisse réussir, et tâche que cette femme te voie passer : nous serions perdus si elle te savait resté...

Ils s'étreignirent. Deschamps s'en alla.

Ainsi qu'elle le lui avait recommandé, il se dirigea vers la maison de madame Lemoine, et il courait, bousculant les gens sur son passage. Une dernière larme contrariée ne voulait pas couler, restait obstinément au bord de ses yeux. Ce chatouillement le tirant du rêve, lui rappelant que la douleur elle-même demeure petite, comme le reste, il rentra dans l'existence et à son bureau, — au pas gymnastique. Et tandis qu'au milieu des rires annamites, il galopait, étrangement dégingandé sous le soleil décuplant son ombre, il savoura la conscience d'être ridicule, en pimenta son désespoir.

XII

Chalon, qu'il avait évité tout le jour, le heurtait dans l'ombre sous la porte voûtée de la rue des Brodeurs.

— Pardon, mon ami!...

— C'est moi qui vous demande pardon, docteur...

Ils se prirent le bras en même temps, marchèrent ensemble, voulant lire l'un et l'autre une intention d'excuse, un premier pas, dans la banale formule qui les avait réunis. Mieux que leurs mains serrées, l'échange d'un coup d'œil les réconciliait, mais une gêne les empêchait de revenir à leur conversation du matin. Ils parlaient de choses et d'autres, des promotions dernières renouvelant encore un coup le cercle de leurs relations.

Rue des Tambours, devant la maison du chancelier, ils s'arrêtèrent avec des paroles ralenties, de traînantes phrases. Brusquement, baissant la voix, Marcel murmura, le regard à terre :

— Est-ce grave, dites?... sera-ce long?

Le médecin toussa.

— Je... ne sais pas... je ne puis vous dire... Peut-être... sans doute... la guérirai-je, mais il faut du temps, beaucoup de temps... du repos.

Et il serra très fort la main du jeune homme, ne la lâcha que lorsque son compagnon eut mis le pied sur son escalier.

Chalon parti, Deschamps se cramponnait à la rampe et restait immobile, sans un cri, sans un soupir. Des minutes passèrent. Soudain, il se réveilla comme d'un songe et, tombant sur une marche, il se prit la tête à deux mains avec la crainte que son crâne éclatât. « Peut-être ! » Il avait dit : Peut-être ! Et dans beaucoup de temps !... Beaucoup de temps ! Beaucoup de temps !... Comme un ivrogne, il répétait ces trois mots, peu à peu s'étonnait de ne leur plus trouver aucun sens. Beaucoup de temps !... Il se leva, sortit, et dans la rue, se dirigea droit devant lui, sans rien voir, sans rien sentir.

A un moment, il se trouva dans la campagne et se demanda comment il y était venu. Hors d'état de se souvenir, il continua sa route, se cognant aux arbres, glissant dans des fossés, sentant clapoter sous ses pieds l'eau des rizières, et toujours rythmant sa marche avec ce refrain : « Beaucoup de temps !... »

La nuit était noire, sans étoiles, sans lune, pluvieuse. Une fois, des « Qui vive ! » lui partirent aux oreilles, avec un bruit sec de fusil que l'on arme. « Beaucoup de temps ! » répondit-il, et le factionnaire lui criant « Au large ! » il obliqua, frappé d'inconscience. Une autre fois, il se vit devant les remparts. La sentinelle le reconnaissait pour Européen, le laissait approcher, lui parlait, et il ne comprenait point, apercevait la porte close, s'en retournait du même pas. La pluie tombait alors plus fort. Il savoura cette fraîcheur et se découvrit, laissant voluptueusement tremper ses cheveux. Lentement sa raison revenait. Puis, il grelotta, se reprit tout à fait sous une sensation pénible. Où donc était-il ? A tâtons, il s'orienta. Bientôt, avec un ricanement douloureux, il reconnut la route de Son-Tay, le Grand Lac. Qui donc niait la Providence? Voilà qu'elle le ramenait à l'endroit même où, la veille, il galopait aux côtés de Blanche ! Parbleu ! mais la retraite inutile à leur amour allait servir à l'abriter de la pluie, à sécher ses membres las !

— Merci, Providence ! cria-t-il, pris d'un rire dément.

La maison était proche. Poursuivi par les chiens indigènes, les maintenant en leur parlant annamite, il se faufilait entre les haies et les jardins, gagnait le pied-à-terre par le plus court, l'ouvrait, et débotté à peine, sans même allumer de lumière, se jetait sur le lit de camp. Le parfum de Blanche traînait par la pièce, subtil et tendre. En l'aspirant, son cœur amolli creva.

Le lendemain matin, lorsqu'il s'éveilla, chatouillé par un rayon de soleil que filtraient les contrevents, Marcel ne se rappela rien, crut d'abord rêver. Hors du lit, il se frottait les yeux, et il rentra dans son désespoir, en rentrant dans le réel. Ensuite, cette idée, comme un vol de mouche, traversa sa contemplation douloureuse : c'était la première fois qu'il découchait depuis son débarquement ! Rioux et les autres le supposeraient en bonne fortune !...

A présent, il fallait regagner Hanoï... Mais, en sortant, il surprit dans le miroir sa figure ravagée, ses vêtements en désordre, et il n'osa risquer de rencontrer quelque promeneur matinal. Ouvrant le meuble tonkinois, il tira le nécessaire de toilette ; ses mains tremblaient. La serviette était là, telle que Blanche l'avait jetée. Le coin dont elle s'était servi n'avait pu sécher dans cette ombre. Sans doute gardait-il aussi un peu de son cher parfum ? Il le baisa comme un enfant, et un navrement plus fort le secoua quand il lui découvrit simplement l'odeur à la fois sûre et fade dès linges enfermés mouillés encore. Et voilà l'amour! cria-t-il. Toutes ses illusions mouraient en quelque puanteur!...

Une heure après, Deschamps de retour chez lui trouvait un billet de madame Verdier.

« *Je ne serai pas seule aujourd'hui, mon pauvre cher,*
» *et je suis bien triste. Se savoir deux à souffrir, c'est*
» *souffrir davantage... Venez donc prendre de mes*
» *nouvelles, vers sept heures. On vous retiendra à dîner.*
» *Aime-moi bien et prends courage. Je t'adore!... Ta*
          Blanche.

Marcel serra précieusement la lettre, la première où le tutoyât son amie. Le soir, il se rendit à la pagode. Conduit par le créole, il vit Blanche, aida le mari à lui servir un potage et deux doigts de vieux vin; ensuite, la porte ouverte, la table approchée de la porte, les deux hommes dînèrent. De son lit, la malade causait, souriait au chancelier. On desservit, et la salle à manger redevenue salon, Marcel se mit au piano. Cette fois, il ne pouvait regarder madame Verdier qu'à la dérobée, en se retournant. Et, forcé de vraiment jouer, il sortit les uns après les autres tous les morceaux qu'elle aimait, une musique un peu sérieuse, mélancolique aussi, qui était bien la musique de sa beauté grave et de son caractère. Il y fit passer tout son chagrin, y détendit ses nerfs et ne se leva que chassé presque par son hôte.

Le lendemain fut semblable, et le surlendemain, et les jours qui suivirent. Maintenant, Blanche quittait son lit pour s'immobiliser dans une chaise-longue; elle n'allait pas mieux, moins vaincue par son mal que par le chagrin. Sa résignation, son beau courage la fuyaient quand lui manquait Marcel ; l'anémie progressait chaque jour. Lui, ne la voyait pas maigrir. Seulement, chaque fois qu'il la retrouvait, il constatait une pâleur plus grande, un plus profond envoûtement des yeux. Et ces yeux, ces chers yeux lui semblaient bleuir à présent dans leur cercle de bistre.

Un matin, sur la table, il découvrit de la digitaline; son cœur se serra. Chalon, interrogé le jour même, le rassurait, mais avec des phrases de médecin, des mots qui lancinent les inquiétudes. Deschamps n'osait le presser, un peu par une enfantine terreur d'aller jusqu'au fond de sa misère, un peu parce qu'il sentait l'embarras du docteur à parler de ces choses. Il ignorait encore le nom de la maladie qui tuait son bonheur. Au fond, du reste, ses inquiétudes, grâce à l'instinctif égoïsme de la passion, tombaient au second plan, étaient comme absorbées par un plus immédiat et plus affolant supplice : celui de ne pouvoir trouver un instant Blanche seule. Elle demeurait loin de lui, comme si elle était encore à Saïgon, et il en venait à regretter ses anciennes impatiences. Sa douleur s'émiettait en préoccupations journalières et petites, en manœuvres, en ruses d'écolier, que toutes terminait un échec : le renvoi à l'éternel lendemain du rendez-vous espéré. Cependant, pour se changer en cent piqûres, la blessure n'en saignait que davantage, et sa souffrance s'exaspérait à son renouvellement continu. Dans une longue semaine, il ne parvint pas deux fois à voir son amie sans témoins, dix minutes.

De nouveau recoulèrent les heures navrantes, dont il avait cru mourir quelques mois avant. Combien plus désolantes, aujourd'hui, scandées par de furieuses révoltes contre la fatalité, allongées de désespérance par le voisinage de la pagode à présent pleine! Où donc le temps où, de sa croisée, il en considérait le toit chimérique, les faïences blanchies par la lune? Ce qu'il y cherchait dans ses veilles, maintenant, ce n'était plus une base à son rêve, mais un motif à désolation.

Oh! les longues nuits, si longues, passées à regarder décroître sa lumière ! Pour communiquer avec lui, chaque soir, elle faisait lever le store de la vérandah, et il regardait ses vitres illuminées. Des ombres se mouvaient ; il s'imaginait leurs causes : son mari lui dit bonsoir... il s'en va... la voilà seule... elle e couche... elle lit...

Parfois, Blanche venait à la croisée, et il la distinuait avec sa lorgnette, puis il balançait sa bougie our lui montrer qu'il l'avait aperçue. Mais il dut lui éfendre de lui donner cette joie furtive et puérile. 'ombre était fraîche. Elle toussait.

XIII

Il pleuvait, ce soir-là. Non pas la bonne pluie déjà tiède des fins d'hivernage qui fertilise les rizières et fait s'ouvrir les bourgeons des letchis ; mais du *crachin*, la molle et lente liquéfaction des brouillards du Delta, le trop-plein des brumes crevant en fumée d'eau sur la terre. Tout suintait, bavait, moisissait dans la poix des ténèbres denses. De gargouillantes gouttières rythmaient la chanson de l'ennui. Les choses elles-mêmes pleuraient.

Toute lumière était morte chez Blanche.

Deschamps quitta son balcon, s'assit devant son bureau, prit un livre. Des moustiques s'abattirent sur ses mains, des cancrelats coururent sur sa table, et il se leva, fit dix pas dans sa chambre, s'approcha de son lit. Ses draps aussi suaient d'humidité. Puis, à quoi bon se coucher pour veiller ? Il voulut allumer une cigarette. Son tabac, ses allumettes imprégnés de vapeur d'eau l'agacèrent. Alors, il décrocha son manteau de caoutchouc, chaussa des bottes et sortit, sans savoir où il irait, mais obéissant au machinal besoin de ne plus être là où il se trouvait, de ne plus être seul.

Cependant, dehors, il réfléchit, hésitant sur la direction qu'au bout de la rue il devrait prendre. Depuis l'arrivée des Verdier, il avait perdu la plupart de ses relations ; les *popottes* s'étaient renouvelées ; Saylor construisait une ligne télégraphique de Son-Tay à Hong-Hoa ; de Pontailly ne restait abordable que le matin ; Herthol était toujours à Bac-ninh ; Rioux venait de partir en tournée de remonte. Où aller ?...

Au fond de lui-même pointait bien un projet, mais avec un entêtement d'enfant, il ne voulait ni se l'avouer, ni convenir de la tentation qui tantôt l'avait fait descendre. Le beurre gras de la chaussée retenait ses semelles.

Certes, il l'exécuterait, ce projet ! il lui cèderait, à cette tentation ! seulement, il faudrait que la nécessité l'y contraignît. Et tout en battant les flaques, il énuméra de nouveau les portes auxquelles il pourrait frapper. A chacune, il disait : non, se donnait un motif : Un tel ? malade ! Un tel ? en colonne ! Un tel ? à dormir ! Pour la fin, il gardait Bernardet, le capitaine Lehrer, Rémy.

— Bernardet ? monologua-t-il, je suis sûr qu'à cette heure, il console Loulou du départ d'Herthol !... Reste Lehrer ; reste Rémy. Les jouerai-je à pile ou face ? Non !... Celui que le sort désignerait serait absent sans doute, et je me méfie du hasard. Allons chez le plus proche, chez Rémy !

Brusquement, il ralentit le pas, et tout haut :

— Alors, j'y retombe ? Et pour céder, je triche !...

Une hésitation arrêtait à la fois son pouls et sa marche. Il chercha le lac et la pagode noyés dans le noir.

Toute lumière était morte chez Blanche.

Marcel frissonna, puis, pour ne plus penser, courut.

— Entrez ! cria Rémy.

Il entra. Tout d'abord, il n'osait point s'asseoir, cloué sur place dès le seuil, et comme extasié devant la *fumerie* du lit de camp où l'interprète achevait une pipe. Il la retrouvait donc, la petite lampe familière qui, pareille à la veilleuse d'un autel, éclairait la pièce d'une clarté jaune, religieuse! Il le réintégrait, le triste temple! Il revenait, dévot au rêve, s'abîmer dans la mortelle adoration!... Et une joie indicible passait dans son trouble, la volupté de se martyriser sciemment, de se venger de tout, le bonheur de retrouver des amis perdus, des choses auxquelles s'accrochait un peu de sa vie ancienne.

— Tiens! c'est vous! murmura l'homme. Il y a des mois qu'on ne vous a vu!...

Sans se déranger, il tendait à son visiteur une main moite, décharnée.

— Des mois! ricana Marcel. Pas même un!

Oui, pensait-il, en retirant son manteau, pas même un! La proportion des heures tolérables contre les autres, n'était point d'une sur cent... Un mois à peine! Et dans ce mois, il avait plus pâti que dans toute l'année!...

— Vous venez fumer?

— Si vous le voulez bien... mais on dirait que vous êtes malade?

— C'est le coffre qui ne marche pas... Vous savez, les nuits passées dans les rizières, sans tente-abri, cela démolit un homme à la longue. Je tousse à m'arracher l'âme...

En s'appuyant sur son coude pour débarrasser la place de son hôte, le vieux bohème relevait sa mauresque de flanelle, découvrait son torse de squelette. Les côtes saillaient en cercles de barrique. La mèche de la lampe remontée, des ombres coururent sur ce corps, remplirent et vidèrent des creux sinistres, des pochettes de peau que la respiration tendait brusquement et qui s'affaissaient ensuite avec lenteur, comme l'enveloppe d'un ballon crevé. Bientôt, il retomba, brisé de son effort, secoué par un râle sifflant. La tête sur une boîte à bétel, il crachait dans un petit vase, à la mode annamite. On eût dit un catarrheux.

— Là ! souffla-t-il, sans voir le haut de cœur de son voisin devant son expectoration... Ouf !... Quelle misère !... Lina !... Lina ! du lait !

Lina, sa maîtresse indigène, entra portant un verre et une boîte de lait concentré. Sans rien dire, elle prit une cuillerée de crème mélasseuse dans son récipient de fer-blanc, la jeta dans le verre qu'elle remplit d'eau, et remua le mélange, violemment, avec le geste boudeur des domestiques qu'on dérange. L'eau peu à peu blanchit et jaunit, devenue vaguement semblable à du lait, et la *congaï* rechignée tendit le breuvage à Rémy qui but deux gorgées en grimaçant.

— C'est trop sucré... Quel sale pays ! ne pouvoir obtenir du lait de vache, du lait naturel !... Avec quoi peut bien être faite cette drogue ?... Donne-moi du cognac, Lina !

Lampé le laitage changé en grog, Rémy respirait, soulagé, et tendait une pipe à Marcel qui, furtivement, lava le bouquin d'ambre.

— Croyez-vous que votre Chalon ne voie rien à mon mal ? Il prétend que mon état est moins phymique que morphinique. « Plus d'opium ! » me dit-il. Comme si l'opium au contraire ne me soutenait pas ! Mais je crèverais tout de suite, si je renonçais à fumer !... Et il me prescrit de la liqueur de Fowler, du quinquina, des eaux minérales, du cognac ! Bien entendu, je prends de celui-ci seulement !... Et puis, il me donne aussi une potion bromurée pour la nuit, une machine où il met de l'alcool et de l'opium. Ça, je le bois, quand Lina ne vide pas la bouteille la première !

Il riait. Mais déjà Deschamps ne l'entendait plus, courbé sur la *fumerie*, tétant à petits coups.

Un abrutissement descendit sur les deux hommes.

XIV

Désormais Marcel fuma, retombé, sans même un désir de révolte, dans la servitude de l'opium. Il ne tentait plus le moindre effort pour voir Blanche, sachant à l'avance qu'inévitablement, à la dernière heure, un hasard contrarierait ses projets. De son côté, madame Verdier, plus languissante chaque jour, plus abattue, renonçait à lui ménager un tête-à-tête dont elle redoutait l'amertume. Que s'y diraient-ils ? Qu'ils s'aimaient ? Mais ils en étaient certains l'un et l'autre ! mais leurs regards suffisaient désormais à marquer leur réciproque tendresse ! Fatalement, ils glisseraient à parler de l'obstacle élevé entre leurs désirs. A quoi bon ? N'allait-elle pas plus mal, frappée aussi d'anémie tropicale, le cœur hypertrophié, bronchiteuse ? La pensée d'ailleurs d'effleurer de nouveau certains détails révoltait, après ses instincts de pudeur, sa coquetterie désespérée. Mon Dieu ! ne s'enlaidissait-elle donc pas assez, le teint de cire, les lèvres exsangues, les gencives en papier, les pommettes saillantes, le cou trop mince ! Et elle le désolerait davantage, quand peut-être, ô misère, il ne la désirait même plus ?... Non ! mieux valait souffrir loin de lui !

Comme avant l'arrivée des Verdier, Marcel se retrouva seul, — seul avec l'opium, et jour et nuit l'opium le posséda, plus malheureux qu'en son primitif esclavage. Autrefois, entre deux pipes, il rentrait dans la vie normale pour évoquer son amie, lorsque spontanément elle n'avait point traversé sa fumée. Il contemplait la pagode, la peuplait imaginairement, et, s'il souffrait, son impatiente misère pouvait du moins s'atténuer d'un espoir. Enfin s'il se refusait, cet espoir, au bout d'examens de sang-froid, de nouvelles pipes le lui apportaient, victorieuses. Ou bien c'était le non-penser plus doux encore, la joie de ne plus se sentir vivre, la voluptueuse mort de sa volonté, la douce paresse de son rêve se ballottant au gré de suggestions infinies. Aujourd'hui l'image était hantise, la suggestion douloureuse, l'ivresse noire, et ce n'était plus la pagode qu'entre deux pipes, il allait revoir, mais Blanche elle-même. Toujours plus émaciée, toujours plus maladive, elle ne le recevait que contrainte, son salon déjà rempli. Tous deux échangeaient une poignée de main, puis détournaient leur regard l'un de l'autre, s'attristant ainsi davantage pour trop vouloir mutuellement se dissimuler le deuil de leur amour. Visites, soirées ou repas, ces entrevues les affectaient si cruellement qu'ils les abrégeaient de leur mieux. Marcel bien vite retournait à sa *fumerie*, n'emportant qu'un surcroît de tristesse dont s'assombrissait son paradis artificiel.

Jusqu'à l'opium lui-même, qui semblait avoir suivi les variations de son état d'âme ! Chez Rémy, le premier soir, elles se refusaient, les sensations de jadis. Seule, demeurait pareille, vague et bleue, âpre et douce, la spirale que, l'œil noyé, le pouls petit, le front baigné de sueur, il chassait au plafond. Alors, il avait multiplié les pipes, et à force d'aspirations, retrouvé l'ivresse passée. Seulement, sur ces songeries reconquises s'étendait à présent un voile de mélancolie. Et les jours suivants, et toujours, elles gardaient, même indifférentes, cet aspect des choses vues à travers un crêpe. Morte sa volonté, endormie sa raison, une angoisse survivait, veillait en lui, comme instinctive, comme issue de la *fumerie*. Subordonnées encore aux heurts fortuits des choses extérieures et des souvenirs mal éteints, les suggestions dont son cerveau suivait l'impulsion au hasard jetaient toutes le fumeur à de moroses spectacles.

Comme le guerrier du store chez Herthol, la moindre chinoiserie suffisait à le transporter dans un grandiose asiatisme, fantasmagorique avec ses détails inexacts, mais sans plus de défilés symboliques, de bruits formidables d'armée en marche. D'elle-même, la vision surgissait plus horrible et, sans qu'il intervînt, évoquait des bourreaux, des supplices, des cruautés de moyen âge ou d'Inquisition, des promenades de cercueils, que de pieuses caravanes rapportaient aux familles des Fils-du-Ciel morts loin de leur patrie, par-delà le Pacifique. De même aussi qu'à ses débuts chez son collègue, un éclat de soleil irradiant le cuivre d'une trompette sur la panoplie, la plainte maintenant d'une lointaine guitare, le grondement d'un gong, la monotone vibration de certains cerf-volants sonores que faisaient chanter au vent les enfants du voisinage, lui soufflaient des échos de musiques oubliées. Mais aujourd'hui ces musiques restaient navrantes : passages d'oratorios, hymnes funèbres, lamentations de *Stabat Mater*.

Il en était ainsi de toutes ses sensations : l'opium les mélancolisait en les exagérant ; de tous ses rappels du passé : l'opium les exhumait des heures amères ; de tous ses songes : l'opium les conduisait au cauchemar.

Superactivés, ses sens ne traduisaient plus que des impressions pénibles. Trahissant le mensonge des réalités, le vrai goût du thé commun, l'odeur de moisissure de la pièce mal tenue, les tons faux des nacres du plateau, la rugosité de ses incrustations, le son fêlé de la clochette de verre coiffant la lampe : ils gâtaient son plaisir. Son aberration cérébrale déformait encore les idées perçues ; mais cette déformation servait son seul spleen. Enfin, si son atmosphère demeurait exceptionnelle, son exception venait surtout de son accablement et l'intensité d'intérêt qu'il portait au monde extérieur cherchait de préférence les choses auxquelles se caressait son désenchantement.

Et il comprit que l'opium ne pouvait ni consoler, ni guérir. Miroir, il reflétait, en grossissant, mais il reflétait, et la réfraction seule de ses images était anormale. Pourtant, il n'y renonça point, augmenta les doses, au contraire, lui demanda le repos au lieu d'excitation, — lui demanda l'oubli. Elle persistait, la tristesse des choses, mais à travers les fumées plus épaisses, il leur trouva peu à peu de confuses douceurs.

XV

Ecœuré de la société de Rémy, Deschamps, un matin, songea que tout aujourd'hui l'invitait à la réalisation de son ancien rêve : l'installation d'une *fumerie* dans sa chambre.

Pendant une semaine ce travail l'occupa. Ce fut un remue-ménage. Il fallait que tout en tétant l'opium, il pût voir le lac, la pagode de Blanche. Aussi disposa-t-il le lit de camp très haut, la tête au mur, entre les deux croisées dont il dépassait l'encadrement, de telle façon que, couché, l'on pût d'un simple mouvement de tête jeter les yeux dehors, par-dessus la balustrade du balcon. Laqué rouge et or, ce lit qu'éventait un *pankah* ressemblait à quelque armoire énorme étendue à plat sur le parquet. Par-dessus un tapis de nattes, deux matelas s'y étalèrent, parallèles, des matelas cambodgiens aux tranches multicolores. A leur pied, restait vide une large place où s'assoieraient les visiteurs. Les traversins indigènes, rigides et habillés de soie, touchaient la muraille ; il ne restait plus qu'à monter la *fumerie*, au milieu de l'estrade.

D'abord, il acheta un grand plateau rectangulaire en bois de *trac* incrusté de papillons et de fleurs de nacre, la pièce principale. N'était-ce point la table où se servait l'ambroisie ? Vinrent ensuite quatre pipes, de grosses flûtes du diamètre de deux doigts, longues de quarante centimètres, fermées d'un bout par une rondelle d'ambre, se terminant de l'autre en un court bouquin bombé un peu. Aux deux tiers de ces tubes, près de la rondelle, une applique d'ornements d'argent entourait la tubulure où pouvait se visser chacun des dix fourneaux. Plantés dans des espèces de coquetiers de corne, ces fourneaux pleins, à la poterie d'un beau jaune d'or, luisaient, convexes à peine, larges comme des soucoupes de Japon, percés imperceptiblement au centre, et pareils à des champignons coupés trop près de l'ombrelle.

Deschamps complétait ses emplettes par une série de petits flacons d'ivoire uniformément cylindriques, gros étuis réservés au divin *nepenthès*, par un jeu d'aiguilles qu'une tricoteuse aurait cru siennes sans leur pointe, par des boîtes de fer niellé réservées à recevoir les détritus des pipes, par de petits ciseaux de lampiste, par un bol de vieille porcelaine où nageait une éponge, par une veilleuse enfin qui reposa sur un pied de bronze ciselé et se coiffa d'un globe à facettes, sorte de clochette trouée au sommet pour laisser passer la flamme.

Le tout formait un vrai laboratoire qu'il admira, puis, il eut un mélancolique haussement d'épaules en constatant qu'à présent sa chambre ne copiait plus celle de Blanche, et il convia Bernardet, Rémy, le capitaine Lehrer, à venir inaugurer le nouveau temple. Rémy, très souffrant, ne put rester : après avoir gémi sur le petit nombre des fumeurs, regretté le « bon temps » de la conquête de Cochinchine, il remporta, soutenu par Lina, son catarrhe et sa misanthropie.

— De quoi se plaint-il ? dit Bernardet. De son temps

on révoquait les fonctionnaires convaincus de se livrer à l'opium, et l'armée créait pour ses fumeurs des pénalités spéciales qui voulaient être déshonorantes. On est arrivé de la sorte à réduire à une douzaine le nombre de nos congénères dans toute l'Indo-Chine, mais du moins, aujourd'hui, lois et préjugés sont-ils tombés en désuétude. Au lieu de nous cacher pour fumer, comme on le fait encore un peu à Saïgon, au lieu d'aller dans des bouges, nous avons des *fumeries*, chez nous, dans notre *home*, avec moult confort. Lehrer fume à la Concession même, et nul ne le lui reprochera tant que son service n'en souffrira point, n'est-ce pas, capitaine ?

Lehrer dédaigna de répondre. Ses grands yeux de bohémien se promenaient, hagards, sur les volutes bleues amassées au plafond, et il chantait à tue-tête, semblant toujours ivre avant que d'avoir bu.

Marcel debout devant la fenêtre regardait tour à tour le lac et ses amis. Du mépris plissait sa lèvre.

Lorsque ses convives furent partis, il s'étendit dans son hamac sur le balcon, et très inopinément songea que cette installation le laisserait sans argent jusqu'à la fin du mois. L'opium était cher ! Mais aussitôt il éclata de rire en constatant de quelles compensations s'atténuerait sa dépense : plus on fumait et moins on mangeait. Le compte : Rêve, dans le budget des fumeurs, empruntait au compte : Réel, d'où naissait un parfait équilibre ; quoi de plus commode ?

Elle revenait en effet, son inappétence des derniers mois. A sa suite, une apathie physique le déprimait, accentuait sa tristesse.

A cette heure, balancé dans son hamac, les yeux rivés au toit de la pagode, il se rendait compte nettement de cette réapparition du mal. C'était bien la déchéance prédite par le docteur, la fuite continue de sa santé; mais, comme avant l'arrivée de son amie, il ne s'en souciait point, ou coupait court l'examen douloureux :

— Et puis après ?...

Puisque Blanche ne guérissait toujours pas !...

XVI

Vers ce temps-là, Marcel reçut quelques lignes du commandant Villaret. Ce lui fut un contentement mêlé d'un dépit vague.

A son premier voyage en Australie, le marin, débarqué mourant, avait dû passer plusieurs mois à l'hôpital de Melbourne. Il rentrait pour prendre un congé de convalescence en famille ; c'était d'Aden, au point de croisement des deux lignes de steamers, qu'il écrivait à son ami. De Marseille suivraient d'autres lettres, plus longues. Celle-ci entendait seulement porter, avec des excuses et des explications, l'affectueux souvenir d'un homme « qui, s'il se donnait rarement, se donnait tout entier ».

Deschamps la lut jusqu'au bout, l'œil froid.

Sous les influences combinées de l'opium, de sa passion, du découragement, se développaient, chaque jour, sa lassitude, son égoïsme et sa sensibilité. Des marques d'amitié, son orgueil se délectait sans que son cœur vibrât. Parfois, s'en rendant compte par une involontaire persistance d'analyse, il en était malheureux. Souvent, au contraire, un mépris plus fort l'en consolait et il constatait que, semblables aux femmes, les hommes se prennent mieux au jeu des résistances qu'à l'attrait des abandons. Sans doute, Chalon et de Pontailly, ses deux vrais amis d'Hanoï, l'auraient-ils moins aimé, si, moins préoccupé de Blanche, moins absorbé par sa *fumerie* bienfaisante, il avait davantage été leur. Et puis, qui savait? Peut-être représentait-il pour le médecin un simple, mais précieux objet d'étude psychologique et médicale! Un jour, on lirait dans les *Archives de médecine navale* un mémoire relatant les effets de l'opium sur un tempérament nervoso-sanguin, sur une imagination maladive, éprise de chimères, mémoire dont lui, Deschamps, aurait inconsciemment fourni le sujet avec l'*observation!* Quant à de Pontailly, n'était-ce point l'ennui, le besoin de s'évader hors de l'uniforme, de se rajeunir, de se reposer par des conversations d'art, qui dictaient sa sympathie pour le chancelier? En mettant les choses au mieux, les deux hommes ne le recherchaient qu'en vertu d'un instinct les poussant vers un être pressenti, non moins qu'eux-mêmes, fatigué de tout. — La bizarre manie, qu'entre parenthèse, avaient les souffrants de se mettre en tas pour souffrir! Les sociétés humaines devaient commencer par des réunions d'infirmes, par des cours-aux-miracles, par l'hôpital!... En résumé, le docteur et l'officier étant de leur côté de parfaits égoïstes, il pouvait se dispenser de remords.

Marcel referma la lettre de Villaret, alluma une pipe, et mécontent d'avoir mal jugé le marin, ne voulut pas se l'avouer. Inopinément revenue, cette amitié, dont il avait fait son deuil, dérangeait la symétrie de sa misère, pareille à ces personnages oubliés qui, dans les romans-feuilletons, réapparaissent brusquement pour embrouiller l' « intrigue ». Et il cherchait, l'œil dans les spirales, la fêlure de cette affection, la tare fatale qui lui donneraient le droit d'étouffer la joie intime qu'il sentait poindre au fond de lui. N'en découvrant point, il tenta de s'expliquer l'amitié du lieutenant de vaisseau par des raisons nuageusement compliquées, enfantines. Bah ! pensa-t-il enfin, Villaret est physiologiquement exceptionnel, tant il est pondéré. Comment ne serait-il pas exceptionnel au point de vue moral ?...

Cependant, même momentanément dégagé de l'opium où se décuplait en une morbide misanthropie sa désespérance d'amour, le rêveur, à présent intoxiqué, ne retrouvait point son ordinaire vision des hommes et de la vie, sa tristesse normale sans exagétion d'injustice. La pipe ne modifiait ni son état d'âme, ni les choses, lui rendait seulement celles-ci intéressantes à l'excès, le passionnait pour leur examen. Il ne souffrait pas moins qu'avant sa rechute à la *fumerie*, mais il se complaisait à sa souffrance, et son cerveau la caressait voluptueusement, *touched with pensiveness*.

Cette mentale dépravation, il en eut surtout nettement conscience, lorsqu'il répondit au commandant. D'abord, il alignait des phrases incolores, de tièdes remerciements, des souhaits banals, ne donnait de sa propre vie que de confuses nouvelles. Puis, sa plume s'échauffait, sa lettre laissait transparaître le désenchantement de ses espoirs, l'à-vau-l'eau de sa passion, et grisé par l'encre, par l'affectuosité des mots auxquels il répondait et qu'il répétait, il sentait qu'il allait tout dire, puérilement, par besoin de se soulager. Toutes les trois lignes, il s'arrêta pour retenir sa confidence. Seulement, comme sa fièvre persistait, il l'écoulait en des *emballements* sans proportion avec leurs maigres causes et contradictoires. Un portrait du général Jacob, crayonné d'une main emportée, sans ratures, d'un jet colère éraillant le papier, amenait enfin le cri de sa détresse.

« ... Oui, c'est un homme supérieur, absolument
» supérieur, qui s'impose, dans un temps où tout se
» discute, dans un milieu où l'on mord aux mollets de
» toutes les gloires. Ce fils, ce petit-fils de soldats, ce
» soldat, est quelqu'un. Je l'admire ; vous connaissez
» assez mon mécanisme pour penser que l'admirant,
» je l'aime. Et pourtant, ce matin, en l'entendant
» accuser de je ne sais plus quel crime, faux du
» reste, j'éprouvai quelque joie. Il me plaisait mieux
» avec une lézarde.

» Je comprends le naturaliste qui, sa classification
» terminée, eût voulu détruire à peine née une espèce
» nouvelle, récemment découverte, non *casable* dans
» ses fiches ! Dans le même ordre, ou désordre d'idées,
» j'en viens à saluer mes désillusions à la table des
» médecins où le docteur Chalon m'emmène dîner
» quelquefois. Chaque jour, on y démolit un savant,
» homme et principes. Il ne me gêne pas que cela
» aussi s'en aille, — je suis pour les situations com-
» plètes, pour l'uniformité, — et qu'il ne surnage rien,
» même de scientifique, dans le courant emportant
» mon besoin de vrai, mes croyances anciennes en
» l'utilité possible d'un travail humain, à ce Nirvana
» de l'esprit au fond duquel on se tue ou l'on se
» saoûle... »

Le mot était écrit, il ne le raya point. Cyniquement, il avoua l'opium, laissant deviner à Villaret quelle main féminine le poussait, inconsciente, à l'abrutissement, insistant enfin sur les déboires de second ordre auxquels se renforçait son nihilisme.

« Folie ? soit ! Et cependant, ce matin, le médecin-
» major du 227ᵉ, avec une seule théorie, m'a plus

» cruellement détrompé que la mieux aimée de mes
» maîtresses. Cet homme m'a prouvé, ou si vous pré-
» férez, m'a induit à supposer que M. Pasteur se mo-
» quait agréablement de nous. Paradoxe ? Non ! Ce
» docteur citait des autorités, des collègues même
» dudit M. Pasteur. Il a menti ? Il s'abuse ? Soit en-
» core ! Toujours est-il que je ne crois plus.

« Or, vous ne vous imaginez pas ce que c'est pour
» un poète que de sentir aussi chimériques que les
» siennes les théories des savants ! Ces savants nous
» méprisent tant, nous autres rêveurs, et le mépris est
» un tel instrument de domination que je me les ima-
» ginais comme des êtres de supérieure essence. J'ai
» déchanté. J'aurais résolu le problème littéraire du
» rapport entre le mot juste et le mot musical, avant
» qu'en ce siècle d'électricité, ils m'aient appris ce
» qu'est l'électricité !

» Et s'il n'y avait que Pasteur ! Mais tous y ont passé,
» tous ! Ces gens sont des augures et rient les uns des
» autres, comme ces explorateurs dont Paris s'engoue
» pour une conférence à grand orchestre, pour quelques
» articles de journaux, et qui, à la cantonnade, après
» s'être congratulés, s'accusent réciproquement de n'a-
» voir pas mis les pieds aux pays dont ils nous parlent,
» ou de n'y avoir couru nul danger. La science ? C'est
» comme le Tonkin : une bouteille à l'encre, et ses
» prétendues découvertes valent celle du non navigable
» Fleuve Rouge. Elles se démolissent l'une et l'autre,
» comme ici les commandants en chef. Ah ! Pasteur et
» les siens, que m'importe ! Il y a plus triste : ces mé-
» decins — et, notez-le, ils forment une élite, triés pour
» cette campagne, tous anciens internes ! — se dispu-
» tent à propos des pansements. L'un tient l'alcool
» pour une panacée, l'autre a son système ; celui-ci
» prescrit la diète à ses blessés, celui-là les nourrit,

» et aucun ne sait sauver du tétanos un Arabe amputé
» d'un seul doigt ! Ce matin, à propos de fièvre
» typhoïde, je les voyais prêts à se dévorer. Doit-on
» jeter le malade ou non dans l'eau glacée?...

» Je vous entends, Villaret : je ne comprends rien
» à ces questions. Raison de plus pour qu'on me laisse
» croire à quelque chose, fût-ce à la vaccine que l'Ex-
» trême-Orient pratiquait avant nous ! Et d'abord re-
» nonçons, s'il vous plaît, à ce renvoi à l'école des gens
» non timbrés par vos Facultés. Je ne suis pas médecin,
» mais effleurant un sujet médical, j'avancerai toujours
» moins de sottises qu'un savant parlant d'art. Je n'ai
» jamais supposé que Ricord eût inventé la syphilis;
» or, mes voisins étaient gens à penser, voire à dire,
» que Bourget créa le pessimisme, et Zola l'imperson-
» nalité de l'artiste devant la nature !

» Oh ! comme je me moquerais de ce naufrage de
» ma foi scientifique — la dernière pourtant — si je
» savais exprimer la réalité, si je savais écrire ! Qu'im-
» porte le reste à qui possède le beau, à qui peut le
» rendre ?... Le plus crevant de tout, mon cher, c'est de
» constater combien l'on change. Je relisais ces
» jours-ci. Hugo ne me transporte plus et je commence
» à trouver que Flaubert lui-même n'est point parfait.
» Mes anciens dieux s'en vont. Donc, à quoi bon pen-
» ser? à quoi bon juger, puisque la vérité n'est pas plus
» en nous qu'ailleurs ? Les admirations varient à la
» façon du reste, plus que le reste. La forme cependant
» demeure ce qui résiste le mieux, et c'est pour cela
» qu'il faut la cultiver d'amour... »

Cette lettre achevée, Deschamps la relut, sourit, l'envoya. Puis, il écrivit un sonnet : *A ma pipe.* « Je le lui dois bien ! » pensait-il. Car il se rendait compte du travail de l'opium dans ce retour aux plaintes enfantines de ses premières révoltes et dans sa façon de tout percevoir à travers ses propres deuils. Elles l'amusaient, les lucidités de son ivresse qu'il comparait aux pataugeages d'après boire. L'alcool excitait la partie sensuelle de l'homme, l'opium au contraire enfiévrait la pensée seule. Ivre de vin, il n'aurait pas eu cette conscience de son ivresse qui en décuplait le plaisir : déraisonner n'était une jouissance que si l'on s'entendait déraisonner.

Au fond, bien bas, tout bas, il comprenait encore que ses actions de grâces à l'opium montaient surtout les jours où s'en expiaient physiquement les voluptés passagères, lorsqu'il lui fallait oublier la plainte de son estomac rebelle aux digestions, prompt aux nausées, ou la cuisson céphalalgique encerclant son crâne. Ces douleurs restaient d'ailleurs matinales, duraient une heure ou deux ; mais elles lui laissaient la bouche sèche, les amygdales resserrées, la soif violente. Son appétit à peu près aboli, les repas lui étaient un supplice ; elle s'éteignait, son activité musculaire, et souvent, à son bureau, il tombait dans une apathie d'où il ne sortait qu'en s'échappant un quart d'heure pour aller refumer.

Dès la première pipe, un bonheur entrait en lui, un apaisement matériel d'une reposante douceur. Son cœur régularisait ses palpitations, son souffle reprenait son rythme tranquille, puis, le corps bienheureux, les sens affinés, il goûtait en dilettante la perversion de ses facultés intellectuelles et affectives, chassait enfin le souvenir de son malaise, remerciait l'opium d'exalter sa personnalité.

Et plus il fumait, plus il constatait qu'en cette exaltation se résumait l'influence de la chère drogue. Il lui semblait posséder plusieurs cerveaux. Elle n'était pas neuve en effet, sa puissance d'évoquer des images dans le noir de ses paupières, sans dormir. De tout temps, il s'était ainsi représenté ses rêveries matériellement. Cette puissance aujourd'hui profitait seulement du décuplement de toutes ses propriétés mentales, fonctionnait d'elle-même sans intervention de sa volonté. Aussi l'orgueil n'était-il pas pour peu dans son croissant abandon. Il eût été honteux d'abdiquer sa volonté par contrainte, de noyer sa conscience dans une vulgaire ivresse, de penser malgré lui-même. Au contraire ce lui était par les bleuâtres nuages de sa pipe une satisfaction singulière de librement consentir à ne plus vouloir, de demeurer conscient, capable de se reprendre, et de toujours enfin librement penser, les suggestions extérieures, même étranges, ne cessant point de correspondre à son état d'âme.

Poète, il restait donc poète, avec un lyrisme plus élevé, une éloquence plus capricieuse ; analyste, observateur, il acquérait simplement une plus subite acuité de perceptions ; sensitif, il devenait sensible davantage ; triste, il se mélancolisait à la mort ; souffrant d'amour, il tombait au martyre. La pensée qui s'abstrait s'affole : Marcel ne pensait qu'à Blanche ou, généralisant plutôt, ne pensait qu'à la misère de la passion. Vivant replié sur lui-même, il ruminait, édifié sur son état, en suivant le morbide développement, y savourant enfin un âpre plaisir. L'existence, il ne la voyait point en noir parce qu'il la contemplait à travers l'opium, mais parce qu'il l'étudiait derrière l'égoïste écran de sa propre désespérance, et parce que cette désespérance, l'opium la développait à son hautain maximun. Joyeux de vivre, sensuellement heureux, sans inquiétudes d'âme, et fumant tout de même, il sentait qu'il aurait coloré la vie en rose. Une loupe appliquée aux regards spirituels, voilà l'opium ; or, sa lentille se teintait de la couleur d'esprit de l'observateur, et celui-ci, tout en utilisant sur l'extérieur le grossissement du foyer, s'y mirait lui-même, complaisamment.

Aussi bien, pour qu'il se perdît dans ces psychologies, il fallait qu'une nouveauté, qu'une sensation spéciale l'y poussassent, telles que la lettre de Villaret, telles que sa réponse au marin. En temps ordinaire, il se laissait aller avec une croissante veulerie, accueillait les impressions les plus fortuites, rêvassait d'après elles, au hasard, sans autre esprit de suite que son parti pris de caresser son chagrin, en se persuadant que le mal et la souffrance, restaient l'état normal de la nature humaine.

Un seul point le surprenait : la persistance de son rêve à se bercer d'idées anciennement emmagasinées et non des souvenirs de la veille, à se complaire surtout dans le rappel des multiples impressions de son arrivée au Tonkin. Leur inattendu, leur brusque et violente étrangeté, les avaient d'autant plus profondément imprimées dans sa mémoire que, les quarante jours précédents, tout à Blanche et à ses désirs, il avait comme perdu la faculté d'observer. De la route, du voyage, il ne se rappelait qu'elle. En la quittant pour tomber dans un barbare exotisme, dans un monde inconnu, il se réveillait d'un songe, ouvrait de larges yeux d'enfant que tout étonne. De là la précision, puis la hantise de ses premières sensations. Après un long jeûne, le premier repas prend cette extraordinaire importance, et il n'est point nécessaire que son menu soit excentrique pour que le dîneur s'en souvienne toujours et souvent croie, s'il a de l'imagination, le remanger en rêve.

Sur sa *fumerie*, Marcel ne pouvait jeter les yeux sur la carte du Delta épinglée à la muraille sans revoir avec une netteté, grâce à l'opium, inouïe, le golfe où le *Cambodge* avait mouillé pour attendre la marée. Distinctement, il se retrouvait en face du Cua-cam, revoyait les eaux boueuses et mornes. Des brumes noyaient les côtes, les brèches de la Cac-Ba, les îles Norway pareilles à des bastions. Do-song pointait dans la rouille, chassait comme un galet l'île d'Hong-do, sur laquelle planaient des oiseaux blancs. Tout était silence, tout était mort. La mer clapotait sans bruit, sans courant, et des herbes nageaient autour du navire, n'arrivaient point à le dépasser, stagnantes, monotones. Le ciel s'accrochait à la mâture, pesait d'une tristesse blanc sale; on ne distinguait pas sur les nuages bas la livide fumée du vapeur. Seul le *Cambodge* animait l'étendue du grondement harassé de ses chaudières. Quelle solitude, mon pauvre cœur! Quel deuil!... Ah! la promesse de ce début, la muette voix tant éloquente des choses n'avait point menti! Sa passion, toute son existence s'étaient imprégnées de cette grise monotonie, de cette terne laideur, de cette résignation battue du paysage initial. Pour une fois la nature ne l'avait pas pris en traître! Si pourtant, alors, il avait rebroussé chemin? Si, déguisant son instinct du nom banal de pressentiment, il avait regagné Saïgon ?...

Un autre jour, l'affichage d'une dépêche de Courbet lui faisait instantanément revivre sa première soirée d'Hanoï. Il évoquait tangible, proche à lui tendre la main, le grand marin maigre et sévère. Le regard de l'amiral se métallisait avec ces duretés méprisantes familières à certains meneurs d'hommes qui revenus de l'inanité des ambitions, du mensonge des gloires, vont leur route pourtant, parce que ne croyant plus aux autres, ils croient en eux davantage et trouvent en eux-mêmes, avec leur idéal, la force de vouloir. Bientôt, cet œil aiguisé par l'habitude du commandement, agrandi par la contemplation des infinis de la mer et du ciel, s'adoucissait comme une prunelle de femme, épanchait la bonté tendre dormant sous cette glace, sous ce mépris, et s'illuminait de cette seule flamme d'intelligence qui brille aux yeux de l'artiste. Et Marcel se rappelait avoir vu cet homme, le même jour, pleurer sur l'agonie de ses blessés laissés sans ambulances par le Ministère, puis, devant certaines obséquiosités, sourire de ses lèvres minces, avec un sourire de ciseaux qui s'entr'ouvrent, ensuite, à table, décrire en poète les merveilles de la baie d'Along... Dans sa vision, il le faisait parler, lui prêtait des harangues où l'éloquence nerveuse des mots reconstituait, à défaut des idées, le caractère et la physionomie du soldat. Peut-être eussent-elles été de belles pages d'art, écrites tout de suite, mais le fumeur rallumait une autre pipe, s'envolait dans d'autres rêvasseries, au gré de la suggestion suivante. Et il les transformait toutes en réalités, qu'elles fussent grandes ou petites, belles ou banales, avec pour objet l'amiral, un combat maritime, un paysage splendide, une œuvre d'art, ou bien avec une base lamentable, le souvenir, par exemple, pour une soif soudain ressentie, d'un café du Quartier Latin, où, à vingt ans, il lisait ses premiers vers à des étudiants épris de littérature, devant des filles à chignon jaune qui, trouvant le poète « joli garçon », étouffaient leurs bâillements.

Par malheur, si les rêves du sommeil participaient des rêves du jour, leur bizarrerie dépouillée des couleurs de l'opium confinait à la cruauté. Blanche s'introduisait dans leur trame confuse et les conduisait à l'angoisse, à travers des abîmes obscurs où le sentiment de l'espace et du temps se fondait avec celui de la douleur. En songe, Marcel se sentit réellement fou. Le matin, au réveil, il ne trouvait pas de mots pour définir les sensations dont le souvenir l'oppressait encore. Car, dans ses continuels cauchemars, il mettait, à la façon des jeunes poètes, des majuscules aux mots, des pluriels aux idées, et les symbolisait.

Autour de lui, les choses étaient splendides, confuses, infinies. Des Chaos se mouvaient, dans lesquels la Vie, la Mort, la Beauté, l'Intelligence se personnifiaient en des formes distinctes, toujours changeantes et qu'il reconnaissait toujours dès leur prime apparition. Il se souvenait de s'être endormi, enfant, avec de violentes rages de dents, et d'avoir, au cours de ses rêves par lesquels se prolongeait sa souffrance, personnifié sa torture. Elle était homme et bête, vivante et surnaturelle, Protée fugace, et persistante, et il lui parlait dans son sommeil. De même maintenant, lorsqu'il s'endormait après ses orgies d'opium, repassait-il ses sensations du jour — toutes. Son assoupissement s'entretenait avec des idées tangibles qui lui répondaient en le désespérant.

Au réveil, la face pâle et l'angoisse de sa nuit amassée dans ses prunelles, il se reprochait ses sourires d'autrefois devant certaines folies raisonnantes. Il avait connu, en province, un misérable qui s'en allait par les rues se plaignant que le Temps le poursuivît. Peut-être, tout petit garçon s'était-il apeuré jusqu'à en perdre la raison, devant un dessin représentant le Temps, vieillard mythologique brandissant une faux, dont on avait voulu lui faire un Croquemitaine? Marcel, dans ses rares sommeils, luttait lui aussi avec le Temps, l'Espace, le Rayon, l'Ombre, l'Agonie, avec la Mort surtout qui était une femme ressemblant à Blanche, avec mille matérialisations maladives d'abstractions qu'on ne figure point par l'image.

XVII

Deschamps sortait avec Chalon du Quartier-Général.

— Est-il vrai, lui demanda le médecin, qu'Herthol soit de retour ?

— Oui... J'étais même prié à dîner chez lui, ce soir, mais je me trouvais engagé déjà chez le général.

— Et vous allez le rejoindre sans doute, à cette heure ?

— Docteur, vous savez que je refume !...

— Sans doute, je le sais ! Cela se voit, d'abord...

— Ah !... Cela se voit !... Et vous ne me méprisez point ?

— Mon enfant, il existe deux sortes d'ivrognes, ceux qui boivent pour le plaisir de se saoûler : les Rémy, les Herthol... et ceux qui cherchent simplement l'oubli. Je crois d'ailleurs que vous aurez la force de guérir, *lorsqu'il le faudra*.

— Le faudra-t-il jamais ? pensa Marcel.

Mais il tut sa réflexion mélancolique, et ils gagnèrent la rue du Chanvre.

Dès le seuil, une tempête de rires les fit se regarder.

— Oh ! oh ! l'on s'amuse ici ! ne dirait-on pas la voix de M. Verdier ?...

C'était bien le commissaire qui se levait de table,

prenait Loulou par la taille, essayait de valser. Très rouge, les yeux luisants, il semblait avoir fait largement honneur au dîner. Après avoir serré la main du maître de maison, celle de son convive, et salué la femme, Deschamps s'étonnait :

— Vous vous connaissez donc?

— Si je connais Herthol! exclama le créole, mais je ne connais que lui! Depuis quinze ans, au moins! Pas vrai, mon brave? Et toujours le même! maigri, mais le même... le même, avec encore de jolies femmes dans sa case!...

Il reprenait Loulou, riait, la bouche pâteuse.

— Je parais un peu gris, n'est-ce pas? Que voulez-vous! J'ai perdu l'habitude de boire! deux verres de bourgogne me lancent...

L'administrateur cependant profitait de l'arrivée des nouveaux venus pour gagner son « sanctuaire »; Marcel interrogea M. Verdier.

— C'est très simple, fit le fonctionnaire. Ce matin, j'ai rencontré ce vieux camarade que je n'avais pas vu depuis des siècles... Il m'a invité ; ma femme, ayant madame Lemoine auprès d'elle, m'a laissé libre...

— Comment va madame Verdier?

— Peuh! toujours la même chose... Ce diable d'Herthol! Vous ne vous imaginez pas... Savez-vous où je l'ai connu? A Tamatave, mon cher, il y a quinze ans! Il arrivait de Zanzibar...

— Que diable faisait-il là-bas? demanda Chalon.

— Oh! ça! L'on n'a jamais pu le savoir. Pour d'aucuns, il vendait des nègres. La vérité, c'est qu'il vendait de tout et qu'on le craignait comme le feu. C'est un gaillard!...

Pauvre Blanche! pensait le chancelier, tandis qu'elle souffrait, son mari s'ébaudissait ainsi qu'un troupier permissionnaire! S'il en profitait pour aller la voir?...

Mais quoi ! Ce serait comme d'habitude : il ne pourrait même pas lui baiser la main, et il lui faudrait entendre les commérages de madame Lemoine ! Allons ! Fumer restait le grand refuge. Une fois sur le lit de camp, il ne penserait plus à rien...

Justement, le docteur s'installait dans la cour, avec le créole et la métis. Deschamps rejoignit Herthol. Un nuage bientôt plana sur sa tête, et, son corps engourdi, ses pensées s'envolèrent, vagabondes.

— Vous vous êtes ennuyé dans ce triste Bac-ninh ?

— Non, je fumais !

C'était vrai. Qu'importait le monde extérieur puisque le divin opium transformait toutes choses ?

— Encore une pipe, mon ami ?

— Encore une !

L'opium grésillait. En fuseau, la flamme de la veilleuse montait à l'orifice de son globe de cristal, léchait l'aiguille au bout de laquelle tournait la boule d'or en fusion, puis retombait une seconde, redevenant rougeoyante, jusqu'à ce que l'aspiration du tirage fît remonter, jaunie, sa mince langue de feu. L'ombre des fumeurs projetait sur les cloisons blanchies à la chaux des fresques monstrueuses. A moitié relevé, le store découvrait la cour mi-noire, mi-lumineuse. Un morceau de la vasque, avec le vif-argent de sa surface toujours battue par le jet d'eau, semblait être un quartier de lune tombé du ciel. Les rires de Verdier et de l'Annamite couvraient sa chanson susurrante.

— Encore une pipe, Herthol ?

— Encore une !

L'oreille affinée, ils surprenaient maintenant une musique étouffée de fontaine ; leurs regards distinguaient le flamant rencoigné sous les palmes. Il n'entrait pas un souffle. La nuit dormait avec accablement sous la caresse du ciel, ou bien ses brises trop légères dédaignaient la courette, l'étroit puits aux murs amidonnés. Au sommet de leur margelle, tout en haut, comme une patte d'insecte, une branche de flamboyant pendait, couleur d'encre, sans feuilles, mais avec une fleur ou deux, sanglantes, énormes, pareilles à des fruits. Au-dessus de la baie vitrée, du côté de la cour, derrière un pan du store, une lanterne chinoise allait et venait en pendule, d'un mouvement inerte décroissant et très doux. A travers les lamelles, on eût dit un ballon rouge.

Tout à coup, le commissaire apparut, traînant Loulou.

— Ah bah! s'écria-t-il, vous fumez, Deschamps?... Pour moi, l'opium, comme la navigation, me donne le mal de mer... Oh! que vous êtes drôle en cravate blanche sur ce lit de camp!...

— Je sors de chez le général...

— C'est donc ça... mais il ne faut pas être égoïste. Dites donc, Herthol, il n'y a plus de bière chez vous?

Il bégayait, grisé davantage par le grand air. Marcel n'avait plus d'écœurement. Retombé sur l'oreiller, il laissait de nouveau ses pensées grimper le long des murailles phosphorescentes, s'enrouler autour de cette branche qui battait la crête, comme une plume le bord d'un chapeau... Le Japon!... C'est au Japon qu'il devrait être. Quel art subtil et réaliste! précieux et précis!... Ce mur? C'était une page d'album d'Okusaï, avec, en haut, l'ordinaire fantaisie d'un rappel végétal, l'invite aux formes biscornues, au surnaturel de la nature, aux monstruosités. Le grain du crépi poudroyait la lumière : n'était-ce point le pailletage d'argent dont luisent certains papiers de Kioto?...

— Marcel!... Eh! Marcel!...

Verdier le tirait par les pieds, l'arrachait de sa

contemplation, s'asseyait au bord du lit de camp, puis rappelait le docteur resté dans la cour.

— Vous êtes pour la bière, n'est-ce pas? Vous en êtes tous?... Très bien! *Mistress*, vous avez entendu le verdict? Puisque votre provision est épuisée, courez vite chez le plus proche mercanti!

Loulou disparaissait sur un signe approbatif d'Herthol; longtemps, dans l'enfilade des cours et des rez-de-chaussée, on entendait ses galoches claquer sur les dalles.

— Est-elle jolie, la mâtine! s'écria le commissaire. Et chatte! Si dodue! Si bien bâtie!...

Il soupirait.

— Mon cher, je ne sais si c'est votre bourgogne ou si c'est votre maîtresse, mais je me sens *folichon*, comme au temps de l'École de Droit... comme à la Réunion aussi en 1868! Vous vous souvenez?...

— Si je m'en souviens! s'écria l'Administrateur en posant sa pipe et en s'asseyant à la turque sur son matelas. Nous étions jeunes! On nous aimait, alors!...

— Je vous conseille de gémir, quand vous avez Loulou!... Ah! ça, n'aurait-elle pas une sœur?... Non!... Alors, que vais-je devenir?

— Achetez une jeune indigène! ricana Chalon. Ici, tous les célibataires s'offrent ce luxe, et s'habituent assez vite aux dents noires.

— Il faudra que j'y songe...

Herthol tapa du poing sur le lit de camp :

— Ma parole! je commence à croire que mon vin était trop bon!... Vous parlez d'acheter une *congaï*, vous? mais vous n'êtes pas célibataire! Et madame Verdier?... Comment! Vous avez le bonheur de posséder une vraie femme, adorablement jolie, et vous prendriez une de ces guenons!...

Comiquement, le créole leva les yeux au ciel.

— J'ai toujours été un époux modèle, déclama-t-il, en tapant sur l'épaule du docteur, — mais la Faculté vient d'intervenir...

Il faisait craquer son ongle sur ses dents :

— Pas ça !...... Tiens, vous partez, Marcel ? Qu'est-ce qui vous prend ?

Il courait derrière le chancelier. Chalon l'arrêta.

— Laissez-le... Ce n'est rien. Il a trop fumé ce soir... Depuis un instant, je le voyais blêmir.

Et l'on parla d'autre chose; le médecin, l'air grave, écoutait les deux amis.

Deschamps n'était pas loin. Hors de l'appartement, dans l'ancien magasin, il se heurtait à une porte, ne pouvait l'ouvrir, tant il tremblait, et tombait sur un coffre, s'y effondrait, immobile, comme mort. Il ne souffrait point, anéanti, sans souffle, sans salive, sans pensée. Et il revoyait le mur blanc, la page d'album, la branche... Que lui était-il donc arrivé ? Brusquement son cerveau s'évada de l'opium, et avec un grand cri, il roula sur les dalles.

Longtemps il s'y tordit, dans l'ombre, se cognant la tête sur la pierre, s'écorchant les mains aux clous des caisses, et sa douleur sortait en râles de bête blessée. Bientôt, il entendit du bruit, eut peur qu'on vînt et mit son mouchoir entre ses dents. Le noir autour de lui se piquait d'étincelles.

Elle avait donc menti !... menti !... menti !... sa Blanche ! la Blanche de ce créole, de cette brute, la Blanche de chacun ! Car elle avait dû se donner à d'autres, et ne pas l'attendre pour tromper son mari !... Menti ! Elle lui avait menti, et comme à un enfant ! Elle s'était livrée à son mari jusqu'à ce que Chalon dît non! « Ordonnance de la Faculté !... » « Pas ça ! » Alors, jusqu'ici, Verdier l'avait eue ? Et à bord du *Mes-*

sidor aussi! Et partout! Et toujours!... Et lui la croyait... Sa Blanche!

Il cracha son mouchoir avec un sanglot.

Mon Dieu! est-ce qu'on pouvait souffrir ainsi! Est-ce que c'était possible, une telle infamie sous le ciel? Rien ne croulait, tout vivait encore, et cette horreur continuait!... Mais qui était-elle donc, elle? Elle l'avait trompé! trompé bassement, malproprement, trompé pour le plaisir! trompé avec cet avorton dont elle riait, mais dont l'étreinte, sans doute, gardait l'ardeur de son pays... Ah! comme tout s'expliquait à présent! A Saïgon, elle devait avoir eu quelque fausse couche. C'est ça qui faisait ses lettres étranges! C'est ça qui l'embarrassait, l'autre jour, quand il l'interrogeait! Elle ne pouvait lui avouer la vérité!...

Pourtant, elle pleurait vraiment... Et que prouvaient ces larmes de femme? Pleuraient-elles pas toutes à volonté? Soit! elle était sincère! Mais alors, c'est de dépit qu'elle gémissait, du dépit de ne plus pouvoir aimer! Parbleu! le mystère était là. N'était-elle pas sensuelle? Ne l'avait-il pas toujours sentie vibrer sous la moindre caresse? Elle le lui avait avoué l'autre jour, elle lui avait dit qu'elle le désirait comme il la désirait!...

Ah! il la connaissait à présent, sa résignation, sa charité pour autrui! Elle était bonne, — même à son mari!... Comme elle s'était moquée de lui! Comme elle avait dû rire! Comme c'était bien femme!... Et puis, pour terminer d'un coup de maître, elle lui faisait porter la responsabilité de son état! Stupidement, il lui demandait pardon! pardon d'avoir ravivé la blessure que l'autre avait faite! l'autre!...

Et dans sa douleur, dans sa jalousie, cette cuisson plus forte torturait Marcel : la conscience d'avoir été le jouet de cette femme. Peut-être eût-il moins souffert la sachant morte, ou énamourée, après coup, d'un autre homme !

Mais ce qui l'exaspérait davantage encore, ce qui le brûlait au fer rouge, c'était cette certitude que rien dans le passé n'avait été bon, n'avait été véritable. Rien ! Il avait rêvé !... Son orgueil cessait de saigner devant la constatation que ses joies anciennes ne le consoleraient même plus, empoisonnées comme son avenir. Rien n'avait été vrai ! Rien ! Toujours elle avait menti. Toujours ! Mensonges, ses confidences à bord du *Messidor* ! mensonges, leurs douces heures d'extase à la coupée ! mensonges, ses caresses ! mensonge, son émotion sur le lac Timsah !... Mensonge, tout était mensonge, et, femme, elle en était pétrie !

Certes ! elle avait eu de réels abandons, des pâmoisons qu'elle ne simulait pas, mais c'est qu'alors ses sens parlaient, c'est qu'elle avait envie de lui ! Et voilà ! Au bout du rêve écroulé et de l'amour détruit, au fond de sa misère, il ne trouvait même point de monstruosité morale. Sans grandeur dans l'horreur, la vérité se dévoilait, banale comme la vie, et son malheur tombait à l'ordure coutumière, au ruisseau ! Sa Blanche ressemblait à vingt autres, à cent, à mille femmes, ardente à la fois et romanesque. Ses sens exigeaient comme sa tête. Il lui avait souri de pimenter son plaisir d'un véritable amour, de s'offrir le régal d'un poète, d'un tout jeune qui croirait... Même ce n'était point peut-être de la perversité. Qui savait ? Peut-être était-elle inconsciente ? Peut-être l'avait-elle réellement aimé ? Mais son tempérament l'emportait, et Marcel impossible, ou parti, elle se consolait... Avec ce créole ! C'était à cet homme, à ce sauvage qu'elle avait ouvert son lit ! Sans une rougeur, avec une tranquillité conjugale, elle lui offrait ce corps dont lui, tantôt encore, il ne s'imaginait pas la nudité sans un frisson de tendresse éperdue !

Cet ivrogne l'avait serrée dans ses bras, avait baisé ses lèvres, sa gorge, sa chair entière, avait eu toutes les délices qu'il ignorait, qu'il ignorerait toujours!...

Les yeux clos, il s'imagina leurs caresses; il se les représentait bestialement accolés, secoués du même spasme dans la paix de leur alcôve. Il les vit. Et l'église, la loi, le monde auraient pu les surprendre, les auraient approuvés. Ils faisaient des enfants! Ils s'aimaient! Ils étaient mari et femme!

— Catin!... cria-t-il d'un tel cri que sa voix se brisa. Et il retomba sur les dalles.

Des minutes passèrent, des éternités d'angoisse. Est-ce que je ne vais pas mourir? pensa-t-il. Puis, comme une bouffée d'alcool, il crut sentir l'opium remonter à son cerveau. De vagues images autour de lui défilèrent. Alors, voluptueusement, il pensa devenir fou, et ne bougea plus, fermant les yeux, se laissant aller en dérive, s'abîmant. S'il pouvait s'endormir, tout serait fini.

La porte s'ouvrait. Quelqu'un le heurtait.

— Qui est là ?

Des mains le palpaient, couraient sur son visage. On s'agenouillait près de lui. Un souffle caressait son front.

— Comment, c'est vous !... Vous êtes malade?

Deschamps se laissait soulever, s'asseyait sur les caisses, mais se taisait, reconnaissant Loulou.

— Vous n'aviez pas bu pourtant !

La métis se penchait sur lui :

— Mais non! vous ne sentez pas l'alcool... C'est donc l'opium qui vous a tourné le cœur? N'avez-vous pas besoin de quelque chose?

Il la prit dans l'ombre, l'approcha contre sa poitrine.

— Oui, murmura-t-il si bas qu'il s'entendait à peine, j'ai besoin de quelque chose...

Elle se mit à rire, doucement, d'un rire qui gloussait.

— Oh ! que vous êtes drôle ! chuchota-t-elle.

Elle sautait sur les genoux du jeune homme, le baisait sur les lèvres. Il frissonna, reculant la tête ; mais, elle lui entoura le cou de ses deux bras. La fraîcheur de la nuit avait glacé les joues de l'Annamite... Comme il laissait sa main courir, sous les blouses, des seins ovales à la taille fuyante, la tiédeur de ce velours de chair le brûla. Peu à peu, ses caresses descendirent. Sous sa paume il sentait rouler les hanches... Atroce, une palpitation de cœur le paralysait, tandis que montait en lui une marée de désirs. Il l'aurait cette fille, cette machine d'amour, dont il avait, le niais, repoussé les invites !... Ce serait sa vengeance ! Il l'aurait !...

Et il l'eut, dans les ténèbres, longuement. Elle se livrait, naïvement lascive, avec de gros soupirs d'enfant, des râles singultueux, des bramements étouffés, avec des mots balbutiant en deux langues, avec des caresses effrontées et candides, bestiale.

— Tais-toi ! lui dit-il, écœuré des prostitutions qui parlent, tais-toi !...

Elle crut qu'il redoutait une surprise, elle cessa ses câlineries, vibrante seulement, le souffle rauque, et des frissons la secouaient tout entière, roulaient de sa gorge raidie à sa taille, mouraient dans les fossettes plus creusées de ses flancs. L'ombre, affreusement noire, noyait ses colliers, ses prunelles, égarait sur sa chair les baisers de Marcel. Dans le grand silence de la pièce, on n'entendait que leur respiration, et, parfois, les perçants cui-cui des rats courant jusque sur leurs corps. Et leur étreinte s'éternisait dans une jouissance âcre, confinant chez l'homme à la douleur. Il n'épanchait pas seulement les fougues emmagasinées de ses longs mois de continence. Quelque chose coulait avec elles qui était sa force même, sa jeunesse, son espoir, — quelque chose qui ne reviendrait jamais plus. Ils ressemblaient à des sanglots, les baisers de ce mâle, et ce qui pointait en lui n'avait rien de la tristesse physique, de la vague amertume dont s'expie la volupté : il eût dit plutôt une aube de deuil, une sensation de suicide, la conscience de l'irréparable.

Brusquement, il la repoussait de contre lui, et sa chair soudain était morte. Elle se releva, faite aux brutalités orientales, esclave-née. Mais son pied heurtait dans cette nuit de cave le panier de bière qu'elle avait déposé sur les coffres pour se pencher sur Marcel. Les bouteilles chavirèrent, quelques-unes avec un grand bruit déchirant, et tout à coup, une cascade jaillit des caisses sur le sol. Deschamps alors se souvint. D'un bond, il était dans la rue.

Il courait. Comme un fou. La bouche ouverte pour boire le vent. Il courait, et il ne s'arrêta qu'à quelques pas de la pagode.

Blanche était sur la vérandah accompagnant son amie qui boutonnait sa mante. Il la regarda de loin comme s'il ne l'avait jamais vue. Elle rentrait à peine dans le salon qu'il fut derrière elle, lui fit peur.

— Mon Dieu ! cria-t-elle, qu'avez-vous ?...

Il ne comprit pas, la dévorant des yeux. Pour la première fois, il mesurait exactement, avec une joie féroce, les ravages de la maladie sur ses traits. Elle n'était plus pâle, mais couleur de cire; elle était laide ! Mais elle-même, qu'avait-elle donc à l'examiner de cet air hagard ? Devinerait-elle ? Ah ! ce trouble était bien le plus clair des aveux ! Elle pressentait qu'il savait tout !...

— Voyons... parle... tu me fais peur ! Que t'est-il arrivé ?

Machinalement il suivait le regard de sa maîtresse tombé sur son plastron de chemise boueux et fripé; puis la grande glace lui renvoya son image et il s'étonna moins de se voir le front en sang que de se découvrir une lividité de cadavre, des yeux fous qu'il ne se connaissait point. Et il éclata d'un rire frénétique, qu'il ne pouvait plus interrompre.

Elle lui prit la main, chancelante de terreur.

— D'où viens-tu ?...

L'angoisse de cette voix le réveillait. Il la repoussa. Ses jambes à présent défaillaient, il tomba sur une chaise :

— D'où je viens ? De commettre une infamie !... Dites-moi, vous connaissez Herthol, et je vous ai montré sa maîtresse, vous savez ? cette métis que vous avez trouvée jolie ?...

— Oui, murmura-t-elle, fermant les yeux, et se sentant mourir.

— Herthol était mon ami... sa maison était la mienne... il m'aimait. Eh bien ! tout à l'heure, tandis qu'il fumait, tranquille, je lui ai pris sa maîtresse, sous son toit !

Blanche eut un cri :

— Ah ! vous êtes bien cruel !...

Et véhémente, sa pupille retrouvant une flamme :

— Mais ce n'est pas cruel, c'est lâche de me dire cela ! c'est lâche !

Cette colère le fouettait. Il se leva, lui prit le poignet, et la bouche sifflante :

— Vous parlez de cruauté ? de lâcheté ? Et c'est à moi que vous en parlez ? à moi ?

A son tour, elle tomba sur un siège, assommée, et elle regardait son poignet rougi.

— A moi ? à moi ?... Mais vous ne voyez donc pas que je sais tout, que je te connais à présent, que je te méprise ?... Vous ne voulez donc rien voir ? Vous oubliez donc que ce soir votre mari dînait chez cet Herthol ? Le bourgogne et les yeux de la métis vous ont perdue ! Votre mari était gris, entendez-vous, et il nous a ouvert votre alcôve ! Il a demandé des femmes, entre deux hoquets ; et, comme Herthol lui parlait de vous, il nous a raconté que votre maladie le rendait veuf !... Ah ! vous n'aviez pas prévu cette chose, n'est-ce pas ? Vous ne vous doutiez pas qu'il pourrait entre deux toasts crever tous vos mensonges devant moi ? Mais riez donc ! riez donc ! La farce achevée, on éclate !...

Blanche, debout, s'appuyait au mur de sa chambre pour ne pas tomber. Ses yeux jaillissaient de leurs orbites, ses lèvres se violetaient, et elle regardait son amant d'un regard qui ne voyait plus, la tête renversée en arrière, cherchant à reprendre sa respiration.

— Il l'a cru !... Il l'a cru !... balbutia-t-elle.

Un loquet se trouva sous sa main ; elle disparut, tout à coup, comme engloutie. Deschamps se précipita, se heurta sur la porte, entendit pousser le verrou, puis il y eut un grand silence coupé de plaintes, et ces mots lui arrivèrent encore :

— Il l'a cru !... Mon Dieu ! il l'a cru !...

Ensuite tomba quelque chose, comme un corps qui s'abat, et la chambre redevint muette.

— Blanche !...

La porte résista. Il se reculait pour l'enfoncer d'un élan...

Pas de femm' ! Pas de femme !
C'est la consign' du colonel.
Pas de femm' ! Pas de femme !
C'est le mot d'ordre : il est formel !

Et il s'arrêta, reconnaissant la voix. Soutenu p[ar] Herthol, le commissaire tournait l'angle de la ruell[e] s'avançait en glapissant le *Petit Duc :*

> Pas de femm'! Pas de femme!
> Pas de femm'!...

Le chant se rapprochait. Marcel s'enfuit.

XVIII

En rentrant dans sa chambre, à l'aube, il chercha vainement à se rappeler ce qu'il avait fait en sortant de la pagode. Seul lui revenait, traduit en lassitude, le souvenir d'une eau le long de laquelle il avait couru pendant des heures, des chiens sur ses talons. Il courait plus vite que les chiens, mais l'eau courait plus vite que lui...

— Il l'a cru! il l'a cru!...

Le son de la voix de Blanche vibrait encore à ses oreilles, avec sa monotonie de plainte moribonde. Après Son-Tay, il avait entendu de jeunes soldats blessés à mort demander à boire, constamment, sur ce ton de lamentation souffrante. Et si elle était morte? Il trembla d'un grand frisson. Ah! si elle était morte! Cela vaudrait mieux : il mourrait aussi et tout serait fini!

Dans son miroir, Marcel se vit blanc, défait, l'œil agrandi, flambant de fièvre; il se déshabilla, se jeta dans l'eau froide, ne se sentant point grelotter.

— *Bá!* selle vite!

Tout dormait encore dans la pagode lorsqu'il y parvint. Il interrogea les rares boys déjà levés : le

« commissé » avait été malade toute la nuit, et « la madame » les avait éveillés pour qu'on le soignât. Deschamps se sentit délivré d'un poids énorme, et poussa son cheval.

— Il l'a cru!... il l'a cru!...

Encore et toujours, il la réentendait la navrante plainte. Et des doutes entraient en lui qu'il chassait mal. A dix heures, il revint, s'arrêtant au coin de la ruelle. Dans le jardin, il aperçut la robe de Blanche, ce lui fut un soulagement, mais qui fondit bien vite en dépit. Elle mourir? Allons donc!... Il ricanait, la bouche mauvaise.

Un moment après, comme il pénétrait dans la chancellerie, un enfant lui remit une lettre; il tremblait, reconnaissant le domestique avant de reconnaître l'écriture; enfin, il lut :

« *Monsieur Verdier et moi, nous vous attendons sans faute, à déjeuner, ce matin.*

» *Nos amitiés.*

» Blanche Verdier. »

Qu'est-ce que cela signifiait? Elle était folle! Il interrogea le porteur en annamite, si troublé qu'il ne trouvait plus les mots, ou les prononçait de travers :

— La dame ne t'a rien dit?

— Elle m'a recommandé de ne pas rentrer sans vous avoir rencontré et de vous demander une réponse.

Il prit une feuille de papier à lettre, mais nulle phrase ne lui venant, il remit au garçonnet une simple carte de visite avec, sous son nom, deux mots seulement, presque illisibles : « Accepte et remercie. »

Certes oui! il irait! Cette impudence le dépassait... Elle l'invitait expressément. Pourtant, ce ne pouvait être pour le monde : il était trop tôt encore, et nul ne les savait ennemis. Alors, quoi donc?... Pourquoi cette insistance? cette réponse?... Les aiguilles se traînaient au cadran. Midi ne voulait pas venir; son désespoir tournait à l'acuité d'une curiosité maladive, à l'angoisse d'un affreux pressentiment. Il partit enfin, arriva d'avance.

Le docteur Chalon se trouvait seul dans le salon où quatre couverts étaient mis au milieu des fleurs habituelles, dans une souriante coquetterie. Les deux hommes se regardèrent au fond des yeux, dans un étrange silence, et Marcel retira sa main de celle du docteur, s'apercevant qu'il essayait de lui tâter le pouls. Puis, toujours muets, ils feuilletèrent des journaux illustrés sur une console. On percevait le cri des côtelettes grésillant au loin dans la cuisine.

Verdier parut.

— Mille pardons... Vous êtes seuls?... Sapristi! mes enfants, ai-je assez mal à la tête!

Et leur ayant serré les mains, il frappa chez sa femme. Elle s'encadra dans la porte; Marcel baissa les yeux, la gorge dans un étau; ensuite, d'un coup d'œil furtif, il découvrit que, pour la première fois, elle avait rougi ses lèvres et secoué de la poudre de riz sur ses joues.

— Excusez-moi... ma femme de chambre chinoise est toujours en retard...

Tranquille, elle prenait de leurs nouvelles, donnait des siennes; sa voix avait un timbre légèrement aigu. Peu à peu Deschamps se hasardait à croiser son regard, mais il ne savait qu'y lire, mépris ou pitié. Une gêne tombait sur le salon, le créole ne bavardant pas, contrairement à son habitude, tout à sa migraine.

On se mit à table. Madame Verdier jetait les œufs dans une bouillotte devant elle, servait ses invités, puis, avec un compte-gouttes, l'air absorbé, transvasait d'un flacon dans son verre un peu de liqueur ferrugineuse.

— Mais, madame, s'écria le docteur... vous en mettez trois fois trop !

— C'est vrai... je suis distraite...

Chalon seul mangeait. Blanche, toujours au régime, suçait du jus de viande, ne pouvait l'achever. Marcel cassait son pain en petits morceaux, le jetait, recommençait, et sa main tremblait en prenant son verre.

— Ah ça ! lui cria le commissaire, seriez-vous comme moi ? C'est que je me suis grisé, hier au soir, ma chère amie ?... C'est incroyable, et c'est ainsi !

Il lui racontait sa mésaventure, comme si elle l'avait ignorée, ou bien peut-être ne se rappelant plus son retour, cette arrivée au salon où il se vautrait jusqu'à ce qu'elle sortît de chez elle pour le faire emmener et soigner.

— Ça ne me rajeunit pas, cette étourderie ! Pareille folie ne m'est pas arrivée depuis ma nomination de sous-commissaire, et c'est, je crois, la quatrième ou cinquième de mon existence...

La conversation était aiguillée, soutenue par Chalon qui forçait à tout instant Marcel à s'y mêler, pour qu'on ne remarquât pas le trouble du jeune homme. On parlait de l'ivresse, en tant qu'état habituel ; madame Verdier marquant quelque dégoût, le chancelier repris de fièvre en commença le panégyrique : « L'horreur de l'homme pour la réalité lui a fait trouver ces trois échappatoires : l'ivresse, l'amour, le travail ». Certes, les Goncourt avaient bien raison de nommer l'ivresse la première. Des trois, elle demeurait la seule certaine, consolait des deux autres, également menteuses.

Il articulait le mot : *menteuses* avec férocité, réenvahi par sa colère depuis qu'il avait rouvert les lèvres, et s'excitant au bruit de ses paroles.

Seulement, continuait-il, l'ivresse devait être un culte, se sauver elle-même du réel par un certain appareil, par un mystère. Enfin, pour ne point gâter son plaisir avec les malpropretés des expiations, il fallait le demander à l'opium. Toute autre ivresse restait écœurante... Or, M. Verdier le rappelait : les promotions, les grandes dates de la vie, même chez les hommes ordinairement sobres, se célébraient par des libations, se notaient dans la mémoire avec le souvenir de nausées ! Cela commençait au collège ; le premier prix et la Saint-Charlemagne : une orgie de piquette, l'infirmerie. Plus tard, le cap du baccalauréat franchi : la brasserie, la joie noyée de bière tout un soir, l'ivresse noire, l'estomac en déroute. Ensuite, on arrosait les grands examens, la sortie des Écoles spéciales, la première maîtresse, le premier galon, la première épaulette, le premier succès. Cela s'appelait de divers noms : banquets de corps, dîners de promotions, réceptions au *mess*, etc., et cela ne cessait qu'avec les grades importants qui vieillissent, trop longtemps attendus pour vraiment réjouir. Mais chez le peuple, c'était pis et plus durable. Le mariage, la naissance des enfants, leur première communion, toutes les dates marquantes de l'existence en famille, toutes ses joies, tous ses deuils, — car il y avait aussi l'ivresse d'après les enterrements ! — toutes ses étapes, se fêtaient avec de l'alcool. On vomissait sur les lits de noces, sur les berceaux, sur les cercueils ! C'est ça qui jugeait joliment l'homme et la vie !...

Chalon détourna vite la conversation, mais Blanche,

plus accablée, regardait son hôte avec la fixité d'une tête de cire, avec des prunelles d'émail. Tout à coup elle secoua les épaules, interpella son mari. Sa voix de nouveau changeait brusquement. Marcel leva la tête pressentant qu'elle allait prononcer de graves paroles. Mais non ! Elle revenait à ses ferrugineux, à son régime, à sa maladie...

— A propos... s'interrompit-elle.

Il y eut un court silence. Ses yeux ayant cherché ceux de Chalon, retombaient sur le créole.

— A propos, mon ami, savez-vous que le docteur vous accuse d'un tas de choses ?

— Moi ? répondit le petit homme. Comment cela ?

— C'est assez difficile à dire... Il s'agit de mon état dont la Faculté vous rendrait volontiers responsable !

Elle éclata d'un rire faux comme la vibration d'un cristal fêlé. Le médecin baissait la tête sur son assiette. Sous la table, Marcel enfonçait ses ongles dans sa peau.

— Oui ! L'on parlait de remontrances à vous adresser !... Ce bon docteur retarde un peu, ne connaît pas nos ménages parisiens !

Le Commissaire pouffait, gagné par la joie qu'affichait sa femme :

— Ah ! mon pauvre Chalon ! s'écria-t-il, vous pouvez m'absoudre ! Depuis des mois, et des mois, vous m'entendez, depuis des années, nous ne sommes plus que... comment dirai-je ? des... âmes-sœurs !

Il rit encore de son mot, puis, soudain, rougit comme un enfant, soit qu'il regrettât par cette confession d'avoir prêté aux suppositions malignes de ses invités, soit qu'il se rappelât ses propos de la veille. Sa femme en aurait-elle eu vent ?... Elle parlait à présent de choses indifférentes, d'un timbre redevenu voilé, mais à mots paresseux, entrecoupés comme par une émotion. Son regard avait rencontré celui de Marcel, avait lu sa joie, sa prière, puis le fuyait, et Chalon en l'observant à la dérobée, s'étonna de surprendre un peu de rose aux joues de la jeune femme. Il se demanda s'il devait y voir la pudeur de son impudeur, ou la réaction d'un soulagement. Les sourcils du docteur montèrent en accent circonflexe et il eut cette moue dont se plissaient ses traits devant un diagnostic difficile.

XIX

« Non, je ne suis pas cruelle et j'ai bien compris
» que vous aviez besoin de me voir seule, mais l'en-
» tretien que vous souhaitez, je le redoute. A mon
» tour, je vous supplie de ne pas me l'imposer : je
» n'ai plus de forces.
   » Votre lettre m'a fait mal. Vous le savez bien,
» Marcel que je vous pardonne ! Je vous aime trop
» d'abord, je vous plains trop, pour ne pas vous par-
» donner. Et cependant comme vous m'avez fait souf-
» frir hier soir ! comme vous avez été bourreau, ce
» matin, avec ces blasphèmes qui m'ont, au dernier
» moment, rendu le triste courage de tout fouler aux
» pieds afin de me justifier ! Ah ! rien qu'à cause de
» cette torture, je vous pardonnerais : pour me faire
» aussi mal, il faut que vous ayez vous-même tant
» souffert ! Seulement... ah ! seulement ! j'y reviens
» toujours, à votre place, je n'aurais pu souffrir : *je
» n'aurais pas cru*. Non ! je n'aurais pas cru, je n'au-
» rais pu croire ! Et vous n'ignoriez pas qu'*il* était
» ivre ! Votre amour est donc à la merci du premier
» passant à qui il plaira de m'injurier ? l'injure vous
» semblera méritée ?... Je cherche tout ce qui aiderait

» à vous disculper, je réunis toutes les circonstances
» capables de légitimer votre soupçon : je ne me per-
» suade pas. Je n'aurais pas cru ! Il m'aurait fallu
» l'évidence, la monstruosité, là, sous mes yeux, pour
» que je me rendisse. Enfin alors je ne me serais pas
» vengée : l'on ne se venge point de ce qu'on méprise.
» Ah ! poète que vous êtes, vous ne savez aimer qu'avec
» votre tête et vos sens ; moi, j'aime avec mon cœur.

» ... Je ne voulais pas parler de cette horrible chose,
» et malgré moi j'en parle... Vous deviez m'insulter,
» me tuer puisque vous me croyiez si vile ! mais vous
» venger ainsi ! et me le dire, la lèvre encore humide
» des baisers de cette fille !...

» ... Non ! vous voyez bien que je ne puis pas vous
» recevoir seule : je reviendrais malgré moi, comme à
» présent, à ma misère. Son souvenir serait entre nous.
» Pardonner n'est pas oublier. Donnez-moi le temps
» d'oublier.

» Et puis, mon pauvre cher, il y a autre chose, et
» cela, je ne sais pas comment vous le dire... Je suis
» malade, gravement malade, je vais encore être plus
» laide, je voudrais échapper à ce raffinement de sup-
» plice qui consiste à lire chaque jour dans vos yeux
» combien vous me trouvez changée depuis la veille,
» à deviner que vous mentez pour me rassurer, à
» mentir moi-même. Oh ! cette comédie que nous
» nous sommes jouée l'un à l'autre depuis trois mois !...
» Du moins, tant que nous espérions prochaine la fin
» de l'épreuve, nous pouvions nous donner du cou-
» rage. Aujourd'hui je n'espère plus. Alors, à quoi
» bon rapprocher nos deux deuils ?...

« Pauvre ami ! votre... vengeance d'hier n'avançait
» que de quelques heures ! Aujourd'hui, vous vous
» seriez retrouvé libre...

« Tenez, je pleure. Ne m'accusez pas d'être cruelle.

» Je vous le jure : j'espérais jusqu'à ce matin. Pour
» l'explication que je devais avoir avec vous, il me
» fallait une certitude, une date, j'ai contraint Chalon
» à parler. Eh bien ! — c'est fini.

» Comprenez-vous pourquoi je n'ai pas voulu, après
» déjeuner, ni cette après-midi, voir la prière de vos
» regards ? Vous donner rendez-vous, vous apprendre
» cela, je ne le pouvais pas, et vous ayant écrit ce que
» je vous écris, je ne me sens pas le courage de vous
» revoir. Je n'en puis plus, Marcel, et j'en suis à
» souhaiter mourir...

» Soyez bon, dites, ne revenez plus à la Pagode. Si je
» pouvais m'en aller, je m'en irais, mais je suis attachée
» au poteau. Je vous en supplie, partez pour quelque
» temps, saisissez une occasion, quittez Hanoï. Si
» vous restez, je sais que votre tendresse, et aussi
» le besoin de souffrir, vous ramèneront, et je ne pour-
» rai pas vous interdire ma porte, à cause du monde
» — et parce que je vous aime toujours. Donnez-moi
» cette dernière preuve d'affection : partez. A votre
» retour, peut-être serai-je plus valide, et condamnée
» à n'être que votre amie, du moins ne vous ferai-je
» pas peur. Enfin, cette séparation nous résignera, si
» nous devons nous résigner. En tous cas, elle accélé-
» rera d'apparence la marche du temps, et c'est le seul
» soulagement que pour mon compte j'ose entre-
» voir.

» Pauvre ami, je n'aurais pas voulu vous dire ainsi
» ces choses; je comptais vous les envelopper de
» caresses... Sommes-nous rentrés de ce Grand Lac,
» l'autre jour, assez malheureux et heureux à la fois!
» Aujourd'hui, l'étreinte qui nous ferait la peine moins
» cuisante est impossible, et mon courage est fini. Du
» moins, ne me crois plus fâchée : c'est afin de te revoir
» que je te renvoie et je t'aime toujours puisque je vis.

» Adieu... A bientôt... Je te tends mes tristes lèvres
» de tout mon cœur... Ta

» BLANCHE. »

La douleur est comme l'eau des fontaines, d'autant moins bruyante qu'elle tombe dans un vase moins vide. A mesure que sous sa chute, le niveau s'élève, la cascade étouffe sa chanson jaillissante ; enfin, lorsque le vase commence à déborder, lorsque ses parois noyées jusqu'aux bords n'ont plus d'écho, lorsque sa surface et la source, rapprochées se touchent, le son meurt : l'eau boit l'eau, lèvre à lèvre.

Deschamps lut la lettre de Blanche jusqu'au bout, lentement, sans un geste, sans un cri. Son cœur saturé de souffrance buvait la souffrance dernière, silencieusement lui aussi, lèvre à lèvre.

Et il demeurait sans surprise devant ce débordement : il l'attendait. Dès l'arrivée du *boy*, dès qu'il avait vu l'enveloppe, une prescience lui avait soufflé que c'était la fin ! Mais si, brisé de ses précédents émois, il se sentait incapable de révolte physique et de réaction, en son être un instinct survivait, celui de la conservation : celui de l'espoir, qui peu à peu chuchota. Blanche pouvait se tromper, pouvait exagérer ! D'abord, pourquoi l'exilerait-elle *à temps*, si elle n'espérait pas encore, elle aussi? Ensuite, quoiqu'elle s'en défendît — et il ne lui déplaisait pas de le constater dans son besoin de la prendre en défaut pour avoir autre chose à accuser que la fatalité — quoiqu'elle le niât, et peut-être à cause de cela même, elle était cruelle, étant femme, et se vengeait de l'infamie dont il l'avait martyrisée la veille. Oui, c'était cela même : elle disait vrai en marquant son désir ne le revoir que guérie, mais elle exagérait son état, à dessein. Qui savait? Une épreuve, peut-être!...

Ces réflexions ne durèrent pas un dixième de seconde. Il les fit d'un trait en saisissant son casque, puis se rendit chez Chalon, d'un pas automatique, l'œil perdu.

Le médecin ne semblait pas étonné de sa visite. Il fumait un cigare sur son balcon, les pieds sur la balustrade. Dès, qu'il eut serré la main du chancelier, et lui eut avancé un second fauteuil de paille, il se rassit.

— Docteur... commença le jeune homme.

Il restait debout, et le son de sa voix l'étonnait, éveillait sous son crâne des échos de gong. Il continua pourtant distinctement, et il retenait ses mots, prolongeait sa question afin de retarder le verdict suprême :

— Docteur... je viens à vous comme vous m'avez invité à le faire : en ami. Vous avez vu madame Verdier ce matin, qu'a-t-elle ?

Chalon tressaillit et se leva sans répondre. Alors, ce fut Deschamps qui s'assit, plus pâle.

— Vous ne voulez pas me le dire... Vous ne pouvez pas ? Ah ! oui ! le secret professionnel !... Mais pour l'ami... pour L'AMI, est-ce que ça compte, ce secret ! Vous avez bien, l'autre mois, sur mon bulletin de visite...

— Ce n'était pas la même chose, mon enfant ! Il s'agissait de vous seul...

— Mais Elle, ce n'est pas une étrangère... Puisque vous savez tout ! Puisque vous m'en avez parlé le premier... Elle m'écrit du reste qu'elle vous a demandé la vérité ce matin, que vous la lui avez dite...

— Eh bien ?

Ce « Eh bien » tomba comme un coup de hache. Marcel pencha la tête et l'on entendit crier sous ses mains les bras du fauteuil. Du silence alors pesa, ce silence dont s'étouffent les agonies à bout de râles.

A présent Deschamps murmurait : les femmes

étaient promptes à voir en noir... sa lettre laissait supposer...

Et tout d'un coup, dans une explosion :

— Mais parlez donc ! achevez-moi ! Qu'a-t-elle, nom de Dieu ! qu'a-t-elle ?

Chalon le regarda, ouvrit la bouche, haussa les épaules, jeta son cigare à terre, le piétina, puis, touchant son hôte, lui désigna une table au fond de l'appartement.

Deschamps était déjà devant ce bureau, sous la lampe, et ses yeux retenus par un titre, par une gravure, erraient sur les deux feuillets d'un ouvrage médical grand ouvert. D'abord, les caractères imprimés dansèrent au milieu des blancs; la gravure avait l'air d'une toile d'araignée, avec des chiffres au bout des fils; dans le fond, une bête monstrueuse le regardait la gueule ouverte. Puis, il lut, sautant des lignes, et soudain il referma le livre violemment, du geste dont on écarte un cauchemar. Cela fit un grand bruit sec. Des papiers s'envolèrent. La lampe fila.

Chalon baissait la tête, lui tendait les deux mains.

— Ainsi c'est... cela, docteur !... C'est vrai ?... Elle n'est plus femme ?

Le marin fit un signe, et à son tour il balbutiait :

— Cela vaut mieux qu'un... Cela vaut mieux que... On ne meurt pas au moins !

— Oh ! cria Marcel, mais il vaudrait mieux mourir !

Le médecin ne répondit pas.

XX

Marcel ne s'était pas couché, n'avait pas mis les pieds à son bureau, n'avait quitté son lit de camp que le temps de courir chez le général en chef, un quart d'heure à peine.

La pupille presque effacée, la face cadavérique, l'œil convulsé, la main tremblante, il allumait une pipe, la soixante-treizième depuis qu'il avait quitté Chalon, la soixante-treizième depuis vingt heures, et, dans le naufrage de sa raison, la force seule lui restait de compter ses étapes vers le coma, vers la mort. Un planton parut, lui remit un papier.

ORDRE N° 129

Sur sa demande, appuyée par M. le Directeur des Affaires civiles et Politiques, et conformément aux prescriptions de la Circulaire du 2 mars dernier,

M. DESCHAMPS *(Marcel-Victor-Henri), administrateur stagiaire, est adjoint provisoirement en qualité d'interprète à l'État-major de la 1re Division, en remplacement de M. Jules* RÉMY, *précédemment désigné, entré hier à l'hôpital.*

M. Deschamps ralliera son poste par la plus prochaine canonnière.

Fait à Hanoi le 20 septembre 188...

Pour le Général commandant en chef le Corps Expéditionnaire et par ordre :

Le sous-chef d'État-major

DE PONTAILLY.

QUATRIÈME PARTIE

I

> « *Dans ce monde étroit, mais si plein de dégoût, un seul objet connu me sourit : la fiole de laudanum ; une vieille et terrible amie ; comme toutes les amies, hélas! féconde en caresses et en traîtrises.*
>
> *Oh! oui! le Temps a reparu ; le Temps règne en souverain maintenant ; et avec le hideux vieillard est revenu tout son démoniaque cortège de Souvenirs, de Regrets, de Spasmes, de Peurs, d'Angoisses, de Cauchemars, de Colères et de Névroses.*
>
> *Je vous assure que les secondes maintenant sont fortement et solennellement accentuées, et chacune, en jaillissant de la pendule, dit : —* « *Je suis la Vie, l'insupportable, l'implacable Vie!* »
>
> *Il n'y a qu'une Seconde dans la vie humaine qui ait mission d'annoncer une bonne nouvelle, la* BONNE NOUVELLE *qui cause à chacun une inexplicable peur.*
>
> *Oui! le Temps règne; il a repris sa brutale dictature. Et il me pousse, comme si j'étais un bœuf, avec son double aiguillon. —* « *Et hue donc! bourrique! Sue donc, esclave! Vis donc, damné!* »
>
> (BAUDELAIRE : *La chambre double.*)

Le branle-bas de combat était terminé. L'*Ouragan* remontait la rivière à petite vapeur, les canonniers à leurs pièces, le reste de l'équipage et les soldats passagers agenouillés, le fusil sur la cuisse, derrière les tôles du bordage. Seuls s'entendaient le souffle haletant de la machine et le clapotement de moulin de aubes Claparède fouettant l'eau régulièrement, à l'arrière.

Marcel regarda de Pontailly, et, d'un violent effort, reprenant la conversation :

— Oui, vous avez deviné : de mauvaises nouvelles de France... J'aime mieux vous l'avouer pour que ma sauvagerie ne vous blesse plus !... Maintenant, puisque nous allons faire campagne ensemble, promettez-moi qu'en cas de surprise, vous ne me laisserez pas enlever vivant : je suis lâche devant toute souffrance physique...

— Je vous le promets, répondit l'officier, la face grave, en serrant la main du jeune homme avec une cordialité discrètement sympathique. Mais, pour aujourd'hui, nous n'aurons qu'un engagement pour rire...

L'éclair d'un susurrement passa, lui coupa la parole. Dans le poste de timonerie, une vitre éclatait d'un grand bruit grêle.

— Bâbord un peu ! commanda la voix calme du lieutenant de vaisseau debout devant la barre ; et déposant sa lorgnette, le marin se retourna :

— Personne de touché ?...

Le pilote annamite tremblait si fort que ses mains n'arrivaient plus à pousser les manettes. Derrière lui, un matelot tout jeune, des boucles d'or aux oreilles, se tenait roide, blanc comme un linge.

— Bien, Yves ! Bien !... murmura l'officier qui déjà se penchait vers le pont, donnait un ordre.

Le timonier avait rougi de plaisir. Brutalement, il bourra l'indigène, fit tourner la roue du gouvernail, puis, se baissant, prit un faubert sous les montants de fonte, écarta les débris de verre tombés entre ses pieds nus.

— C'était donc une balle? demanda Marcel.

Mais de Pontailly, l'œil à son tour dans sa jumelle, se taisait.

— Les Hotchkiss!... dit-il enfin. Je vais en bas voir mes hommes...

Un grincement de mécanique mal huilée sortait des deux extrémités de la passerelle dans une trépidation métallique que l'éclat de la poudre étouffait aussitôt. Des sifflements lui succédèrent, aigus, la clameur d'une trombe hachant les branches, et on ne perçut plus qu'un confus vacarme : grondements des canons, cric-crac des culasses, musique des obus, avec des cris aussi d'hirondelles, les soirs d'été. Une fumée blanche, bleue, rose entourait la canonnière de lourdes volutes puantes. Sur les tôles, des projectiles chinois sonnaient comme une averse de grêlons battant des feuilles de zinc. De gringalets commandements traversaient cet orage.

Deschamps sortit du poste en écrasant le pilote indigène, pelotonné, fou de peur, et se trouva sur la toiture recouvrant les trois quarts du bateau d'une terrasse vide, bombée à peine. Au centre, un mât gros et court, sans haubans, une colonne creuse, portait à son sommet une guérite d'où sans relâche tirait un canon-revolver. Deux autres Hotchkiss, à droite et à gauche du kiosque abritant le gouvernail, ronflaient aux bouts de la rampe qui terminait la toiture, après ce kiosque. De là se découvrait l'avant, où tonnait, invisible à cette heure, la principale pièce du bord.

Tout d'abord, dans la fumée ambiante, il ne reconnut rien que cette terrasse d'un blanc crû, reverbérant le soleil. Au-dessus d'elle, la fumée semblait rousse. Puis, il nota le sifflement des balles. On eût toujours dit ces joyeuses stridences de martinets en chasse, autour des clochers, dans l'air bleu des fins de journées

36.

chaudes. Et soudain la pensée du danger le pénétra dans une horreur. Un servant roulait à terre, le crâne ouvert, deux filets de sang sabrant la face, les yeux béant sur le grand ciel. Sa cervelle sortait, une crème sale aux gros caillots veinés de sanguinolences. Mais des camarades dont il gênait les manœuvres poussèrent le cadavre, et du sang se répandit, noircit au soleil, sans pouvoir couler sur le parquet vibrant. La cervelle restée près du canon, les matelots la piétinaient de leurs pieds nus, tout au combat, l'air fou, avec des yeux terribles d'ivrogne qui voit rouge. Marcel ne regardait plus que leurs talons plaquant partout, à chacun de leurs mouvements, un peu de cette sinistre marmelade qui était une vie, tout à l'heure. D'aucuns, le pantalon retroussé, gardaient sur leurs jambes des grumeaux blancs engluant leurs poils de bête. Ensuite, il fixa l'homme, un grand gars, vêtu d'un pantalon de treillis et d'un tricot rayé remonté dans sa chute. La peau de son ventre, blanche comme une chair de femme, hâlait davantage sa figure, son cou, ses chevilles, couleur de brique. Ses yeux bleus demeuraient extasiés. Sa bouche bâillait ; une chique passait entre ses dents.

C'était horrible, la mort ! pensait le jeune homme; horrible !... Pourtant celui-ci n'avait pas souffert... Le beau serait de tomber, foudroyé de la sorte, de ne rien sentir...

A ce moment, une balle perdue, s'écrasa tout à côté de lui. Il frissonna, toujours immobile, accoté contre la cloison du kiosque, le cadavre à ses pieds. Cette balle aurait suffi... Quelques centimètres de plus à gauche : il serait mort à cette heure. Mort... Lui !... mort ! Il ne serait plus, plus rien... une loque... mort !...

Tout à coup, sa pensée bégayante s'arrêta, paralysée par une affre d'épouvante. Il venait de calculer que de projectile l'aurait atteint à l'abdomen et, livide, il se voyait couché près du marin, regardant couler ses entrailles... Une angoisse physique, une révolte d'instinct l'aplatissaient de peur. Aussi, que faisait-il à cette place? Pourquoi risquait-il sa vie? Etait-il matelot ou soldat? Trois fois, le lieutenant de vaisseau se retournant pour un commandement lui avait d'un geste énergique enjoint de se mettre à l'abri!...

Et il allait courir se cacher, lorsqu'il réfléchit qu'on le verrait s'enfuir. Un orgueil le cloua sur place.

A présent, quand les balles sifflaient, il fermait les yeux.

Peu à peu cependant se calmait la galopade de son sang, et la tête pleine du formidable tapage, les narines palpitantes à l'odeur de la poudre, il oubliait le cadavre, le danger, ne pensait même plus, envahi de curiosité. Sans savoir, il rejoignit l'officier, prit une lorgnette, guetta les ouvertures de la fumée pour fouiller la rive. L'*Ouragan* ne marchait plus. On voyait passer des morceaux d'eau jaune, que des scintillements de lumière chagrinaient d'or sous certains angles, des coins de berge, des bambous éplorés, des norias, des bandes de cultures. A peine distinguait-on ces choses une seconde. Des nuages revoilaient tout dans un plus fort tintamarre. La détonation des pièces ne s'entendait pas au moment du coup, revenait comme par écho un instant après la sèche décharge, après l'éclat du tir. Et l'on ne savait pas non plus ce qui se passait sous la toiture, sur le pont. De l'avant, du panneau de l'escalier, des fumées aussi montaient. Marcel, en tournant la tête, surprit la pendule à l'intérieur du poste au-dessus de la barre, et il s'étonna : le combat ne durait pas depuis dix minutes.

Quand il se pencha de nouveau, les pièces se taisaient, l'une après l'autre. Le Hotchkiss de bâbord fit feu le dernier; distinctement, on aperçut la gerbe de ses petits obus s'abattre sur un village. Quelques-uns frappaient la terre, soulevaient des tourbillons d'ocre pilée. D'autres balayaient la rivière avec des ricochets. Deux ou trois même, de fusées trop sensibles, éclatèrent au contact de l'eau, s'étoilèrent de perles dans une poussière d'arc-en-ciel, et leurs éclats retombaient en bouquet de feu d'artifice. Ensuite, les canons devenus muets, il sembla qu'un silence écrasait le bâtiment. La mousqueterie du pont, ralentie à son tour, pétillait d'un crépitement tranquille que dédaignait l'oreille après tant de fracas. Le bruit de la machine se percevait de nouveau, un souffle fort, sur lequel nasillait la vapeur inutilisée dégorgée par les chaudières. Et les rives apparaissaient, très proches, avec les mille détails de leurs fortifications en terre d'où s'enfuyaient les réguliers Chinois. Tout près du bord, soutenant leur retraite en tiraillant, des Pavillons-Noirs demeuraient seuls embusqués. On reconnaissait, filant de taillis en taillis les grands chapeaux de paille souple pendus entre leurs épaules. Un lointain hurlement de chien s'élevait du village où fumaient des paillottes, léchées déjà de furtives flammes rouges.

Deschamps descendit. En bas, de Pontailly donnait l'ordre au commandant du détachement passager de laisser seulement ses meilleurs tireurs répondre à l'ennemi.

— Prêtez-moi donc un Kropatcheck ! lui demanda Marcel.

L'officier fit un signe, un matelot passa son arme, et le jeune homme mit un genou en terre, appuya le canon sur le bordage, chercha un but. Quelques balles chinoises tombaient encore autour de la canonnière, n'atteignaient plus que rarement la tôle, maintenant trouée par places. Bientôt, il vit, à trois cents mètres,

remuer une silhouette dans un massif de bambous.
Le bleu d'une blouse chinoise piquait les feuilles. C'était un homme. Il épaula.

De son émotion première, il ne se souvenait plus à cette heure, tout à ce nouveau sport, sentant seulement qu'on le regardait. Très calme, il retenait son souffle, sa hausse rectifiée, et tâtait tendrement la détente, l'œil rivé dans le cran de mire, visant fin guidon. Il tira. Quelque chose agita les branches, puis la tache bleue, répondant, se couronna d'une fumerolle blanche; une balle fouettait l'eau, à quelques mètres de l'*Ouragan*.

— Le magasin est-il rempli?
— Il est rempli.

Marcel revisa plus longuement. Les lèvres serrées, il s'efforçait de comprimer cette palpitation dont frémit le chasseur devant un coup tentant et difficile. Enfin il lâcha la détente, et la tache bleue repointa, trembla une seconde, s'immobilisa, cachée à peine.

— Il en tient! dit le soldat agenouillé près du chancelier.

Le jeune homme haussait les épaules; brusquement, il épaula pour la troisième fois et de la fumée sortait encore du canon de son fusil qu'on vit la tache dégringoler du haut de la berge. Le Pavillon-Noir roulait, peloté comme un lièvre. La rivière s'ouvrit, se referma, paisible sous le soleil.

Rien ne remuait plus, que les branches froissées par l'homme. Elles s'inclinaient en tremblotant, pareilles à des palmes. Deschamps les regardait. Et il n'entendit ni les bravos de ses voisins, ni l'ordre de cesser le feu, les derniers partisans ayant quitté la rive, ni le clairon sonnant l'appel, ni la rumeur du bateau reprenant sa marche. Vite éteinte la flamme de pur amour-propre dont avait lui son œil, il contemplait le bambou qui, dans l'air sans brise, vibrait toujours. Pâle, il songeait qu'après avoir vu tuer, il venait de tuer, pour rien, pour le plaisir, sans excuse, pour montrer son adresse. Le mot d'Alfred de Vigny le traversa : *De combien d'assassinats se compose une bataille?* Alors sa stupeur disparut sous une volupté méchante, comme si ce meurtre l'eût vengé de tout.

Déjà l'on nettoyait le vapeur, les calfats bouchaient les trous du bordage. L'*Ouragan* procédait à sa toilette comme un chat se lèche les pattes et lisse sa fourrure après s'être battu. Des fauberts étanchaient le sang, ramassaient là-haut, sur la toiture, des fragments de cervelle avec des culots de cartouche.

Ce souci de propreté, revenu tout de suite, frappait Marcel. Il en dégageait la méprisante leçon, dans une admiration pour le progrès, pour la discipline. On servait son idéal, banal ou grand, on était ambitieux, on était vaillant : à la mécanique ! L'héroïsme avait son *Tableau de service journalier*, son roulement d'usine bien tenue ! Tuer, être tué, semblait si peu de chose que, ce faisant, on demeurait correct. Jusqu'aux blessés eux-mêmes qui restaient tranquilles. Le capitaine les avait charitablement fait coucher dans son appartement, la minuscule canonnière n'ayant point d'hôpital. Les plus gravement atteints reposaient sur le divan et sur le lit, les autres sur le tapis et sur la table, pansés *grosso modo* en attendant le débarquement. Et ils chuchotaient, tout remués de se voir chez leur chef, au milieu de ce pauvre luxe imposant à leur misère.

— Y paraît que Kernoël est tué ? murmurait l'un, timide.

— Oui... la boîte ouverte. Y n'a pas fait ouf ! Dommage ; il allait passer quartier-maître ! La veuve aura pour sûr une pension... Et toi, le marsouin, quoi que t'as ?

Le soldat montrait son bras inerte :

— Une patte cassée... Dites donc, vous autres, c'est y la dame à votre commandant, qu'est là sur le mur ? Elle est *gironde!*...

— Chut ! fit le matelot, respectueux.

Et tous regardèrent les photographies encadrées à la tête du lit : une jeune femme, deux enfants, qui souriaient entre des sabres et des revolvers, rappel attendri d'un foyer lointain.

Le commandant entra. Le ministère ne donnant point de médecins aux canonnières, il pansait ses blessés lui-même, avec des mains maladroites et douces. Les hommes serraient les dents pour ne pas crier lorsqu'il leur faisait mal, et leurs yeux ronds ne quittaient pas les manches galonnées allant et venant sur leur chair. Il les fit boire ; quelques-uns, d'émotion, avalaient de travers.

— Tu auras la médaille, mon fils ! disait-il aux plus touchés. Du courage !...

Des regards luisaient ; Marcel remarqua que le lieutenant de vaisseau, que de Pontailly lui-même avaient l'air heureux. Après le combat, les récompenses !

— J'ai bien mérité la mienne, ricana-t-il, allons fumer !

Il se blotissait dans le poste du premier-maître, s'enfermait à clé, et, vite, par peur des surprises, ouvrant sa *fumerie* de voyage, un appareil portatif, il tétait l'opium voluptueusement.

Derrière la porte, il entendait les marins et les soldats, mis en belle humeur par la distribution d'un quart de vin, s'entretenir des épisodes du combat. Tous parlaient à la fois ; tous, envahis d'une naïve vantardise, avaient tué plusieurs hommes.

— As-tu vu, Lemadec, s'il a dégringolé, le magot !

Deschamps entrait dans un bien-être. Les pipes succédaient aux pipes. Il emmagasinait du bonheur, sachant qu'avant de débarquer, il ne retrouverait plus cette solitude. Lorsqu'il sortit, il avait l'œil clair, la lèvre heureuse et pour la première fois, depuis deux heures, il songeait à Blanche. Mais son frisson fut court. Des choses le distrayaient de son désespoir, des choses impérieuses, de nouveauté tragique, et comme le soir de son arrivée à Haï-phong, il sentit que l'aimée demeurait à l'horizon de son rêve, très proche et très éloignée. Cela lui fut un repos.

Les blessés maintenant s'enfiévraient, la réaction faite, et gémissaient avec des cris de tout petits enfants.

II

La musique jouait devant le portail de la principale pagode, à l'ombre d'un multipliant. Des soldats l'entouraient, débraillés, quelques-uns encore noirs de poudre, et dans leur lassitude dodelinaient de la tête au ronflement des cuivres. Les chimères du temple découpaient sur un bleu passé leurs mâchoires béantes, s'assombrissaient de minute en minute. Au seuil de l'ambulance voisine, un groupe de médecins discutait au pied d'une hampe portant un chiffon blanc brodé d'une croix rouge. Des brancardiers passaient, ramenant des civières vides, tachées de sang, et par delà le toit, par delà les chimères, par delà le chiffon, des fins de fumées montaient, presque droites, toutes roses, vestiges de l'incendie des forts impériaux.

— Par ici, Deschamps!

De Pontailly appelait le jeune homme dans l'avant-cour de la pagode, où le général en chef, debout, dictait un ordre du jour au milieu d'un cercle d'officiers.

— «... *et la France sera fière de vous.*

— ... *fière de vous*, répétait un capitaine, sur un ton d'écolier.

— Point. A la ligne: *Au quartier général de Trong...*

la date, et cœtera... Faites communiquer tout d[e] suite.

Le général signa, puis battit sa botte à coups [de] cravache. Apercevant alors Marcel, il lui fit signe.

— Monsieur, je vous ai appelé pour vous félicite[r]. Puisque vous vous êtes conduit en brillant soldat, je vou[s] traite en soldat, et le télégraphe emportera la propositio[n] qui vous concerne avec celles des braves de la Division.. Maintenant, je vous serais obligé de prendre votr[e] annamite le plus sec pour aller dire au préfet qu'il m[e] répond de nos prisonniers sur sa tête. Je manque d[e] monde, et il faut qu'il me les garde jusqu'à ce que j'ai[e] délogé l'ennemi de l'autre côté de la rivière. Surtou[t] qu'on soigne les blessés s'il en est resté dans le ta[s]. Effrayez-le...

— Bien, mon général !... Je vous remercie.

Deschamps salua, et fit militairement demi-tour [à] droite. Comme son pas, sa pensée devenait automa-tique. Le cercle se rompait, Saylor le rejoignit e[t] l'arrêta en riant :

— Vous allez bien, vous ! Il ne restait que tro[is] croix pour l'État Major, et il faut que vous nous e[n] preniez une !... Ça devrait être interdit aux pékins, de se battre ! l'exercice de la médecine est bien interdi[t] aux gens non diplômés !... Ah ! ça ! qu'est-ce que vous aviez durant l'assaut, ce matin ? On aurait cru que vous vouliez vous faire tuer ?...

— Moi ?... Je ne sais pas ce que j'avais... Je ne sai[s] pas...

Et réellement, il ne le savait pas, constatait-il e[n] reprenant sa route à travers le cantonnement. Il n'étai[t] plus à lui, depuis ces huit jours !... Huit jours ? reprit-il. Comment ? il ne s'était écoulé que huit jours depuis sa visite à Chalon, depuis cette orgie d'opium d'où, titubant, il était sorti sans rien voir, sans rien entendre, pour s'embarquer sur l'*Ouragan*?... Il lui semblait que ces choses étaient vieilles d'un siècle.

A mesure qu'il marchait, ses idées se précisaient dans une reprise de mémoire, mais sa taille s'affaissait, et ses pieds hésitaient, cloués au sol. Il se souvenait d'avoir éprouvé pareil accablement après l'enterrement de sa mère. Cette comparaison sitôt née ravivait son angoisse.

Oui, c'était la même impression avec seulement un nouveau facteur, l'opium, qui jusqu'à cet instant lui soufflait, en l'intéressant aux objets extérieurs, les passagères diversions qu'à Paris, il avait demandées au travail. Sa visite à Chalon, n'était-ce pas une mise en bière? Au lieu d'écrire, il avait fumé, cette fois pour tuer son cerveau, — pour mourir. La folie seule était venue, l'ivresse noire, un cauchemar durant lequel il comptait ses pipes par une survivance d'intelligence ; Blanche était finie, il voulait finir aussi... Puis, on lui apportait l'ordre de partir, l'ordre qu'il avait sollicité le matin par une démarche dont, à cette heure, il ne se souvenait plus. Il émargeait sur le registre du planton, se recourbait sur sa *fumerie*; mais Chalon arrivait, lui apprenait qu'appelé par télégramme, l'*Ouragan* partait le soir même avec de Pontailly et un demi-bataillon, qu'on allait attaquer les Chinois et qu'il lui fallait rejoindre son poste. Hébété, il regardait le docteur remplir lui-même les cantines, emballer la sellerie, envoyer enfin le *boy* prendre chez Rioux le cheval du chancelier pour le conduire à la jonque de Pontailly. Il se levait alors, secoué par un cordial et des aspersions d'eau, secoué surtout par ce mot du médecin : « C'est pour elle que je vous en supplie... » Et debout, devant le balcon, d'où il découvrait la pagode, la lumière de Blanche, il succombait à l'excès de son désespoir en en reprenant l'entière conscience.

— Mon Dieu ! mon Dieu !... sanglotait-il, et il se tordait les mains.

— Mon enfant, du courage...

— Du courage ?...

Sur sa table brillait un revolver ; il l'empoignait, l'appuyait sur sa tempe. On sautait sur lui, pour le désarmer ; il frissonnait au froid de l'acier sur sa chair, pressait la détente et la balle passait entre Chalon et lui, trouait le mur. Soudain, dans la fumée de la décharge, il se sentait redevenir lâche ; ses doigts plus mollement serraient la crosse, se la laissaient arracher... Ensuite, pendu au bras du docteur, il partait dans la nuit, sans plus un mot, le cerveau réenvahi par l'opium sous la fraîcheur de l'air. Seulement, dans sa douleur, derechef pareille à de l'abrutissement, une gêne passait, la crainte qu'ayant deviné sa faiblesse, le marin le méprisât. Ils arrivaient au quai.

— Vous lui direz que je suis parti, n'est-ce pas ! et que je souffre moins... du..... reste, que de l'avoir accusée... Vous m'écrirez de ses nouvelles ..

— Comptez sur moi, mon ami, mais donnez-moi votre parole que vous ne recommencerez pas votre tentative de tout à l'heure...

— Je vous le promets : n'ai-je pas une *fumerie* portative dans mes fontes ?

Chalon n'avait pas répondu. On larguait les amarres. Sur une poignée de main dont ses doigts étaient broyés, Marcel se retrouvait seul. De Pontailly lui montrait une place à ses côtés sur un matelas dans le salonnet du lieutenant de vaisseau ; il y tombait comme une brute. A son réveil, au bout de vingt heures, il se souvenait instantanément. C'était donc vrai ? Il n'avait point rêvé ?... Et le soleil lui faisait mal, et il aurait hurlé d'entendre des voix humaines. Sa toilette faite, il se cachait dans un coin, toute une matinée, la tête dans ses mains, mais le chasseur d'Afrique l'emmenait sur le toit du bateau, lui montrait le branle-bas de combat, les pavillons chinois multicolores plantés en rang d'oignon sur des ouvrages défendant le plus étroit passage de la rivière. C'est alors, que pour se débarrasser de son compagnon, il lui avouait avoir de mauvaises nouvelles — de Paris. L'autre le croyait !... Les gens ne voyaient donc rien ? Il fallait donc avoir le ventre ouvert pour qu'on vous sût blessé à mort ?... Après, c'était le combat ; il voyait tuer, et il tuait ! En un quart d'heure, il était à la fois lâche et cruel, — il était homme ! Enfin il fumait... Aussitôt, revenait cette curiosité des choses, dont l'an d'avant, la venue l'étonnait à Haï-phong. Il était comme les enfants qu'au retour du cimetière où l'on enterra leur père on distrait avec des images !... Quelles images aussi ! Et quelles pipes, lorsqu'il les trouvait moins empoignantes, quand il se rappelait que c'était fini, fini... irrémédiablement fini, et que non pas six pieds de terre, mais des pesanteurs de montagnes écrasaient son pauvre amour !...

Marcel s'arrêtait en reconnaissant machinalement la maison du *Phu-Tuï*. S'il s'acquittait vite de sa mission : il retournerait plus vite à l'opium ! Une fièvre le redressait ; il entra dans la cour, commanda qu'on allât chercher le fonctionnaire, puis en l'attendant, s'assit au bord d'une fontaine de rocaille sous des pêchers couverts de fleurs roses. Tout à coup, il se souvint d'avoir planté des arbres pareils dans le jardin de Blanche, et il baissa la tête, ne vit plus rien. Du bruit lui faisait bientôt lever les yeux. Descendu de son palanquin, le maître de céans s'avançait gravement, précédé d'un Annamite chargé de son sabre et suivi de deux porteurs de parasols. Tout de suite, il multipliait les serviles salutations indigènes. Deschamps pensait aux pêchers roses, et regardait fixement, comme s'y intéressant, la physionomie indéchiffrable et plate du *Phu-Taï*, ses joues proéminentes et talées, son nez camus, ses lèvres tuméfiées par le bétel, ses dents charbonneuses, sa peau de parchemin zébrée de rides sèches, infinies. Vieux, ratatiné, moins courbé par l'âge que par le formalisme oriental, l'homme était d'aspect presque aussi misérable que ses serviteurs, avec son pantalon et son turban d'un blanc sale, avec sa robe de soie gros bleu, criblée de taches, luisante d'usure. Sur une sensation de dégoût, le chancelier, rentra brusquement dans le réel, battit des paupières, commença son exhortation officielle. Il lui avait fallu s'asseoir, sous un des grossiers hangars encadrant la cour, devant une table malpropre où des jacinthes trempaient dans une faïence bleue.

Blanche, pensait-il encore, avait des fleurs pareilles et de pareilles potiches sur sa vérandah... Comme il était heureux, comme il espérait en les achetant!... Et quelle joie elle avait eue devant toutes ces choses, en s'installant à la pagode!...

Le vieux fonctionnaire protestait de son dévouement à la France, et puisait dans une boîte qu'un *boy* lui tendait, des morceaux de noix d'areck et des pincées de chaux qu'il enveloppait, avant de les mâcher, dans une feuille de bétel. Un second domestique remplissait de thé amer des tasses minuscules.

Des portes à ce moment battirent, un tintement de chaînes s'éleva et dans la cour les prisonniers parurent, un à un, poussés par des paysans annamites.

Ils étaient une centaine, Chinois réguliers et Pavillons-Noirs, de beaux hommes. Des chaînes et des cordes les attachaient par les bras les uns aux autres; leur cou était pris entre deux pièces de bois longues d'un mètre, évidées au milieu pour former lunette de guillotine et clouées ensemble aux extrémités. Surgissant hors de cette cangue, leur tête semblait arrachée des épaules déjà. Ils défilèrent. Les pièces de bois montaient et descendaient, scandant leur marche.

Sur le toit du hangar en face, glissait un oblique rayon du couchant. Il ensanglantait les cangues, les blouses bleues, les cercles d'étoffe jaune cousus entre les épaules et sur la poitrine, et portant en lettres chinoises des numéros de régiment, des noms de provinces. En file indienne, les captifs faisaient le tour de la cour. Silencieux, couverts de poussière et de sueur, ils roulaient des yeux blancs, étonnés de vivre encore, pareils à des bêtes. Leurs larges pieds, plats et nus, faisaient sur les humides dalles un régulier flic flac. Quelques-uns, blessés, se traînaient en boitant, et des pans d'étoffe sanguinolente se roidissaient, collés à leurs blessures. L'un d'eux frôla les pêchers de la fontaine ; des fleurs roses tombèrent. Quelques pétales restaient accrochés sur les nattes des misérables roulées en chignon, pâlissaient dans le jour fugitif.

— Je puis mieux faire encore, reprit le préfet doucereusement. Afin de prévenir toute évasion, je vais leur faire casser à chacun une jambe !

Il regardait son hôte de son petit œil cruel et froid, en frottant ses mains l'une sur l'autre avec un bruit de parchemin froissé. Au bout de ses doigts maigres comme des allumettes, ses ongles démesurés s'entrechoquaient d'un heurt sec, agaçaient la soie de ses longues manches.

Marcel se leva :

— S'il en manque un seul, si on les maltraite, si les blessés ne sont pas conduits à l'ambulance, je te ferai couper le cou !

Puis, il sortit. Rassurés, les Chinois le gouaillaient entre eux.

La nuit était tombée, une nuit dense, étoilée à peine, encore sans lune. Deschamps, comme un somnambule, la traversait, les yeux fixes. Tous les cent mètres le *qui vive?* des sentinelles lui arrachaient le : « hein? quoi? » effaré des dormeurs tirés en sursaut de leur rêve. Il regardait la baïonnette, le mince fil d'argent qui dans l'ombre menaçait sa poitrine, puis donnait le mot d'ordre et se reprenait en reconnaissant les choses, les paillottes du cantonnement, les parcs d'artillerie, l'enclos des aérostats, les pagodes devenues magasins, la prévôté, des formes vagues, grossies, monstrueuses, qui se noyaient de ténèbres. Et ces ténèbres se renforçaient, plus obscures, dans les jardins, autour des feux des cuisines en plein air. Devant des flammes tordues, rouges et jaunes, des silhouettes dansaient, démoniaques : turcos enjuponnés pareils à des sorcières, soldats européens maigrelets. Sur les feux moins hauts, les jambes, les torses se profilaient seuls, et on eût dit des corps sans tête. Plus loin, des coolies luisants entouraient d'autres brasiers où rôtissaient, sur des broches de bambou, de gros chiens ballonnés, encore reconnaissables. La graisse grésillait, empuantissait l'air ; au-dessus, par places, la fumée se perdait parmi les feuilles de bananiers dont le vert s'attendrissait au reflet des tisons, transparent presque. Les palmes inférieures déchiquetées avaient l'air de pennes de flèches. Une odeur de grillade, un douteux parfum de rata planaient sur le cantonnement, avec un tintement de fer-blanc et les cris aigus des porcs qu'on saignait. Des voix arrivaient, confuses, des éclats de rires, des fragments de querelles, des jurons français, de gutturales imprécations arabes, des chants en dix patois. Brusquement une clameur brève passail, venue de l'ambulance, et tout se taisait, sous ce rappel sinistre du combat.

Marcel s'emplissait les prunelles, avec une puissance décuplée de vision ; ensuite il s'éloignait, retombé dans cette sorte de rêve, où l'on ne rêve plus à force de concentration, où, comme une eau, la pensée trop absorbée fuit goutte à goutte. Des gens le croisèrent, lui parlèrent, des officiers. Au hasard il leur répondait, repartait plus vite. Un instant après, il s'arrêtait court, surpris de la hantise des phrases que, depuis quelques minutes, il répétait machinalement, et qui devaient être les dernières paroles de ses interlocuteurs. C'était d'une de ces bribes de conversation, inconsciemment retenue, qu'il accueillait, devant la pagode de l'Intendance, l'interpellation d'un groupe debout sous le portique, dans la clarté des lanternes sacrées allumées par les soldats :

— Ç'a été chaud ! Ç'a été chaud !...

— Eh oui, parbleu, très chaud !... Vous vous êtes assez cuit pour le savoir ! ripostait un sous-intendant, l'air en colère. Je vous demandais des nouvelles des prisonniers que l'on vous a envoyé voir, tantôt, chez le Phu-taï ? Tenez, mon cher, en voilà d'autres !...

Deschamps apercevait alors, à côté des causeurs, deux troupiers tout jeunes, deux conscrits, le fusil en bandoulière, qui tenaient chacun un Chinois par sa longue natte et semblaient attendre un ordre.

— Qui vous a dit de nous amener ces deux magots ? reprenait le sous-intendant.

— C'est le chef de poste, le sergent. Nous les avons trouvés cachés sous le blockhaus... balbutiait un des soldats en lâchant son prisonnier pour retirer son fusil de l'épaule et se mettre au port d'armes.

— On ne rend pas les honneurs après le coucher du soleil, imbécile ! Et votre sergent aussi est un imbécile. J'ai assez à faire pour vous nourrir vous autres, sans gaver ces sauvages ! Est-ce que ces gaillards-là vous nourrissent, vous, quand ils vous pincent ? Non, ils vous martyrisent et vous coupent le cou ! Allons, ouste ! foutez-moi le camp et faites-en ce que vous voudrez !...

Les deux soldats rebroussaient chemin, penauds, en poussant leur bétail humain, sur qui se déchargeait leur colère. Les Chinois ahuris dodelinaient de la tête, au bout de leur natte tiraillée de droite à gauche. Les officiers riaient.

— Mais enfin, disait l'un, qu'a-t-il pris au général de faire des prisonniers ?

— Quelque ordre de Paris. Toujours l'humanitairo-manie de la grande parlotte politique ! Ces gens qui nous laissent crever ici sans renforts se lamentent sur nos victimes ! Il paraît que Clémenceau a naïvement demandé au ministre ce que devenaient les Chinois tombés entre nos mains ! Au lieu de l'envoyer promener, le ministre aura expédié des instructions ! Mais je m'en fiche un peu, pour mon compte ! A moins d'un ordre écrit, je refuse de donner une seule ration de vivres à ces brigands. Je n'ai pas envie de les payer de ma poche ! Personne n'ordonnancerait cette dépense, attendu que la guerre n'est pas déclarée officiellement et que ce ne sont pas des belligérants réguliers, reconnus. La Cour des Comptes aurait le droit... Vous partez, monsieur Deschamps ?

— Oui... Je vais faire un tour... Au revoir, messieurs.

Marcel s'enfonça dans l'obscurité.

— La Cour des Comptes ! monologuait-il. Clémenceau !...

L'apparition de ces noms, de ces idées, au milieu de cet exotisme dans l'Horreur, le frappait seule. Il retrouvait en lui-même la tête du *Phu-Taï* et il regardait, autour de lui, les toits hérissés de chimères, afin de rentrer vite dans l'atmosphère ambiante. A mesure qu'il s'avançait, la fraîcheur de la nuit le glaçait davantage et son ivresse grandissait, comme si toute la fumée d'opium dont le commandant de Pontailly l'avait tiré tout à l'heure avait maintenant repassé par ses narines.

Bientôt, il rejoignit les deux troupiers au bout du faubourg, et il s'arrêta dans l'ombre d'une haie pour les écouter sans être vu. Les deux hommes tenaient conseil.

— T'as entendu ce qu'a dit le colonel?...

— C'est pas un colonel! C'est un *riz-pain-sel*...

— Ça y fait rien... Faut en finir avec nos deux particuliers. Nous allons leur brûler la gueule d'un coup de flingot!

— C'est ça, gros malin, pour causer une alerte et nous faire coffrer! T'as pas vu, à l'*ordre*, qu' « il est défendu de tirer sans nécessité absolue? » Et nous sommes presque aux avant-postes!

— Eh bien! alors crevons-les! Un coup de sabre-baïonnette... Zou!...

— J'ose pas...

— Capon!

— Eh crève donc le tien, toi qu'es si fier!

Le second soldat mit la main à son sabre, la laissa retomber, et tout bas :

— Eh bien, non! J'peux pas... C't'après-midi, ça ne me faisait rien : j'aurais tout démoli! Et puis, y se défendaient au moins!... Lâchons-les, veux-tu?

— J'veux bien, mais y vont faire comme à Bac-ninh, mettre le feu partout! Et si on les repince, on saura que c'est nous l'auteur!

Marcel, tapi dans les feuilles, retenait son souffle,

tendait l'oreille, avec une curiosité intense, passionnée.

— Ah! bon sang de bon Dieu! si c'est permis de trimer comme ça!

Et, furieux, le premier troupier secoua son Chinois « Cochon! sale tête de pipe! tu serais pas aussi bête que nous, à notre place, hein?... »

— Tiens! un *chass-d'Af!*...

Une estafette s'avançait au petit trot sur un grand arabe; son sabre et son bidon tintaient d'un bruit de casserole.

— Hé, feignant! où que tu vas?

Le chasseur d'Afrique retint son cheval. On ne voyait que sa figure blanche dans le noir de la silhouette.

— Porter une dépêche de Négrier... Et vous autres, quoi que vous trimballez?

— Deux cocos dont personne ne veut! Nous les canarderions bien, mais ça s'entendrait...

Le cavalier se mit à rire, tira sa latte du fourreau. La lame eut un éclair, et il avança son cheval contre les prisonniers.

— Attends voir, vieux! Je te vas montrer comment que nous faisons à ma brigade!

Il étendait brusquement le bras en se penchant. La lame brilla de nouveau, s'éteignit, ressortit, terne.

Aussitôt, le Chinois tomba, sans un cri, avec un bruit lourd sur la terre.

— Et d'un!...

Le cavalier se courba de nouveau. Frappé par devant, le deuxième Céleste hésita avant de s'abattre, puis s'écroula, avec un souffle fort, et ne bougea plus.

— Voilà, les fantassins!... Jusqu'à la revoyure!...

Et le chasseur poussa son cheval. Il s'en allait au pas, noir dans le noir; des coins de ferblanterie luisaient dans son paquetage. Le sabre encore au poing, il faisait des moulinets, hachant la haie de bambou pour essuyer la lame. Des gouttes chaudes tombèrent sur Marcel.

Les deux troupiers s'éloignaient, eux aussi, après un regard sur les cadavres.

— Ohé ! les enfants !...

Le cavalier revenait. Ils s'arrêtèrent.

— Faudrait être gentils, et, pour ma peine, me couper les nattes de ces deux magots... J'ai pas le temps de mettre pied à terre.

Les soldats sortirent leurs couteaux. Quand le cheval ne piaffait pas, Deschamps entendait craquer sous l'acier les torsades des cheveux.

— Tiens, voilà tes queues de rat !

Le chasseur prenait les deux nattes, les mettait dans sa musette.

— Merci, vieux lapins !... Ça sera des souvenirs pour la payse !

Puis il enleva son arabe et partit au grand galop afin de rattraper le temps perdu.

Resté seul, Deschamps se penchait à son tour sur les corps. Déjetés, ils reposaient, les membres à faux, pareils dans leur abandon à ces poupées de baraques de foire qu'on massacre à coups de boules et qui tombent comme vidées, la carcasse roide encore. Pour voir leur face, il usait une boîte d'allumettes. Les Célestes, les yeux dilatés, bâillaient. Supportant leur tête imberbe, leur cou gras et rond, très bas découvert par la blouse d'uniforme, semblait un cou de femme. L'un d'eux saignait à gros bouillons, percé d'outre en outre. L'autre, comme endormi, les lèvres plus ouvertes, dans un rictus figé montrant les gencives, ne semblait point troué; des plis d'étoffe cachaient la blessure. Le chancelier tâta cette chair tiède.

Il n'éprouvait aucun dégoût, envahi de la volup[té] de l'horrible, du plaisir surtout de sentir des chos[es] non senties, profondes. L'opium lui donnait à viv[re] plusieurs vies ; si d'ailleurs sa raison surnageait p[ar] minutes, elle lui apportait seulement une plus â[cre] jouissance de l'Horreur et il s'y baignait, fébrile, da[ns] un accès d'égoïsme splendide. N'avait-il pas ass[ez] cher acheté le droit de se régaler de l'universelle sou[f]france ? Il aurait aujourd'hui brûlé des villes pour co[n]templer les flammes hérissant la nuit, et fait décapit[er] de belles esclaves pour voir pâlir leurs seins, moin[s] vibrants à mesure que les carotides essoufflées vide[nt] les poumons morts !

Un moment, il se trouvait plus qu'étrange, courb[é] sur ces cadavres, genou en terre. Par habitude, [il] s'imagina ce que l'apercevant, les gens penseraie[nt] de lui. Sans doute le prendrait-on pour un détrousseu[r] de champs de bataille ?... Il fouillait déjà les deux corp[s.]

Une pipe, quelques sapèques, des boutons, de[s] noyaux de fruits, des culots de cartouche, Marcel n[e] trouvait rien autre ; mais il eut un frisson : entre s[a] blouse et sa chair un des Célestes portait un paquet qui, tiré, laissait rouler dans la boue du chemin un contre-épaulette d'or, des aiguillettes, un lorgnon, de[s] papiers. Et il ricana. Ce qu'il accomplissait à cett[e] heure, par curiosité, ce Chinois l'avait fait par lucre et qui savait, ô hasard ? au cadavre, peut-être, d'un d[e] ses propres camarades à lui, Deschamps ! Aussitôt c[e] passager retour sur lui-même l'amenait à savoure[r] l'imagination d'une scène analogue :

Après un combat, il était porté comme disparu, e[t] regretté, — louangé puisqu'il était mort. Le lendema[in] cependant, Chalon soignant des Chinois à l'ambulance, trouvait entre leurs mains des lettres euro péennes, les ouvrait : « Mon cher Marcel... » Le cœu[r] étreint, il allait à la signature, lisait : « Blanche ». Alors il portait les lettres à madame Verdier...

La vision devenait si précise que le noctambule en sortit par l'angoisse, et d'un effort déplia les papiers. Evidemment des lettres de famille, de fiancée, de mère...

« *Mon vieux camarade, je dîne chez le général ; veux-tu me prêter ton dolman n° 1 ? Le mien est à réparer chez le tailleur...* »

« *Entendu, je prends ton tour de garde, mais tu me remplaceras au piquet d'enterrement...* »

Une photographie tomba de ce billet. Marcel la ramassa, et se brûlant les doigts à son avant-dernière allumette, reconnut la tête d'une jolie fille, jadis possédée avant Claire. Au dos, deux lignes effacées un peu :

« *Au plus aimé des aides-de-camp.*

Avec un joli bécot,

« *Delphine,* »

« *Paris, 16 mars 1883* »

Et il partit gardant le portrait.

Maintenant, il se trouvait aux avant-postes, sur l'emplacement du combat de la matinée ; il y rôda, s'orientant, à la timide clarté d'étoiles voilées à chaque instant de nuages. Toutes les deux minutes, des *Qui vive ?* l'interpellaient, des sentinelles, des rondes. Mais à la fin, il découvrit, à l'arrière un peu des lignes françaises, et au centre, le fortin chinois qu'il cherchait.

C'était un ouvrage de terre, sur une éminence dominant la plaine. Au sommet pointait un *mirador*, une espèce de guérite grossière, surélevée comme une lanterne de phare, et à laquelle on accédait par une longue échelle dressée contre ses piliers de bambou Marcel donna le mot au factionnaire et grimpa. La hauteur de terrasse suffisant à l'observation, la guérite était vide. Il s'y installa.

Tout de suite, il se couchait sur la paille de riz fraîche et bruissante dont le poste était plein, ouvrait sa sacoche, en tirait sa pipe, deux flacons d'opium, des fourneaux, des aiguilles, une veilleuse ; et, deux minutes après, fumait. Si de Pontailly, Rioux, Saylor et les autres le dénichaient là !...

La fumée montait droite entre les planches, droite et bleue, se logeait en buée sous le cône du toit minuscule, retombait en courts flocons, en brins de ouate, en vols de gaze, coupés par les frêles solives. Une pipe, deux pipes, cinq pipes, — dix pipes... Oh ! la chose étrange que la vie ! Pouvait-on souffrir quand on avait la véritable panacée, — le bonheur, en bouteille ? Pouvait-on chercher la mort dégradante qui tâtonne, rate, défigure, prolonge l'agonie de douleurs et de lâchetés physiques, lorsqu'on avait, en forçant les doses, un poison plus doux qu'un baiser !...

Oubli ! Anesthésique oubli ! Père des sagesses et des sommeils, je te salue, ô mort vivante ! Sois béni, d'où que tu viennes ! A l'homme machine à souffrir, tu apportes mieux que la résignation : tu souffles l'inconscience, le non-être. Et tu niches dans le plaisir pour que l'attirance de ton invite ouvre les cœurs les plus fermés !

Au fond des verres, rubis, topaze brûlée, perle de mousse rose, on te boit dans l'allégeante bienveillance des vins. Tu ravives alors le sang des lèvres, comme la pluie ranime les pavots, puis, afin d'appeler nos fugaces gratitudes, tu laisses des larmes souriantes aux hiatus des sourires, dans les commissures, aux brins des moustaches, de même que l'eau dépose des pleurs de diamants au creux des feuilles. O doux et cher oubli !...

D'autres fois, bienfaisant Protée, et pour d'autres hommes, tu te loges en des bouches de femme, en de tendres plis de chair, en des parfums qui saoûlent, mieux que l'alcool ! Tu maries les langues amoureuses, tu mêles les haleines ardentes, tu précipites les spasmes qui moribonds veulent déjà renaître, et les seules étreintes fécondes sont celles dont tu nais, ô triomphal, précieux oubli !

Cependant, ce n'est point dans les verres, ni sur les dents des maîtresses, que tu te livres entier, — oubli, plus traître que la femme, plus lâche que le vin, oubli menteur, ô dupeur d'hommes ! Et l'on dirait que tu méprises comme un enfant celui dont te recherche là le trop naïf espoir. Pareil aux prostituées, tu ne te donnes bien qu'à un seul, celui qui te prend et te mate, — dans l'opium !

Et tu es l'opium même, juste, divin, subtil ! La fumée bleue, c'est toi ! l'odeur âpre et douce, c'est toi ! la lampe agonisante qui met du clair-obscur aux rêves, c'est toi, toujours toi !

Le vin n'endort le souvenir qu'une minute. Pour un mal qu'il apaise, il réveille d'autres maux — oubliés. Il jase, il rit, il bataille, — il vit, puis s'envole dans les cauchemars troubles ; et la bête l'expie, sinistrement. Plus vaine encore, la femme ! Tout au fond d'elle, croupit une épouvantable amertume que, tôt lasse, l'étreinte aspire avec l'ennui, dans une résurrection de mémoire, dans une rechute à l'existence, où l'on rentre moulu, honteux, regrettant le temps des larmes pour les jouets vidés !

Mais l'opium !... A volonté, l'on t'y trouve et l'on t'y perd, esclave toujours prêt aux caresses du maître, paradisiaque oubli ! Même, tes résistances, tes coquetteries de poison sûr restent un charme, et ta baguette magicienne me rend jusqu'à mon supplice infiniment cher !

Anesthésique oubli ! père des sagesses et des sommeils, sois béni ! Je te salue, ô mort vivante !...

Deschamps se tut. Sous les nouvelles volutes, une survivance de ses habitudes d'art chuchotait des rimes à son verbe. Sa bouche se rouvrit, et elles montèrent sans effort, ces rimes comme un vol d'oiseaux des tropiques, joailleries ailées. Sur la dernière, il ralluma sa pipe, et il jouissait de son génie, quand une aspiration trop forte souffla sa lampe.

Il se réveilla dans la réalité de l'ombre, ricana. Machine ! Machine !... Même en déraisonnant, un grelot sous le crâne, il restait le poète, et, rajeuni, retombait au lyrisme des premiers vers de ses vingt ans. Où donc ses rimes maintenant?... Il chercha des allumettes, se souvint d'avoir épuisé sa boîte auprès des cadavres, et il eut froid dans le noir, trouva que la mort était lente. Mon Dieu ! pourquoi donc était-il lâche ! L'autre jour, il pouvait se tuer d'un seul coup...

— Blanche ! soupira-t-il...

Le vent secouait le *mirador*, emportait ses cris et ses plaintes. Fumer ! il fallait fumer, fumer quand même, fumer toujours !

En bas, un factionnaire lui donnait du feu. Il remonta, se recoucha, — refuma, et il avait peur de l'oubli qu'il célébrait tout à l'heure. Une détresse d'enfant battu et perdu sur les routes, la nuit, l'amollissait, l'affre révoltée d'un condamné à mort qu'on toilette pour l'échafaud.

— Blanche !... Blanche !...

C'était vrai ? C'était fini ?... Non ! Non ! cela n'était pas possible !... Et lâchement, il l'appelait dans son rêve, avec une folie éperdue. Ses dents mordaient le bouquin d'ambre.

Autour de lui, tout était silence. Le *mirador* ne vibrait plus, le vent tombé. Le ciel avait dû s'éclaircir. Des blancheurs filtraient entre les planches disjointes, rapetissaient encore la lampe qu'on eût dit une veilleuse, mourante auprès d'un mort. La fumée cachait le toit, mettait un coin de ciel sur sa tête, au lieu de solives; mais ce ciel était morne. Parfois, un hennissement de cheval arrivait inachevé, très grêle, semblant sortir d'une cave.

— Blanche!...

Elle se refusait, l'aimée! Elle se refusait dans le rêve comme dans la vie! Et Marcel se souvint qu'il était moins venu là pour échapper aux visites des camarades au cantonnement, que pour noyer son souvenir de la femme sous les épouvantements revécus de la guerre. Ah! la guerre! qu'étaient le sang gâchant le sol, la torture des blessés, les cris inentendus sous les roues des caissons, qu'était la douleur de tous auprès de la sienne? Où donc à cette heure l'amputé souffrant autant que lui? Les tués reposaient, béats! Les autres déliraient dans leur fièvre soulageante, caressés d'eau glacée, anesthésiés de chloral! Mais lui?... Ce n'était pas un bras, une jambe qu'on lui arrachait, c'était son cœur, son cerveau — et il vivait durant l'opération, il vivait après, n'en perdait point une angoisse! Le soldat maudissait l'ennemi, invectivait le chirurgien, savait qui le frappait, n'était enfin frappé qu'après avoir frappé! Lui, n'avait rien fait à personne : il avait aimé. Qui donc maudirait-il? A qui cracherait-il ses invectives? Son bourreau, c'était la Fatalité, le Hasard, la Vie, des entités insaisissables, le Néant, — des mots!... Allons, il fallait fumer encore : la mort viendrait bien à la longue!...

Marcel se pencha, reprit sa pipe, y mit une charge énorme. Mais comme il tétait les dernières bouffées, il vit sur sa manche des larmes rouges, des taches de sang coagulé, et se souvint : c'était le sang des Chinois, les gouttes secouées par le sabre dans la haie de bambou...

D'autres avaient dû rester parmi les feuilles, plus brillantes dans le vert, comme des baies de houx à Noël. Elles fuyaient en stalactites paresseuses, sans cesse renaissantes, semblables à des pendants d'oreille en corail. Elles tombaient sur la terre, mais la terre en avait tant bu déjà qu'elle les refusait. Cependant elles pleuvaient toujours, avec un bruit de cascade dans les feuilles et en bas, s'écrasaient sur d'autres gouttes, d'un bruit mou. Elles formaient averse, le bambou saignait : on ne voyait plus que lui, vert et rouge, dans la plaine noyée dont le flot montait, le flot rouge, et il ressemblait à ces flèches de peupliers dardant seules, au milieu des inondations, le plumeau qui sert d'étiage.

La marée sanglante s'enfla encore : l'arbre disparut. Deschamps nageait dans cette eau pourpre, luisante sous un ciel sans soleil. Elle coulait, immobile d'apparence, et il comprit que c'était au milieu d'elle qu'à Haï-phong, par sa nuit d'angoisse, il avait attendu le *sampan* de Thi-aï. Le *sampan* ne vint pas. Il débarquait par un terrain vague, au bivouac des spahis. Les Arabes en manteau rouge allaient et venaient autour des chevaux entravés, entouraient des soldats annamites au chignon gras, aux hanches roulantes. Un coup de canon éclata, un seul, et il vit le petit maréchal des logis aux gants de Suède, aux éperons de nickel, un numéro du *Figaro* sous le bras, tourner sur lui-même, puis s'écrouler, mort.

— Voilà le brutal qui parle ! s'écriait de Pontailly.

Et le combat commença, recommença, — le combat de la matinée.

Des hauteurs se couronnaient d'immenses pavillons chinois, qui claquaient au vent. Des commandements maigriots traversaient l'accablement de midi, la stridente musique des insectes. Dans les rizières, autour des pagodes, encadrées de banians et pareilles à des îles, des choses noires fourmillaient, des troupes. Des clairons sonnaient. Des cavaliers galopaient d'île en île, et le canon gronda de nouveau. Sur les fortins chinois planaient des fumées floconneuses et roses. Des obus sifflèrent dans une parabole trépidante.

Marcel mit la main sur son cœur où naissait une palpitation. Il vérifia la sangle de son cheval, sauta en selle. La bataille, cela réveille la bête, l'apeure ou la surexcite. Cela fait tout oublier. C'est bon.

Tirant sa lorgnette des fontes, il se rendait compte. Formée en trois groupes, ses faibles réserves dissimulées dans les plis du terrain, l'armée française, noyée dans les riz, mangée par l'étendue, s'avançait dans la plaine, lentement, avec des haltes à l'abri des accidents du sol, dans les villages et les pagodes. Six ou sept milliers d'hommes à peine. Leur artillerie disproportionnée comme nombre de pièces, une artillerie énorme, tirait par-dessus leurs têtes sur les ouvrages chinois couronnant les crêtes. Sans trêve, ces hauteurs répondaient, si couvertes de travaux et de parapets qu'on les eût dit entassées de main d'homme la veille, et sans un arbre, couleur de brique. Entre elles, dans des défilés, en arrière, puis à l'horizon, sur la droite, un ruban d'eau zigzaguait, le fleuve. Deschamps suivit l'état-major.

Le général marchait en tête, seul, silencieux, tracassant la bouche de son cheval. Derrière lui, des officiers s'échelonnaient au gré des étroites digues séparant entre eux les carrés de cultures. Quelques-uns, parfois, devaient descendre dans les épis noyés, où les sabots des bêtes faisaient flic et floc, au milieu d'éclaboussures d'argent. Le canon tonnait toujours, mais à cette heure, entre ses coups sourds, on entendait rouler des feux de salve, pétiller la mousqueterie des tirs à volonté crépitant comme des sarments secs. Lancés au galop, des estafettes, des officiers d'ordonnance apparaissaient à des coins de haies, couraient au général. Une main se portait au casque, saluait. Du fond de l'escorte, on voyait s'agiter des lèvres. Le général indiquait un point de l'horizon avec sa cravache, son chef d'état-major s'arrêtait, lâchait les rênes, écrivait, penché sur ses fontes, puis, sur un nouveau salut, le cavalier repartait au triple galop, et, des fois, sautait des rigoles, avec des bonds terribles pendant lesquels son fourreau de sabre voltigeait loin de lui, étoilant d'acier son profil.

Marcel interrogeait Saylor, entendait mal les explications. Ce qu'il voyait, ce coin de terrain, ces fumées, ce noir fourmillement au loin, lui rappelait ces demi-mètres carrés de toile militaire pancartés : bataille de Solférino ou de Gravelotte, dans lesquels l'on reconnaît seuls, au premier plan, un colonel, une cantinière et deux tambours.

— Alors, on va prendre les forts? demandait-il.

— Oui, si nous pouvons !

L'autre, habitué, s'y reconnaissait, désignait les choses, à voix basse, l'œil à sa jumelle, presque debout sur ses étriers. Son cheval pointait, défiant, à chaque pétarade des batteries.

— *Barca*, monsieur Mousse!... allons, chut!... *Barca chouïa!*...

Sur un nouvel écart, il cravachait sa bête, la calmait

en la jetant dans la rizière où elle s'engluait de vase jusqu'à mi-jambe, et, tranquille, avec son constant sourire, heureux de vivre et d'être turco :

— Si ça marche, reprenait-il, je mettrai mon appareil de télégraphie optique sur le fortin de gauche : c'est le plus haut... Ah !... voilà l'infanterie de marine et la légion étrangère qui se déploient en tirailleurs... Bigre ! ça chauffe à l'aile droite...

On ne s'entendait plus dans un vacarme. Les tirailleurs perdus parmi les brousses d'une série de mamelons, ouvrages avancés naturels, se reconnaissaient à la ligne de fumerolles qui montaient dans le vert. Les Chinois répondaient là plus mollement, battaient bientôt en retraite, et tout à coup, un pavillon tricolore apparaissait sur un sommet, grand comme un timbre-poste et tendu par la brise.

— Qu'ils s'arrêtent, qu'ils attendent ! cria le général. La batterie Maxime sur leur droite !...

Un officier d'état-major partait déjà ventre à terre. Deschamps poussa son cheval et le remplaça à la tête de l'escorte. Il était à présent derrière de Pontailly et Rioux, les touchait.

— Chut ! fit le chef d'escadron. Le patron est furieux...

Le commandant en chef se retournait.

— L'enseigne ?...

Des voix chuchotèrent :

— Andrézy !.. Andrézy !

Un enseigne de vaisseau se faufila dans le peloton, — un tout jeune homme sans un poil sur la lèvre, et qui pâlissait de ne pouvoir maintenir son cheval, tandis qu'il parlait au général.

— Mais, nom d'un chien ! marin que vous êtes, serrez donc votre carcan !... Connaissez-vous le tirant d'eau des canonnières ?

Andrézy balbutiait des chiffres : L'*Ouragan*, *Trombe*, *L'Eclair*, *Le Moustique*, *La Lame*, pouvaient passer, devraient être là...

— Quel sondage au confluent?

Rioux se penchait vers Marcel :

— Jamais nous n'en viendrons à bout, à moins de pertes énormes, si les canonnières ne prennent pas les forts à revers : elles devraient être là depuis ce matin...

Brière de l'Isle congédiait l'enseigne, — à présent cramoisi, — et fixait le fleuve de son œil puissant. Seul le canon grondait, couvrant les ouvrages chinois d'une pluie de fer. L'ennemi ripostait plus fort. À gauche, une bourgade commençait à brûler, toute rouge sur le ciel.

— Messieurs, dit le général, j'ai besoin d'un brave pour aller du côté de l'eau...

Les officiers s'avancèrent, tous. Au premier rang, se pressaient les plus jeunes, Saylor, le petit Bocher et Sambos, l'officier d'ordonnance du commandant en chef, — un enfant.

— Non pas, Saylor... j'aurai besoin de vous pour le télégraphe. Pas toi, Louis... Ce sera vous, monsieur Bocher!...

Il lui donnait ses instructions, lui indiquait la route la moins dangereuse.

— Allez, mon garçon... Dieu vous garde !

Le petit lieutenant salua crânement, partit, et, bientôt, on ne le vit plus.

Marcel montait sur le mamelon, où tout à l'heure le pavillon flottait. Des turcos remplaçaient les légionnaires et les fantassins de marine, déployés en avant. A droite et à gauche, des colonnes d'assaut attendaient, l'arme au pied ; les forts impériaux et les batteries françaises se canonnaient toujours, d'une furie croissante. Le général descendait de cheval, s'asseyait sur un pliant, roulait une cigarette, tandis que de Pontailly, Rioux et les autres causaient à quelques pas, en regardant les forts. Sambos fouilla ses poches, cherchant des allumettes pour son chef. Tout à coup, quelque chose susurra, le jeune homme fit un tour sur lui-même.

— Oh !... maman !...

Il était couché, la face sur le sol, immobile, les mains fermées, crispées sur des poignées d'herbe. Nul ne parlait plus. Les yeux étaient étranges. Brière achevait de rouler sa cigarette. Il l'alluma en se détournant ; quand il releva la tête, il battait des paupières.

— Pontailly !... fit-il, le général Sambos me l'avait recommandé... Prenez, je vous prie, ses papiers, sa bague... pour la mère. On ne sait pas : tantôt, nous pouvons être forcés de nous replier...

Puis, il tira sa montre.

— L'ennemi s'enhardit... Je ne puis plus attendre...

Et il donna un ordre.

Marcel regardait toujours le cadavre, maintenant porté à l'ombre et adossé contre un buisson.

Une grande fanfare de cuivre le tirait de sa contemplation : la Charge. Sans savoir, il se trouvait, à pied, courant au milieu d'une colonne, l'air perdu. Il n'apercevait rien qu'une masse sombre, couverte de fumée, vers laquelle il galopait avec les autres. Quand des hommes tombaient à ses côtés, il ne baissait point la tête, enjambait les corps sans comprendre. Non plus, il n'entendait le sifflement des balles. L'halètement des soldats, sa propre poitrine lui faisaient un bruit plus fort. La sonnerie des cuivres le poussait, lui fouettait la nuque, rythmait son pouls emporté, et il ne distinguait pas si c'était le vent de la course, le sifflement des projectiles ou le souffle de ces clairons qui

39

vaporisait la sueur de ses tempes, en soulevant s
cheveux. Autour de lui, des rangs entiers disparai
saient, fauchés d'un coup. Du sang avait jailli sur s
manches : il allait toujours, voyant rouge, avec d
envies de mordre, fou. Un moment il se découvrit
tête de la colonne diminuée des trois quarts et il cont
nua encore, d'un élan se trouva dans le fortin, to
seul, tomba, se releva, tomba encore. Il serrait le c
non de son revolver, tapait de la crosse dans des chos
molles, mouvantes qui, à la fin, fuyaient, escaladaie
un parapet, dégringolaient sur l'autre pente. Puis, l
respiration lui manquant tout à fait, il s'abattit sur u
canon chaud encore. La plate-forme à présent se cou
vrait de soldats ; un vieil officier le félicitait.

— Le premier, monsieur ! Vous êtes entré le pre
mier. Il est vrai que sans moi vous restiez là !...

On lui montrait la brèche, un tas de cadavres
son hébètement reconnaissait, à la place où, deux fois
il était tombé la figure du Céleste qu'il avait martelé
de coups. Inconscient, il tenait toujours son revolver
La crosse gardait des morceaux de peau, des cheveux
des caillots sanguinolents.

— Vous n'êtes pas blessé ?

Un médecin lui retirait sa veste, mais il n'avait qu
des ecchymoses, des entailles légères, des bleus, reçu
dans une lutte corps à corps.

Ensuite la bataille continuait. Immobile, il la con
templait du haut de la plate-forme, stupéfié seulemen
d'un inouï ressouvenir de grammaire latine, d'un
exemple de Lhomond, qu'il mâchonnait, en suivant de
l'œil les torrents d'hommes lancés, en bas, sur la seconde ligne chinoise : *Turba ruit* ou *ruunt*...

A la longue, il se secoua, redescendit, le tympan
crevé par les décharges, le front ceint d'une migraine
qui l'idiotisait, l'empêchait de longtemps penser dans

ses brefs retours de sang-froid. Il cherchait son cheval, rencontrait de Pontailly hélant une compagnie d'infanterie de marine juchée au sommet d'un groupe de rochers à pic, dans un bastion du haut duquel les hommes balançaient des cadavres ennemis. Les corps tombaient comme des sacs de farine, sans rebondir, très mous.

— En bas, marsouins! en bas!...

Des rires répondaient.

— Nous ne pouvons plus, mon commandant!

Un moment, Marcel regardait ces troupiers, qui grimpés d'une traite dans l'emballement de la charge, s'étonnaient de leur tour de force, attachaient maintenant des chaînes de ceintures aux créneaux, forcés de s'en retourner comme des gymnastes. Le combat se poursuivait au loin, plus acharné, sur les deuxième et troisième lignes impériales. Soudain, un hourrah salua les canonnières de la flotille. Longtemps arrêtées par l'échouage du bateau de tête, elles apparaissaient enfin et leur artillerie prenait l'ennemi en écharpe et de dos. C'était fini...

Deschamps, tenant son cheval par la bride, s'orientait à présent à travers les ruines des ouvrages. Sa raison revenue, il essayait de se persuader que, tantôt, il s'était lancé en avant par espoir de mourir, puis découvrait, confus, qu'il avait couru, lutté, tué, — sans le vouloir. Alors, dans une gêne, il chassa toute pensée.

D'autres images, si fraîches de vision, si vivantes qu'elles n'étaient pas encore des souvenirs, le traversaient du reste, s'évoquaient aux débris jonchant le terrain, aux cadavres surtout, roides sous le soleil, les yeux ouverts, remplis d'une horreur infinie, ou d'une colère foudroyée ne menaçant plus que l'impassible ciel. Il retrouvait ainsi des visages, des regards, des épisodes. Des bataillons couraient, e repoussés, réduits, battaient un instant en retrait Sur eux, planait, hésitante, l'âme des foules attendai un mot pour l'héroïsme comme pour la peur. Les offi ciers levaient l'épée :

— Hardi, les enfants! ne sommes-nous plus le zouaves?

Le nom du régiment changeait çà et là ; l'effet res tait le même, quelle que fût la couleur des pantalon Ces hommes repartaient, inconscients, saôuls de brui de poudre, du plaisir de frapper, de se venger de leur fatigues, pressés d'en finir, et chacun comptait sur so étoile. La mitraille les égrenait. Ensuite, la positio enfin prise, les survivants poussaient des cris de fête acclamaient leur drapeau.

Sur sa route, Marcel apercevait, entre cent autres un Chinois étendu sur le ventre, les bras en croix, te nant encore au poing son *coupe-cou*, un grossier ci meterre. Sous la blouse, quelque chose bombait, un rondeur ; curieux, il le poussait du pied. La rondeur su gissait de l'étoffe : c'était une tête coupée fraîchement

Deschamps se penchait, la ramassait par les cheveux reconnaissait sous les caillots et la poussière la tête d petit Bocher, une face convulsée, à l'œil agrandi d'é pouvante, le bout de la langue pendant, brûlée déjà. Des mouches vertes volaient sur elle, entraient dans les narines, piquaient la nacre des yeux. Il la laissa retomber et s'enfuit, poursuivi par ce regard qui ne voyait plus.

A cette heure encore, sur sa *fumerie*, dans le *mira- dor*, il le percevait, ce regard, si affreux, si pesant, et il lâcha sa pipe, se traîna jusqu'à la lucarne afin de sentir un peu d'air sur son front.

Maintenant, la lune se levait, énorme et douce, avec

un éclat froid. On eût dit un tain mercuriel, le verso triste d'un miroir. Rapide, elle montait à l'horizon pâli, seule dans le grand ciel, éteignant les étoiles. Peu à peu, elle ralentit sa marche, et, sereine, contempla la plaine, les hauteurs, les taches de la terre. Marcel songea qu'elle devait iriser les prunelles des morts.

Il fuma deux pipes, revint à la fenêtre, chassa vers l'astre blanc ses derniers flocons de fumée. A travers les molles spirales, il regardait l'espace noyé de sommeil, sous la lueur bleue. Et soudain alors, il comprit que c'était à travers ce nuage que toujours, pour la comprendre, il fallait contempler la solennelle Asie.

C'était elle, la fumée capricieuse, la vapeur d'opium, si divinement anormale, c'était elle qui colorait et modelait la contrée. Aux femmes elle donnait ces figures de lune, ces gorges pareilles à des fruits, ces reins étroits, ces hanches troublantes de garçonnet, ce sexe impubère, ce naïf et lascif sourire, cet œil vide et contemplatif, profond et noir comme un lac! C'était elle qui guidait les pinceaux sur les soies, les brodait de chimériques hiéroglyphes semblables à des nids de serpents, de pieuvres idéographiques emmêlant leurs tentacules compliquées ! C'était elle, la fantaisiste, qui d'un vent de folie, déchiquetait ces crêtes de montagnes aux étonnants zigzags, et versait du sang dans l'eau des fleuves; elle encore qui bombait les planches des cercueils, taillait les arbustes en monstres symboliques, et passant sur les toits y fixait ses volutes en croupes recourbées de chimères, en grimaçantes gargouilles écaillées de tessons de faïence que le ciel irradiait! Et c'était elle, toujours, la calomniée, la bienfaisante, l'Euménide, qui déformait la nature, comme elle déformait le cerveau et pétrissait les choses après les rêves! Elle était le sol étrange, la femme sphinx! Elle consolait Çakya-Mouni de l'Inde perdue! Dans ce

Tonkin, morne bâtard, elle soufflait avec l'haleine de la Chine et des vieilles civilisations, des hordes impériales de soldats aux yeux bridés, des résurrection d'âges morts, les primitives barbaries des cruelle batailles ! Mère des grands orgueils, elle développai la personnalité de ces races antiques : quatre cen millions d'hommes grouillaient derrière son écran, considéraient avec un mépris d'ivrogne ce pauvr Occident privé des clés du Paradis !...

Des nuages passèrent. La lune se noya. Un *crachin* tombait, pluvieuse poussière. Marcel, glacé de froid, regagna sa litière en titubant, reprit sa pipe.

— Blanche !...

Blanche vint cette fois, et il ferma les paupières, se sentant partir.

III

— Capitaine malade, çà beaucoup malade! gémissait Bâ devant la porte, en s'essayant à prendre un air navré.

— Qu'a-t-il donc ? demanda, surpris, le commandant de Pontailly.

— Moi sais pas... Hiel soi', en so'tant de chez le *phu taï*, le capitaine est venu che'cher sa *fumelie* et il est pa'ti sans dîner. Cette nuit, rappo'té pa' pat'ouille...

Le chasseur d'Afrique entra dans la pagode, vit Deschamps étendu sur sa couchette de campagne, et s'arrêta pris d'épouvante.

Le jeune homme était immobile, la face en lame de couteau, l'aspect cadavérique, les lèvres violacées.

— A boire ! balbutiait-il.

L'officier remplit une tasse à la théière, la tendit à son ami.

— Bâ, va vite chercher un médecin... le premier venu... à l'ambulance, là, à côté... Cours donc, nom de Dieu !

— A boire ! répétait Marcel.

Il était somnolent, répondait vaguement, l'intelligence obtuse. A peine respirait-il d'un souffle lent, incomplet et court, pareil à un râle. Parfois, au contrair sa poitrine se soulevait dans une dilatation profonde l'officier croyait alors qu'il allait rendre le dernie soupir. Les pupilles étaient comme effacées.

Le docteur parut, un tout jeune aide-major, dont l teint disait la récente arrivée de France. Il prit le bra du malade.

— Pouls misérable... irrégulier... murmura-t-il.

Ensuite, il le déshabilla, fit la grimace. Sur le tors livide, d'une maigreur d'ascète, la percussion de se doigts laissait des taches blanches qui mettaient u long temps à se roser. Les battements du cœur étaien si ralentis que sa main les percevait mal. Alors, il demanda une serviette, l'étendit sur le thorax du chancelier, y colla son oreille, et se releva, les lèvres plissées.

— C'est un grand fumeur d'opium, lui dit à voix basse le commandant avec hésitation... Il faudrait qu'on ne le sût pas...

— C'est donc ça ! fit l'aide-major, ouvrant de grands yeux stupéfaits...

Et il souleva les paupières de Marcel, étudia sa pupille d'un air prodigieusement intéressé.

— Monsieur !... Monsieur !

Deschamps le fixait d'un regard mort.

— Monsieur, vous êtes empoisonné...

— Ah ! lui répondit une voix indifférente.

— Je suis brutal, mon commandant, ajouta le médecin en tournant la tête, mais il le faut pour tirer cet homme de là... Monsieur !... répondez-moi ! vous avez beaucoup fumé hier ?

— Oui... bégaya le malade je ne sais plus combien de pipes... A quatre-vingts je n'ai plus pu compter...

— Eh bien, si vous recommencez, savez-vous ce qui arrivera? Vous mourrez!

Deschamps d'un grand effort sortit de sa stupeur:

— Je l'espère bien!

Les deux hommes se regardèrent silencieusement. Le chef d'escadron entraînait le médecin à l'autre bout de la pièce.

— Je désirerais cacher...

— Qui est-ce?

— Un administrateur, M. Deschamps.

— Ah! si c'est un fonctionnaire!... Faites-le porter à l'ambulance, mon commandant... Il est votre ami?

— Mon grand ami.

— Très bien. Nous le soignerons de notre mieux...

Une heure après, Marcel était à l'ambulance des officiers. Autour de lui l'on coupait des bras, des jambes, on extrayait des balles, et il sortit de son atonie pour essayer de voir, assis sur son cadre, l'œil fou. On l'abreuvait de quinquina coupé de cognac et de caféïne. Vers le soir, il réclama sa pipe, l'œil et l'esprit redevenus lucides.

— Vous l'aurez, si vous buvez du vin et du bouillon.

Dompté, il but et mangea, étouffant ses nausées; ensuite on le cacha sous le paravent grossier derrière lequel se dissimulaient les chirurgiens pour les graves opérations, et il fuma. Mais sa deuxième pipe brûlée, il ne vit plus son flacon d'opium, le réclama, violemment, puis sur le refus du major, entra dans un accès d'épouvantable colère. Bientôt il délirait.

— Blanche! Blanche!...

Blanche était son flacon. On le lui avait pris! On avait gâté son opium!...

Il fallut le porter sous une tente dressée pour lui, afin de laisser reposer ses voisins.

Huit jours, il y resta entre la vie et la mort, tombant

d'une excitation farouche à d'effrayants coma. On n[e] le tirait des uns et des autres qu'en le faisant refume[r] une ou deux pipes. Cependant, à la longue, il parut gué[]rir, reconnut tout le monde, sa raison revenue, mai[s] il ne pouvait se lever, faible et sans ressort, inapte [à] vivre. Et il ne pensait plus, l'œil dans le vide pen[]dant des heures. Comme un enfant, il se laissai[t] nourrir. Maintenant, sans manie, il ne réclamait poin[t] sa *fumerie*, l'acceptait des mains de Pontailly avec u[n] pâle sourire, la lui laissait reprendre sans protester e[t] n'en tirait qu'un engourdissant narcotique. Durant le[s] visites de l'officier à peine parlait-il, l'esprit perdu.

Un jour, pourtant, tandis que le commandant lui racontait le dernier combat, il lui coupa la parole :

— Comment appelez-vous ce modèle de tente ?...

Puis, brusquement :

— J'ai déliré, n'est-ce pas, toute l'autre semaine ?

— Un peu, mon ami, un petit peu...

— Non, beaucoup !... soyez franc : tandis que je battais la campagne, n'ai-je pas prononcé de noms propres ?

— Je ne crois pas... Je n'ai pas entendu...

Marcel lui prit la main, et la voix suppliante :

— M'en donnez-vous votre parole ?

— Mais, mon cher... assurément... vous n'avez prononcé qu'un prénom...

Deschamps, en lui serrant le bras, l'interrompit durement :

— Merci !

Il regardait le soldat rougir.

En sortant, le chasseur d'Afrique se rendait chez l'aide-major, lui disait avoir ses raisons pour supposer à l'état du chancelier des causes toutes morales : « de mauvaises nouvelles de France ». Le médecin s'en doutait, s'inquiétait aussi de la prostration de son malade.

— Docteur, il ne semble même plus fumer avec plaisir ! Or, voici notre expédition terminée. Nous allons nous disloquer, rentrer à Hanoï... Il faudrait qu'il pût supporter le voyage.

— Mon commandant, une réaction seule, une réaction violente, le sortirait de son apathie.

Le lendemain, Deschamps assis à la turque, les bras croisés, étudiait fixement les dessins rayés de sa mauresque, quand la portière se souleva. Un vaguemestre lui remit une lettre ; il blêmit, sans oser la décacheter. L'écriture de Chalon !... A ce moment, parut un aide de camp.

— Le commandant en chef ! annonça-t-il.

Et Deschamps, hébété, vit entrer Brière de l'Isle, qui courbant en deux, sous la voûte de toile, sa taille de géant, lui serra la main, lui parla. Mais il n'entendait point ; il ne comprenait point ; et ses regards allaient des yeux du visiteur à la lettre qu'il avait déposée sur ses genoux pour laisser prendre ses phalanges. Son cœur battait à se rompre. Qu'est-ce que Chalon allait lui dire ?... Son court speech terminé, le général déposait sur la couchette une croix de la Légion d'honneur, au ruban battant neuf, semblait attendre une réponse, un mot. Des têtes derrière lui s'encadraient aux plis de la tente. Marcel fixa le ruban et sous le ruban, la lettre, comprit enfin, balbutia :

— Merci, amiral !...

Et son œil disait :

— Va-t'en !.. mais va-t'en donc !

Le commandant en chef sortit avec un sourire. Le malade, angoissé, demeurait encore immobile, la lettre entre les doigts. Comme dans un rêve, il percevait les murmures du groupe qui s'éloignait.

— Ce brave garçon m'a pris pour Courbet !... Qu'est-ce qu'il a ?

— Une insolation, mon général, répondait de Pontailly.

Le bruit s'affaiblit, mourut. Deschamps essuya son front moite, et tenta de déchirer l'enveloppe avec son ongle. Elle résistait. Alors il prit la croix, introduisit une des branches dans un angle, lacéra le papier. Deux feuilles tombèrent. Il lut.

Hanoï, jeudi 23.

« Mon cher enfant, je n'aurais pas le cœur de vous
» faire le mal que je vais vous faire, si je ne savais
» sauver la vie de votre amie en vous infligeant un
» nouveau chagrin. Soyez donc fort.
» Depuis votre départ, l'état de madame Verdier a
» tellement empiré que j'ai dû, hier, réunir en consul-
» tation le médecin en chef de la marine et celui de
» l'armée de terre. Ces messieurs ont pensé comme
» moi que le salut de la malade serait irrémédiable-
» ment compromis, si elle demeurait quinze jours de
» plus au Tonkin. M. Verdier a donc décidé de la
» conduire à Haï-phong, où je pense qu'elle arrivera
» à temps pour prendre le paquebot du 26. Ils partent
» ce soir...
» Du courage, mon pauvre ami ! du courage ! Il le
» fallait — et, j'ajoute, cela vaut mieux pour vous. Il
» le fallait : madame Verdier est si faible, si faible
» qu'on devra la porter. Tantôt, pour qu'elle pût vous
» écrire les lignes ci-jointes — que, très entourée,
» elle a dû me confier —, il m'a fallu la soutenir
» entre ses oreillers...

Le chancelier saisit aussitôt la seconde feuille, cachetée aux initiales du médecin.

« Mon Marcel, adieu... Je pars, bien malade, sans
» même plus la force de l'écrire... Et j'aurais tant
» voulu te dire de choses ! Au moins, prends mon

» dernier baiser, toute ma pauvre tendresse, tout mon
» cœur!... J'ai su cet assaut... Marcel, je ne veux pas
» que tu meures Je ne te pardonne qu'à cette condi-
» tion... Je veux que tu vives, *je le veux!* Nous nous
» reverrons un jour. S'aimer comme nous nous ai-
» mons, c'est vaincre la vie, vaincre tout. Sois homme,
» sois fort. Tu as du talent, tu as mon amour, tu dois
» vivre... »

Deschamps se dressa sur son lit sans voir la fin de la lettre. Il voulait crier : aucun son ne vint à ses lèvres; ses bras éperdus tâtonnèrent cherchant il ne savait quoi dans le vide, une arme peut-être. Comme ils retombaient, la croix se trouva sous sa main. D'un geste fou, il la jeta comme un boulet sur l'invisible. Le bijou égratigna la toile de la tente, roula dans la paille de riz tapissant le sol, s'y enfouit. On ne voyait plus que son ruban qui luisait comme une larme de sang dans l'herbe verte.

Brisé de son effort, Marcel s'abattait sur son lit, retrouvait des sanglots et des larmes.

... En arrivant à la nuit, le chef d'escadron le vit tout habillé, assis sur sa cantine, lisant un papier. Il lui parla; Marcel lui répondit, les yeux rouges, la voix sourde, mais calme.

— Pourrez-vous partir avec nous dimanche?

— Sans doute... Je suis guéri... Vous regardez cette lettre?... Non, ce ne sont pas les bonnes nouvelles que vous supposez! Une commutation de peine seulement : je suis condamné à vie... Ah! ah! vous voyez bien que je vais mieux : je fais des mots!... Voulez-vous me rendre ma *fumerie*, maintenant?

IV

La vue du lac d'Hanoï le torturait trop. Deschamps voyagea. Un besoin de locomotion, de choses nouvelles le poussait — le besoin de ne pas être là où il était. Et il vécut, si c'est vivre que mourir chaque jour.

Pendant sept mois, utilisant sa connaissance de la langue indigène, il sollicitait missions sur missions, allant de poste en poste, du Tonkin en Annam, tantôt juge, tantôt diplomate, et s'asiatisant. On le félicita du Ministère.

Plus que jamais, il fumait son opium, mais avec une passion presque tranquille, par habitude au moins autant que par plaisir. Son cerveau ballottait maintenant au gré de toutes suggestions, dédaignait de les modifier, de les préparer, — de tricher. Le rêve serait ce qu'il plairait au hasard. Entre ses pipes, loin de chasser la pensée de Blanche, la déchirante certitude de leur séparation, il les savourait, au contraire : même, le premier mois, il ne trouvait le repos, l'anéantissement d'esprit, qu'en se saoûlant de son malheur, qu'en berçant son désespoir avec les derniers mots de l'aimée : « Adieu, mon Marcel... »

Ces quelques syllabes, tout le temps que ne lui prenaient point la vie matérielle, son travail, et sa *fumerie*, il les répétait ainsi qu'un fakir demi-fou répète incessamment un mot prière, ainsi qu'une dévote hallucinée murmure : « Sacré cœur de Jésus ! » Elles lui devenaient mystérieuses, kabalistiques, renfermaient toute une existence, la sienne, et des fois, la nuit, sa fiévreuse insomnie proche du délire les proférait religieusement, égrenait sur leur murmure un rosaire de douleurs. Par ses rares sommeils, elles reparaissaient encore, tragiques, comme l'expression même des cauchemars. Tchang les lui criait en le poursuivant dans l'ombre ; les blessés les lui crachaient dans un râle, quand il se penchait vers eux ; Bocher, Sambos les lui jetaient avec leurs têtes sanglantes, des boulets rouges dont la trajectoire infinie courait sans cesse au ciel de ses songes. Dans l'effrayant symbolisme de ses visions, au milieu des décors vagues, des matérialisations-fantômes de l'Idée, elles s'inscrivaient enfin, seules réelles, sentait-il, seules vraies, au fronton des choses, puis, dans la hantise de ses souvenirs de bataille, où Blanche ne passait que confusément, semblaient être la voix même de la Guerre.

Tout au début, il avait bien essayé de noyer le souvenir de madame Verdier à force d'agitation, mais vite il renonçait à ce soulagement artificiel. D'autant plus violente qu'elle l'avait mieux fui, la lancinante constatation de sa misère l'assommait d'un brusque retour ; il tombait alors aux crises éperdues dont pâlissent tout à coup les êtres en deuil ; la vie aidant, ils ont, durant une heure, oublié que la Mort sort de leur foyer ; une voix, un regard, un rien le leur rappellent, et c'est comme s'ils enterraient une seconde fois.

— Alors c'est donc vrai ? c'est donc fini ?... Pour toujours ?

— Pour toujours !...

Et ils regardent à leur chaussure cette boue grasse des cimetières, si longue à s'en aller. Leur cœur à nouveau se déchire.

Deschamps, lui, regardait la lettre de Blanche. C'est ainsi que lui vint pour un temps l'habitude de ce refrain machinal : « Adieu, mon Marcel ! » Un glas n'émeut que par l'inattendu de son plaintif tintement. L'oreille s'y ferait, comme elle est faite au roulement des voitures, au va-et-vient des balanciers d'horloge, si, constamment, comme roulent les voitures, comme vont et viennent les balanciers d'horloge, les cloches sonnaient à la mort sur les villes et sur les champs : Marcel s'accoutuma au glas de son amour.

Le temps pourtant respectait sa souffrance, la lui rendait seulement plus familière, la généralisait. L'opium aidait le temps.

Six mois après le départ de Blanche, il ne s'accusait même plus d'avoir, par deux fois, préparé son propre malheur. Tôt ou tard, celui-ci serait venu, fatal. Il voyait noir. Tout endolorir, disséminait sa peine : sa vie était brisée, mais non brisée, dans quel ennui n'eût-elle pas sombré ? Il pouvait regretter, il pouvait comparer : sa chimère au moins était haute, digne de son orgueil. Comme tout le monde, il était frappé, mais de haut. Ses sanglots restaient une faveur au milieu des bâillements de la foule !

Ils étaient brefs, ces raisonnements, le rejetant aux crises de révolte. Dans le même jour, il se résignait, avec des larmes tranquilles, une volupté douloureuse et l'espoir consolant de mourir ; puis, aussitôt il trouvait la mort trop lente, montrait le poing au ciel, se suppliciait en vaines colères, recommençait les étapes de son calvaire, et courait s'apaiser dans l'opium. Ces jours-là, il fumait à se tuer. Il avait des ivresses terribles de chaste.

Çà et là, lui venaient quelques lettres de Blanche, courtes comme les siennes, gênées et honteuses. Elle essayait de le réconforter, et il haussait doucement les épaules, devinant entre les lignes qu'elle pleurait en lui écrivant. Elle se disait courageuse, affectait même ensuite de ne plus parler de son état d'âme, et il ne la croyait pas. Le croyait-elle, elle-même ?

Au climat natal, madame Verdier se rétablissait, voyageait maintenant comme il le faisait de son côté. Mais de même que différaient leurs caractères, il sentait que différaient leurs deux tourments. Tandis que, complexe encore, il allait de la rage à l'accablement, cherchant l'oubli sans vouloir se l'avouer, et restait lui-même dans son chagrin : tout au rêve, sans vouloir, impuissant pour l'action, chaque jour plus inerte, vivant enfin par habitude et veulerie, son amie demeurait la Blanche des anciens jours : d'une nature affectivement hypertrophiée, au cœur bouillant, à l'imagination rassise, ou septentrionale, forte de volonté, soutenue enfin par un instinct plus fort qu'elle : le besoin d'aimer. Morte à l'amour, elle poursuivait une autre tendresse. Un jour, elle lui écrivit de Naples, pendant la semaine sainte, avec une fièvre qui trahissait l'émoi dont l'avait remuée un chemin de la croix suivi dans une crypte. Elle vibrait d'une ferveur contre laquelle luttait encore sa raison :

« J'ai pleuré. C'est bon de pleurer... Si c'était vrai pourtant !.. Si cela pouvait être vrai !... »

Marcel ricana, non qu'il raillât la faiblesse de ce cerveau de femme, mais parce qu'une instinctive férocité lui faisait jalouser son amie de trouver une consolation. Elle va croire, pensait-il, l'église pansera sa blessure, lui rendra la vie tolérable, avec l'espoir d'un bonheur futur, souverainement ineffable, éternel ! Elle va ne plus souffrir ! Pendant ce temps, je traînerai mon boulet, — l'ancien boulet commun, — à travers les mêmes crises, les mêmes résignations passagères, les mêmes réveils angoissés, les mêmes malédictions inutiles, et je fumerai, comme une brute, et l'opium surexcitera mon « moi », surexcitera mon mal encore, ne m'apportera pour distractions que des cauchemars reflétant, décuplée, ma misère !

Bientôt, il eut honte de lui-même, de son égoïsme, de son envie, et il se perdait dans une telle détresse que les murs lui pesaient. Il sortit pour souffrir au large.

C'était à Haï-zoung où il venait d'arrêter le *thong-doc* convaincu de connivence avec l'ennemi. Il quitta la citadelle, s'en alla au hasard, au milieu des ordinaires laideurs annamites, par lesquelles s'exaltait sa tristesse, au milieu des *congaïs* dont les dents noires renforçaient aux heures mauvaises la misogynie de sa passion déçue. Des ruines disaient partout les combats anciens et les sièges. On rebâtissait des cases le long des rues, mais en élargissant celles-ci, et deux lignes d'étroites dalles de marbre courant dans l'ocre boueuse des chaussées marquaient l'alignement des vieilles ruelles, le seuil des *cagnas* disparues. Sous la grande lumière, ces marbres flambaient. On eût dit deux ornières de soleil.

Deschamps en suivait une, l'œil perdu, dans la puérile préoccupation de ne point poser ses pieds hors des dalles.

— « Si c'était vrai pourtant ! Si cela pouvait être vrai !... »

Il haussait encore les épaules, mais devant l'église de la Mission Espagnole, il s'arrêta, — entra.

D'abord, dans l'ombre piquée de rares lueurs jaunes

tremblotantes, il hésita, puis ses yeux se firent à la pénombre et il reconnut une grande nef grossière, brique, plâtre, chaux, aux murs sauvagement couverts de peinturlurages, de bariolures crues, d'images d'Epinal. On eut dit la devanture d'un coiffeur de Provence. Des bleus de ciel se rayaient de jaune sale, entre des rosaces et des inscriptions d'un vermillon furieux. Ces couleurs jouaient des moulures, des corniches, des chapiteaux, avec des ombres bistres qui, au plafond, avaient coulé, détrempées par l'eau du ciel.

Le matériel témoignait du même goût barbare que la peinture des murailles et des colonnes. Habillées d'étoffes criardes ou barbouillées de tons aboyeurs les statues ressemblaient à des épouvantails à moineaux. Pas une place n'était nue. Le caprice d'un ornemaniste en délire avait accumulé, au milieu d'un bric à brac de bazar européen et d'un luxe de saltimbanque, les bibelots indigènes ou chinois. Des panneaux incrustés de nacre, des broderies multicolores alternaient avec les chromolithographies religieuses; des lettres idéographiques laquées d'or racontaient, en zigzaguant au-dessus d'une guirlande de papier peint, la passion du Christ, arrangée pour cervelles annamites; des parasols abritaient d'une auréole de pompons la tête de la Vierge; un paravent brodé de grues blanches sur fond rose cachait le confessionnal. Partout des moulures simulées ou réelles, des bosselures, des reliefs en stuc, en carton-pâte, et des ferblanteries luisaient aux cierges. Au fond, l'autel surchargé de laques, de porcelaines et de cuivres effrayait plus que tout le reste. Et l'autel, la nef, les statues, les images, les ornements rappelaient la pagode dans une imitation voulue. Dieu le père, saint Joseph surtout, avaient l'air de bouddahs dans leur niche ; sauf le saint ciboire, tous les objets sacrés semblaient dérobés aux *dinh* voisins.

Aussi bien les Annamites semblaient-ils s'y tromper, les femmes surtout. La foule des catéchistes, à l'entrée de l'église et dans les bas côtés, s'entassait, empuantissant l'air. A genoux, ils s'immobilisaient sur les dalles, puis se reposaient en s'accroupissant, suivant l'habitude de leur race dans une inconvenante posture, que l'étonnante flexibilité de leur jarrets pouvait prolonger des heures, quoique leur poids portât sur la pointe des pieds, les talons touchant presque les cuisses.

Au milieu du sanctuaire, sur deux bancs de bois, reposait un cercueil enveloppé d'une étamine tricolore, effilochée, graisseuse. Une escouade de *zéphyrs* en armes, commandée par un caporal, l'entourait, attendant le service funèbre.

Deschamps regarda les faces patibulaires de ces hommes, leurs capotes sales, et l'immense ceinture bleue sur laquelle tranchait la bande de cuir du fourniment. Ces forbans, que l'infamie officielle habillait d'un uniforme et envoyait au feu côte à côte avec de vrais soldats, l'amusaient sur ce parvis comiquement sacré, comme le complément macabre de ce milieu macabre. Ils y représentaient l'armée, comme la chapelle lui représentait le culte. Devant de vrais soldats, dans un vrai temple, sans doute eût-il pensé au misérable qu'allait asperger l'eau bénite, à cette triste victime à laquelle on rendait les « honneurs » après l'avoir saignée pour la cause d'une douteuse civilisation dont ce troupier ne se souciait point, ou pour tout autre but, sublime, banal ou stupide, mais qu'en tous cas il était incapable de comprendre... Certes, alors, sous l'ânonnement des *De Profundis*, Marcel n'aurait pas senti l'envahir le doute, ce fourrier de la foi qu'il n'avait jamais eue, mais son incrédulité fût du moins restée respectueuse, tandis qu'il se prit à rire méchamment, en embrassant d'un regard de romancier observateur, afin de les décrire à Blanche, les guenilles pouilleuses des fidèles, la crasse et les toiles d'araignées des piliers, l'horreur de l'autel, la friperie des choses et l'attitude de ces voyous armés profitant de l'absence d'officiers et de sous-officiers pour goguenarder sur la loque de drapeau recouvrant le cercueil de leur camarade. Un bedeau tonkinois incroyablement vieux mouchait les cierges, promenait autour de la bière une falotte silhouette de bonhomme sculpté dans du buis. Plaisamment, les *zéphyrs*, las d'attendre depuis vingt minutes, laissaient retomber sur ses pieds nus la crosse de leurs fusils, et le vieillard sautillait avec de petits cris d'enfant.

— Est-ce qu'il se fout de nous, ton sacré-nom-de-Dieu de curé espagnol ?...

Deschamps chercha la figure du crucifié, le tabernacle, et son écœurement s'exaspérait d'une telle fureur d'artiste devant ce double sacrilège, qu'il sortit aussitôt. Décidément, Blanche avait bien fait de partir ! elle n'aurait pu trouver au Tonkin le décor grâce auquel, dans son illogisme de femme, dans son besoin d'affection, elle allait sans doute se convertir, — se consoler !...

Quelques jours après, Marcel descendait à Haïphong, s'embarquait à nouveau pour Hué, allait ensuite chasser le tigre aux environs de Quinhone. Il assoupissait son mal à force d'émotions violentes, de fatigues corporelles. L'opium, après ces exercices, lui apportait ses seules douceurs, son sommeil de bête harassée échappant aux cauchemars, à la tyrannie de l'Horreur dont toujours à présent s'expiait son ivresse.

Et le temps aussi fit son œuvre, l'accoutumant à son deuil, comme il accoutume un amputé à sa jambe artificielle. D'aiguë, la douleur devint sourde et régulière ;

mais, plus tolérable, n'en fut que plus continue. Il la respirait. Lorsqu'il revint à Hanoï — c'était le huitième mois depuis le départ de madame Verdier — il avait repris l'air et l'allure d'un homme ordinaire. La lézarde ne se voyait point extérieurement. Rien non plus ne décelait, en dehors de sa croissante anémie, son vice d'opium. Sa vie active, l'irrégularité de ses orgies de pipes l'avaient soutenu. Chalon le félicita.

V

Réacclimaté, Deschamps tolérait autour de sa vie monotone les tristes souvenirs de son amour. La vue du petit lac ne le torturait plus ; il songeait qu'on peut, tant tout est habitude, dormir dans le caveau même où repose ce qu'on aimait le mieux.

Il est vrai, ne manquait-il pas d'ajouter, qu'on y rêve. Et il rêvait ! Le jour, les yeux ouverts, hypnotisés sur les spirales de fumée ; la nuit, dans de rares et courts sommeils où se vengeait l'opium. Il vivait une double vie, l'une de méditations tranquilles, plus mélancoliques que tristes, coupée par ses occupations, des échanges de mots, parfois même d'idées, et par des nécessités d'existence, l'autre toute fantasmagorique et peuplée d'épouvantements. Pour rester à peu près pareilles chaque nuit, ses angoisses ne diminuaient point, lui ramenaient, dans une déplorable persécution, la vision atrocement nette des combats et des exécutions auxquels il avait assisté, par plaisir de souffrir et de voir souffrir, ou par corvée. Les affres de ses primitifs cauchemars se greffaient sur elles, reflétées en des lacs de sang, — toujours du sang, — mais Blanche planait au-dessus de ces alarmes, leur donnant l'oppression du surnaturel.

C'était elle qui lui tendait à baiser la joue pâle d'une tête coupée fraîchement. Il se dérobait, les jambes molles, étreint de terreur, mais elle l'appelait et il allait à son supplice en s'accrochant aux murs, en claquant des dents, une sueur au front, — malgré lui, — poussé par une force impérieuse. Et il défaillait, conscient que, s'il voulait, il éviterait ce baiser sinistre, mais ne pouvant pas vouloir. Déjà il était près d'elle, à la toucher. Avec un cruel sourire, d'un froid de mort, figé sur ses lèvres, elle lui tendait comme une patène la tête dont le sang s'égouttait à lentes larmes. Et il s'arrêtait encore, cherchant à reconnaître le visage. Des fois, c'était la face de Sambos, celle de Bocher, celle encore du *phutai* de Trong, ou bien d'un des Chinois que le chasseur d'Afrique avait tués. Souvent il ne lui trouvait pas de nom, et la reconnaissait cependant, comme l'ayant connue dans une autre vie. A travers son angoisse, passait une autre angoisse, une torture cérébrale : le désespoir de ne pas savoir à quelle victime irait son adieu. Les images de tous les gens qu'il avait côtoyés, les vivants et les morts, défilaient sous son crâne. Il se penchait enfin : et le froid de cette joue où coulait un sang tiède le réveillait brusquement. Et il souffrait tant qu'il se jurait de ne plus dormir.

En ce temps-là, il se contraignit à écrire, à travailler la moitié de la nuit. Le jour, sa sieste ignorait le cauchemar. Il commença un volume : *Chinoiseries*, que Blanche depuis longtemps l'incitait à écrire et dont ses lettres réclamaient les premiers chapitres. Ce fut un supplice pour un supplice. Vers l'aube, d'ailleurs, il s'endormait malgré lui, sur sa chaise, le front dans ses papiers, et la vision revenait. La tête était celle de tous ceux qu'il avait aimés, de sa mère à ses frères et sœurs perdus enfants, de sa grand'mère à Bâ, son vieil Annamite. Ou bien, il retombait à l'horreur d'un champ de bataille où luttaient, dans des ombres, des entités, des symboles, pour une cause qui le passionnait et qu'il ignorait. Seuls étaient réels les cris des victimes qu'il s'essayait à secourir, cloué au sol, hurlant de désespoir à la pensée des vies qui s'enfuyaient, si chères, des vies que son petit doigt paralysé eût sauvées en se levant.

Plus affreuse que toutes, une étrange hallucination surtout le hantait : il était à côté de sa *fumerie*, dans sa chambre, noyé de béatitude. Soudain, la tentation le piquait de s'appuyer sur son coude, de pencher la tête, et de regarder par-dessus la balustrade du balcon, au delà du petit lac, la pagode de Blanche. Il pensait que s'il cédait à cette envie, l'épouvante viendrait, surhumaine, — et il cédait pourtant, toujours après un siècle, de luttes sans nom ; il cédait et il regardait le toit de la pagode, la chimère du faîte. Aussitôt, il se retrouvait sur son lit de camp, la chimère entre les bras. Elle était chair et pierre, femme et bête, écaillée de tessons polychromes, vêtue de soie douce aux caresses : elle était Blanche. Elle l'étreignait convulsé de terreur, cherchait ses lèvres inertes. Peu à peu, il se rendait à ses baisers, mais dès qu'il touchait à l'extase, tout à coup, il roulait avec elle, d'une chute à pic, vertigineuse qui lui coupait le souffle. A son tour, il l'étreignait, sûr qu'elle le sauverait. Ne l'aimait-elle point ? Alors, entre ses bras, elle fondait comme une eau, et il tombait plus vite, plus vite, toujours plus vite, jusqu'à ce qu'il se réveillât avec un cri de fou qu'on douche...

Un mois après son retour à Hanoï, Marcel avait épuisé la pharmacie particulière du docteur.

— Que faire ? lui demanda-t-il un matin.

— Ne fumez plus, diminuez progressivement le nombre des pipes, buvez de l'alcool, éreintez-vous le système musculaire, et vous dormirez.

Il fallait qu'il souffrît bien : il cessa de fumer — trois jours. Puis, il rechuta. La dépression que causait l'opium ne se guérissait que par l'opium. Privé de sa pipe, il était comme un corps sans âme, incapable de penser — incapable de vivre, et physiquement endolori. Il n'arrivait même pas à pouvoir lire chez lui son manuscrit, au bureau les pièces officielles. Et tout le repoussait à la *fumerie* — tout : solitude, spleen, oisiveté, habitude, tout, jusqu'à la quiétude des journées longues. Elles s'enfuyaient si loin, si loin, ses visions morbides, si loin dans le passé, lorsque reparaissait le jour ! Il dormait si calme, durant l'après-midi ! Allons, une pipe, une seule ! Il ne fermerait pas les yeux de la nuit ; il écrirait cinq ou six pages de son livre, voilà tout !...

Il refuma.

Le supplice revint.

Le jour il allait à la pagode, pensant tuer l'imagination à force de réalités. Ce Verdier qu'il avait évité à son retour, dont il refusait, farouche, les prévenances et les invitations, il le rechercha. Bientôt il eut le triste courage de déjeuner ou de dîner chez lui, trois ou quatre fois par semaine, de s'asseoir, tranquille, dans ce salon où Elle n'était plus, et où tout parlait d'elle, d'y déplier sa serviette, flegmatiquement, d'y manger en parlant du temps, de la campagne, de la politique, du commandant en chef du dernier trimestre et de son successeur attendu. Un soir, réalisant un de ses rêves maladifs, il feignit une indisposition grave, amena le créole, vu l'heure tardive, l'absence de la yole et de la voiture, à lui offrir de se remettre sur place, en couchant chez lui. Et il coucha dans le lit de Blanche, resavoura l'intimité du parfum de son linge. Nul n'était entré dans la chambre, depuis son départ. Tout y sentait la mort et la poudre d'iris.

Au matin, le commissaire le vit livide :

— Mais c'est sérieux !... Vous êtes malade, mon cher !

Deschamps rentra chez lui, pris d'une fièvre compliquée dont, huit jours, il espéra ne pas guérir. Ces huit jours furent ses meilleurs. Il fumait à peine, trop faible pour confectionner une pipe, attendant sans impatience la visite d'Herthol qui le faisait fumer une demi-heure, et ses rêves redevenaient naturels en leur souffrance calme, normale.

Dès sa convalescence, son lit de camp et la pagode le reprirent, invinciblement.

Chez Verdier, le piano lui fournissait un facile prétexte à continuelles visites. Si le fonctionnaire était absent, il entrait chez Blanche, y savourait son mal dans la complicité triste des meubles, puis se désolait de leur indifférence, ou de la banalité de leurs suggestions. Un jour, il apporta sa *fumerie* de voyage, embua d'opium le lit de l'aimée, l'espérant évoquer là, sans peine et plus tangible. Mais un enterrement indigène défilant sous les fenêtres, au son des flûtes et des gongs, il ne revit, dans les bleuâtres volutes, que la cathédrale espagnole d'Haï-dzuong, le cercueil du *zéphyr*, ignoble comme l'escorte, et le temple baroque où des cathéchistes, accroupis comme le long des haies des malades malappris, s'épouillaient, tout en nasillant un cantique annamite coupé d'un refrain latin, dont ils escamotaient les *r* remplacés par des *l* :

>   Sacli coldis Jésus Chlisti
>   Ecce domus!

Le créole présent, Marcel ouvrait l'Erard, et repassait les airs qu'affectionnait son amie. Parfois, la mélancolie de son jeu gagnait son hôte qui soupirait. Le fonctionnaire avait acheté une *congaï*, mais il n'avait plus d'intérieur, plus de guide non plus, dépaysé comme un enfant jeté du foyer maternel au dortoir d'un collège. Marcel, entre deux morceaux, l'interrogeait alors sur l'absente. Comment l'avait-il connue? Comment s'étaient-ils mariés? Comment vivaient-ils?

Mortes ses jalousies avec son espoir de possession, il éprouvait une jouissance douloureuse à tirer du commissaire d'insignifiants détails où le nom chéri revenait comme une musique, où passait un peu de l'ombre aimée. Même, il tombait aux minuties d'enquête des passions absorbantes. Il se comparait aux adorables *Vieux* de Daudet, s'informant de la couleur du papier de la chambre de leur petit-fils. Et, comme ces deux pauvres êtres, n'était-il point condamné aux enfantillages des amours lointains, qui suppléent par l'imagination aux contacts impossibles?... Enfin, un jour, il poussa tant de questions, lâchant un : « Blanche » tout court, que le créole redressa la tête et d'un ton bizarre :

— Sapristi! on dirait que vous étiez amoureux de ma femme, mon cher!

Marcel se leva, regarda Verdier, les deux mains sur le piano, et se cramponnant à l'instrument pour ne pas sauter sur cet homme qui ne comprenait pas, *et qui l'avait eue:*

— Votre femme, cria-t-il, je l'ai adorée! — je l'adore!...

Il tremblait d'une de ces aveugles colères que lui avait léguées son grand-père, le soudard. Pourtant, le commissaire s'y méprit, ou feignit de s'y méprendre, et éclata de rire. Ce Marcel était toujours drôle!... Mais jamais plus ils ne parlèrent de ces choses.

VI

Le printemps tonkinois revenait, ramenant des chaleurs d'étuve et d'accablantes pluies. Entre deux averses, un ciel gris pesait sur le lac, un ciel d'un gris luisant de métal embué comme l'intérieur d'un couvercle de marmite. Dans la vapeur d'eau le soleil montait, invisible mais devinable à l'évaporation de ce gris peu à peu tournant au blanc sale. Puis, une réverbération le trahissait tout à fait; l'opaque écran s'attendrissait, flambait en dedans : telle une veilleuse illumine sa transparente porcelaine. Des éclats de métal décapé, de plomb inoxydé encore, trouaient la brume ; une plus amollissante torpeur nivelait l'eau jaunie. L'air alors manquait aux poumons, de tièdes frissons titillaient la chair en sueur, les narines battaient aspirant les souffles musqués de l'humidité fécondante, de molles paresses avachissaient le corps, excitaient sa fièvre à la fugitive fraîcheur des nattes, et l'on souffrait d'une soif égale, confuse, d'oxygène et de baisers.

Sur le lit de camp de Rioux, Deschamps, étendu sous le *pankah* trop lent, s'attardait à son café, dans une lassitude qu'à cause de la nécessité de faire un effort, de parcourir quelques cinquante mètres, la tentation de l'opium n'arrivait point à galvaniser. Lentement il ruminait une consultation arrachée à Chalon le matin même. Il disait encore au docteur son angoisse nocturne, l'horreur de cet embrassement dont la Chimère l'assaillait, toujours inexorable, et lui demandait conseil.

— Vous ne pouvez ni ne voulez pas ne plus fumer, eh bien...

Le marin lâchait un mot cru, l'invite cyniquement médicale à l'accouplement. Marcel se rappelait que depuis près de dix mois, — depuis Loulou — ses bras n'avaient plus essayé d'étreinte, puis, il haussait les épaules, avec une moue écœurée où, dans le fond, passait plus de dégoût pour la femme indigène que de peur d'insulter à certains souvenirs.

Mais, à cette heure chaude de la sieste, ils se noyaient ces souvenirs, et son dégoût de la *congaï* s'atténuait sous une poussée de désirs impérieux. Puérilement, il discutait avec lui-même, à pauvres arguments qu'il se répétait pour leur donner de la force. Et après? Cette délicatesse jalouse, cette volontaire immolation représentaient des mots, rien que des mots! Pourquoi donc aggraver sa désespérance d'un supplice physique? La bête était-elle responsable des choses? Son martyre changerait-il rien aux impossibilités? Au contraire, n'aigrirait-il pas encore son cœur malade? Qu'avait à faire cette médication avec son respect du passé?...

Et de spéciosités en spéciosités, il écouta Rioux dont le *Vœ soli...* pratique objurguait, chaque jour, après déjeuner, son trop chaste voisin. Justement, l'éphèbe habituel entrait, propre et bien peigné, son masque louche presque blanc. Il soulevait le store, guettait si quelque *boy* n'était point là, se faufilait enfin, tenant son éternel crucifix de *trac* incrusté de nacre...

— Allons, Deschamps! disait le spahi. A la guerre

comme à la guerre !... Vous verrez : sur vos deux piastres, il prélèvera l'achat d'un bouquet que demain il viendra vous offrir, avec de féminines chatteries !...

Une nauséeuse révolte soulevait Marcel. Il chassa l'affranchi.

— Alors, mon cher, rabattez-vous sur les *congaïs*, si laides qu'elles soient. En attendant d'en acheter une, envoyez chercher Thi-sao... *Boy !* cours rue de la Soie et ramène Thi-sao... *maoulen*.

Sur le coup de fouet du *maoulen*, le petit domestique bousculait le store, partait au galop. Thi-sao venue, le capitaine la jetait à son ami, bénissait comiquement le couple, le poussait dans l'appartement, se rétendait sous le *pankah*, et se frottait les mains, comme après une bonne action, en homme heureux de remettre ses amis dans les chemins battus. Tout en bourrant sa *bouffarde*, il prêtait l'oreille, n'entendant rien.

— C'est un enterrement, cette noce !

Thi-sao ressortit seule, au bout de cinq minutes. Ses blouses rajustées, elle faisait sonner son salaire entre ses doigts aux ongles immenses dont quelques-uns, longs de dix centimètres, abritaient leur fragilité dans des étuis niellés qui les gantaient d'argent.

— Eh bien ?

— Ça capitaine couché...

Rioux entra, souleva la tête de Deschamps enfouie dans les coussins, et, bon cœur, s'émut réellement de la détresse du jeune homme.

Dans une réaction nerveuse, soulageante, Marcel pleurait comme un enfant, avec de grosses larmes muettes.

— Mais qu'avez-vous, mon vieux ?

— Rien... je vous en prie, laissez-moi... ce n'est rien... c'est bête... ne faites pas attention...

La cordialité de l'officier ne lâchait point prise. Les *durs-à-cuire* ont de ces élans mi-surpris mi-sympathiques devant la sensibilité de ceux qu'ils aiment. Il questionnait son hôte.

— Non... de grâce... balbutia le chancelier, ma parole d'honneur... ne m'interrogez pas. Vous voyez bien que je ne puis rien dire ! Cela me ferait du bien de parler... je ne puis pas !...

Chalon entrait à ce moment, et mis au courant, prenait à part le spahi.

— En sortant, s'il ne se casse pas la tête, il va s'éreinter d'opium... je le connais !... Aidez-moi... mal pour mal, je préférerais la dipsomanie... Il faut avec de l'alcool contre-balancer l'effet hypnotisant de la *fumerie* à laquelle il va courir...

Alors, tous deux, quand leur ami se leva, feignirent de succomber à la chaleur de l'atmosphère et s'attablant autour de bouteilles de bière fraîche, le forcèrent à boire avec eux. Sans cesse, ils remplissaient son verre, y versaient subrepticement du cognac. Marcel se grisa.

Le lendemain, deux honnêtes vieillards, — le vingtième couple qu'il visitât sur les indications de ses lettrés et de ses *boys*, — lui vendaient une de leurs fillettes, enfant de quatorze ans, déjà nubile, dont, avec les emphatiques protestations orientales, ils garantissaient la virginité. Pour moins de huit cents francs, le chancelier acquérait la jeune Thi-ba, l'habillait et la couvrait de bijoux indigènes. La petite épouse morganatique ne manquait point de spécifier, avec la tendresse filiale de sa race, qu'elle pourrait, tous les jours, passer chez ses parents les heures dont Deschamps, pris par son bureau, la laisserait libre. Elle stipulait ensuite que son conjoint lui fournirait, en déhors de sa pension mensuelle de trente-cinq piastres, — quarante, si le cours de la piastre tombait à moins de quatre francs cinquante, calculés en sapèques, — trois costumes par an.

Ces choses dûment convenues, Deschamps emmenait la gamine qui contemplait ses soies neuves, reluisantes, avec des yeux de bonheur. A peine arrivé, il commandait à Bâ de remplir son *tub* d'eau chaude, puis de quérir une coiffeuse. Son acquisition l'amusait comme un joujou amuse un enfant, et il ne se souvenait plus — plus du tout, —des méprisantes railleries dont jadis il poursuivait les officiers et fonctionnaires résignés à pareilles unions.

Une joie d'artiste relevait bientôt son contentement.

Nue dans le bain où il lui enseignait l'usage du savon, Thi-ba montrait une exquise gracilité de statuette Renaissance, des lignes fluides, la morbidesse insexuelle d'un joli sphinx. Sur sa plate poitrine de garçonnet gras, ses seins au bout d'un timide ovale d'une fraîcheur de fruit, dardaient une brune fleurette largement auréolée déjà de perles roses. Le cou souple et rond était bien d'une petite femme, se renflant quand elle parlait vite, mettant alors deux fossettes à la place des clavicules noyées un peu d'emphysème. Le corps était maigre sans maigreur, le bassin étroit, les hanches hésitantes, mais rien n'était charmant comme son dos puéril, comme ses bras de poupée, comme ses cuisses nerveuses sous la naissante caresse des contours. Consolant des pieds gâtés par les sandales, ses mains étaient fluettes. Toute cette chair d'apparence impubère se colorait enfin d'un jaune pâli, tendre, inrendu par l'Occident.

Par malheur, la tête répondait mal à ce gracieux hermaphroditisme, encore que jolie entre les jolies, entre les plus acceptables du moins. Le front se lustrait obtus et bas sous des bandeaux d'encre de Chine. Agrandis par les sourcils imperceptibles, les yeux saillaient. Avec l'orient de leur cornée humide et de leur pupille de jais, ils avaient l'air de deux perles enchâssées l'une dans l'autre. Cependant, la douceur de leur regard, un regard de biche, restait vide d'intelligence, avec des froideurs sibyllines quand la jeune fille se taisait. Le nez écrasé se sauvait moins par sa petitesse que par la grâce des lèvres infiniment petites et minces. Régulièrement ronde comme celle d'un poupard, la figure, grâce aux fossettes des joues et au pur dessin des oreilles, demeurait attrayante lorsque les dents n'apparaissaient point, les tristes dents laquées, qui scintillaient dans cette bouche comme de noires coccinelles au fond d'une églantine.

Sa maîtresse purifiée et parfumée, Deschamps la confiait à la coiffeuse. Il mettait la main à sa poche, mais Thi-ba l'en empêcha.

— Elle les a mangés !...

Et Marcel apprit que la matrone ayant croqué les parasites trouvés, noyés de savon, sur la tête de sa cliente, n'avait droit d'après l'usage local à nul autre salaire.

— Mais comment vit-elle alors ? Personne ne doit la payer...

— Oh ! si bien ! répliquait l'enfant. Et elle expliqua que beaucoup préféraient donner deux sapèques à la coiffeuse qui, dans ce cas, leur passait ses prises une à une.

Le chancelier était trop asiatisé pour s'écœurer encore ; seulement il se rappela les enseignements de Rioux et, prenant sa cravache avec son meilleur annamite, il assura sa compagne que si elle ne s'européanisait pas vite au point de vue de la propreté, il la fouetterait d'abord, puis la renverrait à sa famille, — en reprenant son argent. Enfin, l'attaquant dans son faible, il lui promit si elle exécutait convenablement aux heures fixées ses ablutions, d'acheter un cercueil à son père. Les traits de Thi-ba, qui s'étaient renfrognés, s'éclairèrent de joie. Désormais quand elle bouda sa toilette, le seul mot de cercueil la précipita vers l'eau. Du moins se consolait-elle de cette dérogation aux habitudes en s'inondant ensuite de parfumerie.

La toilette terminée, Deschamps lui enjoignit de lui préparer une pipe d'opium. Réjoui de la découvrir accoutumée à cette besogne dont ses doigts frêles s'acquittaient avec une adroite prestesse, il sortit la laissant installer ses robes dans le bahut qu'il lui cédait.

Le soir, en rentrant, il la trouva dans son lit, défait bizarrement. Elle dormait, bienheureuse des draps et de la mollesse si neuve de sa couche. Marcel qui, depuis une heure, rôdait dans la rue, n'osant pas monter et furieux contre lui-même, lui sut gré de lui avoir évité toute lutte à son retour, en contraignant par le fait accompli ses hésitations dernières. Un peu pâle encore, il se glissa près d'elle, et, soudain, comme elle pleurait, son petit corps secoué de sanglots, il se sauva, dans une honte éperdue, horrifié comme s'il eût tenté de violer une enfant véritable.

Le lendemain, Rioux et Saylor le recevaient avec des questions :

— Eh bien ? Les parents vous ont-ils dupé ?

Il haussa les épaules.

Huit jours, se poursuivirent ses vaines tentatives, l'Annamite le forçant aux caresses, et le tentant par ces nuits chaudes que ses parfums peuplaient ; — huit jours durèrent ses dégoûts. A la fin il disait à Chalon sa répugnance.

— Croyez-vous, mon cher, répondit le médecin, que quatre-vingt-dix sur cent de nos mariages européens ne soient pas aussi ignobles, avec la légalité de leur viol?

Ce soir-là, Thi-ba ne pleura plus.

VII

... Et la vie de Marcel continua semblable, avec la mince distraction de ce petit animal annamite. Rien n'était changé que ses nuits où, maintenant, s'épuisait la bête surexcitée par l'opium. Ses désirs redevenaient réguliers avec l'assouvissement régulier ; la pipe qui les avait annihilés jadis quand il les chassait lui-même, les décuplait, aujourd'hui, ainsi qu'elle décuplait tout son être, exagérant, quelles qu'elles fussent, ses facultés et ses préoccupations. Le sommeil succédant à ces étreintes n'était plus toujours visité par le cauchemar. Encore, de celui-ci, souffrait-il moins, lorsqu'il s'évadait en sursaut de l'angoisse, se calmant à sentir à ses côtés la chair soyeuse de l'enfant, à percevoir surtout le doux bruit de sa respiration tranquille.

Non, rien n'était changé ! Peut-être seulement fumait-il encore davantage, Blanche, chassée de ses songes nocturnes, s'en vengeant par la hantise de son image, le jour, et la prévenante Thi-ba lui chargeant toujours un nouveau fourneau, sans attendre qu'il eût achevé sa pipe.

Son soulagement restait physique, analogue à celui des malades qu'on vient de retourner sur leur lit, et dont ce changement de position apaise le mal pour un instant. A vrai dire, il l'expiait, se méprisant un peu plus depuis sa complaisance envers lui-même, d'autant plus romantique d'âme qu'il jugeait la vie plus tristement. Sans doute, se fût-il moins reproché sa faiblesse, si quelque flamme en avait relevé la vulgarité navrante, si, surtout, elle n'avait point revêtu ce caractère de médication prescrite, de dérivatif qui lui faisait chaque soir, comparer sa *congaï* à ses anciennes potions au bromure ou au chloral? Puisque sa passion avait abouti à l'abîme, plus atrocement coupée que par la mort, il serait, en effet, sans trop de peine redevenu l'homme d'avant la passion, c'est-à-dire un sensuel.

Avant de connaître madame Verdier, — et quoi qu'il lui en eût pu dire, à ces heures de confidences où l'homme le plus franc ment toujours malgré lui, ment même d'autant mieux qu'il aime davantage, — il ne s'était guère retenu sur la pente du plaisir. Son analyse ne découvrait alors aucune bonne raison de contrarier l'appel du sixième sens. Le plaisir de se vaincre? de marquer du vouloir?... Sa philosophie n'était pas pour admettre de tels motifs! Qu'étaient enfin de telles satisfactions à côté des regrets dont un *carpe diem* de dilettantisme pratique évitait le siège futur? Et puis, au fond, il était poète. Or, sensuel, il se sentait logique, puisque sa sensualité qui lui montrait la terre sous un jour cadrant avec sa philosophie, s'accouplait merveilleusement avec son lyrisme en retard.

Il se l'avouait bien, maintenant, dans le sang-froid de son demi-deuil... Au cas où, se déroulant à Paris, en Europe du moins, sa passion aurait sombré, dans la même douloureuse impasse, et s'il avait été assez lâche, assez surveillé, pour ne pas se brûler la cervelle dans l'horreur du premier moment, il aurait vraisemblablement, après ces dix mois de misère accablée, repris avec une tristesse plus précise son existence d'avant le *Messidor*, une existence remplie de spleen et de paresse à vivre, coupée de grosses joies physiques, de fêtes de la chair. En ces temps anciens, il pleurait sur l'impossibilité de la passion. Il eût pleuré sur sa vanité, et les choses auraient recoulé pareilles, sans que dans les lits hospitaliers de ses passagères amours il crût manquer à la mémoire du bonheur entrevu.

En ce Tonkin, au contraire, avec cette pauvre Annamite, il puisait, dans le commun cynisme de sa veulerie, un motif à regrets. Rien n'atténuait la malpropreté de sa chute. Comme on prend des bains de boue, il se vautrait par hygiène, par terreur de l'affre sans nom dont, la nuit, il payait l'unique joie de ses jours, — l'unique ressort en même temps de sa vie : l'opium. Parfois il se comparait aux Charlots solitaires qu'on guérit de leur vice en les jetant aux bras des filles. Hélas ! son vice à lui ne se guérissait qu'à demi, et les caresses de Thi-ba lui procuraient le seul sommeil, impuissantes pour la consolation comme pour l'oubli. Avec elle, la sensualité changeait de nom. Oh! quel regard de sphinx elle avait lorsqu'entre deux spasmes, il la surprenait!... Le mâle râlait, et elle ne rêvait même point, incapable de vibrer dans des bras occidentaux, les sens inertes, et fixant au ciel de la moustiquaire l'ombre serpentine d'un gecko courant au dessus! Les premiers jours, il éteignait la lampe, ou fermait les yeux pour ne plus la voir; ensuite, avant de gagner son lit, il fumait tant et tant qu'une illusion pouvait, durant l'étreinte, métamorphoser le réel. Mais souvent, en plein sommeil, et cette fois sans cauchemar préalable, il s'éveillait pour constater sa détresse.

— Blanche! ma pauvre Blanche!...

Comme il pleurait !...

Seul, dans sa chancellerie, il se souvenait aujourd'hui de ses impressions d'antan devant ces inféconds concubinages de deux races que séparait l'insondable. Il revoyait surtout un de ses premiers hôtes, un capitaine de frégate, gentleman excentrique, dont les cinquante ans s'étaient amourachés d'une *congaï* baragouinant le français, et qu'il entretenait comme une Européenne sans se douter qu'il la partageait avec son équipage, chauffeurs compris. Un jour, Marcel, préparé d'ailleurs par ses dithyrambes sur la femme annamite l'avait surpris aux pieds de cette chiqueuse de bétel, lui récitant, d'une voix de maître de manœuvres, une *Nuit*, d'Alfred de Musset ! A cette heure, Deschamps pensait que, pour son compte, il n'aurait pu, grâce à sa connaissance de la langue annamite, cût-il été un autre homme et de la trempe du marin, croire plus à l'intelligence qu'aux sens de Thi-ba. Il la savait pareille à celles de sa race enfantine et simiesque, fermée même à l'art chinois pourtant plus proche, et il ne lui aurait même pas traduit les vers de Pé-Ku-Ili, qu'il citait dans ses *Chinoiseries!*

A la longue pourtant, l'opium aidant, il accepta ce contact sans plus même le sentir, car, pensait-il, on se fait à tout. Thi-ba ignorait le baiser comme ses congénères, mais Loulou n'était-elle point là ? Il ne se rappelait plus le passé. Il ne songeait même plus que la métis était la propriété d'un ami ! La pipe qui développait si violemment, après sa passion pour Blanche, la série de ses désespoirs, obnubilait peu à peu son caractère. Il tutoyait des gens après boire, quand, au baccarat, on le forçait à prendre une banque. Il s'avachissait. Cependant, il demeurait conscient, mais se réjouissait de cet acheminement à l'à vau-l'eau suprême. Tant pis, d'abord pour Herthol, trop vieux, trop laid, trop poussif! Aussi bien, qui donc avait séduit l'autre, de Loulou, ou de lui Marcel?...

Il avait comme cela des sophismes étranges. Et il retourna chez le métis qui, grâce à son sang européen, possédait, avec des sens de créole, une bouche savoureuse. Mais, à la seconde visite, il heurta dans l'ombre Bernardet; à la troisième et à la quatrième, les frères Lochery. Alors, il ne revint plus, après coup envahi de bizarres délicatesses. Il était « braque » du reste, ainsi que disait Rioux. Le docteur Chalon lui-même, découvrant chez son malade une perturbation morale et intellectuelle chaque jour croissante, lui parlait de ses « lunes ». Deschamps ne répondait pas : il songeait que l'opium agissait bien lentement. N'eût été l'anémie résultant de son inappétence, il se serait cru valide.

Or, quelques mois après l'achat de la *congaï*, il ne reçut rien de Blanche à deux courriers consécutifs. Il la savait rétablie, de retour à Paris après de vains essais de foi : pourquoi donc ce silence ? Verdier était en excursion, il l'attendit impatiemment, et le créole à peine de retour n'avait pas encore ouvert ses malles que Deschamps entrait, lui demandait d'un air indifférent des nouvelles de sa femme.

— Elle va très bien, mon cher ! Justement, elle me charge d'un tas de choses pour vous...

— Ah ! merci...

— Oui, tenez...

Marcel lut ces deux lignes de *post-scriptum* :

« *Si M. Deschamps, malgré ses nombreuses amours, trouve le temps de venir encore à la pagode, priez-le...* »

Il n'acheva point, et comprit, avec une telle brisure qu'il pensa revenus les jours d'après le combat de Trong. Lui écrire ! Il allait lui écrire tout de suite, lui expliquer... Mais rentré dans sa chambre, il se rua sur la *fumerie*, s'abîma de pipes en pipes, et sortit de cette orgie avec une morne abrutissement: à quoi bon? Le croirait-elle d'abord? Une femme, et une femme comme elle, pouvait-elle comprendre ses excuses? Et quelles excuses!... A quoi bon? A quoi bon?...

Et il n'écrivit point, chargea Verdier de « ses respectueux souvenirs ». Rentré dans un nouveau cycle de douleurs, il se vengeait sur lui-même. Plus que jamais, il fuma, dépérit enfin à vue d'œil. Chaque matin, il se promettait, en découvrant au miroir sa face ravagée, de seulement donner signe de vie à l'aimée en lui donnant signe de mort, le jour où il saurait la fin prochaine. Des jours coulèrent, affreux. Au paquebot suivant, il n'eut même pas un *post-scriptum*.

Bientôt, du reste, Verdier partit. Las de recommencer son organisation administrative à chaque changement de commandement, ou à chaque vote de la Chambre, il demandait son rappel au ministre. Il vendit le mobilier de la pagode. Marcel acheta le plus qu'il put d'objets ayant appartenu à Blanche; puis, l'Etat s'empara de la maison, et de l'ancien nid fit un magasin d'habillement. De sa croisée, le chancelier découvrait maintenant sur le toit, entre les chimères, des effets de troupe s'aérant au soleil.

VIII

Le malheur n'a pas d'histoire.

A la fin de cette année-là, Deschamps eût inscrit cette paradoxale épigraphe au journal de son existence durant ces douze mois, s'il l'avait écrit. Et ce journal n'aurait eu qu'une page, que deux lignes :

« J'ai souffert, j'ai fumé l'opium. J'ai fumé l'opium, j'ai souffert. — Je n'ai pas vécu : je me suis laissé vivre, et j'ai fumé, et j'ai été malheureux, parce que je respirais. »

Qu'eût-il noté de plus ? La variété de ses cauchemars ? L'horreur finale les monotonisait quelles que fussent les scènes d'angoisse, toujours élastiques, infinies, indescriptibles, quels que fussent leurs acteurs réels ou surnaturels ! La folie, pensait-il, est monotone comme l'ivresse; le rêve a ses limites comme la vie; qu'elle vienne de la veille ou du songe, la souffrance est pareille de découvrir la vie sans but et le monde inférieur au désir.

A présent, malgré Thi-ba, ses sommeils étaient empoisonnés. La plupart du temps, ses sens s'émoussaient au contact de l'Annamite, au bâillement sinistre de son rouge sourire sur les perles noires de ses dents. Et il aimait plus furieusement la chimère envolée, sa

Blanche, se rendait compte que ne l'ayant point possédée, il l'aimerait toujours. Elle morte, il fût mort; sa passion déchirée par une cause plus normale, son chagrin grâce au temps eût marché, se répétait-il sans cesse, vers les résignations normales, tandis qu'une révolte contre l'insaisissable, contre l'impossible le soutenait, et, l'exaspération première éteinte, l'enfiévrait d'une intermittente fièvre, aux accès incurablement chroniques. De ces accès, l'opium demeurait la quinine, mais l'opium, la nuit, épouvantait de visions sa morne tristesse du jour, et c'était un cercle vicieux, la piste qu'il suivait, machinal : fumer pour rêver, fumer encore afin d'oublier l'épouvante du rêve, recommencer toujours. De même, il fumait par espoir d'en finir; mais lorsque le cerveau déprimé, sans forces, il tombait à l'agonie physique et morale, un instinct le ramenait à la pipe, et les premières bouffées le galvanisaient, le rejetant au vivre, ainsi qu'un verre d'alcool secoue un alcoolique, le guérit, momentanément. Ah! quand donc s'ouvrirait-elle, la tangente de ce cercle maudit, — la tangente qui mène à l'anesthésie véritable dont on ne revient plus?...

N'est-ce pas une loi fatale qu'il faille du passé regretter quelque chose, même dans le malheur? songeait Marcel. Car il les regrettait, ses supplices du début, raréfiés aujourd'hui par de nouvelles obsessions, moins tragiques, moins grandioses, mais pour son cerveau maladif plus douloureuses, étant plus humaines. Tchang, le sampan, Thi-aï, le bivouac d'Haï-phong, le cimetière aux croix branlantes, les combats, les massacres, les décapitations, sa chute enfin aux griffes du monstre de la pagode, toutes ces hantises restaient de longs jours sans l'assaillir. A leur place, il revoyait l'église d'Haï-dzuong où l'on enterrait successivement Blanche et tous ses amis. La bière était ouverte, les cadavres apparaissaient ; il voulait courir les embrasser une dernière fois : les *zéphirs* à coups de fusil le repoussaient, inexorablement. Ou bien, c'était dans la citadelle d'Hanoï, la place d'armes, les exécutions militaires qu'il y avait vues, — une surtout :

Sous le grand ciel matinal, gris et rose, — un ciel de France, — les troupes se massaient en trapèze, face à la tour qui, sur trois terrasses superposées, de grandeurs décroissantes, érigeait un tronc de pyramide octogonale, coiffée d'un chapeau de lampe, paillotte abritant le télégraphe optique. Les murailles des terrasses, rongées d'humidité, veloutées de mousse, laissaient s'écheveler des herbes folles entre leurs pierres. Les clairons sonnaient, les tambours battaient ; et Marcel, s'arrêtait machinalement, regardait ces soldats, tirailleurs algériens et tonkinois, artilleurs, fantassins de marine et de ligne, accolant dans un régulier alignement le pêle-mêle coloré de leurs uniformes. On eût dit un pavois, une écharpe. Au centre, dans un grand espace gazonné, vide et nu, un officier à cheval, seul devant les clairons et tambours, tirait son sabre, lançait un commandement. Les trois lignes se hérissaient d'un éclair de métal, portaient les armes. Alors, dans le grand carré gazonné, vide et nu, face à la tour, un cortège entrait par un angle du trapèze : trois hommes, trois Européens, la tête découverte, les mains liées derrière le dos, et qu'on distinguait mal entre leurs gardes baïonnette au canon. Près d'eux roulait un fourgon d'artillerie portant trois cercueils et leurs trois couvercles sur lesquels s'appuyait un ouvrier en blouse de travail, tenant un marteau et des clous à la main. Deschamps pâlissait, comprenait et fixait les cercueils. Les trois hommes les fixaient aussi.

Maintenant, ils restaient seuls, sans escorte, au milieu du carré ; le fourgon gagnait le pied de la tour.

Le greffier du conseil de guerre leur lisait leur sentence, longuement. Sa voix s'entendait comme un ronflement de mouche, et, le soleil étant plus haut, le grand ciel matinal, gris et rose, — le ciel de France, — bleuissait sur leurs têtes, pesait, indifférent et lourd. Dans un coin de la place, au bord d'une mare, un éléphant se baignait avec des jeux énormes, s'étoilait d'éclaboussures. Folâtre, il se mit debout, profilé comme un bronze sur le métal luisant de l'eau; sa trompe dressée toute droite lança un jet de fontaine, puis avec un frétillement de serpent coupé épousseta ses larges oreilles frissonnantes. Le monstre criait, pris de joie; son cri ressemblait à un couac de trompette. On ne percevait plus la voix du greffier. Sous les armes, des soldats tournaient la tête pour voir l'éléphant.

On délia les mains des prisonniers, et celui du milieu prit une cigarette derrière son oreille, l'alluma.

— Qui est-ce? demanda Marcel à quelqu'un près de lui.

— Trois hommes de la Légion Étrangère, Alsaciens ou Badois. Ils ont déserté à l'ennemi, mais se sont laissé reprendre à la dernière affaire. C'est le petit à la cigarette qui a monté le coup...

On les menait au pied de la tour, contre le mur de la terrasse, velouté de mousse, où des herbes folles s'échevelaient entre les pierres. Là, dans l'ombre, le gazon était plus épais et d'un plus gros vert. Le peloton d'exécution se rangeait devant eux.

Deschamps poussait son cheval, voulant voir. Ces hommes étaient presque imberbes; le fumeur n'avait pas vingt ans, les autres deux ou trois ans de plus, à peine. Ceux-ci étaient livides, le premier se cambrait, l'air crâne.

Un adjudant s'avança. Il bandait les yeux d'un des

condamnés, le faisait s'agenouiller, quand le plus jeune intervint, releva son camarade, et lui arracha le mouchoir.

— Non, debout !...

Deschamps, qui comprenait l'allemand, l'entendit exhorter ses voisins à se tenir raides. Ils étaient alignés tous trois. Le peloton d'exécution chargeait ses fusils. Les minutes ne coulaient plus, interminables.

L'adjudant enfin leva son sabre. Le petit soldat, les bras croisés, cessa de fumer ; on voyait des spirales, bleues monter d'entre les herbes sur son pantalon rouge. Et comme craignant d'incendier le gazon, il leva le pied, écrasa le bout de sa cigarette, soigneusement.

— Feu !...

Une flamme, courte, une détonation unique, roulante... Les trois jeunes hommes, fauchés par la gerbe, reposaient sur le dos, immobiles, du carmin à leur chemise... Penché sur eux, le sous-officier leur donnait le coup de grâce en leur tirant un coup de revolver dans l'oreille ; les troupes défilaient, et le fourgon s'approchait, avec ses cercueils neufs. On y mettait les corps ; l'ouvrier clouait les couvercles à grands coups de marteau ; le bois sonnait le plein.

Marcel avait aussitôt suivi les soldats dont, au passage, les lazzis s'amusaient des jeux de l'éléphant. Des officiers l'appelaient au seuil d'une baraque, l'invitaient à partager leur café noir, leurs rôties. De son émotion fugitive, il constatait qu'il lui restait une constriction d'estomac, une sensation toute physique, qui, régulière, était revenue aux trois ou quatre fusillades suivantes et dont il s'étonnait, ne la retrouvant pas à la décapitation des pirates que le *thong-doc*, tous les quinze jours, faisait exécuter au sabre par ses bourreaux indigènes, sur la route de Son-tay.

Dans ses cauchemars toutefois, la scène se terminait plus étrangement. Il poussait son cheval afin de voir les cadavres. L'horreur commençait là, la même aberration maladive qu'à l'évocation de l'église d'Haidzuong. Qui étaient donc ces morts ? Il les connaissait, — beaucoup. Ils sortaient de sa vie, bien aimés, précieux... Oh ! contempler leur face pâle, leur donner la froide caresse d'adieu qu'on donne à ceux qui partent !... Et son misérable cheval qui se cabrait, refusant d'avancer !... Il lui martyrisait la bouche, lui ouvrait le ventre à coups d'éperon... Enfin, la bête s'enlevait ; d'un élan se jetait à la voiture. Trop tard. Deux bières étaient closes, le troisième couvercle fixé d'un côté déjà. Vite, il glissait sa main dans l'entrebâillement, afin de le soulever, mais l'ouvrier pesait sur le bois, clouait toujours ; Deschamps sentait sa main prise, écrasée. Cependant, il savait maintenant qui était la victime : des lèvres douces et glacées, des lèvres inoubliables, telles qu'il n'en était point d'autres au monde, se collaient à ses doigts, les baisaient.

— Blanche !...

Rien ne répondait, le couvercle cloué de partout, emprisonnait son poing. Pourtant il n'éprouvait point de douleur physique. Il secouait le bras et le cercueil dansait au bout, léger et lourd. Est-ce qu'il le garderait éternellement comme cela ?... L'angoisse naissait alors. Au milieu de symboles, de choses vagues, sans nom et familières, il errait, faisant des moulinets pour briser sur elles son sinistre fardeau. Des sons sourds, la matité d'un tonneau plein qu'on frappe, résonnaient, suivis d'échos formidables, mais le cercueil ne se détachait pas, ne se brisait pas. Seulement, Marcel sentait son bras s'allonger sous ce poids, s'allonger comme un câble ; la caisse traînait maintenant, sur le sol, pareille à un boulet. Une sueur au front, il galopait, l'entendant rebondir sur la terre. Ensuite, il se trouvait dans un sombre couloir dont l'extrémité finissait en pointe, comme les rubans de route qui vont droit vers l'horizon. Là, dans cette pointe semblable à une fenêtre, éclatait de la lumière, une fête radieuse, nimbant d'or une figure de femme, la personnification du Bonheur. Des fois, il la reconnaissait pour une autre Blanche, celle des anciens jours; mais qu'elle fût voilée ou distincte, elle l'appelait des mêmes grands yeux aimants, du même sourire céleste. Oh! comme il tendait vers elle, haletant à force de courir !... Proche! mon Dieu! elle était proche!... Et soudain le couloir se rétrécissait... Il se précipitait plus vite, le chemin encore assez large pour lui, mais s'arrêtait court, retenu par le cercueil, à présent encastré dans les murs et il tirait à s'arracher l'épaule, dans un tel désespoir, qu'il se réveillait enfin, à bout d'épouvante. Alors il appelait Thi-ba, la forçait à parler, afin de ne pas être seul, — de ne plus avoir peur.

IX

...Oui, pourquoi restait-il dans cette Indo-Chine où tout parlait à son mal, où les choses entretenaient ce mal, et l'auraient entretenu même non complices des espoirs détruits? Son état d'âme, son endolorissement, le poussaient à se repaître de spectacles horribles, à passer pour aller à la chasse devant la tour au pied de laquelle on fusillait, de temps à autre, les tirailleurs tonkinois déserteurs, puis sur la route de Son-tay où, toutes les semaines presque, le préfet annamite faisait décoller des têtes de pirates; non soldat enfin, il assistait aux combats par plaisir, la guerre ayant pour lui l'attrait cruel du jeu : que ne s'en allait-il loin de ce triste Tonkin? Ailleurs, il n'aurait pas vu fusiller, décapiter, canonner, et sa manie pour se réjouir d'avoir souffert en d'autres que lui-même, aurait, par la banale Europe, vécu de moins sanglantes infortunes!

Ainsi, parfois, raisonnaient les deux seuls amis de Marcel qui connussent ou devinassent sa misère. Et s'il flairait leurs réflexions, Marcel leur répondait:

— Pourquoi voyagerais-je? Le voyage est fatigue, et mon cerveau, sans peine, me transporte à des infinis de distance mieux que les plus rapides steamers,—

instantanément ! Différer est un bonheur. Projeter, c'est jouir. Pensez-vous qu'un retour en France, où rien ne m'attend, vaille la fatigue que me donneraient mon départ et le souci des démarches nécessaires à l'obtention d'un congé ?... Je n'ambitionne rien, je ne désire rien, mais je jouis du mouvement des autres en admirant qu'ils puissent encore vouloir. Pontailly, vous voulez être colonel! Chalon veut être médecin d'une légation : moi, je ne souhaite rien, — je ne puis plus souhaiter ! Mon gros lot est tiré ! Ce n'est point une algèbre de probabilités qui me condamne, mais une opération faite, une équation résolue, vérifiée, trop exacte. Laissez-moi donc. Les préjugés sont les idées des autres. Pardonnez-moi mes préjugés... N'y pensez même pas, pour que votre amitié ne se lasse point !

Ce disant, Deschamps pensait taire son véritable objectif : ne plus être ; mais inconsciemment, il se mentait à lui-même, car il ne pensait même plus à la mort, ou n'y pensait pas plus que tous les désespérés de l'existence dont le fourmillement, de par la lâcheté des instincts, demeure la pépinière d'acharnées vieillesses. A la vérité, il ne partait point, par torpeur... L'opium achevait le meurtre de son vouloir : il se laissait aller.

Aussi bien, entre deux pipes, rien ne le galvanisait. Le souvenir de Blanche lui fût-il enlevé radicalement, ne retomberait-il point à cette inaptitude à vivre dont il périssait avant de la connaître? Où aller?... L'art? Hélas! il n'était pas plus de paradis pour l'artiste que pour les autres ! Les admirations changeaient comme les politiques, comme les modes. Les gloires se démolissaient comme les ministères! Entre l'idéal et le vrai, l'on était petit boutien ou gros boutien, ainsi que les héros de Swift. D'abord, où était le beau? On le cherchait à tâtons, comme jadis on cherchait Dieu. Et à quoi bon ?... Croire à l'art ? mais cela impliquait une autre foi, plus impossible celle-là. De même qu'en épousant une jeune fille, on épouse, qu'on le veuille ou non, sa famille, se vouer aux lettres, à la musique, à la peinture, c'était se vouer à certaines croyances, fussent-elles réduites à leur minimum : l'espoir en l'utilité de son travail. Cependant, ô logique ! neuf fois sur dix, l'artiste n'avait pas même ce secours. Il s'étonnait de son impuissance, et, souvent honnête de par ses tailleurs moraux et autres, ne croyait point à la simple honnêteté ! Dans un tel désastre, n'étant plus soutenu par rien, il fallait, pour surnager, avoir du génie, mais tout le monde ne peut exaspérer sa névrose pour l'utiliser de la sorte. Alors quoi ?... Enfin, sur le terrain technique, combien combien d'autres obstacles, d'autres dégoûts, d'autres infirmités ! L'art ? « Il sortait d'en prendre » et son dilettantisme avait assez de quoi justifier son égoïsme. L'art pour l'art, rengaine. L'art pour soi !

Or, que lui restait-il ensuite ? Cet idéal, d'abord, c'était le gagne-pain ; mais, même riche ? L'amour ?... Il n'en fallait point parler, n'est-ce pas ?...

Ainsi de suite.

Certain matin, Chalon — car le docteur avait de la littérature — lui citait le prince indien qui, mécontent d'un jardinier, lui reprochait de laisser les insectes envahir ses parterres. Une à une, il prenait des roses et les effeuillait, cherchant un ver que, parfois, il trouvait tout au fond, entre les pistils : le trouvât-il ou non, la rose était morte.

— Docteur, répliquait Deschamps, votre comparaison serait plus exacte si vous remplaciez la rose par un artichaut !

Et les drogues du médecin s'épuisaient, toutes vaines. Deschamps était de son temps, — son étiquette n'y faisait rien, — et si, dans son ignorance béate de poëte, il n'aurait pu, disait-il ou pensait-il, épingler sa désespérance de citations savamment philosophiques, sa souffrance n'en était que plus réelle, la souffrance commune. Sa seule originalité provenait de ce que par l'hérédité, par le succès aussi, obtenu trop vite, par son réel talent, il avait, avant l'âge, atteint la sagesse, qui consiste à se connaître. Il était précoce, en un temps qui meurt de précocité. Tout le monde autour de lui se consolait par le plaisir, par le travail, par l'ambition, par l'activité de la vie ; tout le monde mangeait, sachant le menu dérisoire eu égard au service et à l'écot, mais lui ne se consolait pas, les nerfs lâches, et il ne mangeait point, parce qu'il était allé au fond des choses, parce qu'il était descendu aux cuisines aux heures des balbutiements et des apéritifs. Cependant, il avait vécu, puis, las de tout, avait demandé au voyage l'horizon qui lui manquait. Vraisemblablement, cela l'eût guéri. Herthol, Rioux et les autres, l'eussent modelé sur eux ; rentré dans le rang, il fût devenu soldat moyen, mécontent et silencieux, résigné par l'usure. Seulement, Blanche avait traversé cette crise : il avait cru à quelque chose, et, brusquement, était retombé plus bas qu'avant, avec un vrai prétexte, cette fois, un tangible motif à maudire. Cependant, ce n'eût rien été encore : tout passe, tout s'oublie. La douleur s'imprime en des neiges que fondent des soleils de hasard. Mais l'opium était intervenu, son puissant et subtil opium !

Et l'opium exaspère, exagère, rend fou. L'homme qu'il embue, il le décuple, bon le rend faible ; triste : désespéré; cruel : féroce; pervers : sadique, et désespéré: moribond. Marcel, pourtant, n'existait que par l'opium et n'existait qu'en lui. Par malheur, ni Chalon ni de Pontailly n'entendaient entièrement ces choses, et du malade dont ils ignoraient l'état antérieur, voyaient ou le pouls seulement, ou la brisure d'affection. L'un apportait des bromures, l'autre des mots. Cependant, comme leur médication restait expectante, homœopathique même à cause de l'isolement de Deschamps, leur client survivait.

X

La lâcheté que l'opium entraîne, Marcel la montrait, chaque jour, un peu plus. Sa mise la révéla d'abord, négligée maintenant, son courrier dont les journaux et les revues n'étaient plus même décachetés, sa correspondance avec Villaret que coupaient des interruptions longues, la vente enfin de ses armes, de sa voiture, et, plus que tout, sa façon de traiter Thi-ba. A la mode d'Extrême-Orient, elle lui amenait une amie de son choix, à des jours réguliers, lorsqu'elle se sentait impure, et, de par des coutumes où le sacré se mêlait à l'hygiène, devait déserter le lit commun. Le chancelier, à présent, acceptait ces trocs, et forçait sa maîtresse à les renouveler sans excuse, admirant que cette poupée froide pleurât alors de son rôle. Ce fut, ensuite, une descente plus avilissante. De ce côté pourtant, il demeurait conscient.

Et plus que ces dégradations, des indifférences le montraient opiacé. La mort de Rémy ne l'arrachait point une minute à sa pipe ; même, il manquait l'enterrement, le vieux bohème se faisant sottement enterrer à l'heure où le chancelier aimait le mieux fumer !

— Eh bien ! il en est mort ! s'écriait Chalon en revenant du cimetière.

— Docteur, ne me donnez pas de fausses espérances ! L'opium d'ici n'est pas aussi riche en morphine que les pains de Smyrne ; nous le cuisons enfin !... Quant à votre Rémy, c'était un poitrinaire !

Ce jour-là, Deschamps accumulait pipes sur pipes.

Une autre fois, ce fut Lehrer qui se fit sauter le crâne d'un coup de son revolver d'ordonnance. Dans Hanoï, une stupeur consternait les camarades. Tout le monde aimait le joyeux capitaine aux yeux de Tzigane, aux gaietés cassées.

— Pourquoi ? Pourquoi ?... disaient les voix, disaient les gestes.

Bientôt la vérité transpira. Chargé de la construction des forts du Nord, l'officier avait accepté d'un entrepreneur chinois, adjudicataire des maçonneries, un service d'argent. Ce prêt découvert de ses chefs, il n'avait qu'à mourir. Il était mort.

— Mais pourquoi ce prêt ? disaient encore les camarades.

Par habitude, on cherchait la femme. Piste vaine. Et l'on découvrait seulement que la solde de Lehrer passait en France à l'entretien d'un fils naturel.

— Cependant, il y a deux ans, il gérait une caisse de soixante mille francs... Il avait vingt occasions pour une...

— Sans doute ! répondait de Pontailly, mais, il y a deux ans, il ne fumait pas !

— Vous l'avez dit, mon commandant, reprenait le docteur. L'opium annihile le sens moral.

Deschamps se taisait, achevant religieusement sa pipe. Les dernières volutes chassées, il redressa la tête, et placidement :

— L'opium... et toutes les grandes passions, mon

cher ! Seulement, de celles-ci, d'aucunes sont sympathiques. Le général va faire enterrer Lehrer dans le coin des suppliciés, et cela ne l'empêchera point de pleurnicher quand, au théâtre, on lui représentera l'amant d'une Sapho quelconque confectionnant de fausses *bank-notes* pour acheter des chapeaux et des robes à sa maîtresse !... Voyez-vous, il y a une chose plus subtile encore que l'opium, ce sont les distinctions de votre prétendue justice ! Cependant, qui de Sapho ou de ma pipe justifie le mieux un pareil amour ?...

On ne répondait pas à ces propos.

Les malheurs allant par paire, il advint, peu après, qu'Herthol fut arrêté au moment où, malade, succombant à l'anémie consécutive à l'abus de l'opium, il rentrait en France. Mais cette fois, Marcel sortit de son apathie. Par ses fonctions fixé sur les très légers détournements commis par son ami dont Loulou dévorait la solde, le laissant sans argent devant sa *fumerie* aux pots vidés, il passa une nuit à réquilibrer les livres de caisse, commit de charitables faux sur les faux criminels et reconstitua dans le coffre-fort les recettes absentes. Herthol, l'affaire éteinte, fut relâché et sur le bateau qui l'emmenait expira entre les bras de Loulou, quinze jours après.

A défaut d'effroi, ces disparitions mettaient dans la vie du chancelier une égoïste tristesse. Verdier, Rémy, Herthol, Bocher, Lehrer, tous ses amis partaient. De Pontailly s'en allait à son tour, promu lieutenant-colonel. Saylor et Rioux, retenus par leurs fonctions spéciales, attendaient un galon et leur successeur. Chalon restait seul, plus misanthrope, plus aigri que jamais et finissant par emprunter au malade qu'il ne pouvait guérir un peu de son humeur.

— Fumez ! lui disait Deschamps.

— Je ne puis pas : je vomirais !...

Incapable de tout effort physique, ne sortant que contraint par le spahi, Marcel menait une existence cellulaire, dans laquelle la pipe était habitude et non plaisir, impuissante souvent pour le rêve. La nuit, l'horreur de ses cauchemars devenait imprécise et au réveil perdue. De longues heures, il restait à sa croisée, à regarder passer sur le lac l'ombre des nuages. La monotonie du spectacle ne le frappait plus. Du même œil vague, il regardait le seuil des parents de Thi-ba, où le vieux père, possesseur enfin de son cercueil, se chauffait au soleil avec des sourires bouddhiques au meuble funèbre installé dans la case, à la place d'honneur. Ensuite, sa flânerie descendait vers la bande de vauriens annamites jouant sous le balcon, pareils à des petits chiens.

Leur troupe affectionnait pour ses ébats la voiture historique du commandant Rivière, une lamentable calèche, qui pourrissait, mal abritée de la pluie par la vérandah, et oubliée par le *mercanti*, son acquéreur. Passait une marchande ambulante abritée sous la flamboyante ombrelle d'un chapeau géant et charriant sur l'épaule, aux extrémités d'un bambou, à la façon des porteurs d'eau, deux baquets remplis d'une vague gélatine. Les enfants l'appelaient et, tour à tour, moyennant une sapèque, plongeaient une noix de coco dans la mixture tremblotante. Marcel se revoyait, baby, dans les squares, guettant le marchand de coco, ou la vendeuse d'oublies. La bonne femme partie, et la rue relivrée aux éternels coolies promenant des fardeaux de mulets sur des brouettes grinçantes, il relevait la tête, embrassait le lac, tombait, sans le vouloir, sur la pagode devenue un *Décrochez-moi ça* militaire.

— Pauvre! pauvre Blanche!... soupirait-il, car, en son avachissement, elle le visitait toujours, moins énergique mais continuelle, et, à part de rares révoltes, fort courtes, c'était elle qu'il plaignait aujourd'hui ! Il s'hypnotisait sur l'ancien nid. De sa fenêtre, il distinguait encore les dessus des portes, laqués noir, avec des inscriptions dorées que son lettré lui avait traduites :

« La lune bien claire ! »

« Le temps propice ! »

L'idéographie mentait comme un *ex-voto* : lune rousse, temps pluvieux, ainsi la vie exauçait-elle les souhaits !...

A gauche du toit, il apercevait aussi une innommable pyramide érigée dans les feuilles et poignardant le ciel. Il avait cru bien connaître le paysage; cependant, tout à guetter les fenêtres de l'aimée, il n'avait point, au début, découvert ce symbole priapique. Maintenant, la pierre se vengeait. En quittant sa *fumerie*, des fois, il ne voyait qu'elle à l'horizon vert. Elle remplissait le ciel, énorme, menaçante et ridicule d'impuissance sous le vol des nues dont aucune n'avait pitié de ses désirs. Ce n'était point un phallus, ce symbole, c'était la vie, — c'était l'homme.

XI

« Et si mon baiser peut effacer mes reproches, prends-le. » Marcel ferma la lettre avec un pâle sourire, puis il répéta tout haut la dernière phrase de Claire Leroux.

Elle lui écrivait encore, de temps à autre, aux anniversaires. Et maintenant il lui répondait quelquefois, un peu, se disait-il, pour tuer les heures oisives du bureau, beaucoup par un instinctif besoin de se prouver que, dans sa vie, une affection féminine subsistait. Il lui disait *vous*, elle lui disait *tu*, et de leur passé qu'idéalisait l'éloignement, une douceur mélancolique leur revenait, rendant naturelle cette amitié jugée par eux improbable d'abord.

Ce matin-là, dans un journal du boulevard, il avait lu le compte rendu d'un bal de charité ; on y parlait des « belles épaules » de Claire, et ce souvenir le poursuivant, sans qu'il sût pourquoi, avec cette hantise bête de certains airs dont on trouve les notes sur ses lèvres au réveil et qu'on fredonne machinalement tout un jour, il avait rouvert et relu la dernière lettre de *l'ancienne*.

A présent, il songeait, les mains inoccupées, à côté

de sa *fumerie*. Thi-ba, renonçant à lui arracher une piastre, jouait aux cartes avec le *boy*, à l'autre bout de la pièce ; il était seul sur le lit de camp, seul avec lui-même, à ruminer.

De belles épaules... Il les revoyait. Son regard, dans le vide, se promenait sur elles avec une caresse froide. Mais, se demanda-t-il, quand donc les avait-il vues pour la première fois ? Bien avant de connaître la cantatrice, il les avait découvertes, entrevues plutôt, à un bal de « centième » dans un théâtre de genre, il s'en souvenait bien... Seulement, quand donc les avait-il *senties* comme à cette heure, tout entières devant lui hors du frissonnement des dentelles ?... La mémoire hésitante, il cherchait, dans un lent éveil d'intérêt.

Certainement, c'était longtemps après la possession, Claire conservant la chasteté de son amour jusque dans ses plus ardentes fougues ; — même, au début de leur liaison, il avait pu regarder cette pudeur d'une vraie tendresse comme un charme artificiel, comme un raffinement, calculés pour savamment pimenter son désir... Quand donc était-ce alors ?... A Paris ? Chez elle ou bien chez lui ?... A la mer, peut-être... Il s'indigna de la défaillance de ses souvenirs. Ce n'était point assez de la brièveté des bonheurs, il fallait qu'on n'en pût même pas préciser la date ensuite ! Après tout, reprit-il, l'amertume de la vie n'avait que faire en cette absence : oubliait-il son volontaire abrutissement ?

Et sur cette fugitive allusion à son mal, le tableau de ses affaiblissements successifs lui fit une seconde savourer sa déchéance. Un ricanement souffla sur la triste image : la mémoire était comme le reste inutile. Mais dans un entêtement d'ivrogne la question reparut encore : quand donc était-ce ? Puisque cela lui avait été une découverte, une fête, il fallait bien, malgré lui, qu'il sût, qu'il réapprît ! D'impatience, Marcel se retourna sur le matelas cambodgien ; et il fermait les yeux, et il fixait le plafond, une lancinante migraine trouant son front déjà, entre les sourcils, comme à chacune de ses rares tentatives de travail intellectuel. Oui ou non, cela n'allait pas durer?... Machinalement, ses mains allaient, venaient. Elles prirent la pipe, et le bouquin d'ambre retrouva le chemin des lèvres, tout seul.

Couché sur le côté, il tétait l'opium à petits coups. Plusieurs fois, ses joues se dégonflèrent, soufflant la fumée bleue aux courtes volutes. Plusieurs fois, du bout de l'aiguille, il reprit au flacon d'ivoire une goutte d'or sirupeuse. Son entêtement s'en allait, dans les volutes.

La rue, pleine du silence de midi, cuvait son soleil dans un sommeil énorme; pas un souffle n'agitait les stores, blanchis par la réverbération. Mais la pensée de Marcel à cette heure chantait, bruyante, et une fraîcheur lissait sa main, la sensation caressante d'une boule de neige pressée mollement qui fondrait sans qu'elle diminuât.

Le bouquin d'ambre s'était éloigné ; le fumeur, l'œil mi-clos, la pupille contractée, tendait au vent du *pankah* son front moite. Mon Dieu ! comment avait-il pu chercher? Les « belles épaules », il les avait là, là, comme au jour — le premier — où il avait possédé leur marbre souple. Et il était ce jour-là, encore: Claire ne l'avait pas entendu s'approcher. Seule, dans son cabinet de toilette, elle essuyait ses cheveux. Les longues mèches ramenées et encadrant la gorge, elle regardait la glace dont la monture d'ivoire jaunissait au contraste de cette blancheur reflétée dans son lac. Presque nue : en jupon de foulard crème, et la chemise hors des épaules, — la chemise, qui retombait sur le foulard pour découvrir le torse entier, le sinus fuyant de la ligne du cou descendant des modelés laiteux jusqu'aux reins, où se creuse, bientôt comblée par la bouffante batiste, une fine rousseur de velours... Certes oui, de belles, très belles, divinement belles épaules! Et les lèvres en ont soif. Marcel lâche la portière qui retombe en soufflant au plafond les parfums de chair et de fleurs traînant parmi les choses. Il s'avance, et le tapis étouffe encore ses pas... Il va la surprendre, saluer de baisers le trésor qu'un hasard lui livre; Claire criera quelque joli cri de femme, trop belle pour avoir de vraie peur, étant prise ainsi ; lui, ne répondra que par une plus savoureuse caresse. Un pas encore... Mais, dans le miroir, elle l'a vu venir, et rose comme une jeune fille, le cœur en l'air, frémissante, bienheureuse, elle fixe sous les siennes les mains de l'amant qui s'abattent sur ses épaules. Elle rit; leurs deux têtes rient dans la glace. Il ne peut que baiser les fils d'or de sa nuque dont l'arome le grise, mais il ne retire pas ses mains, ne résiste pas. Des cheveux agacent son oreille et sa joue, et sous ses doigts, sous ses paumes, la brutalité de son premier désir coulant en douceur, il jouit de la fraîcheur tendre, satinée, constante, d'une neige qu'il sent fondre, mais dont pourtant, l'élasticité résiste, et repousse sa molle pression.

Une torpeur anhélante a fait retomber la tête de Marcel. Aucun frisson ne le chatouille plus; son hallucination s'étonne. « Claire!... » marmottent ses lèvres sèches. Et il s'étonne encore de sentir que vive toujours sous sa main, la fraîcheur de cette peau. Alors, comme le *pankah* s'arrête, une soudaine chaleur l'écrase, et il se retourne au seuil du bonheur. Thi-ba, lasse de perdre ses sapèques au jeu, est venue s'étendre à ses côtés. Le bonheur fuit; il la regarde et une douleur l'éveille, lui montre l'Annamite qui ronfle, la bouche ouverte découvrant les dents de jais et le palais ensanglanté par le bétel. Le bonheur s'est enfui — s'est enfui loin, très loin, pour rejoindre les volutes disparues des pipes mortes ! Et il jure, et il gourme la *congaï*, à retrouver sa main sur cette peau jaune, fraîche toujours, que la respiration soulevait.

Hors du rêve !... Il se désole, hagard, puis il contemple la *fumerie*. La voici, la fabrique des rêves ! le voici, l'enchantement qui galvanise la mémoire rebelle et fait revivre les anciens bonheurs ! Déjà Marcel refume.

Toute une semaine, il évoqua chaque jour l'image de son ancienne maîtresse. Puisque son cerveau exigeait une base de réel pour bâtir ses chimères, il lui donna cette proie. Blanche, que la vie lui refusait, se refusait même aux songes de l'opium : ce serait une vengeance subtile, partant exquise, que de la trahir aussi platoniquement qu'elle s'était donnée ! Mais cette réflexion n'était que l'excuse inacceptée de lui-même qu'il se balbutiait aux heures tristes, entre deux crampes d'estomac, lorsqu'il avait la force d'analyser les effets du poison. Au fond, c'était la bête qui parlait. Il n'aimait pas Claire, ne la regrettait point, ne la désirait même pas. Mais, depuis quelques jours, une fringale l'avait pris dont en sa solitude il demandait à l'opium l'imaginaire assouvissement. Son âme était comme morte, et ses sens parlaient. Qu'était une lâcheté de plus ou de moins ? Il déchira la douceur des souvenirs ; dans le passé, ne chercha que Claire, et dans Claire n'idéalisa plus que le seul plaisir. Un repos, d'ailleurs, ce changement, cette conquête d'une idée fixe qui pour un temps faisaient ses songes paisibles. Toutes les nuits d'antan repassèrent, tout le chapelet des caresses qui l'avaient autrefois brisé se déroula grain par grain.

Et il lui écrivit : « Ne me reprochez pas l'opium

vous ne savez point ce qu'il vaut ni ce qu'il procure. Imaginez un tabac qui serait anesthésique à moitié seulement, mais sentirait bon, d'une odeur neuve, étrange. Cela ne fait pas précisément rêver à tout dire, parfois même cela empêche de rêver. Le vrai, c'est que cela immobilise le rêve et qu'entre les premières pipes un effort accroche la pensée sur les choses que l'on veut. Or, c'est ainsi, mon ex-adorée, que je possède encore certaine femme qui vit à six mille lieues de moi! C'est ainsi que je jouis d'elle, sans que je sente s'accélérer mon pouls, et s'émouvoir mon abrutissement très doux! »

Marcel n'avouait pas autre chose, mais il pleurait moins d'impuissance que d'un regain de douleur lorsqu'il essayait de noter, pour lui seul, les variétés de ses supplices, de plus en plus rarement espacés par les brutales joies de songes sensuels. L'opium ne tuait pas l'homme qu'il était, pas plus qu'il ne tuait son amour pour Blanche. L'impossibilité de celui-ci, sa mort vivante, l'exaspéraient toujours. Encore, pensait-il parfois, apportant la bonne foi de sa passion jusqu'en ses espoirs romanesques — s'il avait eu l'aimée près de lui, comme jadis! peut-être se serait-il résigné, et, sa chair domptée à la longue, eût-il goûté le triste bonheur d'une union froide, apaisant seulement son besoin maladif d'affection, mais vivifiant son esprit pour la tâche belle et grande à laquelle Blanche le poussait, et dont l'ambition aurait peuplé sa vie! N'aimait-il pas assez pour cela? Et son nihilisme semblait-il pas le désigner pour une union pareille n'ayant à son extrémité, au lieu des désillusions prévues, qu'un motif de plus à mépriser les uns et à plaindre les autres? Les renoncements ont leurs joies, certains états d'âme leurs grâces spéciales. Qui sait? Cela l'aurait fait fort. Artiste ou philosophe, il eût sans manquer plus qu'eux ou comme eux de tendresse, possédé une supériorité sur les autres hommes, avec une originalité naturelle inspirant ou fécondant son œuvre... Mais la vie n'avait même pas permis qu'il tentât cet essai! Où était Blanche à cette heure? A combien de lieues par-delà les océans, moins profonds que leur plaie commune? Il fumait, lui! mais elle? à quelle décadence, à quelle consolation la destinée l'avait-elle poussée?...

Oh! avoir des obstacles matériels à vaincre, des miracles à faire, des gens à tuer!... Mais non! l'irrémédiable, la misère bête, infâme!... Rien à vaincre! rien à guérir! le tombeau qu'on interroge et dont le cercueil n'a pas d'écho!... Des gens se tuent pourtant pour autre chose! Qu'attendait-il lui-même depuis si longtemps? Sa parole donnée? Allons donc!... A quelle improbable espoir sa lâcheté se cramponnait-elle? Il ne savait; et naturellement il ne disait rien de cette angoisse à Claire et à M. Villaret. De même, il leur taisait l'horrible fin des évocations que, par l'opium, il tirait de son amoureux passé, la bête parfois surexcitée, furieuse, trouvant insuffisant l'assouvissement du rêve, et, aveugle volontaire, pour garder au moins une bribe du bonheur qui n'était plus, se ruant à d'immédiates étreintes.

Mais surtout, il taisait à tous, de parti pris, avec l'horreur obsédante de la boue dans laquelle il sombrait, ses réveils féroces, ses révoltes, son innommable brutalité quand ses yeux se rouvraient au réel. Pour vivre, ne fallait-il pas que lui même il oubliât les rechutes, toutes les débauches essayées? Se rappelait-il Thi-ba chassée un jour et le lendemain s'enfuyant, les défilés de ses remplaçantes et les rappels prévus de la favorite après des humiliations qui le faisaient s'agenouiller, misérable, devant la femme, quand celle-ci prise entre sa cupidité et sa peur hésitait et, zézayante, soupirait, avec ses mines de créole :

— Je veux bien revenir chez toi, mais tu n'essaieras plus de me tuer...

XII

Sa tante de Grenoble, — une vieille femme inconnue, — était morte : il héritait.

Marcel regarda dans le vide, surpris de ne voir surgir aucune image à l'évocation inattendue de cette parente dont, tout à l'heure, il ne savait même plus le nom, et qui, sans crier gare, pour avoir reçu les derniers sacrements, le faisait riche. Un étonnement lui venait encore de son flegme sous cette aubaine. Quinze mois auparavant, il eût exulté. Aujourd'hui... Mais il se leva dans une reprise d'énergie, et, deux fois, fit le tour de la pièce. Bast ! l'argent était l'argent, toujours le bienvenu même des *patraques* de son calibre. N'y gagnât-il qu'à savourer désormais son opium dans un cadre de luxe et d'art, sans plus recevoir de visites de créanciers, cet héritage valait qu'on le saluât. Làdessus, il chercha les « hip ! hip ! hurrah ! » et les cavaliers seuls avec lesquels, de par les saines traditions perpétuées par les cabinets de lecture, la jeunesse contemporaine suit les corbillards aux ornières d'or. Il ne trouva rien qu'un gloussement de voix de tête, et retombant sur son fauteuil, il rouvrit la lettre notariale, ne l'ayant pas bien comprise.

Sa paresse s'étant invétérée, tout travail cérébral le lassait très vite; fréquemment, à présent, il lui arrivait de lire sans percevoir d'idées sous les caractères, et, tout d'abord, cela le déroutait de ne pas retrouver la disposition de sa courante pâture, les pièces officielles dont les formules imprimées laissaient de maigres blancs pour des mentions manuscrites, d'ailleurs presque toujours pareilles et comme stéréotypées aussi.

Cette fois, grâce au coup de fouet de sa curiosité devenue palpitante, son cerveau fonctionna tout de suite avec la lucidité des jours anciens; le sens des termes juridiques, il le saisissait: le notaire demandait sa procuration. Tous droits payés, en ne changeant point le mode de placement de cette fortune établie de longue date en valeurs mobilières, Marcel aurait six mille sept cents francs de revenu. Le nombre des centimes figurait même dans ce bilan ! Il ricana, avec un brusque regret de ses gloussements bêtes de tout à l'heure, de sa pipe interrompue. Six mille francs, la belle affaire !...

Maintenant qu'il ruminait ce piètre chiffre, un phénomène maladif portait son esprit à des rêves de vie large et brillante, rêves que, par apathie ou par indifférence de tout, il n'avait point caressés, dans le premier moment, alors qu'il ignorait l'importance de son héritage. Et, nettement, il se rendit compte de son entêtement à aller contre les choses, une minute amusé de cette bizarrerie croissante qui lui faisait déplorer la perte de choses impossédées. Cinquante mille francs de revenu, voilà ce dont il avait besoin, ce qu'il espérait après coup, dans la résurrection de cette espérance volontairement tuée par lui et qui reparaissait triomphalement, tardive et railleuse, comme la doublure naturelle de son esprit. Cinquante mille francs, c'eût été, — dans son monologue, il disait : c'est —

le retour en France, la démission jetée aux grands lamas de la bureaucratie, l'existence luxueusement oisive dont jadis son dilettantisme avait soif. Enfin, c'eût été, — et tombant là, sa pensée chuchota tandis qu'un frisson le pâlissait douloureusement, — c'eût été la guérison possible, l'évasion hors de l'opium, la recherche de la femme, la trouvaille peut-être d'une nouvelle passion, les fièvres de sa poursuite, — l'amitié de Blanche.

Violemment, il sortit de ce rêve rétrospectif qui devenait souffrance. Ce n'était pas un revenu de cinquante mille francs, c'en était un de six mille sept cents — et des centimes ! Ses dettes une fois payées, cela resterait à six mille, juste ce qu'il possédait jadis, au temps de Claire. S'il eût conservé ce patrimoine, il aurait aujourd'hui douze mille livres de rentes, — de quoi faire de la musique dans un appartement donnant sur un jardin : il n'avait rien conservé... Mais n'allait-il pas bourgeoisement pleurer les défuntes tirelires ? Au diable tout ! Voyons, c'était six mille, et rien de plus, c'est-à-dire de quoi porter ses maigres appointements de fonctionnaire à la somme minimum qu'exigeait sa vie dans l'Extrême-Orient : il s'en contenterait.

Pour commencer, il voulut penser à autre chose, mais ses tentatives demeurèrent inutiles. Il fuma, mais une distraction rendait sa main maladroite. Il manqua sa pipe, la laissa brûler, cassa le fourneau en le nettoyant, jura, et finalement sortit.

Sur le seuil de sa porte, Marcel se trouvait en face de Rioux. Le spahi, à l'aide de légers coups de cravache, procédait à une intelligente sélection parmi la trentaine de vauriens annamites qui se battaient pour tenir son cheval. Quand il n'en resta plus à portée que trois ou quatre, les plus forts, il leur fit montrer leurs mains et, ayant choisi les moins sales, l'officier allait mettre pied à terre quand Marcel l'interpella :

— On voit que vous avez votre harnachement neuf : vous craignez qu'on salisse votre belle bride anglaise !...

Le capitaine se pencha avec un beau regard de cavalier sur le cou de son arabe dont la robe d'encre prenait un plus vif luisant au contraste du *poitrail* et de la bride jaune-clair.

— Oui, répondit-il en ramassant son cheval dont la reculade fit fuir les boys en volée de moineaux, j'allais monter vous proposer un tour de promenade. Si cela vous sourit, en route !... j'ai dit à Saïd de seller votre *poulet d'Inde !*

Marcel hésitait, mais l'ordonnance s'approcha, maintenant la bête qui, dans la joie de sortir, portait beau, avec de brefs hennissements. Cette vue le décida.

— Thi-ba ! cria-t-il.

La *congaï* apparut au coin du balcon, derrière l'araignée du hamac. Elle n'avait sur son torse, maintenant grassouillet, que sa gorgerette annamite, un morceau de calicot taillé en trapèze, accroché au cou par deux cordonnets, comme une serviette de baby, et tombant en s'élargissant jusqu'à la ceinture du pantalon où d'autres cordons rattachaient les coins inférieurs. Encore qu'échancré à hauteur des bras et très lâche, ce voile bombait sur les deux seins, accusait des rondeurs fermes, classiques, très jeunes ; et les côtés de la poitrine, les aisselles imberbes, la brune nudité des bras entiers, empruntaient à ce pan de toile cette grâce piquante, cette sensuelle taquinerie que le moindre linge coquettement oublié donne à la chair de la femme.

— Jette-moi ma cravache !... Maoulen !...

Mais elle ne se pressait point, et, tout de suite, à voir Rioux, la gorge vibrante, pouffait de ce rire de gamine chatouillée qu'ont, à certains moments, les femmes de tous pays, blanches, jaunes ou noires, la seule chose d'ailleurs que Marcel aimât en elle. Le capitaine riait aussi, et lui, d'un rire cher aux filles ; il criait avec un geste polisson :

— *Lim-lim*, Thi-ba ? Ça faire *lim-lim* ?...

Elle feignit de se fâcher, la lèvre boudeuse et secouant les épaules, puis elle éclata de nouveau, s'amusant à puiser dans le hamac des letchis qu'elle épluchait prestement pour jeter les coques des fruits à la tête de l'officier.

— Attrape, *saoulâm !*

Rioux parait avec sa main droite ; le cheval couchait les oreilles, puis pointait à chaque vol d'épluchure, et le spahi s'amusait à dire à la femme des mots de caserne qu'elle répétait naïvement, en les estropiant, la bouche pleine des letchis dont elle engloutissait la chair, ne voulant perdre que l'enveloppe.

— Mais voyez-la donc, la petite guenon avec ses bajoues gonflées ! Elle bave... krrrr ! krrrr !

Ses claquements de langue imitaient le cri d'un singe ; il se grattait comiquement le crâne et les aisselles. Marcel regardait le balcon sans plus penser à rien, avec cette hébétude opiacée qui le prenait à chaque sortie.

— Et dire, reprit le capitaine soudain sérieux, que depuis trois ans je me contente de ça !... et qu'on s'y habitue après les haut-le-cœur du début. Vous n'en vouliez pas il y a un an !... Tiens ! cria-t-il encore à l'Annamite qui, en se retournant pour prendre la cravache à l'intérieur de l'appartement, montrait son dos nu de jeune fille pubère à peine, un dos aux lignes grêles encore, mais élégantes depuis l'attache du cou jusqu'à la taille presque sans hanches et aux reins trop étroits, — qu'est-ce que tu as là ?

Il lui désignait du doigt sous les lacets de sa guimpe dont le 8 fatigué retombait entre les omoplates, un ruban mêlé aux grains d'ambre et aux pois d'or de ses colliers. Thi-ba fit volte-face, glissa sa main sous le pagne, découvrit tout à fait son tétin pareil à une mangue, montra le carré dentelé et décoloré de son scapulaire.

— C'est vrai, tu es catholique !... mais, dis donc, tu n'as pas plus peur que ça du père Landet ?

Du coup, la *congaï* se fâcha. Le missionnaire, dont le zèle poursuivait parfois ses catéchistes jusque chez les officiers leurs concubins, était son croquemitaine. Furieuse, elle disparut et, rentrée dans la chambre, jeta violemment dans la rue la cravache qui tomba sur la croupe du cheval de l'officier. L'étalon rua court et Rioux, dont les genoux par habitude faisaient pince, perçut le heurt des sabots de sa bête sur un corps mou. Un frisson le retourna ; il aperçut Marcel agenouillé.

— Mon Dieu ! Deschamps !...

Il était à terre déjà, les bras tendus.

Marcel, le voyant blanc comme un linge, essayait de sourire et balbutiait : « Ce n'est rien... »

Il avait la jambe cassée.

XIII

— Pour guérir de l'opium, il faut vouloir, et vous ne vouliez pas!... Vous n'auriez jamais essayé, même consolé de vos intimes misères!... La position horizontale anémie la volonté; aidée par l'opium, elle la tue : Marcel, vous étiez flambé. Eh bien! j'ai voulu pour vous. Je suis de l'école de Lewinstein, moi... Oui, mon enfant, je vous ai sauvé, — de force, en profitant de ce que votre blessure vous mettait en mon pouvoir. Même, un instant, j'ai bien cru... j'allais céder, vous rendre votre pipe... Si vous vous étiez vu!... Un véritable accès de manie... Votre ami Rioux m'appelait bourreau! Il s'opposait aussi à ce que j'ordonne votre transport à l'hôpital... Je vous demande un peu! Comme si chez vous j'aurais pu vous surveiller... Bref, c'est fini; voilà cinquante-trois jours que vous n'avez fumé, et quinze que vous n'y pensez plus... Ne niez pas : je vous ai fait tenter!... Vous êtes guéri, vous dis-je, au point de vue médical du moins, en ce sens que l'opium ne vous est plus un besoin physique et que, matériellement, rien ne vous y pousse...

— Mon bon docteur, interrompit Marcel en souriant, alors, je resterai boiteux?

— Oh ! si peu !... un petit boitillement de rien du tout. Avant un mois, vous marcherez sans canne, mais vous ne répondez pas : je vous demande de me dire ce que vous décidez. Saurez-vous profiter du miracle accompli, car c'en est un, — amour-propre d'auteur mis à part? Si oui, je vais vous faire obtenir un congé. Puisque vous refusez de rentrer en France, vous irez à Hong-Kong, à Shanghaï, au Japon, n'importe où. On vous accordera solde entière. N'êtes-vous pas riche, d'ailleurs? Le changement d'air achèvera de vous rétablir au moral comme au physique. Voulez-vous?

— Mon ami, répondit Deschamps, je vous remercie... je ferai ce qu'il vous plaira...

Et il se laissa retomber sur les oreillers, ferma les yeux. Il se sentait cette béatitude infinie, ce printemps physique dont tout le corps s'égaie, heureux de revivre après une maladie longue, et de ce bien-être, il avait vaguement honte. Dégagée enfin de l'appareil sa jambe lui semblait neuve, légère comme une plume. Tout de suite, il se rendormit d'un sommeil d'enfant.

XIV

Le quatrième orage de la journée éclatait sur Hong-Kong, quand Marcel, sa toilette achevée, entra dans l'immense salle à manger du Victoria-Hôtel. Arrivaient déjà des dîneurs plus souriants les uns que les autres, leur affairement compassé étant tombé avec l'heure de la cessation des *business*, et tous en tenue de soirée, cravatés de batiste. Les fracs noirs, à la coupe d'hier, se glaçaient sous les lumières. Soulignant leurs taches funèbres, des petites vestes de pâtissier en piqué blanc s'ouvraient non boutonnées sur des cuirasses bombées de chemises. Débarqué depuis quelques heures, Marcel repris de ses étonnements de l'après-midi devant le bon sens pratique du génie anglo-saxon, admira ces espèces d'habits sans queue, dont la commodité pour le théâtre et le bal atténuait la laideur, puis, il s'amusa de l'absence des gilets remplacés par une écharpe de soie de Chine qui cachait de sa ceinture la chute du plastron, la naissance du pantalon, et les odieux boutons à bretelles, celles-ci absentes, par bonheur.

Les grands *pankahs* dormaient laissant pendre leurs ailes en lignes régulières. Les souffles de bourrasque entrant par les douze croisées ou portes-fenêtres suffisaient ; par instant, formant tourbillon, ils enlevaient les serviettes, réveillaient les *pankahs* eux-mêmes. semblaient précipiter la course des *boys* cantonnais, tout de blanc vêtus, dont les nattes flottaient avec les manches larges. Une rafale d'eau cingla le parquet ; des menus s'envolèrent comme des papillons blancs, et le tonnerre gronda.

Avant le premier roulement, l'arrêt brusque de la chantante cascade que la pluie faisait sur la praya avait attiré Marcel. Il passa sur la vérandah, où un éclair l'éblouit. Un moment, il ne put rouvrir les yeux tant se multipliaient les décharges, puis il s'habitua aux radiations électriques, et s'assit pour mieux jouir de leur magnificence. Les éclairs se succédaient sans relâche, très longs, et les coups de tonnerre, toujours plus rapprochés, toujours plus forts. Ils partaient à droite et à gauche, des deux entrées de la rade que deux orages courant l'un sur l'autre semblaient se disputer, et à chacun de leurs embrasements, des féeries s'allumaient sous leurs zigzags, brièvement exquises. C'étaient de grands déploiements de lumière, d'une lumière froide, verte et violette, comme des incendies fugitifs d'alcool et de soufre. Durant une dixième de seconde, on distinguait l'eau, les mâtures compliquées des navires, les barques, et bien loin, les montagnes de Kao-lown. Aussitôt retombait un noir de poix, et les feux-de-position des bâtiments, les lueurs perdues comme des lucioles dans cette ombre, de blanches ou d'éteintes qu'elles étaient, resurgissaient vilainement jaunes. Deschamps, à chaque éclat découvrait un détail où se reposait la joie de ses yeux La mer clapotait le long du quai sans garde-fou, à quinze mètres de lui. Ensuite, le long d'un appontement dont les pieds visqueux couverts d'algues et de coquillages dessinaient étrangement à chaque éclat leur charpente emmêlée, il regarda les sampans effarés où grouillaient des vies. Dans quelques-uns, amarrés d'avance, tout demeurait en ordre. Sous la paillotte de l'arrière, un Chinois fumait, immobile; une fillette berçait ses frères empilés dans un hamac, et la sampanière massive remuait du riz dans un chaudron sur des tisons roses. Ses bracelets, ses pendants d'oreille en jade s'allumaient chaque fois que s'allumait le ciel, et toutes ces choses étonnamment distinctes, proches à sembler tangibles, étaient, pour un dixième de seconde, vertes ou violettes, de la tête rase des enfants empilés à la pieuse image collée sous la paillotte entre deux flammes d'allumettes continuellement éteintes et réveillées par les éclipses du ciel. Brusquement, rien ne fut plus violet ni vert. A chaque décharge de la foudre, un bleu extraordinaire, un bleu de lune, s'étala seul. Marcel songeait à ces aquarelles de bazar montrant Venise à minuit avec des maisons bleues sur des lagunes bleues, sous un ciel bleu, dans une débauche d'indigo pâle lavant du bistre. Ce bleu invraisemblable, il le retrouvait là s'épanchant à chaque décharge, et partout, comme si le verre de son monocle en eût été teinté. Cette étrangeté, il la savoura, dans un retour de ses vieilles passions d'artiste; des musiques de phrases chantèrent à son oreille, tandis qu'assourdi par la foudre, il laissait la rade et les sampans. Dans la direction de la rivière de Canton coulaient des lointains de mer laiteuse, et, plus loin encore, c'était comme une pâleur d'aube sur un lac de glace. Les interruptions de lumière devenaient alors si brèves qu'elle n'interrompaient pas plus le tableau que les à-coups dansants du gaz dont un peu d'eau dans le tuyautage fait vaciller la flamme.

A présent, les deux orages se rapprochaient. Entre

l'éclair et le roulement du tonnerre à peine une demi-seconde s'écoulait-elle. A la longue, après des intermittences de pluies furieuses et de calmes, ces deux fureurs s'accolèrent, épouvantablement. Plus rien ne grondait, des crépitements seulement, des pétarades monstrueuses, affreusement prolongées, des détonations sèches, sans vibrations, et crevant le tympan. Un dernier coup fit trembler la vérandah ; des Chinoises dans les barques poussèrent des cris d'angoisse. La foudre tombait, visible, sur Kao-lown, et le chancelier secoué laissa glisser son monocle et sa cigarette. Alors, à la lueur d'un suprême éclair, il découvrit, regardant comme lui, un Anglais, un vieillard pléthorique, tout blanc, qui sans le moindre frémissement détachait, avec l'ongle flegmatique de son petit doigt, la cendre longue de son cigare. Marcel en se penchant sur le balcon conservait dans l'oreille le frisson nerveux d'un coup de canon qu'on aurait brusquement tiré là, derrière lui, sans l'avertir. Un moment encore il s'oubliait à voir se perdre devant la vérandah, entre les balustres, les petits nuages de vapeur d'eau que la pluie faisait monter des vitres chaudes du réverbère, juste au-dessous de lui, à la porte du bar.

Installé seul devant une petite table, il mangea joyeusement, sans savoir pourquoi, avec un appétit neuf. De l'anglais et des mœurs anglaises, ne sachant que ce qu'en France on en apprend au lycée, il s'amusait de tout, du service, du gros confort massif de la salle, du menu, le *Bill of Fare* qu'il essayait de comprendre, du nom surtout des propriétaires parsis de l'hôtel : M.M. Dorabjee et Hingkee, dont à la porte, la tiare puce apparaissait parfois, surmontant une belle face sémitique, et un corps majestueux sanglé dans des vêtements européens. Et pour le plaisir d'écorcher des mots anglais dont le *boy* souriait, il prit de tout : *turtle soup, boiled fish, shrimps on toast, boiled corned beef, tomatoes*, du carry enfin, que, bien français, il prononçait *currie* ainsi qu'il le voyait écrit. Puis vinrent des *finger cakes* qu'accompagnèrent des letchis et des mangoustans. Même, de toutes les résurrections de son être physique, celle de son palais le frappait le plus. Depuis près de deux ans, il n'avait rien goûté, ne mangeant que contraint et, dans son horreur maladive des viandes, vivant seulement d'œufs, de lait, de bouillon. Elle le récréait, la saveur de cette cuisine anglo-chinoise, avec la fadeur de ses légumes cuits à l'eau, son abus du gingembre et d'autres épices pharmaceutiques. Tout était bizarre, distrayant ; il rêva cinq minutes devant ses confitures, cherchant leur notation. N'étaient-elles pas arrosées de kummel ?... Abîmé sur son assiette, il entendit parler français derrière lui, et il se redressa vivement, l'oreille déjà faite au dur sifflement des conversations anglaises des tables voisines. Deux officiers de marine lui tendaient la main, anciennes connaissances d'Hanoï, s'attablaient déjà, heureux de la rencontre. Lui aussi se sentait d'humeur légère.

— Il me semble me retrouver en Europe, leur dit-il, de voir du gaz et un vrai hôtel, au sortir de cet odieux Tonkin !

— Que diriez-vous donc, si vous arriviez de Formose !

Alors les interrogations se croisèrent. Et Kelung ! Et Tam-sui ? Et Langson ? Et Tuyen-Quan ? Ah ! Courbet !... Ah ! Négrier !... Marcel se découvrait des curiosités qu'il croyait finies. Puis, les uns et les autres se nommèrent leurs morts, tous trois avec le même ton de mélancolie tranquille et la résignation de l'habitude.

— Ce n'est pas tout ça, dit l'un des lieutenants de vaisseau, nous avons ce soir, grand gala au théâtre ; une soirée donnée un peu en notre honneur, si j'en crois le prospectus ! Nous vous emmenons !...

Le chancelier griffonna son *bill* de consommation, le remit en paiement au *boy*, et lut le programme :

THEATRE ROYAL

CITY HALL

THE MASCOTTE OPERA COMPANY

BRILLIANT SUCCESS. — ENTHUSIASTIC RECEPTION

To night, tuesday
Under the distinguished patronage of

ADMIRAL LESPÈS

And the Captains and Officers of the ships of war of the
FRENCH REPUBLIC now in harbour,
WILL BE REPRODUCED

For the last Time in Hong-Kong

BY PARTICULAR DESIRE :

LES CLOCHES DE CORNEVILLE

WITH THE FOLLOWING GREAT CAST :

Suivait la distribution : Miss Eva Davenport jouerait Serpolette. *During the evening, the Band of « La Galissonnière » will perform by kind permission*, ajoutait le papier ; et même les morceaux qu'exécuteraient les musiciens du cuirassé français étaient indiqués :

After Act. I : *Le beau Danube bleu* de Strauss ; après le 2ᵉ acte : *La femme à papa*, polka d'Hervé ! Comme ouverture : *Bonsoir monsieur le pantalon* (sic) de Grisar.

— C'en est trop ! s'écria Marcel. En route !

Les trois amis sautèrent chacun dans une *djinrick-cha*, et de vigoureux Chinois s'attelant à ces minuscules cabriolets les conduisirent à l'hôtel de ville. La salle était pleine. A grand'peine trouvèrent-ils trois fauteuils, mais Deschamps acheva de s'oublier en regardant dans la salle.

Fracs noirs et vestes de pâtissier s'y heurtaient aux lumières dans une note drôle de demi-deuil, relevée çà et là par les chamarrures des uniformes anglais et français. Des épaules nues disaient à la fois la civilisation reconquise et l'anémie tropicale. Des diamants scintillaient sur de minuscules chignons. De larges bouches riaient.

Aux places populaires, des soldats anglo-saxons rouges et blancs, des matelots cosmopolites, des prostituées chinoises et japonaises, accrochaient au vernis laiteux des frises et aux dorures pâlies une multicolore écharpe circulaire. Des battements d'éventails couraient sur la foule, montaient de l'orchestre aux galeries comme un flot de petites vagues. Deschamps et ses amis s'éventaient aussi, ayant trouvé sur leurs sièges un éventail avec un programme.

Le chef d'orchestre, le chef de la *band* du *La Galissonnière*, se levait, — bonne tête de *mathurin* brûlée à tous les soleils. Bruyamment, on applaudit le morceau.

L'air gauche, le premier maître salua sur un regard timide à la loge officielle où l'amiral causait avec le gouverneur de Hong-Kong. Les trois coups battirent...

Dès lors, Marcel s'amusa sérieusement, comme un

lycéen en sortie. L'opérette française traduite en anglais, avec une mise en scène et une interprétation extraordinairement fantaisistes et de bizarres coupures, devenait d'une bouffonnerie exhilarante. A un moment, Grenicheux, ténor outrageusement faux, entamait, sans qu'on sût pourquoi, la chanson napolitaine du Chemin de fer funiculaire que la partie jeune du public accompagnait en chœur. Sauf la prima donna, c'était à qui des artistes chanterait le plus étrangement, ceux-là même dont l'organe était juste l'inutilisant aux refrains qu'ils envoyaient du nez ou d'une voix de tête aigre douce. On eût dit un concert d'enfants en mue. Aussi bien, si la portion anglo-saxonne du public s'en régalait, la portion latine n'y prenait point garde, tout aux actrices que les officiers fêtaient indistinctement, en gens de mer longtemps privés de femmes. Germaine avec sa machoire de cheval, Gertrude avec ses jambes de coq recevaient une *enthusiastic reception*, mais le grand succès revenait à Serpolette: miss Eva Davenport, l'étoile de la troupe, une Anglaise qu'on eût cru de Rotterdam, à l'opulence de ses formes, jolie avec cela, costumée avec goût, chantant assez agréablement, et, surtout, bonne comédienne. On l'acclamait avec fureur, et cette fureur devint délire chaque fois que se tournant vers la loge de l'amiral, elle lança ses couplets en français :

> Voyez pa'-ci, voyez pa'-là !
> Comment t'ouviz vous cela ?

Elle prononçait les mots avec une accentuation comique, très gamine, et de jolis gestes. Sa jambe était charmante. Les bouquets pleuvaient, des bouquets enrubannés aux couleurs françaises. A la fin, on en apporta un dont les fleurs elles-mêmes faisaient drapeau, une gerbe énorme, pareille à un arbre, et la salle manqua crouler sous les hurrahs.

Dans un entr'acte, Deschamps rencontrait le chef d'état-major de l'amiral Lespès, un ami d'Hanoï encore, qui lui prenait le bras, le menait à la loge officielle, loge centrale de balcon, faisant face à la scène et que rafraîchissait un pankah. Le chancelier fut présenté à l'amiral, puis au gouverneur : « *His Excellency* Sir George Ferson Blouwen, *G. C. M. G.* », aimable vieillard qui l'invita à dîner en lui citant à brûle-pourpoint de l'Aristophane, ce haut fonctionnaire étant un helléniste maladif.

En le quittant, Marcel entendait un bruit de querelle, s'approchait, et voyait un *policeman* toucher doucement du bâton de la Reine l'épaule poudrerizée d'une jolie spectatrice que lui désignait de l'éventail une longue dame laide, osseuse désespérément. Mais ses camarades le tirèrent par sa manche.

— Voilà le *cant !*... C'est une des Américaines que vous savez... Elle était seule et a scandalisé : on l'expulse !

— Elle est bien jolie ! Et il y en a plusieurs comme cela ?

— Quelques-unes !...

Les trois compagnons se regardèrent, — se comprirent.

— *Of course !* s'écria un des officiers.

— Naturellement ! répondit l'autre.

— Comment donc ! ajouta Marcel.

Et en riant, ils regagnèrent leurs places.

La représentation s'achevait dans un croissant enthousiasme. Le rideau baissé sur un cinquième rappel, les Anglais réclamaient la *Marseillaise*. Le chef de musique du *La Galissonnière* hésita, consulta de l'œil la loge officielle, et fit signe enfin à ses marins

Alors, tout le monde se leva, toutes les têtes se découvrirent, puis on bissa l'orchestre qui dut s'exécuter. Mais un officier d'ordonnance de l'amiral vint parler à l'oreille du premier maître, et les hurrahs vibraient encore que commença le *God save the Queen*. De nouveau toutes les têtes s'étaient découvertes...

Précédant les deux lieutenants de vaisseau, le chancelier sautait sur le péristyle, appelait des coolies.

— Non pas des *djinrickchas!*... C'est bon pour le quai, le Queen's road, et les quartiers bas. Nous allons grimper; la ville est bâtie à pic sur la montagne... Prenons des chaises!

Chacun s'insinua dans un fauteuil de rotin suspendu sur deux bambous très longs se terminant en brancards, et qu'un toit mobile de toile cirée abritait de la pluie.

— *Go ahead!* cria un des officiers en donnant une adresse.

Accroupis entre les brancards, les Chinois se relevèrent tous ensemble et filèrent. Deschamps entendait les siens haleter par les pentes roides; leurs pieds nus claquaient sur la chaussée boueuse, et le fauteuil se balançait comme sur des ressorts entre ses deux lointains porteurs.

— Surtout, lui dit-on lorsque les équipages s'arrêtèrent devant une belle maison très close, n'oubliez point que vous entrez chez des Saint-Simoniennes, associées à frais communs pour recevoir leurs amis, et non dans un caravansérail. Vous blesseriez un Anglais en lui soutenant que ces dames qu'il ne salue pas dans la rue sont des *filles!* Ces émancipées ramassent une dot, simplement. Enfin ne sortez pas vos dollars : on vous enverra votre note, — soit : quinze piastres pour une visite, trente, si vous vous oubliez jusqu'à demain.

— *All right!* fit Deschamps qui brusquement se resaisit, conscient maintenant et stupéfait de la repoussée de jeunesse, de gaminerie plutôt, qui l'avait égayé toute la soirée pour aboutir là, dans une débauche tarifée. Il se sentait cette gêne confuse des gens depuis longtemps en deuil qui, devant un miroir, se surprennent à sourire.

Furtivement, il retirait de la boutonnière de son habit le ruban de sa décoration.

— Pas la peine, mon cher! Nous gardons bien les nôtres, et en uniformes encore!

L'officier souleva le heurtoir. Un judas de couvent se démasquant découvrit le crâne d'un portier chinois qui ayant examiné les visiteurs, leur demanda leurs cartes de visite. Chacun remit son morceau de bristol, et le Céleste disparut. Au bout de cinq minutes, il revint, débarricada la porte, introduisit les Français dans un riche vestibule, puis les précéda dans un escalier garni de tapis, de fleurs, de hautes glaces, d'un gros luxe vulgaire. Sur le palier quatre larges portes closes trouaient la tenture. Là, d'un bras machinal, quatre *boys* juchés sur de très hauts tabourets pareils à des échelles, tiraient de courts cordons descendant sur une poulie de trous creusés dans les corniches. Marcel s'étonnait.

— Eh oui! il y a des *pankahs* partout, même au dessus des lits. Les *boys* se relayent et l'éventail ne s'arrête point. Seulement, on leur donne de petites ficelles et des sièges immensément élevés pour que la nuit, s'ils s'endorment ils dégringolent! Vous comprenez, mon cher, quand le *pankah* s'arrête, la transpiration arrive, et si la mécanique recommence alors à battre l'air, c'est une fluxion de poitrine...

— Toujours pratiques, ces Anglo-Saxons!
— Et toujours somptueuses, ces dames!

Le salon occupé, le Chinois poussait ses hôtes dans une vaste salle à manger, où des lustres flambaient, dans une décoration banalement coûteuse. Autour de la pièce, des bahuts couraient remplis de pièces d'argenterie massive. Au-dessus, de superbes cadres éteignaient des oléographies de bazar. Un marin avisa un piano.

— Nous allons faire venir nos hôtesses !

Aux premières mesures la porte en effet s'ouvrit, et deux Américaines, puis une troisième, parurent, trois jeunes femmes sévèrement vêtues de peignoirs corrects, vaguement souriantes. Jolies filles, la dernière surtout, une poupée blonde. Un marin leva l'index, le *boy* s'inclina, sortit et rapporta sur un plateau six coupes, avec une bouteille de champagne de contrefaçon hambourgeoise ou belge étiquetée : *Rheims*, — avec un *h*.

Cependant, tandis que l'on buvait, la conversation languissait, engagée sur la représentation d'où revenaient ces dames. Un seul des officiers parlait correctement l'anglais, et Marcel, qui avait près de lui la dernière venue, cherchait à lui redire le mot dont tantôt il s'était enquis. Décidément, elle était jolie, ressemblant moins à une miss de keepsake qu'à un saxe américain potelé, grâce au rumsteack, grâce au carry. L'air d'ailleurs d'une vierge. Elle avançait son fauteuil près de celui du chancelier, écoutait complaisamment son jargon avec de petits sourires moqueurs, mais manifestement sympathiques.

— *What?* répétait-elle. *You don't speak english?*

— *No!..*, Et vous, *my dearling, no speak french?*

Elle pouffa, redisant ce patois, l'air très amusé. Ses petits cheveux courts de garçonnet voletaient sur ses tempes, se cendraient à la lumière.

— *Your name, miss?* demanda-t-il, souffrant déjà d'être ridicule devant une femme.

— *Mary!* répondit-elle, et lui empruntant son parler télégraphique : *from Paris ?*

— *Oh yes!* répliqua-t-il, bêtement flatté.

Aussitôt, joyeuse, elle se rapprocha davantage. Les bleuets de ses yeux se piquaient d'or. Elle lui avait mis sa menotte sur l'épaule, et se penchait, prise d'une vraie rougeur, avec une mutinerie presque chaste. Mais à présent, elle se taisait, hésitante. Entre ses dents de souris dardait en triangle un bout de chiffon écarlate qui, doucereux, lentement, fit luire en le balayant le corail séché de ses jeunes lèvres, puis se fixa, le dépassant un peu, au coin de la bouche. Et son regard questionnait entre les cils blonds, soulignait l'interrogation de la grimace.

— *Oh yes!* répéta plusieurs fois Marcel.

Une flamme brusque chauffait ses joues. Tout de suite debout, il enlaça l'Américaine dont la taille ployait, et tous deux disparurent.

Deschamps redescendait et rentrait à Victoria-Hôtel, deux jours après.

XV

« Votre affection, mon bien cher docteur, a pris
» prétexte de votre curiosité médicale pour exiger de
» mes nouvelles. Jusqu'au bout, vous voulez suivre
» l'historique de mon cas, — un beau cas ! Eh bien !
» la rechute est encore à venir ! Après tout, il ne faut
» point m'en féliciter, ma sagesse n'ayant rien de mé-
» ritoire, puisqu'elle n'a pas été tentée. Les Herthol,
» les Bernardet manquent absolument ici : ces Anglais
» qui vendent de l'opium n'en consomment point.

» Cependant, elle a reparu l'envie vague de la pipe :
» Hong-Kong, par ces temps de pluie, a des airs lon-
» doniens, spleenétiques à mourir. Saturé de vie an-
» glaise, je m'immobilise sur mon divan à regarder le
» pic se franger de cascades. La chanson de l'eau
» rythme la fuite déplorablement lente des heures ; la
» cloche de la tour résonne tous les siècles, suivie, la
» nuit, de tristes tintements notant les quarts, à bord
» des navires sur rade ; et ma pauvre tête me semble
» sous le globe d'une machine pneumatique. Dans cette
» vacuité, un peu de fumée bleue ne serait pas de trop.
» Pourtant ! je n'ai point faibli. D'abord, je n'ai plus de
» pipe sous la main ; et puis, un tas de raisons com-

» pliquées me retiennent. Dans le nombre, votre ami-
» tié démêlera mon désir de vous marquer ma grati-
» tude, et votre estime lira ma résolution de tenir
» ma parole. Ajoutez toutefois, pour être exact, une
» croissante lassitude : — il faudrait me déranger, —
» une résurrection d'orgueil : — je pense qu'à la fin,
» mes indulgences pour certaines faiblesses allaient
» bien loin, et qu'il est trop cher de payer l'abrutisse-
» ment par l'avilissement, par des malpropretés phy-
» siques ou morales! Ajoutez enfin la rupture de
» l'habitude, la jouissance de sommeils tranquilles, le
» souvenir des désillusions de l'opium ; ajoutez surtout
» que je ne souffre point et que je n'ai plus rien à
» oublier...

» Oui, mon ami, c'est moi qui écris ces derniers
» mots. Il m'est arrivé, entre deux bâillements, au ré-
» veil, de me demander pourquoi j'étais malheureux!
» Je cherchais, et les misères initiales me revenaient
» avant la catastrophe à laquelle elles me prépa-
» rèrent. « Ah! oui, c'est vrai!... » balbutiais-je, et je
» retombais sur l'oreiller pour fixer longuement le
» plafond.

» J'en suis là ! Je n'ai mal nulle part : j'ai mal à
» vivre.

» Au début, il y a un mois, j'étais tout autre. Un vrai
» convalescent. Dans la renaissance de mes forces, je
» ne pensais point. Alors, une exubérance purement
» physique me fit savourer des joies enfantines, le
» retour à la civilisation, au confort, à la table, — à la
» femme. Le premier soir, je chantonnais en nouant
» ma cravate blanche, et j'eus un vrai plaisir à dénat-
» ter miss Mary Scott! Quelque temps, je vécus donc
» comme tout le monde, jouant au lawn-tennis avec
» les misses de la *gentry* locale ; — buvant des *cocktails*
» au bar du club; ramant avec des yachtmen anglo-

» saxons ; — dînant à bord de navires de guerre de tous
» pays et des nôtres, et rendant ces dîners. Même, il
» me souvient de m'être grisé d'amontillado en toas-
» tant à S. M. Alphonse XII, à bord du *Velasco* et du
» *Marques del Duero*, qui rentraient des Philippines.
» Et puis, à terre, c'était le théâtre, les visites, les
» bals, les *garden parties*, cent invitations que j'accep-
» tais...

» Aujourd'hui... »

Arrivé là de sa lettre, Marcel laissa glisser sa plume. Mentait-il, ou ne mentait-il pas ? De bonne foi, il se le demandait.

L'oubli, certes, il l'avait atteint ; mais cet oubli n'était qu'intermittent, uniquement fait, du reste, de cette machinale résignation dont les sots conseillent la consolation aux êtres en deuil, que ceux-ci repoussent, indignés, et qui, le temps aidant, pénètre en eux inaperçue :

— A quoi bon ? Vos larmes ne ressusciteront pas celui que vous pleurez !

Cette prud'hommerie, il était tombé à la comprendre et ne se désolait plus, l'accumulation des jours puis sa maladie ayant eu raison enfin de ses révoltes. Or, il avait toujours, s'avouait-t-il, plus souffert de la spéciale cruauté de son malheur, que de la perte de Blanche elle-même. Lorsqu'il ne se lamenterait plus de ce que sa passion eût succombé sous la seule misère humaine que n'eût pas prévue sa douloureuse philosophie, il ne devait fatalement lui rester que la commune tristesse des faibles survivant à leur amputation. Seulement, cette tristesse, s'épanchant sur un sol préparé serait immense, et se greffant sur d'anciens maux demeurerait à jamais incurable. L'opium enfin ayant achevé le meurtre de son vouloir, il ne retrouverait point l'activité cérébrale et corporelle qui l'en aurait distrait. Au contraire, il s'y complairait pour y entretenir son mal.

Ainsi qu'il l'écrivait à Chalon, les premiers jours de son arrivée à Hong-Kong avaient été peuplés par l'action, par la nouveauté des choses, débarrassés partant du rêve. Vraiment, c'était une convalescence, mais une convalescence simplement physique. Presque en même temps que la santé normale des organes et l'habitude de la vie civilisée, son noir ennui avait reparu sous l'escorte de regrets intermittents.

A cette heure, la plume et l'œil en l'air, il se remémorait les choses, découvrait, avec un sourire navré, que la rechute à la désespérance, le retour à la pensée, avaient eu lieu dans une hôtellerie d'amour !

Pourtant, de sa première visite aux Américaines, il était sorti le cœur si tranquille ! L'apaisement de sa chair, gavée de caresses deux jours et deux nuits, semblait avoir passé dans son cerveau : il avait vingt ans en se rendant chez le gouverneur. Là, il retrouvait le monde, des femmes, des vraies, décolletées, des fleurs au corsage, des fleurs dans les cheveux. Sans effort, il parlait, la phrase facile, le geste libre, puérilement chatouillé de pressentir qu'il ne déplaisait à personne, bienveillant par suite. Aussi bien, les invitées étaient-elles jolies, et sir Georges Blouwen vraiment aimable. De bon cœur Marcel avait ri aux saillies du vieux gentleman, dont la galanterie empruntait une solennité drôle à la lenteur avec laquelle il parlait pour s'exprimer dans un français académiquement correct. Quelques présentations n'avaient rien eu d'anglo-saxon :

— Madame la vicomtesse de Belart, votre consulesse de Fou-tcheou, dite la nouvelle Cléopatra ! N'avez-vous pas, chère madame, assisté au bombardement, réfugiée sur un cuirassé français ? Eh bien, depuis

Cléopatra vous êtes la première femme témoin d'un combat naval !... Et maintenant, monsieur Deschamps, je vous conduis à votre représentante à Hong-Kong même, madame Duparc, de son prénom Sophie : sainte Sophie, Notre-Dame de Hong-Kong !... Enfin, mettez vos hommages aux pieds de madame Ristel qui porte vos couleurs à Canton. Elle est là, derrière le vicomte Marc-Antoine !... Madame, vous renouvelez la conquête de l'Angleterre par les Normands !...

Présenté à six ou sept couples et, par eux, à dix autres, le chancelier avait été, dès le lendemain, comblé d'invitations, dîners, bals et tennis, auxquels il portait la même humeur aisée. L'escadre française et les navires étrangers le prenaient ensuite, et il était à la fois si rempli de bien-être, grâce à ses bons sommeils, grâce à ses digestions heureuses, et si occupé, qu'il ne se retrouvait jamais seul avec lui-même. Cela durait une quinzaine de jours, — il eût précisé, — jusqu'à la fin du mois, dont l'échéance redoublait, un matin, l'argentine musique des piastres que les *compradores* chinois vérifiaient et comptaient au rez-de-chaussée des offices, le long de la praya. Ce matin-là, un *boy* lui apportait une lettre :

Marcel Deschamps, *esquire*
Victoria-Hôtel
(room 32)

My dear Marcel,

I shall be very much obliged to you to give to the bearer the sum of dollars 30, for what you know.

I hope to see you soon, and to go for the same walk.

Yours truly
MARY.

Peu habitué au griffonnage anglais, il restait un bon moment à traduire ce poulet, comprenait enfin que sa correspondante le priait de remettre au porteur trente piastres « pour ce qu'il savait », et comptait recommencer bientôt avec lui un voyage à Cythère. Aussitôt, il avait ouvert son carnet de chèques, mais, le *boy* parti, s'était étonné de la modicité de la somme réclamée, eu égard à la longueur du voyage, et gêné de la modération de miss Scott, encore qu'elle semblât flatteuse, il se munissait d'un second chèque, puis se rendait chez l'Américaine, le soir même.

Invisible, Mary. Pourtant, il n'avait point osé redescendre, retenu d'ailleurs par Florence, une amie de l'absente. Et, quelques heures après, sa compagne étant allée s'abreuver de champagne, il se réveillait seul, sous un drap banal. C'est à ce moment qu'il était redevenu lui-même pour s'être souvenu. La convalescence était finie.

Il s'enfermait le lendemain, brusquement las de toute distraction, et cassé. Les choses et les gens, il les croyait voir sous leur jour véritable, les voyant à travers sa bile revenue : sir Bouwen radotait les mêmes saillies, les dames anglaises et françaises étaient des poupées stupides, les *prince-merchants* des épiciers, les membres du club des ivrognes incivils, les marins des machines ; ainsi de tout. Au fond, il goûtait comme un âpre plaisir à cette rechute à ses anciens états d'âme. L'eau va, dit-on, à la rivière. La souffrance pareillement aimante certains souffrants : Marcel, encore que son cœur se soulevât quand surtout, au lieu de Mary, il trouvait Jane, Dinah, Ann ou Frances, retournait les nuits suivantes à l'hospitalier logis. Il connut l'insomnie en des lits étrangers. Et ses tristesses restaient pareilles comme les chambres.

Il y retournait parce qu'il dormait le jour, incapable d'un effort pour sortir, refusant les invitations, et cherchant le non-penser dans la sieste. La vision de Blanche, en la retraersant, avait ramené la constatation que tout était fini, l'impossibilité de goûter quoi que ce fût. Et, le soir, dans l'apeurante solitude de son morne campement d'hôtel, une désespérance tombait des murs. C'est alors qu'il courait chez Mary, ou, si elle ne pouvait le recevoir, qu'il se réfugiait dans une maison voisine, toute semblable, car miss Scott, jalouse, lui avait bientôt interdit ses colocataires.

D'abord, qu'importait le choix de la femme ? Mary exceptée, dont la toquade chatouillait en lui ce vieux fond de fatuité et de sentimentalisme commun à tous les mâles, Mary exceptée, qui physiquement parlait encore à ses préférences d'artiste, ces Américaines lui demeuraient équivalentes, pareilles comme ses rêves, pareilles comme leurs logements trop bleus. Ce qu'il leur demandait c'était de chasser ses pensées avec des caresses, d'anesthésier tout son être. Mais grâce à ses deux ans et demi de Tonkin, grâce à la réaction aussi, la bête en lui restait insatiable. Alors il se rappela ce qu'à propos de Loulou et de la banalité du plaisir Chalon lui citait de Mauriac : En somme, la débauche était assez pauvre de moyens, si on les mesurait à l'immensité de ses aspirations... Tout changeait, excepté les instincts primordiaux de la bête ! Les modes de leurs manifestations participaient de l'art plus que de la science, ne progressaient pas, n'inventaient rien. Leur premier jet avait atteint une perfection relative, — comme la poésie et les beaux arts !

L'impossibilité, au surplus, d'échanger plus de vingt mots avec ses complices, les longs silences durant lesquels il les regardait et elles le regardaient, donnaient à ses essais de plaisir une étrangeté qui aurait été sinistre, si ces filles eussent ressemblé à leurs congénères d'Europe. Par bonheur, le marin, en le pilotant l'autre mois, n'avait point menti : elles paraissaient oublier elles-mêmes leur métier, ces indépendantes, dépourvues de cynisme, et si chastes dans leurs abandons que leur chemise en perdait ses transparences. Cela n'était point du reste pour lui déplaire. Du premier coup, les communes malpropretés auraient éteint ses désirs, tandis que le susurrement poli de ces voix honnêtes, la candeur des attitudes et certaines inexpériences de vierges, les vivifiaient. Même il n'était point jusqu'aux choses qui n'entretinssent cette hypocrisie naturelle. Comme leurs maîtresses, elles étaient confortables, souriantes, tranquilles, — inconscientes.

Oh ! comme Marcel souvent y accrocha ses flottantes pensées ! Il était seul. Ses compagnes détestant se coucher tôt, ou lasses de son mutisme, l'abandonnaient toutes les demi-heures pour aller lamper du champagne, car, à défaut d'autres vices, volontiers elles s'enivraient.

— *Excuse my!* disaient-elles, puis elles disparaissaient en reboutonnant leurs peignoirs. Alors les bras sous sa nuque, blanc au milieu du blanc, avec la mauresque de percale prêtée par son hôtesse, il regardait les meubles, fixement.

Sauf le petit *pankah* voltigeant au-dessus de sa tête, rien ne rappelait la latitude. Qu'il fût en citronnier, thuya ou palissandre, le lit était fatalement drapé de peluche. Des rideaux aux guipures compliquées cachaient les fenêtres, adoucissaient encore la décoration bleu et or de la pièce. Les sièges peut-être trop moelleux et trop bas pour les mousselines voisines, pâlissaient, peluscheux eux aussi, en grosses taches azur ou crème sous la lumière opalisée d'une lampe familiale. Partout, s'étalait un gros luxe, non point de courtisane, mais de bourgeoise. On eût dit la chambre d'une pensionnaire, fille de fabricants de ruolz. Des bronzes de commerce, des bibelots d'exportation se reflétaient par les glaces ; la cheminée cachait mal sous des fleurs et des plantes des profusions de cuivre repoussé, et rien n'étant en *toc*, tout était vulgaire, trop lourd, des statuettes jusqu'aux tableaux que retenaient des cordonnets immenses dont les files couvraient le papier tendre de haubans. Les somptueuses moulures enserraient d'odieuses aquarelles ou des gravures sur acier, reproductions des succès du Salon de peinture parisien, toutes les sentimentaleries, plates à pleurer, auxquelles se pâme l'intelligence des foules. Des *Amours vainqueurs* ou *vaincus* alternaient avec de nauséeuses scènes de genre. Dans le nombre il remarquait un officier d'État-major qui, debout, près d'une jeune femme visiblement enceinte, regardait sur son poing un petit bonnet d'enfant. Et d'ailleurs dans cette chambre à trente dollars la nuitée, l'enfance se retrouvait partout, appportant une note très anglo-saxonne. De tous côtés traînaient des photographies de ravissants babies ; d'autres débordaient des albums que, parfois, il feuilletait, et où de bonnes figures de parents voisinaient, dans un pêle-mêle fraternel, avec des minois d'associées et cent visages d'hommes, des faces niaisement hypnotisées par l'objectif. Tous ces élus se ressemblaient du reste, comme si leur amante n'eût été vouée qu'à un seul type.

Après les photographies de bébés, elle l'attirait, la bibliothèque. La nationalité de ses amies se révélait autant par la présence d'un tel meuble que par le choix de ses volumes. Toujours un Shakespeare complet y bombait sa reliure uniforme, entre les œuvres de « lord » Tennyson et une grosse Bible dont le dos fatigué montrait assez qu'on usait d'elle fréquemment. Puis, c'étaient les ordinaires percalines du bas-bleuïsme vivant ou mort. Misses Braddon, Broughton, Cummins, Yonge, Kavanagh, Craik, Parr, Currer-Bell, Edwards y heurtaient mistress George Eliot, lady Fullerton, mesdames Wood, Oliphant, Ouida, Marsh, Gas'kell, Edwardes, Jenkin, lady Blessington et vingt autres. Plus rares, les romanciers du sexe laid : Ainsworth, lord Lytton, Bret Harte, Henry James, Lever, Trollope, Marion Crawford. Ni Dickens, ni Poë. Des traductions yankees de Gaboriau représentaient la littérature française !

Des livres, il tombait ensuite à la minuscule toilette, sise à droite du lit. L'Américaine s'y révélait encore, réservant sans doute le confort pour la salle de bain et se contentant chez elle du lavabo d'une cabine de navire. Pareille à un godet, une cuvette la constituait, unique. Pleine, on la vidait dans une potiche de Canton haute d'un mètre et demi qui dominait le lit de ses flancs ventrus, historiés de chimères. Et le chancelier finissant là son inventaire mélancolique, songeait que pour en orner ses salons la bêtise parisienne se disputait dans les grands bazars ces vases exotiques où les Célestes avaient craché, où les anglo-saxons avaient jeté le culot de leurs pipes, où les femmes enfin avaient versé les eaux de leurs ablutions. Mais ensuite, il ne trouvait plus rien pour se soustraire aux idées qu'il voulait fuir, et il ruminait longuement.

Partir de Hong-Kong ? Où donc irait-il ? Partout, ce serait la même misère. A quoi bon ? Aussi bien la pensée d'avoir à refaire ses malles l'assommait et une veulerie l'écrasait sur place, un besoin de ne plus remuer, de ne plus sentir...

Où qu'il émigrât, n'est-ce pas ? il verrait la même femelle, la même fille. Dans quel but, alors, se déplacer? Il ne pouvait plus aimer, plus même essayer: *l'autre* serait toujours entre le bonheur et lui. Or, l'amour enlevé, que restait-il de vivable dans la vie? Le plaisir! Mais qui lui en donnerait de moins répugnant que ces lectrices de Tennyson?

La femme mise hors de cause, l'examen de sa situation se simplifiait. Il possédait deux amis, trois même : Villaret, Chalon, de Pontailly ; cette fortune était assez exceptionnelle pour qu'il fût certain de par le calcul des probabilités de n'obtenir que désillusions de relations nouvelles. Donc, c'était de son propre fond qu'il devrait subsister. Comment? Villaret prônait le travail. Ecrire alors, puisqu'il ne savait que cela, ignorant comme un poète? Il pourrait achever ses *Chinoiseries*, les publier. Et après? Bon ou mauvais, le volume serait *étouffé*, l'auteur, de parti pris, s'étant fait oublier depuis près de trois ans. Publié d'ailleurs avec succès, quelles joies lui rapporterait-il? Aucunes. Ou plutôt une autre souffrance, la preuve de son impuissance à rendre comme à créer. Est-ce que la littérature valait mieux que le reste, avec la mobilité des goûts? Vaine ainsi que l'amour, elle avait de pires lendemains. Le génie était inconscient. On copiait toujours quelqu'un, et de ce quelqu'un l'on se lassait très vite.

Avec un bâillement, il se tordait les mains dans un ennui tournant à l'angoisse. Oh! s'intéresser à quelque chose, sortir de cage par la poursuite d'une chimère fût-elle puérile : mon Dieu! que cela serait bon! Retrouver un désir du moins, banal et partant réalisable, une idée! Reconquérir une ambition, une croyance, un de ces idéals quelconques qui laissent vivre lorsqu'ils n'y aident point!...

Mais non! l'indifférence de tout le tenait, et son dilettantisme même s'était émietté, impuissant contre la recrudescence du spleen! Au *reading room* du club, il ne pouvait plus achever un journal, une revue, y constatât-il le lent triomphe de ses idées anciennes sur la vérité dans le livre. La mort de l'amiral Courbet, l'autre jour, ne l'avait point ému! En perdant ce vague espoir d'amour dont, avant le *Messidor*, se relevait d'instinct, quoi qu'il en dit, l'à-vau-l'eau de tous ses autres espoirs, avait-il donc tout perdu, — reperdu? Sans doute, plus que l'opium, le Tonkin devait être complice de la vie. Lorsqu'il y était débarqué, il conservait encore le culte du Pavillon!...

Ne croire à rien, reprenait-il, pas même à la vulgaire honnêteté, considérer que devant la fatalité du mal, devant la cruauté de l'infini, devant l'universelle douleur, art et vertu sont des duperies, inutiles comme l'action, ou bien des ferments de souffrance, demeurer cependant honnête par élégance, poète par tempérament, et, dans un tel état, frissonner d'un battement de cœur lorsqu'un morceau d'étamine tricolore claque au vent, dans la fumée du canon : vraiment, de ses complexités, celle-ci restait la plus étrange!

Oui, il avait été patriote, parce qu'il avait assisté à la guerre de 1870-1871, parce qu'il avait voyagé à travers l'Europe, parce qu'aussi, et surtout, il était assez polyglotte pour connaître qu'avant du moins l'éclosion slave, la France possédait seule une vraie littérature. Entre tant de conventions, elle lui semblait la plus noble, la seule acceptable, la convention des devoirs envers un pays capable de produire Baudelaire et Flaubert, ayant produit Balzac et Victor Hugo. D'ailleurs, il n'avait jamais dit ou écrit ces choses, par pudeur d'amour, par gêne devant la contradiction dont elles souffletaient ses philosophies, par horreur enfin de paraître s'acoquiner avec les imbéciles... Et arrivé au Tonkin avec cette illusion dernière, il se ferait maintenant naturaliser iroquois, quand on voudrait !

L'Armée ? la Marine ? Certes de grandes choses, et belles, en leur humaine vanité. On y était brave, et souvent savant, au service de quelques bribes confuses d'idéal ; on y méprisait enfin beaucoup de ce qu'il méprisait lui-même. Ces deux sœurs, toutefois, il fallait les regarder à l'œuvre, de loin, car l'histoire qu'on vivait soi-même se rapetissait de toute la petitesse de la figuration, et, pour qui la voyait naître, la gloire gardait trop les boueuses éclaboussures des mesquines envies, des rivalités et des haines entourant son berceau hasardeux. La politique enfin touchait aussi ces débris d'anciens âges pour les salir, pour les ramener au commun niveau. De combien de malpropretés, sa position officielle ne l'avait-elle point rendu témoin ?...

Mais quel besoin de repasser ses souvenirs de trente-deux mois, les infamies gouvernementales, le gâchage d'une idée large et d'un riche pays, la démoralisation de l'armée et de la flotte, cent et un scandales compliqués de folie, pour s'expliquer la déchéance de ses dernières fièvres ? Et qu'importait la cause ? Tôt ou tard, il devait se désintéresser de sa patrie comme du reste, toutes les croyances étant solidaires, cimentées entre elles comme les pierres d'un rempart. Son rempart était démoli ! L'amour du drapeau, que l'éducation et l'hérédité avaient un temps laissé subsister en lui, ne pouvait survivre à l'entière dégringolade, lorsque ni la femme, ni l'art, ni l'ambition, ni le devoir, ne restaient debout. Hélas ! l'amour-propre lui-même ne se débattait plus parmi ces ruines !

Voilà qu'il était parvenu à la sagesse, qu'il se connaissait ou croyait se connaître, — ce qui revenait au même ! L'opium en développant l'acuité de ses sens avait développé la pénétration de son intelligence et fait merveilleusement rigoureuses ses études égoïstes. Aujourd'hui, il se possédait tout entier, comme si sa propre substance avait été son œuvre à lui, sa chose créée. Sur son compte, il ne gardait plus la moindre parcelle d'illusion. Il s'était déshabillé, ausculté, percuté, disséqué, — vivisecté ; il avait atteint et photographié le tréfond de sa personnalité maladive. Et, à présent, il s'apercevait que l'amour-propre mort, tout était mort, que le mépris gisait dans le savoir, avec l'indifférence. Rien ne l'intéressant plus, il ne livrait plus de luttes, prévoyant trop d'avance leurs résultats, et dégoûté de vivre comme se dégoûterait du jeu le véritable joueur qui, d'avance, à coup sûr, prédirait le chiffre du point !

Retombé sur sa lettre, Marcel laissa recourir sa plume, écrivant ainsi que d'autres eussent pleuré. Cependant, peu à peu une fierté naissait de son excitation littéraire, montait de la caresse des phrases, et il termina sur ce cri :

« Pourtant, en eussè-je le pouvoir, vraisemblable-
» ment, je ne changerais rien à ce qui fut mon exis-
» tence. Coulant d'autre manière, par d'autres milieux,
» avec d'autres épisodes, sans doute ne m'aurait-elle
» pas donné ces sensations précieuses, et aurais-je
» perdu comme observation raffinée. Mes misères, je
» les préfère à l'inconnu de joies, peut-être possibles,
» mais grossières, et moins suggestives en curiosités.
» Et lorsque j'essaie de me rendre compte de cet
» attachement à mon état présent, je ne découvre
» qu'une quintessence d'orgueil ! Pour vous, docteur,
» cette exaltation du *moi* vous paraîtra le résultat de
» l'abus de l'opium. Cependant, c'est bien profondé-
» ment mépriser la vie que juger toutes ses combinai-
» sons inférieures à celles qu'on en a tirées !... »

En revenant de porter sa missive à la poste, Deschamps entra dans un bazar chinois où Mary l'avait prié de lui acheter des crêpons. Sur le comptoir, luisaient des *fumeries* que marchandait un vieillard. Il les regarda, hésita à les toucher, puis haussa les épaules avec un sourire sur son hésitation. A quoi bon se refuser un des rares bonheurs certains, le seul peut-être ? A qui, pour qui ce sacrifice ?

Et il acheta un appareil complet.

XVI

Il fuma. L'opium lui rendant avec l'énergie du mouvement le désir de chercher dans le voyage des aliments à son rêve, il fuma partout. On le vit à Macao, dans les mornes ruches de la ville morte, dans le jardin du Camoëns ; à Canton devant les porcs sacrés du temple d'Honan, au pied d'une niche où rôtissait, empuanti, le corps d'un bonze ; puis dans les bateaux-fleurs, et dans les bouges où des femmes à face de lune, trop fardées, dansaient au son des guitares ; et dans le Temple de la Fécondité où des ménages stériles s'accouplaient sur les dalles avec une pieuse impudeur ; et dans tous les pittoresques cloaques, parmi toutes les guenilles ensoleillées dont la fantasmagorie de couleurs, d'odeurs et de formes, dont l'étrangeté, parlaient, nimbées de fumée bleue, à la résurrection de son sens artiste. Et ses rares sommeils n'avaient plus d'angoisses, et les premiers phénomènes de ses sacrifices à l'opium, se redéroulaient, fertiles en joies intellectuelles.

Ensuite, il s'embarqua pour Shanghaï. Là, derechef, il retrouvait la civilisation, avec un cachet plus cosmopolite, et moins de raideur anglo-saxonne qu'à Hong-

Kong. La présence d'une partie du corps diplomatique descendu du Nord redoublait la fièvre de plaisir sur les Concessions européennes. Aussi, s'en lassa-t-il vite. Au bout de quelques jours, il reprenait la mer. De Tche-foo, gagnant Tien-tsin, puis Pékin, il comprit l'art chinois, si enthousiaste, un moment, qu'entre deux pipes, il eut le courage d'ajouter quelques pages à son livre. Seulement, un matin, il se leva ayant tout vu de la Grande Muraille à Tong-tcheou et retomba à l'ennui, las à présent d'ailleurs de ce symbolisme bouddhique à l'agaçante monotonie. Elle le frappait, en même temps, la déchéance de ses forces à peine reconquises ; son congé d'autre part touchait à son terme : il repartit pour le Sud.

Jusqu'à Haï-phong, il ne quitta point sa cabine. Décidément, ruminait-il, la terre était petite. Cette immense Chine pouvait se synthétiser en quatre ou cinq impressions qui, du reste, n'étaient pas celles des voyageurs. A quoi bon se remuer ! Dans quel but ?... On souffrait également partout de l'absence d'horizon. Jusqu'aux littératures qui demeuraient pareilles, à l'instar des femmes. Tou-Fou exilé comme Ovide chantait comme Ronsard. Pé-Ku-Ki avait écrit le *Songe d'une nuit d'été*, et Li-Taï-Pé valait bien Sully Prudhomme !

Cependant, en dépit qu'il généralisât son mal, son premier soin à terre fut de courir à la poste. Qui savait ? Blanche lui avait écrit, peut-être ? Il ne trouva qu'un mot du commissaire lui annonçant sa nomination de gouverneur de la Guyane. Dans une tiède formule finale, « sa femme se joignait à lui... » pour envoyer au chancelier ses meilleurs souvenirs. Et Deschamps s'étonna d'avoir pu espérer.

XVII

Semblables, des mois suivirent. Marcel nommé Sous-Résident à Hanoï, avait repris sa vie d'antan, une vie solitaire, ses derniers camarades ayant été remplacés durant son absence. Chalon lui-même, enfin nommé médecin de la Légation de France au Japon, partait un beau jour. Dès lors, plus rien ne retenait le fonctionnaire, qui fuma nuit et jour, dépérit de nouveau à vue d'œil.

Sa maigreur devenant extrême, sa face portait bientôt le sceau de la cachexie. Dans sa paresse physique et intellectuelle, dans son universelle inappétence, il lui fallait déployer un courage surhumain pour saisir sa fourchette, pour ouvrir son courrier. Son air hébété, son insouciance pour tout ce qui l'entourait, son humeur noire, ses brusques ricanements, le resserrement de ses pupilles, sa tendance à se blottir, engourdi, dans l'obscurité et le silence, frappaient à la fin ses chefs. Il fuma davantage, ne se sentant capable de leur répondre et de s'acquitter de sa besogne que sous le coup de fouet d'une absorption d'opium. Maintenant, il tombait à la dose d'une pipe par vingt-cinq lignes à écrire. Aussi percevait-il à peine, en quittant le bureau, les battements de son cœur et, tous les dix pas, s'arrêtait-il, le souffle rare, afin d'effectuer une inspiration profonde. Rentré chez lui, sa glace lui montrait son nez pincé, ses pommettes trouant la peau, ses lèvres violettes. Elle peuplait enfin ses sommeils d'hallucinations douloureuses, sa constante morosité. Ce n'était plus le défilé des horreurs anciennes, les ruisseaux de sang, la guerre, et l'image de Blanche flottant au-dessus, mais la revision de choses plus récentes, des souvenirs de Canton, de Macao, de Shanghaï, de Tien-tsin, de Pékin, choisis parmi les pires laideurs. Souvent, au fond d'une fumerie nauséabonde, au milieu de mendiants, une femme l'appelait : madame Verdier. Il entrait, fumait avec elle, puis la saisissait, et c'était alors miss Scott, puis successivement, toutes les Américaines qu'il avait vues à Shanghaï et à Hong-Kong, une incessante fuite de fantômes qui se dérobaient à ses caresses jusqu'à ce qu'il s'éveillât, désespéré.

Il ne souffrait point cependant, et sentait que s'il avait pu manger, sa santé physique se serait à peine ressentie de l'usage de l'opium. Mais dans sa misère organique, l'abus de la pipe avait enrayé les fonctions digestives, rendant la nutrition insuffisante, et c'était sans profit que, contraint, il se décidait à s'alimenter.

Un jour, il ne put sortir de son lit.

— Mon cher, lui dit le successeur de Chalon, vous vous tuez ! Un de ces matins, vous succomberez à l'inanition, au marasme, à moins que vous n'expiriez brusquement, après une syncope, car vous êtes cardiaque et anémié au dernier point. Aujourd'hui, vous ne résisteriez pas à la moindre bronchite, à un *bobo* de rien du tout !...

Marcel haussa les épaules : croyait-on qu'il tînt à l'existence ?

— Docteur, déclara-t-il, je ne renoncerais à ma pipe pour rien au monde, — POUR RIEN !

Le médecin le fit porter à l'hôpital.

XVIII

Un matin, Marcel débarqua à Paris, par le train du Havre. Il pleuvait comme il pleut dans les capitales, où le ciel lui-même fait grand. Le voyageur constata que pour baiser la terre natale, il devrait lipper la crotte, et se félicita de n'avoir point d'enthousiasme à manifester. Puis, il se demanda quel serait son gîte.

Depuis déjà trois ans, il s'était débarrassé du mobilier qu'à son départ de France, se mentant à lui-même et mentant à Claire, se promettant un irrévocable exil et annonçant à son amie un retour prochain, il avait laissé rue de Miromesnil. Confusément triste de sa rentrée sous l'averse dans ce Paris où ne l'attendait aucune affection, il le regrettait, l'ancien *home*. Le cadre aidant, elles y seraient douces, la solitude et la fumée ! Alors ce serait donc toujours son lot dans la vie, de camper à l'auberge ?... Pour chasser ce revenez-y sentimental, il regardait galopant par l'immense hall de la gare un pullulant troupeau de gens pressés et lamentables, gâchant sur l'asphalte la boue apportée du dehors. Rien de changé dans cette cohue d'Occidentaux vêtus en croque-morts, presque aussi laids que des Annamites ! Aux murs, les mêmes affiches, où les 700,000 exemplaires du *Petit Journal* avaient seuls disparu, car après un 1 tirant l'œil, s'étalaient six zéros peints de neuf sur l'ancien chiffre, et plus bleus que le reste du placard.

Non, rien n'était changé, répétait Marcel, en se penchant à la portière du fiacre qui l'emportait avec ses malles. On reconnaissait encore, en dépit des variations de leur tenue, les militaires d'entre les bourgeois. Enfin, les kiosques à journaux n'étaient ni moins nombreux, ni moins fréquentés que les débits de vin, ce qui marquait assez que la civilisation et la prospérité continuaient vers le progrès leur marche de jadis. *All right !* fit-il tout haut, l'idée : progrès lui rappelant toujours Villaret et son exclamation familière.

— Arrêtez, cocher !

C'était devant une maison meublée, familiale d'aspect. Deschamps y pénétra et s'installa, incontinent, dans un entresol propre et froid, — deux pièces : chambre et salon, — un garni si banal qu'il n'en était même plus mélancolique. Tout de suite, tandis qu'un garçon prussien montait ses bagages, il ouvrit les croisées et regarda la place de la Trinité, le carrefour de la Chaussée d'Antin, tout un large coin de ville affairée qu'involontairement, il compara à des coins d'autres villes, récents souvenirs de San-Francisco, de Cincinnati, de New-York, du Havre, entrevus ainsi par la fenêtre d'un hôtel. Plus que la foule et que les maisons, ils l'intéressèrent, les monstrueux omnibus qui, roulant au-dessous de lui, faisaient grelotter les vitres. Et il continuait à ne se sentir ni joie, ni peine, se plaisant d'ailleurs à constater à part lui qu'il n'avait point demandé à revoir ces choses. Aussi bien, toutes les rues du monde étaient pareilles, bruyantes des mêmes fièvres inutiles, et il pleuvait partout!

Peu à peu, ses sensations se résumèrent en un besoin de prendre un bain et de brûler un peu d'opium, besoin qu'il satisfit sans tarder, gêné seulement d'être contraint d'installer sa *fumerie* sur sa table de nuit, mais amusé, par contre, du contraste de cet appareil exotique avec le reps pisseux des rideaux, les laideurs européennes de la pièce, avec le vacarme enfin des voitures sur le pavé de la rue. Pendant la première pipe, savourant son immobilité, il comprit le mot légendaire de la marchande toulonnaise :

— Vous arrivez de Chine, *capitène? Pechère!* vous devez être bien fatigué! Marius, *donnes-y* une chaise!

Elle était fatigante comme le reste, la locomotion de cet âge pressé! A présent, il comptait sur ses doigts ses dernières étapes :

— De Haï-phong à Hong-Kong : deux jours. De Hong-Kong à Yokohama, une semaine; — je pose : 9. Traversée du Pacifique, du Japon à San Francisco : 17 jours. Dix-sept et neuf : 26. De San Francisco à New-York, une semaine : 33. Huit jours enfin de New-York à Paris : cela donne un total de 41 jours, durant lesquels, par railway ou steamer, j'ai marché toujours, marché sans cesse. Ouf!...

Il se confectionnait une seconde pipe. Les regrettait-il ces quarante et un jours? Non certes, se répondit-il. En dépit des inévitables désillusions, voyager demeurait un des meilleurs modes de tuer le temps, et si, pour revenir du Tonkin, il avait pris la voie la plus longue, la plus fatigante, il avait du moins évité de repasser par les routes jadis suivies aux côtés de Blanche. Pourtant, lorsqu'il avait quitté l'hôpital, après trois mois de torture, guéri de force, il avait hésité à se convaincre qu'il n'était pas assez mûr pour revoir le lac Timsah! Et jusqu'à bord de la *City of Tokio*, où il avait recommencé à fumer, en plein Pacifique, il avait ensuite regretté sa détermination. Baste ! puisque à son passage à Yokohama, Chalon lui avait fait promettre de démissionner et de venir s'établir au Japon, s'il ne trouvait en France rien qui le retînt, il reverrait Ismaïlia, Ceylan, Singapoore, tous ses souvenirs, car il prendrait, cette fois-ci encore, pour toujours être illogique, la route la plus longue, la voie de l'Inde, l'ancien sillon du *Messidor!*... Ce bon docteur ! « au cas où rien ne vous retiendrait, » disait-il ! Si Chalon, pensait là-dessus Marcel, me voyait ici, dans ce garni puant le chien mouillé, il me préparerait mon logement japonais tout de suite !

Cependant, il n'était point, au fond, fâché que ses chefs, profitant de sa faiblesse, lui eussent fait violence pour l'expédier en France ; et c'était pour y arriver à peu près valide qu'à bord de la malle américaine, que dans son *car* de San Francisco à New-York, qu'ensuite, jusqu'au Havre, il avait très modérément fumé. Cette discrétion, il y persévéra dans son morne entresol, l'exagéra même, Paris, sans qu'il se l'avouât, l'ayant ressaisi. En huit jours, tailleur et chapelier aidant, sa transformation fut complète. Il loua un piano, acheta les livres et partitions de l'année, fréquenta les théâtres, et n'eût été la persistance de ses étonnements à lire chaque jour un *Figaro* paru le matin même et non depuis un mois et demi, il aurait immédiatement repris pied au boulevard.

Bientôt la solitude lui pesa. Son parrain, M. Rassely, voyageait. Ils se trouvaient également absents de Paris, les quelques maîtres qu'il aimait. Quant à ses camarades d'antan, ils étaient dispersés ; ceux qui appartenaient à la presse républicaine casés dans des postes officiels ; les autres, les écrivains, évadés de l'art et de la capitale, ou bien soignant dans la retraite leur candidature aux revues graves, à l'Académie. C'est en les recherchant qu'il constata, avec un rire jaune, combien on l'avait oublié. Dans les quelques salons où il alla, il dut être présenté à nouveau à des gens dont autrefois il s'était cru l'ami. Aux rédactions de journaux comme à son cercle, il était traité en revenant. Même d'aucuns affectaient de le plaindre : « Ce pauvre Deschamps !... » tout comme s'il eût été pitoyable d'avoir couru le monde. Mais son pire supplice naquit des questions dont chacun le harcelait, questions à pleurer révélant une ignorance toute française.

— Comment se rend-on au Tonkin ?... Et comment mangiez-vous là-bas ?

Cette dernière interrogation stupide l'exaspéra si fort, qu'il évitait sur le trottoir, à la fin, les visages de connaissance. Toutefois, il ne put refuser de répondre aux questions officielles, et forcé de fournir un mémoire à un Président du Conseil, qui, confondant Haïnam et Formose, voulait se renseigner, il dut, pour les besoins de son travail, faire venir un atlas de Leipsick, n'ayant pu trouver dans aucune librairie un atlas français contenant une bonne carte des colonies françaises.

Des *reporters*, dès lors, l'*interwievèrent* sur la question d'Extrême Orient. Il en mystifiait quelques-uns, sans que toutefois, en voyant ses bourdes solennellement imprimées, il eût le courage de sourire, tant on parlait de lui comme d'une notoriété finie. Des échotiers, en les citant de souvenir, estropiaient les titres de ses livres ! Le portrait de son principal pasticheur s'étalait aux vitrines, à la place du sien ! Et tout en trouvant idiot, ridicule même, venant après ses mépris, ce si humain regret de n'être plus « dans le mouvement », Marcel se reprocha de n'avoir pas, depuis quatre ans, répondu à personne, confrères ou directeurs de périodiques. Cette jalouse misanthropie, passagère à vrai dire, l'amenait un matin, chez son éditeur.

Oh! que de fois, jadis, en ses jeunes espoirs, il avait enfilé le passage Leconte de l'Isle, le cœur ému rien qu'à voir de loin la boutique familière et les volumes brochés diaprant la devanture! Le passage n'avait point changé. Elles étaient encore là, les parfumeuses qui, en ces temps lointains, raccrochaient du fond de leur logette obscure les moins chevelus des parnassiens attirés, comme des mouches, par la célèbre librairie. Elles étaient là encore, et, scandalisant les passants, Marcel effrontément leur adressa un grand coup de chapeau. N'était-ce pas sa jeunesse qu'il saluait en elles, — le passé? Sans surprise, elles lui sourirent avec un « *pssst!* » engageant; il remarqua qu'elles avaient rajeuni.

— Je suis seul à vieillir! pensa-t-il, et il entra chez le marchand de livres.

— Comme vous avez changé, mon cher poète... Tiens! vous aussi, vous êtes décoré?

Le : « vous aussi » soutira un regard de Marcel vers la boutonnière de son éditeur. Il y vit resplendir, large comme un œillet, un bout de ruban rouge.

— Moi aussi! répondit-il en souriant.

Puis, du ton d'un débutant, il s'informa de la vente de ses « bouquins ».

— Mais ils vont leur petit courant... Les *Angoisses* surtout, car la tristesse est maintenant à la mode. M. Renan vous a cité, l'autre jour, et la marquise de Loqueville vous a fait relier... Vous m'apportez sans doute votre manuscrit, ces *Chinoiseries* dont parlent les journaux ?

— Non, mon cher ami, je n'écris plus que pour moi seul. *E finita la musica!*

Deschamps vit alors s'effarer les commis et s'extasier

les yeux des cinq à six jeunes gens remplissant la boutique. Depuis un instant, ceux-ci le regardaient avec ces curieux regards dont les ambitions qui commencent enveloppent les gloires « arrivées ». Il était quelqu'un pour eux ! ils l'enviaient !

— Vous étonnez joliment ces messieurs, fit l'industriel, après avoir inutilement insisté. Et il lui présenta l'un des jeunes hommes qui, tout de suite, bombarda Marcel d'un : « mon cher maître ».

— Non pas « cher maître ! »

— « Jeune maître » alors ! intervint le libraire.

— Pas même !... « Jeune vieux », si vous voulez !

Il ricanait pour dissimuler l'émotion qui, maintenant, l'emplissait dans ce foyer de souvenirs, parmi ces poètes à qui il avait ressemblé. Fini ! tout était fini, même sa furtive révolte d'amour-propre devant la montée de l'oubli !

— Oui, jeune vieux ! C'est une définition, l'étiquette de ma génération, mais non de la vôtre, mon confrère, je l'espère bien !

Pensivement, il fixait son interlocuteur, un enfant de vingt ans, au teint d'une fraîcheur provinciale, vaguement joli garçon, les yeux ardents et candides, — une bouchée pour Paris. Cet éphèbe, évidemment, apportait un manuscrit, des strophes, des rimes riches, du lyrisme, et déjà du métier ! Évidemment, il croyait aux revues de la Rive Gauche, aux théories de brasserie, aux amitiés du quartier Latin, aux gloires de la Décadence, et possédait précieusement, une lettre de Victor Hugo ou d'Émile Zola, — des deux peut-être.

— Vous faites des vers, sans doute ? lui demanda-t-il.

— Oui, des vers...

Marcel lui imposa les mains sur la tête, pour cacher son attendrissement sous une bouffonnerie, et du ton du maréchal de Mac Mahon haranguant l'élève nègre que lui présentait le commandant de l'École de Saint-Cyr :

— Eh bien ! continuez !

On riait. Alors pour consoler cette jeunesse qu'il n'avait pas le droit de railler, même d'apparence :

— Mais croyez-y longtemps, ajouta-t-il.

Là-dessus, le caissier lui remit le montant de ses droits d'auteur.

L'œil luisant, les jeunes hommes le regardèrent encore, avec l'admiration bien naturelle de gens qui, payant l'impression de leurs vers, voient quelqu'un tirer au contraire bénéfice des siens et réaliser ainsi la métaphore décevante prêtant des rimes d'or au poète !

L'éditeur accompagnait Deschamps jusqu'à la porte ; puis, en lui serrant la main :

— Et cette ancienne passion aujourd'hui mariée ?

— Madame Claire Leroux ?... Mariée ?...

— Tout ce qu'il y a de plus légitimement mariée, avec de Fontange, le richissime sportman ! Vous ne receviez donc pas les feuilles, chez les sauvages ?

Du coup, les pensées de Marcel dévièrent. C'était donc pour cela qu'elle avait cessé de lui écrire ! Décidément, il fallait lire les journaux, fût-on à six mille lieues de Paris !... Du reste, il n'éprouvait qu'un très confus étonnement : elle devait finir ainsi ! Toujours elle avait aimé la vie régulière. Mais ce Fontange !... Enfin, cela les regardait l'un et l'autre. On relâche où l'on peut ; l'espèce du port n'importe point à qui met son bonheur à jeter l'ancre.

En s'en retournant, il s'efforçait de ne plus songer à cette bizarre nouvelle, mais elle le hanta, quoi qu'il fît. Devenue baronne de Fontange, Claire, qu'il avait oubliée totalement, tentait sa curiosité. Le lendemain, il se faisait conduire chez elle, avenue de Wagram.

En route, il revivait, comme la veille, les années

disparues. La journée était exquise, tout égayée d'un sourire avant-coureur de printemps, et le cocher de sa victoria, comme devinant, suivait les rues et boulevards qu'il suivait lui-même autrefois pour aller chez sa maîtresse. De Hanoï, il avait souvent revu ce morceau de Paris, cette Madeleine de biscuit, cette rue Royale nimbée, sous le jet des arroseurs, d'une fine poussière d'argent, et charriant une vie ensoleillée, reluisante de harnais et de caisses vernies. Une fois même, il avait de là-bas, décrit ce tableau à Claire pour lui chanter les gloires du souvenir. Mon Dieu ! comme les choses différaient, écrites et vues !... O idéalisation de l'éloignement ! La plume à la main, un emballement, une exagération fatale emportaient les plus épris de la vérité. Les lettres trompaient, l'écriture grisait !

Puis, à propos de ce passé si profondément enseveli, il pensait à ce qu'il avait dit à Blanche, et s'étonnait de ses involontaires mensonges. Par crainte de se diminuer eux-mêmes, les plus francs, les plus sceptiques, embellissaient la vie, en atténuant l'horreur de leurs essais passionnels. Ainsi, madame Verdier pouvait croire qu'il avait été heureux avec Claire, momentanément au moins. Cependant, à bien revoir les jours morts, il n'y découvrait que tristesses et, pour une heure de délire, uniquement sensuel, qu'une série de petitesses consenties, d'humiliations tolérées et des misères mesquines, ridicules, dont aujourd'hui, sa mémoire retrouvait la personnification en des gestes et des visages d'huissiers féroces ou de mielleux agents d'affaires. Voilà pour le côté pratique. Quant aux autres... Oui, il avait eu quelques belles heures. Il se rappelait, par exemple, un soir où il lui lisait ses vers, à côté du feu, dans leur chambre, près de leur lit. Entre chaque pièce, il la prenait, — c'était à leurs débuts, — l'enlaçait, fou d'elle, puis revenait à sa lecture. Elle le trouvait grand, génial, mais, amante sensuelle, le désirait simplement, bien féminine, vernie d'art et fille, fière enfin d'être aimée non pour sa réputation de cantatrice à la mode, mais pour sa peau, par un poète. Et tous deux se trompaient encore, ce soir là, car elle ne voyait pas qu'il écoulait sur elle, en baisers goulus, la fièvre intellectuelle puisée dans son livre, fouettée par le rythme, surexcitée par la chanson des mots.

La voiture roulait, atteignait l'hôtel désigné, devant lequel stationnait un landau où Deschamps reconnut l'écusson des Fontange. Tandis qu'un valet portait sa carte, il songeait encore qu'à ses malédictions contre la vie, les prudhommes, les vieux surtout, aux nerfs cassés, aux virilités défuntes, répondraient qu'il avait été heureux suffisamment, et que de telles heures valaient des années ; mais que les mêmes gens, en ces temps éloignés, le boudaient ou l'objurgaient, cancaniers féroces, jamais à court de commentaires sur cet accouplement de son talent avec une beauté de théâtre.

On l'introduisit. Claire, qui, debout, coiffée, prête à sortir, empouponnait un morceau de chair rose enfoui parmi des dentelles sur la gorge géante d'une nourrice haute en couleurs, se retournait, lui tendait la main et lui souhaitait la bienvenue d'une voix émotionnée un peu.

— Quelle bonne surprise !...

Elle l'appelait en même temps : « Cher monsieur » et « mon cher ami ». Toujours belle, avec ce regain de grâce que la maternité donne aux vraies femmes. Ils causèrent, sans une allusion au passé, à ce mariage, mais la conversation étant tombée sur une ou deux de leurs ex-amies communes, elle eut la moue méprisante des femmes mariées pour les autres. Alors, rendu à la situation, Deschamps s'approcha du bébé, le caressa du bout du gant. La mère rougit et pâlit tout ensemble, une seconde. Entra le mari, clubman pareil aux clubmen, l'air seulement imperceptiblement débraillé, qui, Marcel à peine présenté, lui tendit la main, sans l'ombre d'une gêne, et, tout de suite, l'interrogea sur le Tonkin.

— Et comment mangiez-vous, là-bas ?

Il est vrai qu'aussitôt, il lui parla chevaux : quelle était donc la hauteur, au garrot, des poneys annamites ?...

Au bout d'un instant, il baisait les doigts de sa femme, donnait un *shake hand* au chancelier, et disparaissait. Claire, alors, renvoyait la nourrice.

— Vous pouvez descendre, nounou !

Pour la troisième fois, Marcel se levait, voulant partir.

— Non... c'était pour être seuls !

Elle lui prenait la main, et, debout, laissant presque tomber sa tête sur l'épaule du jeune homme :

— Ah ! pauvre cher ! comme je vous ai aimé !...

Lui la regardait, gêné considérablement, et se sentait bête, comme tous les hommes n'aimant plus, à qui une femme parle de leur amour. Elle l'interrogeait sur sa vie, sur ce qu'il allait faire, sur son installation à Paris, mais, maintenant, quelque chose de nouveau le poussait à s'enfuir, une déplorable tentation de la tutoyer et de l'attirer près de lui, sur la chaise-longue, et cela sans retour de passion, par pure curiosité, — pour voir.

Rentré dans son entresol, elle assaillit encore sa solitude, cette tentation inattendue. Ah ! il était bien sûr que Claire viendrait s'il le lui demandait ! Il fut sur le point de lui écrire, ne s'en retint que par mépris de la facile perversité gisant au fond de son désir.

Allait-il, comme un collégien, tomber à l'envie de la femme mariée ? Quel pauvre ragoût, quel misérable piment ce serait de posséder, portant le nom d'un autre, l'ancienne maîtresse de jadis ! Et quel haut-le-cœur ensuite !... Si elle l'aimait, ou pouvait l'aimer de nouveau, pourquoi raviver sa plaie ? Pourquoi la rendre malheureuse ? Quelle cruauté inutile ! Quelle lâcheté !...

Il fumait, cherchant l'oubli, lorsqu'elle reparut dans les nuages bleus. Avait-elle toujours ses admirables épaules ? Ne nourrissant pas, elle devait avoir conservé les exquises fraises pointant à ses seins... Cette maternité l'avait déformée peut-être ? Autrefois, elle avait un ventre adorable, laiteux et poli comme un bassin d'ivoire...

A ce moment, il aurait écrit, perdant ses scrupules, s'il avait été capable de vouloir l'effort nécessaire, — capable de tirer du papier à lettre de son tiroir. Comme d'habitude d'ailleurs, au bout d'un court moment, Claire lui fit évoquer Blanche, et il se sentit honteux de sa déchéance en s'imaginant la seule, la toujours aimée, — la morte, — rêvant, mélancolique, là-bas, à l'ombre des palmistes, à Cayenne. Que devenait-elle dans ce nouvel exil ?... Fréquemment, il avait un remords de ne lui avoir pas imposé sa justification. Pourquoi la faire souffrir aussi, celle-là puisqu'il ne mourait point ?...

Il chercha des distractions les jours qui suivirent. Il vit des filles qui lui semblèrent pareilles à leurs aînées ; — c'était les mêmes ; — il refusa une invitation, avenue Wagram, sur un prétexte quelconque ; il vécut. Et une après-midi, rentré pour fumer une des douze ou quinze pipes auxquelles il limitait son plaisir quotidien, il aperçut par hasard, en soulevant son rideau pour juger du temps et savoir s'il ressortirait ou non, il aperçut madame de Fontange, Claire Leroux en personne, qui, tête baissée, très voilée, descendait d'un fiacre devant sa porte. Lui ouvrirait-il ? Evidemment ! Car, s'il eût été coupable de l'appeler, il serait sot de refuser le plaisir qui, spontanément, s'offrait avec la satisfaction de ses curiosités maladives ? Mais la visiteuse ne sonnait pas ; les minutes passaient et, debout dans son petit salon, il s'étonnait de sa lenteur. Ensuite, il s'imagina s'être trompé, ou crut qu'elle n'osait pas tirer le cordon. Aussitôt, sur la pointe du pied, il alla jusqu'à la porte, grimpa sur la chaise la plus proche et regarda l'antichambre par le carreau de l'imposte vitrée. Claire débouchait à ce moment, la main encore sur la rampe et soulevait sa triple voilette, pour chercher le numéro de l'appartement. Elle était pâle, très pâle. Distinctement, d'un mouvement pareil, Marcel voyait trembler son corsage et la mèche bien connue de ses cheveux rebelles, dépassant son oreille, sous la capote du chapeau. Elle levait les yeux sans deviner son espion, découvrait la carte de visite près de la sonnette et s'accotait de nouveau à la rampe, comme si elle eût défailli. Un long moment, elle restait ainsi ; ses lèvres remuaient, et le jeune homme était si surpris qu'il ne pensait point à descendre, à ouvrir. Enfin, elle se redressa devant la porte, mais au lieu de sonner, elle porta sa main à ses lèvres, et tout en s'en allant à reculons, envoya vers l'appartement clos, un, deux, trois baisers, où passa son âme, car ses yeux se mouillèrent, et d'elle, une larme tomba, une belle larme de femme, qui s'écrasa sur le tapis usé de l'escalier.

Ainsi, pensa Deschamps le temps d'un éclair, ainsi tombent à l'ordure, ainsi sont foulées aux pieds toutes les choses surhumaines, étant belles et bonnes !

Et il sauta à terre, tira le verrou qu'il poussait d'habitude, pour fumer tranquille ; mais, la porte ouverte, il ne vit rien. Au bruit, Claire avait accéléré sa fuite; de la cage de l'escalier montait un bruit de soie et de jupes dégringolant en battant les marches. Il restait sans voix, stupide, courait à sa fenêtre, voyait une ombre noire s'engouffrer dans la voiture, sans un regard en arrière, et avant qu'il eût pu l'appeler, le cocher fouettait sa bête qui partait au grand trot.

Un long moment, il resta bouleversé, puis se sentit déçu après coup, comme s'il l'avait attendue, cette visite. Et s'en voulant d'être forcé d'estimer son ancienne maîtresse, il riait méchamment tout en reprenant sa pipe. Alors, si la vertu se réfugiait chez les femmes de théâtre !... La pauvre âme ! elle avait pensé à son enfant, aux fatales malpropretés de l'adultère, juste à temps, lorsque les autres, les femmes du monde, y pensaient après — quand elles y pensaient! Mais ils avaient donc raison les principicules, et ils s'assuraient du bonheur avec des rentes, les grands seigneurs dédorés qui, depuis quelque temps, épousaient, les uns et les autres, des écuyères et des chanteuses ?... A moins que la chère enfant, reprenait-il, n'ait tout simplement craint ma froideur ? Les Lucrèce seraient-elles d'anciennes madame Putiphar ?...

— Sacré Fontange ! termina-t-il, si je pariais, je ne prendrais pas de ses chevaux !

XIX

Le samedi suivant, M. Rassely, revenu de sa mission officielle en Angleterre, invitait à déjeuner son filleul, et la conversation, dans le défilé de leurs connaissances coloniales communes évoquées au dessert, tombait sur les Verdier.

— Cette pauvre madame Verdier, s'écriait Marcel, jouant l'indifférence, est bien capable de regretter le Tonkin à la Guyane !

— Mais elle n'est pas à la Guyane ! répondit le fonctionnaire. Son mari est parti seul...

Il n'acheva point. Deschamps, plus blanc que sa cravate, s'informait de l'adresse de Blanche. En sortant de table, il y courait.

C'était avenue Hoche, dans l'hôtel, transformé en maison de rapport, mais conservant encore son jardin, dont elle lui avait parlé jadis. Elle en occupait le premier étage.

— Madame est sortie ! répondit-on à ses deux visites.

Mais Deschamps, la seconde fois, aperçut derrière le domestique le chignon épinglé de jade de la femme de chambre chinoise que Blanche avait gardée.

— Amah ! fit-il, et il l'interrogea en annamite.

La Cantonnaise le reconnut, manifestant une grande joie ; alors, le valet ne crut pas devoir refuser des renseignements à un aussi exotique ami de sa maîtresse : « madame allait après déjeuner, rue de Lévis, à son Œuvre des Fourneaux, et ne rentrait que vers sept heures... »

Marcel laissa sa carte et se dirigea vers les Batignolles.

Elle était à Paris et il ne le savait pas ! Le créole ne le lui avait pas dit dans sa lettre !... De toutes ses pensées confuses, cette unique pensée prenait corps, le torturait du regret de ce mois bêtement perdu, sans que rien, — ô voix du cœur ! ô vers odéonesques ! — l'eût averti que l'aimée respirait le même air !... Ah ! certes oui, quand il la reverrait, il se justifierait, coûte que coûte ! Elle le saurait qu'il mourait d'elle, pour elle, par elle, qu'il n'avait jamais cessé de l'aimer, et qu'il l'aimait encore lorsqu'il essayait de tuer la bête. Malheureuse, elle aurait la consolation suprême de constater la persistance de cet amour, et devant continuer à maudire, ce serait la vie seule, l'unique implacabilité des choses qu'elle maudirait, la pauvre, comme seules, il les maudissait...

Cependant, sans savoir, il débouchait du Parc Monceau sur le boulevard de Courcelles, découvrait la rue de Lévis s'accolant en pointe d'angle à l'avenue de Villiers. C'était l'heure de sortie du travail. S'ouvrant à peine au passage des omnibus, une foule, tachée de bleu par les bourgerons ouvriers, montait vers le faubourg, débordait des trottoirs sur la chaussée, avec des remous aux portes des marchands de vin, des stagnations au seuil des boulangeries d'où sortaient les lances d'or de pains longs que des maçons emportaient sous le bras. Un bruit de marée s'élevait de l'asphalte et des pavés, piétinés par de grosses semelles. Des femmes haillonnaient la cohue, remorquant des enfants qui pleuraient déjà, comme devinant l'obligatoire raclée de ce soir de paye. Marcel étant en redingote fut volontairement frôlé par les groupes avinés de cette plèbe, les plâtriers surtout jouissant d'essuyer leurs loques blanches sur le drap noir du « bourgeois ». Entre les toits, des deux côtés de la rue, sur l'étroite bande de ciel, des vols de martinets zigzaguaient avec des cris joyeux qui couvraient parfois l'appel des marchandes ambulantes, la rumeur de troupeau de la foule.

Une affiche collée sur deux planches, un rassemblement arrêtaient le promeneur devant un porche surmonté d'une guirlande de globes à gaz et de cette inscription : BAL. L'affiche annonçait pour huit heures une grande réunion publique au bénéfice des grévistes de Bessèges ; le député Rasseneur parlerait de « l'oppression capitaliste et de la revanche prolétarienne ».

— Parfaitement, citoyen ! cria sous le nez de Marcel, qui ne disait rien, un grand garçon blafard.

Deschamps ne répondit pas pour ne point se faire assommer. Il apercevait d'ailleurs, deux maisons plus loin, au seuil d'une boutique, une large bande de calicot avec cette enseigne :

ŒUVRE DES FOURNEAUX OUVRIERS

Et devant la devanture, tout de suite, il eut un battement de cœur, en reconnaissant l'écriture de Blanche sur un papier collé aux vitres :

« Les souscriptions à l'Œuvre sont reçues chez ma-
» dame la marquise de Pamiers, présidente, 9, rue de
» la Faisanderie ; chez madame Verdier, trésorière,

» 51 bis, avenue Hoche ; aux bureaux du *Figaro*, du
» *Gil Blas* et du *Gaulois*, et au Syndicat de la Presse
» Parisienne, 13, rue Joquelet. »

A l'intérieur du magasin, il voyait des tables et des bancs, un couvert mis, tout l'intérieur d'un traiteur populaire. Au fond, des vapeurs et des éclats de cuivre disaient la cuisine, et, à gauche, à la place du comptoir, un cabinet se devinait, derrière une cloison basse. C'était là sans doute que se tenait Blanche... Déjà des misérables s'attablaient devant des bols de soupe aux légumes et des plats de bœuf. Il y en avait en blouse, en paletot. Un ou deux à peine avaient quitté leur casquette. Marcel se détermina à attendre madame Verdier devant la porte, et les minutes lui semblèrent interminables tandis que son cœur battait à éclater.

Soudain elle parut, et il défaillit. Elle n'avait point changé, un peu engraissée peut-être, toujours pâle, vêtue de noir, et il la trouva majestueuse, avec un air de bonté triste. Elle traversait la salle, donnait des ordres aux garçons, glissait à l'aise parmi ces gens dont pas un ne la saluait. Avant d'atteindre la porte, elle s'arrêtait devant un vieil homme qui partageait sa soupe avec une gamine de cinq à six ans, maigriotte, précoce, de grands yeux noirs sur une face scrofuleuse ravagée de misère. Elle l'interrogeait, attendrie, prenait son adresse sur un calepin, glissait de l'argent à l'enfant tout en lui tapotant les joues, et sortait enfin, faisait signe à son cocher qui lisait son journal sur le siège du coupé, à deux pas. Alors, elle voyait Marcel s'incliner brusquement devant elle, tête nue, avec un balbutiement inintelligible, et elle fermait les yeux, si bouleversée, qu'il lui offrit le bras, et qu'elle l'accepta machinalement, pour ne pas se trouver mal là, devant la foule.

Ils marchaient ; le cocher suivait au pas. Du groupe

des socialistes, devant la salle de bal, des ricanements féroces, des insultes à mi-voix saluèrent leur toilette et la voiture de luxe. Ils marchaient, sans entendre ces menaces, sans entendre leurs propres paroles. Mutuellement, ils se sentaient frémir.

Boulevard de Courcelles, une fois seuls, Deschamps lui racontait tout d'un coup sa vie depuis leur séparation. Elle voulait l'interrompre, mais il imposa sa main sur la sienne, l'écrasa sur sa manche, et il continua, parlant comme en rêve, avec un jet de mots tumultueux, le débordement d'un trop plein. Elle dut tout savoir. L'émotion du chancelier était telle qu'il ne remarquait rien de la physionomie de son amie. Il la tenait à son bras ; mais, par habitude, il la voyait dans un lointain de pensée, vague comme un fantôme, tandis qu'il se soulageait à parler, l'œil hypnotisé sur cette main longue et fine qui, d'abord pendante, se contractait maintenant, le pressait. Ils étaient entrés dans le Parc Monceau rempli d'une musique de moineaux se disputant leur gîte de la nuit sur les branches ; ils suivaient l'allée centrale, bruyante comme une rue. Blanche s'arrêta, se retourna vers son cocher :

— Vous pouvez rentrer !

Puis, elle regarda Marcel qui la regardait enfin, et ils prirent un sentier latéral, s'assirent sur un banc, dans une solitude de feuilles et de fleurs.

— Alors, vous avez continué à m'aimer ?

Elle tremblait, l'œil étrange.

— Je vous ai toujours aimée : je vous aime toujours !

Il avait dit cela d'une voix d'âme, sourde et profonde, dont le son le remua lui-même. Blanche lui saisit la main, la porta à ses lèvres, passionnément. Cette main était gantée. Il ne sentit pas la caresse de sa bouche et ce lui fut une soudaine souffrance, comme si ce simulacre de baiser lui eût brusquement rappelé l'incurable blessure de leur amour, eût symbolisé la misère de leur passion. Sans doute, eut-elle aussi cette réflexion, car elle pâlit davantage, toute blanche dans le noir de ses vêtements, et malgré leurs perles de jais où s'irradiait l'adieu rouge du couchant, pareille à une religieuse, avec une majesté de douleur.

— Mon Dieu! s'écria-t-elle tout à coup, que je suis malheureuse!

A son tour elle vidait son cœur, à mots saccadés qui roulaient avec ses larmes.

— Tout à l'heure, mon Marcel, je jouissais à tes paroles... Oh! se sentir aimée comme cela! Aimée par toi!... Et puis, je me suis rappelé...

Elle sanglota.

— Oh! pourquoi m'as-tu cherchée? pourquoi es-tu revenu? Quel besoin de me dire ces choses, de me donner ce bonheur, puisque c'est un coup de couteau qui lui succède?... Mon Marcel! j'avais eu tant de peine à endormir mon mal!... Puisque tu ne peux avoir mes lèvres, que t'importait mon estime!... Tu t'imaginais que je te méprisais, que je t'accusais de m'avoir oubliée dans l'orgie... Pauvre cher! Oui, j'ai souffert... malgré tout, je suis femme... Mais quand même, que te fait ce que je pense! T'aimer, te croire, c'est souffrir. Et je t'aime! et je te crois!... Ah! t'avoir là, me retrouver dans tes chers yeux, te sentir contre ma poitrine... et me heurter à cette infamie!... Non, c'est trop souffrir, c'est être maudite... Marcel, je voudrais mourir!

Elle tombait la tête sur son épaule. Une seconde, il buvait voluptueusement cette déplorable désespérance, sœur de la sienne, et caressait, béat, l'image d'une mort qui les emporterait tous deux, les lèvres unies. Seulement, avait-il le droit de prendre cette vie qui s'offrait? Renforçant sa pitié et la lâcheté naturelle, des scrupules d'éducation lui soufflèrent de réconforter au contraire cette âme meurtrie. Mais tandis qu'il tentait cette consolation sans foi, tandis qu'il faisait une charpie de mots, et d'empiriques pansements de phrases, il ne put s'empêcher de songer que la vie intervertissait les rôles, et qu'à présent, il s'exprimait comme Blanche autrefois. Car, reprenant les sermons de l'aimée, dans une raillerie inconsciente, il plaidait la théorie de l'espoir quand même et de l'évasion par la charité.

— Ne pleurez pas, amie, disait-il avec l'immense et naïf égoïsme du mâle, ou pleurez sur moi qui ne possédais que vous! Vous, vous avez la sensibilité profonde, la large tendresse qui permettent de vivre et d'agir en nous intéressant à la vie. Ce don de bonté, cette puissance de dévouement, cette folie généreuse, que je ne puis acquérir, c'est le salut, c'est le sauvetage, c'est l'oubli. Vous affectionnez les déshérités, vous leur donnez les larmes que je conserve pour ma propre misère. Ah! Blanche, c'est le bon lot, et je vous envie en vous plaignant...

Mais elle n'était plus la Blanche des anciens jours. Elle eut un rire de folle, et passant la main sur ses yeux, chassant les larmes dans une révolte :

— Oui... j'ai dit cela, jadis! Je croyais alors! J'espérais!... Ah! c'est un beau salut, un fameux sauvetage, un incomparable oubli!... Taisez-vous donc, vous qui, mieux éclairé, saviez d'avance que c'était un mythe de poète, une chimère de mystique, cette foi dans l'universelle tendresse! Aimer tous les souffrants, c'est n'aimer personne, et c'est vous que j'aime! Oh! que tout souffre, que tout pleure, que m'importe? je voudrais que Paris ne fut qu'un hôpital, que l'humanité n'eût que des râles, et, à ce prix, t'avoir là, dans mes bras, et pouvoir t'y garder. Je t'aime! Marcel! je l'aime!... Entends-tu, cela? je t'aime, et je n'ai pas trente ans, et je meurs de ne pas te posséder, de voir ma vie finie, ma misère inguérissable. Je n'ai plus de larmes, je suis une morte vivante : il a fallu la surprise tantôt, la réaction nerveuse, pour mouiller mes pauvres yeux... Oh! pourquoi ne m'as-tu pas prise sur le *Messidor*, prise de force, emportée au loin sur ton cœur? pourquoi, par respect bête des conventions et des choses imbéciles, avons-nous manqué le bonheur? Je n'aurais pas été malade, j'aurais été tienne, nous aurions été heureux!... A présent, c'est fini! Je suis enterrée vive, et de la misérable existence je n'ai connu que les tristesses, que les deuils, de ma belle-mère à mon mari, du devoir accompli à la faute manquée!... Me consoler? Pourquoi ne pas me dire de m'arracher le cœur? Et quand je le pourrais, quand je ne t'aimerais plus, cela serait encore impossible. Va! je m'illusionnais quand je te prêchais la religion de la douleur. Tu les a vus tout à l'heure, ceux auxquels je me sacrifie. Ils me violeraient, une fois leur pâtée engloutie, sans la peur des gendarmes... Ah! tu ne les connais pas les souffrants, on voit bien, et il faut être comme moi, vouloir se dévouer à tout prix pour ne pas les maudire. J'ai deux maisons dont depuis trois ans je ne touche pas les petits loyers : pas un de mes locataires ne me saluerait! La reconnaissance est morte, le bien qu'on fait passe pour de la peur, et s'il n'y a que des égoïstes en haut, il n'y a que des brutes en bas... Je croyais ne plus pouvoir pâtir de rien, et j'ai eu assez de désillusions dans la pitié pour te donner raison, pour tout mépriser, pour croire à la fatalité du mal... Va, pour faire ce que je fais, pour tout donner, temps et fortune, aux misérables, il faut chercher l'oubli, ou le paradis. Eh bien, maintenant, je n'ai plus à oublier, je ne le puis pas, puisque tu m'aimes encore ! Et quant à croire !... J'ai essayé : c'est impossible, le Christ n'a pas voulu de moi ! Je suis seule, seule, je n'ai que la foule à aimer, des bêtes. Et des bêtes vaudraient mieux qui me lécheraient les mains... Oh ! avoir une mère et pouvoir pleurer la tête sur ses genoux !...

Elle sanglotait comme un petit enfant, perdue dans un navrement infini. Il sécha ses yeux en buvant ses larmes, le cœur crevé lui aussi, sans une parole. Un garde les interpellait : on fermait les allées latérales par peur des amours libres. Tous deux se levèrent et, à pas lents, brisés, ils sortirent du parc.

Marcel proposait alors à Blanche de partir avec lui, de courir le monde, de vivre en frère et sœur, de se résigner côte à côte dans la douceur mélancolique d'impressions d'art et de nature, — un rêve de poète.

Elle secoua la tête. Non ! ce n'était pas possible : elle souffrirait trop ! Lui-même n'y résisterait pas. Mieux valait se séparer, ne plus se voir, attendre la mort en se croyant morts l'un et l'autre !

— Ah ! pourquoi es-tu venu ! soupira-t-elle encore.

Elle était devant sa porte. Ils se prirent les deux mains au seuil du jardin, contre la grille. Sans penser à monter ensemble, comprenant qu'il fallait se quitter, se quitter pour toujours, ils se regardèrent d'un dernier regard profond et long, d'une immense tristesse. Le soleil noyé derrière les toits d'or, le soir tombait ; des souffles d'acacias embaumaient les verdures. La mélancolie de l'ombre et les parfums des fleurs leur entrèrent dans l'âme, avec une dernière étreinte, avec un adieu que tous deux balbutièrent, et ce fut fini. Ils s'étaient séparés.

XX

A bord du *Melbourne*, vendredi 18 avril,
par lat. N. 13° 48′ et long. E. 40° 24′.

« *Mon cher Villaret, je ne sais pas mentir. Aussi*
» *bien, mentir est inutile!... Je n'ai pas diminué le*
» *nombre de mes pipes, ainsi que, pour vous faire plai-*
» *sir (et un peu aussi parce que votre amicale insis-*
» *tance ne me laissait aucun répit), je vous avais pro-*
» *mis de l'essayer. Voyons, savant que vous êtes,*
» *pourriez-vous diminuer le nombre des aspirations de*
» *vos poumons? Non, n'est-ce pas! Eh bien, alors ?...*
» *Je fume comme je vis et parce que je vis.*

» *Il ne faut pas que cela vous peine. D'abord, puis-*
» *que nos chagrins sont forcément passagers, à quoi*
» *bon s'y livrer? Votre amitié oublierait vite ce mé-*
» *compte: qu'elle l'oublie tout de suite, cela vaudra*
» *mieux. Afin de vous prouver que, du moins, ma recon-*
» *naissance subsiste dans mon maladif égoïsme, je vous*
» *écris, et certes, c'est bien la plus grande preuve que*
» *dans ma veulerie je puisse vous en fournir! Seule,*
» *la fourchette m'est plus lourde à manier qu'un porte-*
» *plume!...*

» Mes doses? Je ne vous les dirai point, pour ne pas
» vous épouvanter. Que voulez-vous? Ici tout me tente :
» l'oisiveté absolue, la chaleur, la cabine enfin qu'on
» m'a donnée sur le pont. La couchette est en effet
» meilleure que celle des armoires de la batterie; j'y
» possède un divan avec une tablette où ma fumerie
» s'étale à demeure : au lit, comme sur le canapé, je
» n'ai que la main à étendre.

» Et puis, c'est autre chose : le souvenir du Messi-
» dor... Comme c'est loin ces quatre ans-là! Mon en-
» fance me semble plus rapprochée de moi.....

» ... Là! une pipe. C'est fini! la bouffée de souvenirs
» est étouffée par une bouffée d'opium!

» Maintenant, je ne songe plus qu'à vous, qu'à votre
» home hospitalier où j'ai vu quelque chose qui res-
» semblait à du bonheur. Vous êtes bien contrariant,
» mon ami; vous ne faites rien comme personne, et
» vous dérangez les plus sages prévisions!... Est-ce que
» le tempérament serait réellement tout? L'hypothèse
» en vaut une autre et je l'accepterais assez, puisque
» tout en heurtant mes théories générales, elle en cor-
» robore les détails principaux, me montre la nature
» plus féroce encore que je ne le pensais. Notre philo-
» sophie, notre résistance morale à la vie, laissées à la
» discrétion d'un afflux de sang plus ou moins fort;
» les sanguins résolus à vivre et riches de volonté, les
» nerveux las de vouloir et fatigués avant le temps :
» c'est une assez belle cruauté pour que je la croie pos-
» sible, probable! All right! comme vous diriez, ô Can-
» dide de la micrographie!

» Vous remarquerez que j'écris comme un sauvage
» ou comme un journaliste politique. Mon dévouement
» ne saurait aller, en effet, jusqu'à choisir mes mots et
» peigner mes phrases.

» Je ne sais plus d'abord..... Je m'ennuie!

» *Je m'ennuie, mon ami, et c'est pis que souffrir. Je*
» *n'ai de goût à rien, pas même à regretter. Avez-vous*
» *jamais passé par une de ces grosses maladies, durant*
» *lesquelles on vous drogue opiniâtrément, afin de vous*
» *laver le corps, pour parler à la façon des bonnes*
» *femmes? Une fois hors de péril, le docteur vous oc-*
» *troie un œuf à la coque, un blanc de volaille, un*
» *verre de bordeaux; mais ces aliments qu'en imagina-*
» *tion caressait, au premier temps de la diète, votre*
» *fièvre gourmande, vous rassasient, servis à peine,*
» *vous écœurent. Votre palais, brûlé par les potions,*
» *ne leur trouve aucun goût, ou bien les habille d'une*
» *bilieuse amertume d'ipécacuanha, d'une âcreté sucrée*
» *d'alun, d'un cuisant de quinine, et il vous faut des*
» *heures ou des jours, suivant vos forces, pour repren-*
» *dre l'habitude des nourritures, pour les savourer;—*
» *il vous faut, surtout, apaiser votre soif intense par*
» *des fraîcheurs de citron qui vous râpent la langue.*
» *Eh bien, je suis ainsi, physiquement et moralement.*
» *Vous m'avez vu à table: vous êtes édifié. Pour le*
» *reste, l'image n'est pas moins bonne. Rien ne m'inté-*
» *resse plus, tout m'est insipide, inodore; j'ai le cœur*
» *brûlé, l'âme paralysée; je ne vis plus, je végète. Le*
» *convalescent espère; des stimulants réveillent son*
» *appétence; moi, je ne puis plus espérer, et rien ne me*
» *stimule que l'opium, mais en même temps il me*
» *tue.*

» *Je m'ennuie.....*

» *Pourtant, j'aimais la mer; je comptais retrouver*
» *ici de bonnes heures de non-vivre. Rien. Croyant*
» *n'avoir plus rien à perdre, j'ai perdu l'Océan! Peut-*
» *être le temps y est-il pour quelque chose? Nous ver-*
» *rons bien au retour du soleil...*

» *La mer, voyez-vous, n'inspire pas que des lassi-*
» *tudes à l'homme qu'elle berce de longs jours, sans*

» *égayer sa prunelle par des reflets de ciel. Des impa-*
» *tiences viennent à la considérer déserte et glauque*
» *sous la nue grise. Étant immense, pourquoi demeure-*
» *t-elle inutile? Les terres ne sont rien à côté d'elle :*
» *pourquoi ne les dévore-t-elle pas d'un coup, au lieu*
» *de les effriter comme une voleuse, mettant des siècles*
» *à tirer à soi un arpent, qu'elle restitue d'un autre*
» *bord?...*

» *Ses colères menacent plus qu'elles ne frappent, ou*
» *frappent à côté. Si bien qu'après l'avoir admirée, on*
» *la méprise un peu, ainsi qu'une géante trop familière,*
» *ainsi qu'un monstre, résigné au joug d'un enfant,*
» *mais résigné sans bonté raisonnée, sans conscience,*
» *par paresse! De même que tout le reste, la mer est*
» *inférieure à ce qu'on s'en imagine. Pour être admi-*
» *rée, cette chose colossale veut qu'on réfléchisse, qu'on*
» *calcule, — comme un simple canal de Suez!*

» *De ce que nous trouvons tout inférieur à nos rêves,*
» *des fous, je sais bien, ont souvent conclu qu'en nos*
» *vies antérieures nous avions fréquenté des merveilles,*
» *et que nous les regrettions instinctivement, sous forme*
» *d'idéal. Cependant les choses ne nous semblent infé-*
» *rieures à ce qu'elles devraient être que parce que*
» *nous nous y mêlons; le rêve ne nous les montrait*
» *plus belles que parce que nous en étions matérielle-*
» *ment absents. Et cela est si vrai que machinalement,*
» *pour rêver, nous fermons les yeux.*

Vendredi, 25 avril.

« *Nous venons de doubler Minicoy, et je me suis sou-*
» *venu de notre match avec la malle hollandaise... Pau-*
» *vre Messidor! Il est à présent sur la ligne du Brésil.*
» *Que de gens ont passé depuis nous à son bord! Nos*
» *rêves n'ont pas laissé d'ombre dans les cabines, la*
» *beauté de Blanche de reflet au miroir! D'un cœur qui*

» se brise, d'une existence qui naît ou se termine, l'in-
» différence des choses ne conserve rien. Nous glissons
» à travers elles comme à travers la vie, et de ce qui
» fut nous, il reste seulement un peu de poussière ano-
» nyme, que nos successeurs essuient de la manche sur
» les meubles, avec des reproches aux garçons !...

» Ces bateaux revêtent des tristesses banales d'hôtel
» garni. Tantôt, dans un tiroir de ma toilette, j'ai dé-
» couvert des épingles à cheveux et un de ces frisons
» tirebouchonnés que les femmes retirent parfois du
» peigne, et qu'elles enroulent autour de leur doigt
» avant de les jeter. Longtemps j'ai rêvé, puis j'ai
» fouillé partout, cherchant quelque autre souvenir
» de l'inconnue qui, avant moi, dormit dans mon lit.
» Je n'ai trouvé qu'un bout de ruban, un petit bout de
» soie fanée sentant l'iris.

Samedi 26.

« Ne souriez point, mon ami, de l'enfantillage ci-
» dessus : je vous avouerai tout de moi-même. Une
» femme m'a fait resonger à la femme.

» Nous avons des passagères, dont la principale est
» une Anglaise qui va rejoindre son mari, consul aux
» Philippines.

» Elle est blonde, lymphatique, assez jolie. Par
» extraordinaire, ses dents sont humaines, sa gorge
» existe, bien placée et ferme. Nous flirtons, mais je ne
» la désire même pas, ou du moins mon désir vogue à
» travers l'opium. Entre parenthèse, ce n'est pas un
» des moindres bienfaits actuels de ma pipe, que cette
» somnolence des sens ! Seule, mon imagination s'é-
» branle ; mes rêves, pour ainsi parler, demeurent litté-
» raires, même s'ils se précisent... Nous flirtons donc, et
» mistress Melcy ne se doute point que je lui préfère

» *l'inconnue dont les épingles et le ruban sont restés*
» *sur ma toilette!*

» *C'est, je crois, votre collègue qui m'a présenté. A*
» *table, elle est ma voisine, et voulant, dit-elle, se per-*
» *fectionner dans l'étude du français, en profite pour*
» *m'interroger sur la grammaire de l'amour. Je ré-*
» *ponds de mon mieux, ayant toujours pensé, sauf du-*
» *rant une unique période de passion, que faire la cour*
» *aux femmes, à toutes, constituait une obligatoire po-*
» *litesse. Le respect à l'enfance, la déférence aux vieil-*
» *lards, la galanterie aux femmes : tel était à l'en-*
» *droit des faibles mon code social et suranné!... Grâce*
» *à la complexité que vous savez, ma philosophie s'ac-*
» *commodait de plus étranges anomalies. Celle-ci,*
» *du reste, m'a valu certaines mésaventures : pour*
» *avoir trop été sujet de pendule, je me suis réveillé*
» *quelquefois à la tête de maîtresses dont je ne vou-*
» *lais point et par qui j'étais violé. Mais toutes les*
» *politesses s'expient! Des gens vous content, fami-*
» *liers, leurs affaires, parce qu'en wagon, vous leur*
» *avez demandé si le tabac ne les incommodait pas!...*
» *Cependant, bien qu'afin d'être libre, je sois devenu*
» *méprisant pour mes inférieurs, hautain pour tout le*
» *monde, je demeure encore prévenant vis-à-vis des*
» *femmes. Sans doute y a-t-il là plus qu'une habitude*
» *d'éducation, plus qu'un instinct : elles m'intéressent*
» *cérébralement. Au fond de nous, la curiosité de la*
» *femme subsiste toujours. Obscène et lancinante, alors*
» *qu'écoliers en mal de puberté, nous cherchons dans*
» *notre Quicherat les mots magiques et sales, elle de-*
» *vient psychologique quand notre jeunesse sait enfin.*
» *Un mystère succède à un mystère, passionnants tous*
» *deux, et désillusionnants pour qui les perce trop vite.*
» *Beaucoup de notre mépris pour la femme vient de*
» *cette curiosité déçue. Le propre de notre esprit est*

» *de mépriser l'incompréhensible, lorsqu'il ne l'adore*
» *point.*

28 avril.

« *Hier, à Colombo, nous sommes allés au cirque en-*
» *semble, après avoir visité les joailleries et fait venir*
» *à l'Oriental-Hôtel des charmeurs de serpents. Elle*
» *avait envie des pierres fines, peur des cobras, et s'est*
» *plu aux farces des clowns, aux grâces communes des*
» *écuyers, — bien femme. La race n'y fait décidément*
» *rien, ni la prononciation du* th ! *Elle se penchait à*
» *mon bras, m'attiédissait le cœur du contact de son*
» *sein que je sentais à travers les mousselines sans cor-*
» *set. Elle est, au fond, jolie, grande, souple, d'une*
» *grâce ployée de bambou ; elle a le teint de son pays,*
» *et d'amusants cheveux couleur de* pale-ale *mélangé*
» *de* porter.....

» *...Voilà plus d'une semaine, ami, que cette lettre*
» *traîne commencée. D'abord destinée à la poste d'Aden,*
» *elle a manqué la levée de Ceylan, et tourne au*
» *journal. Pourtant je fume un peu moins, très oc-*
» *cupé par cette Anglaise.*

» *On la nomme Eva...*

» *Villaret, je ne l'aime point :* — je ne puis pas
» *aimer. La seule femme que j'aie aimée, je ne l'ai pas*
» *possédée ; aussi, l'aimé-je toujours, de tête main-*
» *tenant, — et j'en meurs, la fuyant ou la cherchant*
» *tour à tour dans l'opium...*

» *Si je touchais mistress Melcy, ma curiosité s'assou-*
» *virait dans le dégoût habituel. Pourquoi m'enlève-*
» *rais-je cette distraction ? Mes désirs sont si tranquil-*
» *les, si fuyants ! Une pipe les apaise, et combien plus*
» *douce qu'un baiser !...*

» *Le soir, rentré à bord, je gardais un peu de son*
» *parfum sur moi, avec le fort arome de santal et de*

» musc que laisse aux habits cette inoubliable terre
» indienne. Tous deux se mêlaient, presque pareils. La
» journée avait été torride. Eva coquette; le ciel, la
» mer, soufflaient des besoins de caresses. Après dîner,
» elle fit de la musique; je dus l'accompagner quand
» elle chanta je ne sais quel air d'opérette de Gilbert
» and Sullivan, une musique au soda-water, bien anglo-
» saxonne. Sa voix est bizarre, une voix aussi d'Outre-
» Manche; je songeais en l'écoutant aux mangues non
» greffées, dont la mélasse s'acidule de térébenthine.
» Cependant, je me serais couché bien calme, si, le con-
» cert fini, elle m'avait rendu ma liberté..... Mainte-
» nant, je me sens comme une haine pour toutes les
» femmes que j'accompagne à cheval ou au piano, et
» souvent je ne les regarde pas, parce que mes yeux les
» effraieraient. Nous devons tous avoir en nous de ces
» coins de cimetière où nous voulons être seuls...

» Mais elle me prit, de nouveau penchée à mon bras,
» le buste abandonné. C'était après le thé; elle avait
» mis un peignoir drôle, tout blanc, presque de la
» forme d'une robe Empire, la taille haute soulevant
» la gorge, et transparent jusqu'à la taille. Dessous,
» rien qu'une chemise avec un jupon de surah, — deux
» toiles d'araignée. Et nous nous promenâmes. Le pei-
» gnoir empesé faisait un grand bruit sur ses jambes,
» me fouettait; je croyais marcher dans des feuilles
» mortes.

» — Vous ne savez pas aimer, vous autres Français!
» Vous êtes tous volages!

» Elle soupirait, elle disait : volèges; nous nous
» assîmes l'un près de l'autre, trop près. C'est alors
» que je sentis la finessse du surah. La nuit était très
» chaude, il pleuvait des étoiles. Doublé le phare de
» Pointe-de-Galles, la brise s'alourdissait encore du
» parfum fauve de l'île, — ce troublant parfum de

» *Ceylan, pareil au souffle de chair mouillée qu'exha-*
» *lent les femmes rousses après un tour de valse, et*
» *qui me saoûle comme une eau-de-vie. Je l'en-*
» *serrai, retrouvant l'Inde en elle, le même souffle,*
» *plus fort seulement et tiède, n'ayant pas volé sur la*
» *mer. Elle se débattit dans l'ombre. Mal;—lasse aussi,*
» *vibrante comme moi. Les femmes sont étranges...Son*
» *peignoir tendu craqua, décousu sous l'épaule, à*
» *l'aisselle presque. Et ce fut là que je la baisai,*
» *défaillante. Il me sembla boire une neige dans une*
» *cassolette. J'avais mis son bras sur mon cou pour*
» *mieux boire......Mon ami, c'est depuis trois ans, de-*
» *puis son départ, à l'autre, le premier baiser que je*
» *n'ai pas donné à une prostituée...*

» *Mon roman finit là. Du monde venait. Nous nous*
» *sommes reculés l'un de l'autre. Quand elle est partie,*
» *elle m'a demandé si je ne débarquerais pas avec elle*
» *à Singapoore, puisque j'étais libre. Elle y restera*
» *quelques jours, en attendant le bateau-annexe. Long-*
» *temps sa main resta dans la mienne...*

» *Et rentré dans ma cabine, j'ai allumé la lampe de*
» *ma fumerie. Entre deux pipes, je feuilletais un vo-*
» *lume : « Des vers », de Guy de Maupassant, puis, en*
» *refumant, je redisais ses hymnes merveilleux à*
» *l'amour sensuel. Oh! les belles visions qui traversè-*
» *rent ma fumée bleue! Sur le rythme du vers qui*
» *chantait en ma tête, mes lèvres tétaient le bouquin*
» *d'ambre à coups gourmands, l'aspiraient, comme la*
» *pointe d'un beau sein, comme la fleur vivante de*
» *lèvres de femme. Ma chair était calme, mon ivresse*
» *intellectuelle : mon songe se reput de Beauté.*

» *M'aurait-elle donné des joies comparables? Me les*
» *donnerait-elle à Singapoore si, par hasard, y reson-*
» *nait pour moi cette heure exquise, cette brève mi-*
» *nute où la femme, jouant avec le feu, se prend à l'ar-*

» deur qu'elle inspire et, victime d'un choc en retour,
» victime des enchantements d'une nuit amoureuse, dé-
» faille après avoir tenté, appelle le mâle redouté et
» tombe du flirt, chatouilleur d'esprit ou d'épiderme, à
» l'étreinte qui broie? Non, sans doute! Et d'abord,
» comment est-elle faite? Il eût fallu la prendre sous
» la pénombre de la tente, pour ne pas déchanter...
   » L'opium, affinant entre autres délicatesses quasiment
» morbides, mon culte hystérisant de la forme, je suis,
» mon pauvre ami, devenu si difficile, et — toujours
» grâce à l'opium — si malheureux de mes découvertes
» que, de sang-froid, j'hésite à déshabiller ma chimère.
» La beauté se frelate, s'imite, comme toutes les bonnes
» choses, en ce temps d'aluminium; d'autre part, son
» souci se perd un peu plus chaque jour. L'autre mois,
» à Monte-Carlo, je remarquai, batifolant avec le
» prince de Galles, puis à Nice, dans une bataille de
» fleurs, une belle fille, célèbre, paraît-il, depuis mes
» exils. Dans sa voiture remplie de mimosas, elle me
» frappa, vêtue de blanc avec des étoffes si collantes,
» qu'elle semblait nue. Je pensai avoir déniché le phé-
» nix, tant les lignes de son corps avaient de souple
» noblesse et de grâces fuyantes. Et me trouvant riche,
» je l'enlevai à deux yankees républicains, ravis de
» succéder à un prince du sang. Or, moins d'une heure
» après, je la renvoyais aux représentants de la cod-
» fish aristocraty *transatlantique: cette belle personne
» possédait vraiment un corps de bacchante, mais le
» corset avait imprimé dans sa peau les plis de son
» linge et meurtri sa taille d'une ceinture de longues
» hachures rouges, horribles. Son ventre même était
» zébré, et de plis plus affreux, transversaux ceux-là,
» pareils à des balafres, coupées de cloques... Là-dessus,
» un autre homme se serait consolé en regardant ail-
» leurs : les épaules étaient admirables, la gorge d'une

» *quarteronne de la Martinique... Ensuite, repu, il eût*
» *allumé son cigare, — oublié. Mais l'opium, ami!*
» *l'opium! Je ne pouvais voir que ces hachures, que*
» *cette taille meurtrie, et huit jours j'en fus malade.*

» *Lorsqu'on est aussi détraqué, l'on est bien malheu-*
» *reux. Je le suis! On ne fume plus! C'est impossible!*
» *Alors, quoi? Alors, on crève! — J'essaie.*

» *Je ne descendrai pas à Singapoore.*

» *D'abord, elle n'y voudrait plus de moi. Elle est*
» *honnête femme, je pense, et les moments comme ceux*
» *d'hier sont rares. Il leur faut la complicité des cho-*
» *ses, du hasard. A bord, je suis le seul homme accep-*
» *table. A terre, je disparaîtrai, comparé. Enfin, la*
» *pipe aidant, je perds chaque jour un peu de l'artifi-*
» *cielle santé que m'avaient insufflée vos toniques. De*
» *nouveau livide, de nouveau les yeux encerclés, le nez*
» *pincé, les lèvres blanches, je retourne à l'état de*
» *cadavre ambulant. All right!...*

» *Villaret, je m'ennuie!*

29 avril, par lat. N. 5° 7′ 30″, et long.
E. 84° 22′.

« *Les vers de Maupassant m'avaient mis en goût. J'ai*
» *lu ce matin, relu plutôt. Un peu de tout. Ma malle-*
» *bibliothèque ouverte, j'ai feuilleté des bouquins ai-*
» *més. Mistress Melcy, malade, gardait sa cabine, me*
» *laissait ces loisirs. Il vente dur, en effet. La mous-*
» *son fraîchit; nous avons sur le nez deux nœuds de*
» *courant; on roule, on tangue un brin: — un joli temps*
» *pour tourner des feuillets en traversant les idées et*
» *les sensations des autres.*

» *Sans doute existe-t-il entre les gens qui sympathi-*
» *sent des suggestions latentes, car à table, ce matin,*
» *nous avons spontanément causé littérature, votre col-*

» lègue Miniot, l'agent des postes Bulit et moi. Vous
» connaissez le commandant Miniot, le plus charmant
» des compagnons qui, ayant l'originalité d'être catho-
» lique libéral, a, par le temps qui court, le grand cou-
» rage de le dire, — et Bulit, un gentleman intelli-
» gent et fin, un homme de goût, dont la sottise du
» hasard a fait un bureaucrate. Miniot est classique et
» Bulit romantique. Nous avons discuté! Si j'avais pu
» me passionner, je serais guéri : à peine à la fin ré-
» pondais-je, et je les ai quittés — pour fumer!

» Sur mon plateau, la conversation me revenait,
» s'élargissant avec les volutes bleuâtres. Les hommes
» ne sont pas plus logiques que les femmes ; leurs par-
» lottes sont des bateaux-lavoirs où nul ne s'entend. A
» plaisir on embrouille tout, et, bien plus que l'adora-
» tion de l'individu, ce qui nous perd, c'est la manie des
» étiquettes. Il n'existe pas d'écoles, il n'y a que du
» talent, tout le monde sent cela, mais nul n'en veut
» convenir, parce qu'on mêle à la question des préoc-
» cupations sociales, mondaines, philosophiques, etc.
» L'art doit enseigner, doit moraliser, a dit Miniot
» sans rire. Celui-ci nous pardonnerait notre diction-
» naire, si nos œuvres n'étaient point désespérantes!
» Combien de Miniot!...

» Cependant, plus je vais et plus il me vient de mé-
» pris, avec de la surprise, pour la littérature des non-
» souffrants. Je me demande ce que j'aurais bien pu
» écrire, heureux? Et notre catholique, à cela, de ri-
» poster — le parti-pris, la bonne foi, ont de ces men-
» songes — : que les livres réconfortants ou joyeux vi-
» vaient seuls. En art, lui répondis-je, tout ce qui vit,
» survit. Or, vivre c'est souffrir, et votre religion le pro-
» clame, plus haut que nous encore, prétendant consoler.
» Des littératures anciennes et modernes, les œuvres de-
» meurées jeunes ou populaires sont des œuvres tristes.

» *Les sanglots ont seuls des échos: Rien ne s'éteint plus*
» *vite que la vibration du rire... Il voulut citer des*
» *exemples contraires: des comiques, que les lettrés*
» *seulement persistent à goûter, ou bien dont le rire se*
» *mouille de larmes, quand il n'est pas la sauce de*
» *commande pour faire passer une thèse, ou le ricane-*
» *ment d'un mépris qui se gausse, l'œil brûlé!*

» *Bulit rapetissa le débat. C'est la langue des jeunes*
» *de ce temps qui l'effraie, en violant son vocabulaire*
» *cadenassé, en jonglant avec sa phrase-étalon. Et il*
» *lâcha le mot de « décadence ». C'était fatal, vu ses*
» *préférences en art. Pour les perfectionneurs de la*
» *veille, tout nouveau perfectionnement est un achemi-*
» *nement vers la décadence.*

» *A la fin, il m'appela* BARBARE! *Je lui soutenais*
» *que l'artiste pense sa sensation plus qu'il ne la per-*
» *çoit, ce qui fait paraître insensibles de très sensitifs.*
» *Il me cita des noms. Comme si l'on pouvait juger ses*
» *contemporains, et personne! Est-ce qu'on sait? Où*
» *est donc l'étalon du talent?... Mon ami, nous crevons,*
» *et nous crevons nos joies d'art, de notre manie com-*
» *parative. C'est d'universaliser qui nous tue...*

» *Et quand on pense à la mobilité des goûts! Ai-je*
» *assez enterré des gloires que j'aimais! On change*
» *d'enthousiasme, ainsi que de physionomie! Tenez,*
» *vous souvenez-vous comme, il y a quatre ans, je dé-*
» *fendais Zola? Eh bien! aujourd'hui, mon emballe-*
» *ment n'est déjà plus qu'une admiration. J'ai vécu*
» *depuis, j'ai souffert — ô pléonasme! — et moins*
» *poète, je lui reproche d'être resté trop poète, d'une*
» *poésie d'écluse avec un lyrisme, avec un romantisme,*
» *qui, sans que s'émeuve d'ailleurs son imperturbable*
» *sérénité de pléthorique, font des boas avec des tri-*
» *chines.*

» *Vous pensez bien que plus je fumais, plus ces*

» choses me paraissaient sottes. L'art, pensais-je,
» est aussi vain que le reste. A quoi bon écrire pour
» être oublié? Le génie aujourd'hui s'appelle névrose :
» la névrose abrégeant encore les jours, on peut
» bien en être fier! Savoir que la gloire est men-
» teuse, la réalité moindre que le désir, savoir
» qu'entre quarante et cinquante ans — terme maximum pour l'artiste bien portant — on mourra,
» et qu'avant l'angoisse dernière, on aura douloureu-
» sement mesuré l'agonie de sa virilité, l'affreuse im-
» puissance morale et physique qui entre lorsqu'enfin
» on sait écrire, on sait aimer... savoir cela, et se mettre
» tout entier dans un livre, dans une partition, dans
» un tableau, c'est la folie la plus inconcevable! Et
» non, Villaret, mon opium ne blasphème point ce que
» j'aime! je ne suis pas un iconoclaste; j'estime au
» contraire qu'il faut se servir de cette folie, mais ne
» la point partager. Être dilettante : voilà la sagesse.
» A la rigueur on peut écrire, modeler, musiquer et
» peindre, mais pour soi. Ne pas prêter sa maîtresse
» et prêter son œuvre, c'est-à-dire son cœur, l'ouvrir à
» la foule, quelle anomalie! Le besoin d'être jugé? A
» quoi bon? et par qui? Ne découvre-t-on pas assez
» tout seul que l'on a passé à côté du vrai! Mes Chinoi-
» series resteront en portefeuille. Qui donc mieux que
» moi-même, saurait me dire leurs défauts? La vision
» de l'écrivion, même sincère, est fatalement fausse,
» souvent rétrospective, et les vices de notre éducation
» d'art n'ont pas trouvé leur oculiste encore. Je ne veux
» plus rien voir. Ma propre existence, je la regarde à
» travers l'opium, ma personnalité s'y développant
» mais la vie en général, je la contemple à travers la
» traduction qu'en font mes amis. J'en jouis presque de
» la sorte, j'en souffre moins en tous cas, la souffrance
» revêtant quelque douceur à traverser un prisme d'art.

30 avril.

« *Je songeais tout à l'heure, mon ami, que René vit
» toujours. Le désir a fini de tuer son vouloir. Seule-
» ment, il prend du bromure de potassium. J'aime
» mieux la morphine.*

» *Mistress Melcy m'a demandé d'écrire des vers sur
» son éventail — je les ai écrits. J'ai su, pour ma peine,
» comment se prononce :* my dearling. »

Jeudi, 1ᵉʳ mai.

« *Ce matin, aperçu la tête d'Achem, et, tantôt, doublé
» le phare de Poulo Brass. Ce soir, nous serons dans
» le détroit de Malacca.*

» *Ces bateaux marchent bien vite...* »

2 Mai.

« *Poulo Djarra et Poulo Varella, apparaissent au
» large. J'y vis autrefois — il y a longtemps... — un
» coucher de soleil que je n'oublierai jamais. Je n'au-
» rais jamais pensé qu'on pût retenir un ciel comme un
» visage...*

» *Cet amour ancien, je crois l'avoir lu...*

» *Mon Anglaise me fatigue.* »

4 mai.

« *Nous avons quitté Singapoore, hier soir.*

» *Je ne l'aimais pas, cette poupée, et je suis triste
» jusqu'à la mort. Peut-être serais-je resté à terre, si
» je n'y avais trouvé tant de souvenirs navrants et
» doux...*

» *J'ai dîné à Saint-James, au cottage de l'agent des*

» *Messageries, chez l'excellent M. Brasier de Thuy.*
» *Tout le temps, il m'a parlé de madame Verdier!*
» *C'était la même table fleurie, le même couvert dans*
» *le hall s'ouvrant sur les verdures et sur la mer... Il*
» *ne manquait qu'elle — et vous, — pour que ce fût*
» *comme il y a quatre ans...*

» *Vous rappelez-vous sa joie d'enfant en découvrant*
» *dans les antiques rince-bouches des brindilles d'y-*
» *lang-ylang qui parfumaient l'eau?* « *Ça existe donc*
» *vraiment, ces plantes?* » *demandait-elle. Hier, au*
» *lieu d'ylang-ylang, nous avions des feuilles de*
» *menthe. Les parfums sont morts, mort le passé!...*

» *En sortant de là, je suis allé à l'hôtel faire mes*
» *adieux à mistress Melcy.*

» *— Vous partez?... Vraiment?*

» *Elle portait le peignoir du bord — ou quelque*
» *autre pareil, car la manche était intacte. Je suis*
» *parti.*

» *Maintenant, je suis triste. Encore un sentiment que*
» *je ne croyais plus pouvoir éprouver!...*

» *Jamais, elle ne m'a dit qu'elle m'aimait ou m'ai-*
» *merait, mais le beau regard qu'elle eut, l'autre soir!*
» *Les femmes, à ce moment-là, doivent toutes regarder*
» *ainsi...*

» *L'infini du regard se mesurer comme le reste!...*
» *La mollesse des prunelles attendries de désir et de*
» *pudeur, l'inexplicable, avoir son étiage!...*

» *Je ne profane rien — l'autre est trop haut, si*
» *haut, qu'elle me semble d'un rêve... — mais Blanche*
» *et, avant elle, Claire, m'ont un jour regardé ainsi.*
» *Quelles pauvres machines nous sommes! Notre cœur*
» *est si petit que les souvenirs s'y heurtent, et dans la*
» *mémoire tous nos baisers sont pareils après la prime*
» *extase!... Cette Anglaise me rappelait madame Ver-*
» *dier! Cette monstruosité que je n'osais vous avouer*

» me faisait souffrir, puis je m'y étais accoutumé, lâ-
» chement.

» La robe d'avant-hier à dîner! la robe mise pour
» moi! « J'étais sûre que vous l'aimeriez... » Les mots,
» les choses se répètent... Elle disait cela sans doute
» pour sa gorge et ses bras qu'on découvrait sous la
» guipure, mais c'était une robe de Blanche, et après
» une horreur, j'en ressentis comme un vague plaisir.

» Ce serait à croire que je l'aimais, tant je suis
» triste. Pourtant je suis bien sûr du contraire. Je la
» fais reparler en moi-même... L'anglais devient joli,
» susurré par une jolie femme...

» A cette heure, elle doit être chez le Gouverneur des
» Détroits ; — elle est heureuse : on la fête, on la com-
» plimente, les officiers entament le flirt obligé... Si
» elle ne s'est pas moquée de moi — et rien n'est moins
» sûr, — je ne lui ai été qu'une distraction d'un moment,
» qu'un tueur de temps à bord...

» J'ai rarement autant fumé qu'aujourd'hui.

5 Mai.

« Dix pipes de plus qu'hier. J'ai presque fini ma pro-
» vision d'opium; j'en rachèterai d'autre à Saïgon. »

7 Mai.

« Tantôt de mémoire je n'ai pu reconstituer sa figure
» et j'ai dû aller dans ma cabine chercher sa photo-
» graphie : voilà la vie!

« Je n'ai plus de tristesse. Abruti seulement. J'ai
» bien fait de partir : je fume avec plus de volupté
» maintenant que je me sais capable de vivre encore...

» Ne pas penser du tout. Dormir est bête : on songe!
» Voir couler l'eau, se perdre, et ne se réveiller que si,

» *par hasard, l'hélice s'arrête et rompt le mouvement*
» *berceur.*

» *Je suis comme l'Egœus d'Edgar Poë. Mais Béré-*
» *nice — l'unique — bien morte, ne revient pas.*

Hong-Kong, 10 mai.

« *Arrivé hier, j'ai couru à Canton et à Macao par*
» *le steam-boat et de retour, gavé d'opium et de*
» *chinoiseries, rendu visite aux Américaines d'il y a*
» *deux ans. Ces trois excursions dont je m'étais promis*
» *un plaisir spécial, par l'analyse de mes sensations*
» *de jadis revécues sur place, m'ont déçu.*

» *Décidément, il faut s'abstenir du rêve pour éviter*
» *de trouver tout inférieur au rêve. On rêve* avant, *c'est*
» *le malheur. Mieux vaut rêver* après, *et refaire à la*
» *guise de sa fantaisie les choses réellement faites.*
» *Passions, malheurs, nous rêvons tout à l'avance, d'où*
» *la fatalité de notre désenchantement. Nous rêvons*
» *jusqu'à la façon dont nous traduirons les choses que*
» *nous rêvons de sentir!...* »

A bord du « Tanaïs », 16 mai.

« *Mon cher ami, je ramasse ces feuillets en grand*
» *hâte. Demain, je serai à Yokohama d'où partira, vers*
» *midi, la malle pour San Francisco et l'Europe. Ne*
» *m'en veuillez donc pas de couper court ainsi. Je tâ-*
» *cherai de vous écrire encore... En tous cas, ne doutez*
» *pas de mon affection : je vous aime bien et si quelque*
» *chose pouvait m'aider à guérir, ce serait votre amitié.*
» *Caressez pour moi vos enfants, et présentez, je vous*
» *prie, mes respectueux souvenirs à madame Villaret.*

» *Je vous embrasse*

« Marcel DESCHAMPS. »

« P.-S. — *Nous avons des Japonais à bord; le pre-*
» *mier proverbe que je leur ai entendu proférer est*
» *celui-ci :*

« *Si vous haïssez quelqu'un, laissez-le vivre.* »

» Vox populi... »

« Au moment de mettre sous presse, nous apprenons la mort de M. Marcel Deschamps dont les lecteurs de l'*Écho du Japon* n'ont pas oublié les beaux vers que nous avons publiés à son arrivée parmi nous, l'autre année. Notre compatriote, dont la perte sera pleurée par tous les lettrés, a rendu le dernier soupir, hier au soir, dans sa petite maison de Mississipi bay, entre les bras du docteur Chalon, médecin de notre Légation à Tokio, et de son ami M. le colonel de Pontailly le chef de notre Mission militaire. Le regretté poète a succombé à une anémie arrivée à son dernier point et entretenue par l'usage de l'opium qu'il avait contracté au Tonkin la fâcheuse habitude de fumer.

» Nous ferons connaître demain la date et l'heure des obsèques auxquelles assisteront le personnel de la Légation, celui du consulat de France, et toute la colonie européenne de Yokohama. »

Hanoï (Tonkin) mars 1885 — Nice, mai 1886.

FIN

www.ingramcontent.com/pod-product-compliance
Lightning Source LLC
Chambersburg PA
CBHW060404230426
43663CB00008B/1390